성공하는 사람들의
13가지 행동 철학

성공하는 사람들의
13가지 행동 철학

4판 1쇄 인쇄 2025년 5월 1일
4판 1쇄 발행 2025년 5월 5일

지은이 | 나폴레옹 힐
옮긴이 | 조범례
펴낸이 | 이현순

펴낸곳 | 백만문화사
출판신고 | 2001년 10월 5일 제2013-000126호
주소 | 서울시 마포구 토정로 214번지 (신수동)
Tel | 02)325-5176 Fax | 02)323-7633
전자우편 | bmbooks@naver.com
홈페이지 | http://www.bm-books.com

Translation Copyright© 2025 by BAEKMAN Publishing Co.
Printed & Manufactured in Seoul, Korea

ISBN 979-11-89272-46-3 (03320)
값 17,000원

Think & Grow Rich: Action Manual

성공하는 사람들의
13가지 행동철학

나폴레옹 힐 | 조범례 옮김

오늘날까지 전 세계 수많은 사람들에게 삶의 방향을 제시하는 나침반으로 기능하고 있다.

머리말

키케로는 '생각하는 것은 사는 것이다 !'라고 말했다. 생활의 모든 것은 생각하는 것 안에 있다. 당신의 존재 자체가 마음속에 있다. 당신과 관계없이 지금 일어나고 있는 일은 당신에게는 존재조차 하지 않는다. 왜냐하면 그 일은 당신의 사고 안에는 존재하지 않기 때문이다. 이 점에 관해 모든 저명한 철학자나 성인은 같은 의견을 가지고 있다. 힌두교의 옛 경전 중에는 다음과 같은 말이 들어 있다. '인간은 자기가 생각하고 있는 것과 같은 인간이 된다.'

당신이 자신의 마음을 어떻게 쓰는가에 따라 당신이 어떤 사람이 되는가가 결정된다. 지금 한 말의 뜻을 충분히 이해할 수 있었다면 당신은 인생에 대해 극히 중요한 진리를 발견했다고 할 수 있다. 당신은 자기가 가지고 있는 문제, 걱정거리, 욕구 불만, 불안 등의 원인을 확실하게 알게 될 것이다. 그리고 마음을 넓게 가지고 유연하게 사물을 생각하는 가운데에서 비로소 기쁨, 풍요, 행복, 훌륭한 인생의 근원이 존재한다는 것을 이해하게 될 것이다.

어느 시대에서나 지혜가 있는 사람은 자기가 생각한 대로의 사람이 된다는 원리를 활용하여 인생을 영위하면 매우 좋은 결과를 얻게 되기 때문에 이 원리를 꼭 받아들이도록 열심히 가르치고 있다. 석가는 '우리들의 존재 자체가 우리들이 생각한 것의 결과이다.'라고 말했다. 로마 제국의 철학자였던 마르크스 아우레리우스(Marucus Aurelius)는 '우리들 인생은 사고에 의해 만들어진다.'라고 설파했다. 당신도 또한, 당신이 생각하고 있는 세계속에 살고 있다!

대부분의 사람들은 소극적인 생각이나 의심하는 생각이 완전히 몸에 배어버려 사람들의 말을 바르게 받아들이려고 하지 않는다. 그들은 자기의 생각이 청사진이 되어 사회인으로서 어떤 인생의 길을 걸어야 하는가 결정되는 것을 확인하려고 하지 않는다. 이런 사람들은 자기가 가진 문제, 걱정거리, 불안, 자신의 지위 등이 뜻대로 되지 않으면 정황이나 남의 탓으로 돌리거나 운이 아주 나빴기 때문에 하는 수 없다고 깨끗하게 자신을 위로하고 만다. 이와 같이 자기가 자기에게 변명을 할지도 모른다. 때로는 자기는 '지나치게 생각하는 것이 많다'고 생각할지도 모른다. 아마도 당신은 걱정거리, 책임, 힘드는 일 등을 한몸에 짊어져 짓눌리고 말 것이 아닐까 하는 생각이 들었으리라. 그리고 지금 세상은 너무나 복잡하여 조심, 불안이 끊이지 않아 심신이 함께 지쳐버렸다고 생각했을 것이다.

이 침체된 망설이기 쉬운 분위기가 나날의 생활로부터 열의를 앗아가게 된다. 당신은 '전혀 방법이 없다. 이것저것 지나치게 생각을 하고 있다.'라는 것을 깨닫는다. 그러면 어떻게 해야 되겠는가. 한꺼번에 당신은 도대체 몇 가지 일을 생각할 수 있을까? 물론 답은 하나이다. 한 가지 일 이상은 하지 못한다. 생각하고 있는 것이 소극적이기 때문에 많은 일을 생각하고 있는 것처럼 생각되었던 것이다. 그러면 무엇을 생각하고 있었는가 하면 그것은 마음가짐이 소극적이 되어 흐려져 산뜻하지 못해 일어나는 걱정, 두려움, 의혹, 반감, 자신에 대한 연민 등이다.

사람들이란 동시에 여러 가지 일을 생각하지 못한다는 이치를 납득하면 다시 그 생각을 강력히 실천한다. 그렇게 되면 당신은 뛰어난 재능이 있다는 것을 알게 될 것이다. 이것은 '무엇인가 사고를 할 때, 테마를 하나로 가지고 있다.'는 것이다. 이것은 당신의 모든 재능 즉, 얼굴이 잘 생겼다거나 달리기를 잘한다는 특징이나 온 세계의 어떤 부나 기쁨보다도 당신에게는 훨씬 가치있는 것이다.

그렇지만 당신에게는 생각을 선택할 자유를 뺐으려고 하는 힘이 작용을 한다. 외부로부터 작용을 하는 것의 예를 들어보면- 최면술적세뇌(催眠術的洗腦), 마취제(麻醉劑), 강력하고 반복적인 선전-이것은 모두 자기의 생각을 선택하지 못하게 한다. 또, 당신 자신이 선택의 자유를 빼앗는 경우도 있다. 소극적인 마음가짐이 바로 그것이다. 이 마음가짐은 매우 잔인한 악당으로 재능을 사정없이 죽여버린다. 이유는 잘 모르겠으나 인간은 적극적인 마음가짐과는 친근해지지 않고 반대로 소극적인 마음가짐에는 꼼짝 못하고 포로가 된다. 그리고 소극적인 생각이 더욱 단단하게 뿌리를 내릴수록 당신의 능력-생각을 선택하는 일-을 발휘하기가 더욱 어렵게 된다.

자기에 대한 연민, 탐욕, 시기, 질투, 욕설, 열등감 따위에 대해 생각하거나 마음속에 이러한 감정이 일어나는 것을 방임해 두면 이런 생각이나 감정은 잡초처럼 자라 무성해져서 생각을 선택할 자유를 쫓아버리게 된다. 생각을 선택하는 능력을 자유자재로 컨트롤하고 싶으면 자신의 생각 가운데 자기에게 이로운 것과 이로움이 되지 못한 것은 어떤 것인가를 알고 있어야 한다. 이것은 마치 공장의 제조 라인에 고장을 일으킨 기계와 같은 것이다. 수리가 시작되어 수시간 지났다. 종업원은 그 동안 멍청하게 서 있었다.

드디어 전문가를 데려왔다. 그는 기계 주위를 5,6 회 돌면서 주의깊게 조사했다.그는 주머니에서 쵸크를 꺼내더니 기계 한 귀퉁이에 조그맣게 ×표를 쳤다. 그는 ×표한 곳을 위에서 망치로 힘껏 내리쳤다. '자, 이제 기계는 잘 움직일 것이오.' 라고 그는 말했다. 기계에 스위치를 넣었다. 그의 말대로 기계는 원활하게 움직이기 시작했다. 종업원들은 각자 자기 일을 다시 시작했다.

2,3 일 후, 이 회사에 그 전문가로부터 '써비스료'라는 명목으로 200 달러의 청구서가 날아왔다. '이건 정말 엉터리다.'라고 생각한 경리 담당이 화가 나서 소리쳤다.

"망치로 기계를 내리쳤을 뿐인데 200 달러라니!"

그래서 경리는 전문가에게 청구서를 되돌려보내고 명세서를 요구했다. 그랬더니 수일 후에 다음과 같은 회신이 왔다.

써비스에 관한 명세서

기계를 망치로 치는 일 ··· 5 달러
망치로 칠 곳을 찾는 일 ··· 195 달러
합계 200 달러

중요한 것은 어디를 쳐야 하는가를 아는 일이다. 사고를 처리하는 경우에나 마음을 관리하는 경우에나 성공의 비결은 이 점이다.

당신 손에 들려 있는 이 책이 그 점에서 도움이 된다. 이 책은 당신의 마음이라는 정원 안을 안내하여 당신을 기다리고 있는 아름다움과 행복과 부의 소로(小路)로 인도할 것이다. 그리고 당신의 능력의 시계를 가로막고 있는 잡초를 어떻게 제거하면 되는가를 가르쳐 줄 것이다.

주의를 기울여 이 책을 읽어 주시기 바란다. 그리고 그것으로 끝나면 안된다. 공부를 계속하고 남들과 이야기를 나누어 당신 마음 내면의 움직임과 그 마음속을 지나는 생각에 대해 더욱더 배워 주기 바란다. 지금 당장 무엇을 생각하고 있는가? 마음속에 품고 있는 생각은 모두가 마음가짐이 된다. 그리고 당신의 마음가짐이 당신이라는 인간을 만들게 된다.

이상과 같은 사건을 여러분에게 진해 드릴 기회를 얻게 되어 감사의 뜻을 표한다. 지금 말씀드린 것을 참고삼아 생각한다는 것의 중요성을 깨닫게 된다면 나로서는 그보다 더한 기쁨은 없다. 생각을 관리하는

것은 인생을 관리하는 것 외에 아무것도 없다.

유명한 미국의 심리학자인 윌리엄 제임스(William James)는 이전에
이런 말을 했다.

"우리 세대의 가장 위대한 발견은 인간은 마음가짐을 바꾸는 것으로
해서 자신의 인생을 바꿀 수가 있다는 것이다."

이것은 지금의 세대에도 부합되는 지당한 말이다.

보브 컨클린

보브 컨클린 소개

국제적인 생애 교육 프로그램의 NO 1, A.I.A 코스(Adventures In
Attitudes)를 18 년 동안에 걸쳐 개발한 주재자이다. 이 A.I.A 코스는
자신감과 의욕을 가지고 오는 마음가짐 변혁 프로그램으로서 미국에서
는 교육 운동에까지 발전한 인간성 개발의 자기 개선 프로그램이다.
현재, 컨클린은 이 코스의 보급 활동을 하고 있는 퍼스널 다이나믹스사
의 회장이다. 저서로는 '자신감이 샘솟는다' 와 '인간의 매력' 이 있다.

출판사에서 드리는 말씀

■ 당신이 지금 손에 들고 있는 이 책은 당신에게 강력한 영향을 줄 수 있는 세계에서 손꼽히는 책 중의 하나이다.

온 세상 모든 사람들에게 '인생에서 성공해 주기를 바라는' 것이 이 책의 바램이다. 이 책은 사람이 성공하는 데 있어서 구체적인 방법을 알기 쉽게 해명하여 독자인 당신을 지금 곧 행동으로 옮기도록 하여 목표를 향해 매진하는 사람으로 바꾸는 에너지에 대해 쓰여져 있다.

그러면 빠른 시일에 당신에게 부와 성공과 행복을 가지고 오게 하는 에너지에 대해 생각해 보기로 하자.

어떤 어려운 일에 직면했을 때 과감하게 대항해 나가는 강력한 힘을 가지는 당신을 만들어내는 이 위대한 에너지란 도대체 어떤 것인가? 실은 이 에너지야말로 사람이 가지는 커다란 이상을 하나하나 현실의 것으로 만들어 가는 '창조력'의 원천이며, 험난한 인생의 난항로를 거뜬히 헤쳐나가게 해 주는 '용기'의 원천이다.

철강왕 앤드류 카네기를 처음 만났던 순간, 나폴레옹 힐은 카네기가 어떻게 해서 이런 위대한 사업을 성취할 수 있었는가 하는 그의 '성공철학'이라고 할 그 무엇을 직감했다. 이미 상당히 오래 전의 일이다. 그

후, 힐은 카네기와 친밀해져 깊이 신뢰를 받는 사이가 되었다. 그리고 어느날, 카네기로부터 이 '성공 철학'을 한 권의 책으로 엮어 세상에 발표해 주도록 의뢰를 받게 되었다.

A 카네기의 '성공 철학'을 소개한 THINK AND GROW RICH 는 이렇게 하여 출판되었다. 이 '성공 철학'의 수록은 1937년, 첫 출판이 되자마자 날개돋친 듯이 팔려 나갔다. 그 후, 42판이 거듭되었으나 이번에 특히, 연구가 가해져 단계별로 정리되고 '자기 트레이닝의 코오스'가 첨가되어 다시 이 책이 여기에 선을 보이게 되었다.

지금부터 소개하는 '모든 목표와 소망'을 성공으로 이끄는 이 '성공 철학'은 큰 강의 흐르는 물은 영원히 변함이 없는 것과 마찬가지로 절대적인 보편성을 가지고 모든 사람들에게 도움이 될 것이다.

이 책은 독자인 당신에게 자신의 인생을 개척하는 훌륭한 에너지를 제공할 뿐 아니라 '어째서,' 한정된 사람에게만 부나 성공이나 행복이 주어지는가 하는 것을 가르쳐 주고 있다.

이 책에서 최대의 이익을 얻는 사람이란……

물론 남녀 노소 모두에게 통용이 되는 자기 개발서라고 하겠으나 이 책을 최대한으로 활용할 수 있는 사람은 그 중에서도 우리 나라의 현황을 고려하는 경우, 경영자, 경영 간부 및 기업을 운영하는 중·고령층과 청년층 여러분에게는 꼭 일독해 주실 것을 권하고 싶다. 경영자인 사람은 어째서 자기가 성공했는가 하는 이유를 이해하는 데 도움이 될 것이다. 그리고 또한, 앞으로 후계자를 육성하는 경우, 그들이 성공하려면 어떠한 구체적인 마음가짐을 가지면 될 것인가를 지시하는 지침서로 활용할 수 있다.

중·고년층인 분들은 현재의 직장에서 역량을 발휘하는 일과 정년 후 제2의 인생에 대비하는 마음의 준비와 생활 설계에 절실한 문제 의식을 간직하고 있을 것으로 안다. 그러한 문제를 해결하는 데 도움이 될 것이다.

청년층인 분들에게는 이들이 금후, 사회적으로나 기업내에서나 어려운 상황에 처하게 되는 경우가 틀림없이 있을 것이다. 그러므로 청년층인 사람들은 기성의 사고 방식, 생활 방식을 반성하며 한 사람의 인간, 사회인과 기업인과의 입장을 조정하여 시대의 변화를 선취(先取)함으로써 남보다 앞서 가는 인생 목표를 설정할 필요성을 통감하고 있으리라 본다. 이 책은 A.I.A 코스와 함께 그러한 사람들의 하고자 하는 의욕과 자신감에 크게 공헌하게 될 것은 틀림없으리라고 믿고 있다.

중국 고전과의 대비에 대하여

이 책에서 하나의 획기적인 시도로서는 나폴레옹 힐 박사가 특히 강조하고 있는 포인트와 중국의 고전 사상을 대비하기로 한 점이다. 그 목적은 힐 박사의 주장이 단순히 미국적인 것에 불과한가 아니면 동양의 사고 방식과도 공통되는 것이 있는가를 분명히 하고자 하기 위해서이다. 이것을 분명하게 함으로써 이 책의 가르침이 얼마 만큼 우리들에게 도움이 되는지 판단의 재료가 되리라고 생각했기 때문이다.

그러나 중국의 고전 사상이라 해도 그것이야말로 각양각색의 입장과 주장이 있어서 무엇을 가지고 중국 고전 사상이라 하는가는 상당히 어려운 문제이다. 그러나 그 중에서도 주류를 차지해 왔다고 생각되는 사고 방식을 채택하여 대비를 해 보았다. 그 중에는 힐 박사와는 접근하는 방법이 다른 것도 나올지 모르겠으나 궁극적으로 지향하는 진리는 거의 같을 것으로 생각한다.

본문 중에 나오는 번호에 따라 본문 마지막에 그것과 대응하는 중국 고전의 출전(出典) 및 간단한 '주석(注釋)'을 붙였다.

또한, 본문 중에 [   ]로 싼 부분이 거의 대비 부분이다.

저자의 말

이 책은 각 단계를 통해 인생에서 성공하여 부호가 된 사람들의 비밀에 대하여 해명해 가는 책이다. 여기에 등장하는 인물들은 모두가 내자신이 오랜 시일에 걸쳐 분석, 주의 깊게 관찰한 실재하는 성공자 뿐이다.

A 카네기로부터 이 '성공 철학'의 해설을 맡게 된 것은 반 세기 이상이나 이전의 일이다. 당시, 나는 막 뛰기 시작한 신참의 신문 기자였으나사람 좋은 이 스코틀랜드 노인은 '성공 철학'에 대해 상세하게 일러주었다. 이야기가 끝나고 의자에 앉은 노인은 날카로운 눈으로 나를쳐다보면서 그가 말한 이야기의 중요성을 내가 완전히 이해하였는지의여부를 확인하려고 했다.

내가 그의 '성공 철학'을 완전히 이해한 것을 확인하자 카네기는 어떤일에 대해 물었다. 그것은 인생의 패배자로서 생애를 마칠지도 모르는수많은 사람들에게 위대한 '성공 철학'을 전하기 위해 20 년 이상 연구를 계속할 각오가 있는가 하는 것이었다.

"반드시 해내겠습니다."

하고 나는 대답했다. 그리고 지금 나는 그때의 약속을 수행했다.

이 책은 '성공의 철학'에 대해 서술한 것이지만 이 철학은 여러 가지

형태로 인생을 걸어가는 수천 명의 사람들에 의한 실제의 테스트 결과, 그 효과가 입증되어 있는 것이다. '성공의 철학'에 대해 자기 자신으로는 생각할 시간적 여유가 없는 사람을 위해 카네기가 만들어 낸 '성공 철학'의 진수를 소개하여 그것이 모든 사람들에게 도움이 된다는 사실을 증명하고 싶다.

마지막으로 이 책에 나오는 내용은 공공의 학교 교육이나 대학에 채택되어야 할 사항으로 그 효력은 현재, 교육에 소비되고 있는 시간을 반감시키리라고 나는 확신을 가지고 첨부하고 싶다.

■ 실화가 가진 박력

이 책의 제2의 단계인 '신념' 중의 어느 청년이 창설한 US 스틸사의 놀라울 만한 이야기가 삽입되어 있는데 이 청년이 마음 깊은 곳에 신봉하고 있었던 '성공 철학'은 하고자 하는 의욕이 있는 사람이면 누구에게도 같은 효과를 가지고 온다고 카네기는 보증하고 있다. 찰즈 M 슈웝이라는 이 청년은 이 '성공 철학'을 실행으로 옮긴 결과, 거대한 부와 찬스가 부여되어 드디어 위대한 성공을 쟁취했다. 슈웝이 이 성공에서 얻은 부는 실로 '6억 달러'를 넘어서는 것이었다.

그런데 카네기에 얽힌 이 슈웝의 유명한 실화를 믿어 준다면 그 다음은 '당신이 찾고 있는 것이 무엇인가' 하는 것을 잊지 않는 한, 반드시 성공으로 가는 문은 열리게 될 것이다.

A 카네기가 당초부터 희망하고 있던 대로 이 '성공 철학'은 몇천 명이나 되는 남성이나 여성들의 조력자가 되어 왔으나 그 중에는 막대한 부를 쌓아올린 사람도 적지 않으며 또, 가정내의 조화를 유지하는 데 성공한 사람은 헤아릴 수가 없을 정도이다. 또, 어느 목사의 경우는 이 철학을 잘 활용함으로써 연 수입을 75만 달러나 늘리고 있다.

또, 신시내티에서 양복점을 경영하고 있는 아더 냇슈는 도산 직전에

있는 사업에 이 '성공 철학'을 채용하여 '일종의 도박'을 하였던 바,
거뜬하게 재건에 성공하였으며 냇슈는 이미 이 세상은 떠났지만 그 회사
는 지금도 건재하고 있다. 이 도박은 너무나 독창적인 것이어서 당시의
신문이나 잡지는 다투어 이에 관한 기사로 기자들은 다루었으며 이
100만 달러 이상이나 되는 가치 있는 선전이 되었다.

이 카네기의 '성공 철학'은 그 후, 스튜디어트 와이어라는 텍사스주
달라스의 한 사나이에 의해 계승되었다. 와이어는 지금까지 하던 일을
그만두고 법률 공부를 시작하면서 그 '성공 철학'을 실천에 옮길 준비에
들어갔던 것이다. 이 와이어의 성공담에 대하여는 나중에 이야기하려고
한다.

또, 내가 러셀 대학의 공개 강좌에서 홍보부장을 맡고 있었을 무렵,
이 대학은 이름 뿐인 초라한 대학에 지나지 않았다. 당시, 나는 총장인
J G 채플린과 자유롭게 면회를 할 수 있는 입장에 있었으므로 채플린
총장이 카네기의 '성공 철학'을 활용하여 이름 뿐인 그 대학을 세계적인
유명 대학으로 만들어가는 것을 이 눈으로 똑똑히 지켜 볼 수 있었다.

내가 말하는 '성공 철학'에 대해서는 이 책 중에서 백 번 이상이나
언급하고 있으나 실은 그 명칭에 대하여는 전혀 소개되어 있지 않다.
그것은 이 명칭보다는 본질을 파악해 주었으면 하는 나의 바램에 의한
것이다. 또, 카네기 자신도 나에게 그 내용을 조용히 말하였을 뿐, 그
명칭에 대하여는 단 한마디도 언급하지 않았다.

■ 이 책의 헤아릴 수 없는 효과

그런데 진심으로 이 '성공 철학'을 필요로 하고 있는 사람이라면 반드
시 이 철학이 적어도 한번은 각 단계 중에 감추어져 있다는 것을 느끼게
될 것이다. 그래서 그 발견 방법을 가르쳐 주었으면 하고 생각하고 있겠
지만 그렇게 하면 소중한 이 철학의 가치를 크게 감소시킬 우려가 있기

때문에 사양하기로 했다.

만일, 지금 당신이 마음과 몸이 지쳐버릴 정도로 어려운 문제에 봉착되어 있거나, 혹은, 질병이나 신체적인 결함 등의 약점을 짊어지고 있다면 이 책속에서 나의 아들 이야기를 읽고 또, 카네기의 '성공 철학' 을 이해하여 실천함으로써 당신은 사막 가운데 있는 '희망'이라고 하는 오아시스를 발견하게 될 것이다.

이 카네기의 '성공 철학' 은 제1차 세계 대전 중에는 W 윌슨 대통령에 의해 정식으로 전군인의 교육 과목에 채택되어 전선으로 가는 장병들에게 대단한 용기를 주었다. 후에 윌슨 대통령은 이 '성공 철학' 이야말로 대전을 치루는 데 있어서 가장 중요한 재산이며 힘이었다고 술회했다.

이 '성공 철학' 의 특징은 한번 이 철학을 마스터하면 누구나 성공으로 가는 궤도 위에 오를 수 있다는 것이다. 여기에 대해 만일 의문을 가진다면 이 철학을 실제로 활용한 사람들을 조사하여 그들의 이력을 알아보면 될 것이다. 그렇게 하면 내가 말하는 사실을 이해하여 확신해 주리라고 믿는다.

그런데 세상에는 댓가를 바라지 않는 성과란 존재하지 않는다. 그러므로 내가 말하는 '성공 철학' 도 결코 가치가 없는 것은 아니다. 그러나 당신이 치루어야 할 댓가는 당신이 얻는 성과에 비하면 매우 낮다고 하겠다. 그리고 이 가치는 진심으로 이 '성공 철학' 을 필요로 하는 사람에게는 여하한 가치를 붙여도 비싸다고는 하지 못할 것이다.

이 '성공 철학' 은 교육이 있고없고 관계없이 진실로 원하는 사람만이 사용해 주기를 바란다. 왜냐하면 이 책은 두 파트로 구성되어 있으나 그 중 한 파트는 이 책에서 최대의 이익을 얻기 위하여는 진심으로 하고자 하는 마음의 준비가 되어 있어야 한다는 것을 필요 조건으로 하고 있기 때문이다.

이 철학이 완성된 것은 내가 태어나기 훨씬 이전의 일로 이미 토머스 A 에디슨에 의해 채용되어 있었던 것이다. 에디슨이 학교 교육을 받은 기간은 불과 3 개월 남짓 하였지만 그럼에도 불구하고 그는 이 '성공 철학' 을 활용하였기 때문에 대성공을 이루어 세계적인 대발명가로서 오늘날까지 이름을 떨치고 있다.

그 후 '성공 철학' 은 에디슨의 공동 경영자가 된 에드윈 C 번즈에 의해 계승되었다. 당시, 번즈의 연 수입은 1만 2000 달러에 지나지 않았으나 이 '성공 철학' 을 활용하기 시작한 무렵부터 점점 큰 재산을 모아 드디어 젊은 나이에 실업계를 은퇴해 버릴 만큼 큰 성공을 거두었다. 이 번즈의 실화는 제1단계의 전반에서 상세하게 이야기하려고 한다.

이와 같이 이 '성공 철학' 은 바르게 활용하면 누구나 부를 이룩하고 누구나 바라는 대로의 인간이 될 수 있다는 보증이 되어 있다. 그러면 자기 자신의 진실한 바램이 무엇인가를 알려면 어떻게 하면 될 것인가 / 이 책을 완독할 때까지 꼭 당신 자신의 진실한 바램을 명확하게 포착할 수 있을 것이다. 그러나 그 발견이 제1단계이건 아니면 마지막 단계이건 사람에 따라 달라도 아무런 상관은 없다.

카네기와 약속한 대로 내가 이 '성공 철학' 에 대해 연구를 하고 있던 20 년 동안에 이 '성공 철학' 을 실제로 활용한 결과, 대성공을 한 사람을 몇백 명이나 관찰했기 때문에 참고로 그중에서 대표적인 인물의 이름을 열거해 보기로 하겠다

헨리 포드, 윌리엄 리그레이 2세, 죤 워너메커, 제임즈 J 힐, 죠지 S 버커, E M 스태틀러, 헨리 L 드허티, 싸이러스 H K 커티스, 죠지 이스트맨, 찰즈 M 슈웝, 해리스 F 윌리엄스, 프랭크 건쏠러스 박사, 다니엘 윌러드, 데오돌 루즈벨트, 죤 W 데이비스, 엘버트 휴버드, 윌버 라이트, 윌리암 제닝스 브라이언, 데이빗 스타 죠단 박사, J 오드겐 어무어, 아사 블리스베인, 윗들로 윌슨, 윌리엄 하워드 태프트, 루서 버뱅크, 에드워드 W 보크, 프랭크A 문쎄이, 킹 질렛, 랄프 A 웍스, 쟤지 다니엘 T 라이트, 죤 D 록펠러, 토머스 A 에디슨, 프랭크 A 반더립, F W 윌워스, 콜 로버트 A 달라, 에드워드 A 필렌 , 에드윈 C 번즈, 아사 냇쉬, 엘버트

H 겔리, 클라렌스 달로, 알렉산더 벨 박사, 죤 H 버터슨, 쥴리어스 루제월드, 스튜어트 오스틴 와이어, 프랭크 글레인 박사, 죠지 M 알렉산더, J G 채플린, U S 쎈 제닝스 랜돌프

　이 사람들은 카네기의 철학을 활용하여 경제적으로나 그 밖의 점에서도 위대한 성공을 거두어 일약 유명해진 미국 일부의 인사에 지나지 않는다. 그러나 이 사람들의 이름에서 보아도 카네기의 '성공 철학' 이 우리들의 인생을 그 얼마나 가치있는 것으로 바꾸는 힘을 간직하고 있는가를 여실히 알게 될 것이다.

　나의 경험으로는 자신의 의지로 이 '성공 철학' 을 활용한 결과, 실패한 사람은 보지 못했다. 또, 이 철학을 이용하지 않고 무엇인가 위대한 일을 성취한 사람을 만난 적도 없다. 이 2 가지 사실에서 확언할 수 있는 것은 '교육'이라고 일반적으로 불리우고 있는 것보다도 이 '성공 철학' 쪽이 인생에는 훨씬 큰 중요성을 가지고 있다는 사실이다.

　그러면 참된 교육이란 어떤 것인가 하는 것이 문제가 되겠으나 이것에 대하여는 나중에 상세하게 설명하기로 하겠다.

■ 인생의 항로를 변경하라

　당신은 마음의 준비가 되어 있는가? 곧 이 책 어딘가에 감추어져 있는 '성공 철학' 이 스스로 튀어나와 당신 면전에 나타날 것이다. 그것이 언제 그 모습을 드러낼지 모르겠으나 그때가 오면 조용히 책을 덮고 '자기 자신에 인생 최대의 전환 순간'과 직면하여 그 맛을 음미해 주기 바란다.

　이 책을 읽는 데 있어서 지금부터 말씀드리는 모든 것이 논픽션이며 세계적으로 인정받고 있는 진실이라는 것을 믿어 주기 바란다. 그리고 이 진실을 전함으로써 당신에게 무엇을 어떻게 할 것인가를 가르쳐 주고

그리고 행동하도록 용기를 주기 위해 이 책을 썼다는 것 또한 잊지 말아 주기 바란다.

끝으로 카네기의 '성공 철학'이 믿기 어려울 정도의 위대한 힘을 가졌다는 것을 증명하기 위해 다음의 말을 첨가한다. 즉, 성공자가 되고 혹은 부자가 된 모든 사람들에 대해 할 수 있는 말은 ['그들은 '애초부터' 성공자 혹은 부자가 되기를 마음속에서 진실로 바라고 있었다.]라는 사실이다. 이것은 결코 간과해서는 안되는 말이다.

독자 여러분은 이미 마음의 준비를 정돈했으리라고 생각하므로 다음은 당신의 눈앞에 이 '성공 철학'이 모습을 나타낼 때를 기다릴 뿐이다.

나폴레옹 힐

성공하는 사람들의 13가지 행동철학

차 례

머리말 · 2
출판사에서 드리는 말씀 · 7
이 책과 중국 고전과의 대비에 대하여 · 10
저자의 말 · 11

사고는 물체이다 —————————— 27

■ 에디슨과의 만남 · 29
■ 찬스는 뒷문으로 찾아온다 · 31
■ 너무나 빠른 단념 · 32
■ 절망 저편에 성공이 기다리고 있다 · 33
■ 어른을 꼼짝 못하게 한 소녀 · 34
■ '노(No)' 뒤에 있는 '예스(Yes)' · 36
■ 중요한 것은 ''건전한 사고 방식'이다 · 37
■ 바라기 때문에 실현한다 · 40
■ 진리의 시(詩) · 41
■ 운명을 바꾼 학생 · 42

성공 철학 · 제1단계 '소망' ——————— 47

■ 퇴각을 생각하지 말라 · 48
■ 배를 태워버린 장군 · 49
■ 소망 달성을 위한 6가지 스텝 · 51
■ 1억 달러의 가치가 있는 교훈 · 52
■ 진실한 공상가 · 52
■ 꿈이 소망을 낳는다 · 54
■ 소망이 불가능을 극복한다 · 55
■ 길을 찾았다 · 57
■ 이제 누구도 말리지 못한다 · 58
■ 들렸다 · 59
■ 귀가 부자유스러운 소년의 큰뜻 · 60
■ 소망의 힘으로 일류 가수가 된 여성 · 61

성공 철학 · 제2단계 '신념' ——————— 65

■ 신념은 단련할 수 있다 · 66
■ 약한 마음을 버려라 · 67
■ 신념을 기르는 말 · 68
■ 반복이 신념을 낳는다 · 69
■ 자신감을 양성하는 5가지 공식 · 70
■ 신념과 자기 암시 · 71
■ 신념이 기적을 낳는다 · 73
■ 얻으려고 하기 전에 베풀려고 하라 · 74
■ 부는 먼저 마음속에서 비롯된다 · 80

성공 철학 · 제3단계 '자기 암시' ———————— 83

◾ 감동이 돈을 낳는다 · 85
◾ 첫째로 믿을 것 · 86
◾ 영감의 힘 · 86
◾ 잠재 의식을 움직이는 3가지 스텝 · 87
◾ 어째서 당신은 운명의 지배자가 될 수 있을까? · 89

성공 철학 · 제4단계 '전문 지식' ———————— 91

◾ '무식' 하기 때문에 성공할 수 있다 · 93
◾ 지식을 얻는 것은 어렵지 않다 · 94
◾ 어디에서 지식을 얻게 되는가 · 95
◾ 자기 훈련 · 97
◾ 배우는 데 있어서 너무 늦었다는 법은 없다 · 98
◾ 이동기장 사무소 이야기 · 100
◾ 나의 카탈로그 · 101
◾ 10년간의 절약 · 102
◾ 세계가 구하고 있는 것은 승리자이다 · 103
◾ 말단으로부터의 탈출 · 104
◾ 상상력을 사용하라 · 105

성공 철학 · 제5 단계 '상상력' ———————— 109

◾ 상상력의 2가지 활동 방법 · 111
◾ 상상력을 되살려라 · 112
◾ 대자연의 법칙을 사용하라 · 112

▓ 상상력이 부를 이룩한다 · 113
▓ 어느 비밀의 요소 · 114
▓ 1주일 동안에 100만 달러를 만든 사나이 · 116
▓ 명확한 목표와 완전한 계획 · 119

성공 철학 · 제6단계 '계획의 조직화'———————— 125

▓ 패배가 당신을 강하게 만든다 · 127
▓ 당신의 재능을 알리려면 · 129
▓ 인간의 2가지 타입 · 129
▓ 리더를 위한 11가지 조건 · 130
▓ 리더가 실패하는 10가지 원인 · 132
▓ 전세계가 새로운 리더를 구하고 있다 · 134
▓ 일을 찾아내는 5가지 방법 · 135
▓ '나의 카탈로그'를 만드는 방법 · 136
▓ 일을 잡는 7개 항목 · 139
▓ 대중에게 봉사하라 · 141
▓ QQS의 공식 · 142
▓ 물건을 파는 것일까, 재능을 파는 것일까 · 143
▓ 실패자가 되는 31가지 원인 · 144
▓ 자기를 알리는 방법 · 150
▓ 지난해에는 전진할 수 있었는가 · 151
▓ 자기 분석을 위한 28가지 질문 · 151
▓ 부를 이룩하는 무한의 찬스 · 154
▓ 눈에 보이지 않는 훌륭한 힘 · 155
▓ 문명은 자본으로 인해 성립되어 있다 · 157

■부와 기회도 가득 넘쳐 흐르고 있지 않을까 · 159

성공 철학 제7단계 '결단력' ———————— 163

■'의견' 만큼 값싼 상품은 없다 · 165
■결단이 역사를 바꾼다 · 166
■보스톤 사건 · 167
■협력한다는 것의 중요성 · 169
■정의의 결단 · 170
■토머스 제퍼슨의 선언 · 172
■모든 것을 걸다 · 174

성공 철학 · 제8단계 '인내력' ———————— 177

■인내력의 결여가 실패를 초래한다 · 178
■돈을 추구하는 의식 · 180
■이면에 감추어져 있는 것 · 181
■패배는 일시적인 것이다 · 182
■인내력을 기르는 8가지 포인트 · 184
■극복해야 할 16가지 약점 · 185
■비평을 두려워하지 말라 · 187
■인내가 '행운'을 가져온다 · 189
■명확한 목표가 인내력을 낳는다 · 190
■인내력을 기르는 4가지 스텝 · 192
■무하마드 이야기 · 193

성공 철학 · 제9단계 '협력자'───────── 199

- 앤드류 카네기의 비밀 · 201
- 남의 두뇌를 활용하라 · 203
- 가난뱅이가 되는 데는 계획이 필요없다 · 205

성공 철학 · 제10단계 '성 충동의 전환'────── 209

- 섹스 에너지 · 211
- 마음을 자극하는 10가지 항목 · 212
- 제6감이란 창조적 상상력이다 · 213
- 높아진 사고 · 214
- 마음속의 속삭임 · 215
- 비밀의 교신실 · 216
- 섹스와 천재 · 217
- 섹스야말로 활력원이다 · 218
- 섹스 에너지는 낭비되고 있다 · 220
- 섹스는 하늘이 내린 것이다 · 220
- 섹스와 세일즈맨쉽 · 221
- 섹스에 대한 오해 · 223
- 40세부터가 진짜다 · 224
- 천재에의 길 · 225
- 사랑의 힘 · 227
- 어리석은 남자는 결혼으로 인생을 망친다 · 229
- 남성은 여성에 의해 움직여지고 있다 · 230

성공 철학 · 제11단계 '잠재 의식' ———————— 233

　■ '마음의 번뜩임'에서 모든 것이 시작된다 · 235
　■ 건설적인 감정을 기르는 방법 · 237
　■ 잠재 의식과 기도 · 239

성공 철학 · 제12단계 '두뇌' ———————————— 243

　■ 인간은 눈에 보이지 않는 힘에 지배되고 있다 · 245
　■ 텔레파시에 의한 교신 · 246
　■ 명안을 만들어내는 법 · 248

성공 철학 · 제13단계 '제6감' ———————————— 251

・ ■ 수호신의 묘력 · 253
　■ 눈에 보이지 않는 고문들의 활용법 · 254
　■ 소망과 자기 암시 · 255
　■ 상상으로 하는 회의 · 256
　■ 제6감을 깨우는 방법 · 258
　■ 혼을 동요케 하는 '그 어떤 것'이란 · 259

공포를 가지고 오는 6가지 원인 ———————————— 263

　■ 공포는 마음의 상태이다 · 265
　■ 부이냐 가난이냐 · 267
　■ 공포를 분석하자 · 268

■ 가난에 대한 공포의 징후 · 270

■ 돈과 행복 · 271

■ 비평에 대한 공포 · 273

■ 공포에 대한 공포의 징후 · 275

■ 병에 대한 공포 · 277

■ 병에 대한 공포의 증후 · 279

■ 실연에 대한 공포 · 280

■ 실연에 대한 공포의 증후 · 281

■ 고령에 대한 공포 · 281

■ 고령에 대한 공포의 징후 · 282

■ 죽음에 대한 공포 · 282

■ 죽음에 대한 공포의 징후 · 283

■ 고민은 공포이다 · 284

■ 파괴적인 사고 · 286

■ 파괴적인 사고를 허용하는 마음 · 287

■ 자기 자신을 방어하라 · 288

■ 공포에 관한 자기 분석표 · 289

■ 마음속의 재산 · 293

■ 변명 리스트 · 295

■ 핑계는 습관이다 · 298

성공 철학 '행동입문서'──────────── 301

중국 고전과의 대비 · 369

역자 후기 · 395

사고는 물체이다

당신의 마음속에는
당신을 성공시키는 힘이 잠재하고 있다.
그러므로 노 (NO)라는 말 대신에 예쓰(YES) 라는 말로
당신의 마음에 새긴 이상을 받아들여야 한다.
당신의 인생은 당신 자신이 만들어 낸다.

성공 철학
사고는 물체이다

    사실로 사고(思考)라는 것은 하나의 물체이다. 인간이 머리속에서
'느끼거나, 생각하거나'하는 이 사고라고 불리우는 것은 틀림없이 분명
한 하나의 '물체'이다. 분자와 부피와 무게 그리고 에너지를 가진 물체이
다. 사람들의 '사고'에 대한 지금까지의 개념은 근본적으로 잘못되어
있었다. [²사고는 결코 추상적인 것이거나 형이상학적인 것도 아니다.
사고는 구체적인 물체이다.]

    그러므로서 이 사고가 인내력 또는 타오르기만 하는 소망과 융합하여
성공으로 향해 그 활동을 개시할 때, 사고는 강렬한 에너지를 가진 물체
로서의 성질을 발휘하기 시작한다.

    수년 전,에드윈 C 번즈는 위대한 진리를 발견했다. 즉 [³인간은 진지하
게 생각함으로써 풍요하게 될 수 있다.]는 것이 바로 그 발견이다. 그러
나 그는 당장에 그것을 실증하지는 못했다. 후일 그가 저 위대한 에디
슨과 공동 사업을 하게 되고부터 조금씩 이 진리는 증명되어 갔다.

    번즈가 에디슨과 공동 사업을 꿈꾸고 있을 무렵, 이미 그의 마음속에
는 '그 자신을 위해서가 아니고' 에디슨과 함께 일을 하고 싶다는 결정적
인 마음가짐이 형성되어 있었다. 여기에서 번즈가 어떻게 그 소망을
달성하였는가를 관찰해 보면 당신에게 도움이 되는 그 무엇을 포착하게

될지도 모른다.

번즈의 마음속에 '에디슨과 함께 일을 해 보고 싶다'하는 이 소망이 떠올랐을 때, 당장 그는 그렇게 되기 위해서는 무엇부터 손을 대야 할 것인가에 대하여 판단을 하지 못했다. 그것만이 아니라 그는 두 가지의 커다란 어려운 문제를 가지고 있었다.

그 어려운 문제라는 것이 하나는 아직까지 에디슨을 한번도 만난 적이 없다는 것과 그리고 또 한 가지는 에디슨 연구소가 있는 뉴저지주의 이스트 오렌지까지 가는 기차표를 살 돈이 없다는 이 두 가지였다.

이것만으로도 대부분의 사람을 낙담케 하는 데 충분한 것이었으나 E C 번즈의 소망은 '보통'이 아니었다.

■ 에디슨과의 만남

번즈는 에디슨 연구소에 당도하자 이렇게 말했다.

"에디슨 씨, 나는 당신과 공동 사업을 하고 싶어 먼길을 찾아 왔습니다."

이것이 에디슨과 번즈의 최초의 만남이었다. 후일 이때의 감상을 에디슨은 이렇게 술회하고 있다.

"번즈가 처음 내 앞에 나타났을 때의 모습은 흔히 있는 떠돌이 부랑자의 몰골이었습니다. 그러나 그의 표정은 한번 결심한 것은 반드시 해내고 만다는 엄격한 성격을 말해 주고 있었습니다. 그와 공동으로 사업을 시작하고부터 알게 되었으나 번즈는 가지고 싶은 것이 있으면 전재산을 내던지고라도 단 하나의 소망에 자기의 모든 것을 걸었으며 그리고 마지막에는 반드시 승리를 거머잡는다는 뛰어난 능력의 소유자였습니다. 어느 때, 나는 그가 찾고 있는 찬스를 주려고 결단을 내렸습니다. '그 결단은 성공할 때까지 그 신념을 반드시 관철시키려는 결의가 그에게 되어 있다는 것을 확신했기 때문입니다.' 물론 그때의 나의 결단이 옳았다는 것은 말할 것도 없습니다."

당시의 번즈의 옷차림은 에디슨 연구소에는 결코 어울리지는 않았다. 그러나 그럼에도 불구하고 그의 진짜 가치를 끌어낸 것은 그 '사고'이었다. 그러나 당연한 일이겠지만 번즈는 처음부터 공동으로 사업을 하게 된 것은 아니다. 보통 임금으로 고용된 데 지나지 않았다.

수개월이 지나도 번즈가 목표로 한 골은 전혀 다가올 기색이 보이지 않았다. 그러나 그 무렵, 그의 마음속에는 하나의 매우 중요한 무엇이 싹트기 시작하고 있었다. 물론 에디슨과 동업을 하겠다는 굳은 결심에는 변함이 없었다.

심리학자의 분석에 의하면 [4 사람은 마음속에 무엇인가 결의를 가지고 있을 때는 그 계획이 아직 준비 단계에 있을 때부터 이미 그것이 용모에 나타나기 시작하는 경우가 있다.]라고 하는데 당시의 번즈의 용모는 이미 에디슨의 공동 경영자의 그것이었다. 그의 결의는 더욱더 굳어져 목표를 달성할 찬스가 도래할 때까지 마음의 준비는 완전히 갖추어지고 그리고 조용히 대기하고 있었던 것이다.

그는 마음속에서 '언제까지나 이 상태로 있어도 되는 것일까? 이럴 바에야 차라리 마음을 고쳐먹고 다른 곳에서 일거리를 찾아 볼까?'하는 생각 따위는 일체 가지지 않았다. 시종 그는 '설사, 남은 생애의 모든 것을 걸어서라도 에디슨과의 동업은 반드시 이룩하고 말겠다'라고 마음 속으로 굳게 맹세하고 있었으며 또, 진실로 그 실현을 믿고 있었다.

모든 것을 태워버릴 타오르기만 하는 소망을 최후까지 단념하지 않는 의지의 힘이 얼마나 그 사람의 인생에 영향을 주는가 하는 것을 다시 한번 인식해 주기 바란다.

아마도 당시에는 본인인 번즈마저도 그 힘의 중요성을 정확하게 인식하고 있었던 것은 아닌지도 모른다. 이 목표 의식의 강렬한 힘은 모든 반대 의견을 뒤엎고 끝내는 그 자신의 운명을 크게 꽃피우는 결과를 가지고 왔다.

■ 찬스는 뒷문으로 찾아온다

드디어 기다리고 기다리던 찬스가 당도하였을 때, 그 찬스는 번즈가 기대했던 것과는 거의 형태가 다른 것이었으며 또 그 방향도 전혀 예상하지 않았던 것이었다   이것은 찬스가 가지고 있는 속임수의 하나이다. 찬스는 항상 배후에서 살그머니 다가오는 장난끼있는 습성이 있다. 또, 때로는 [⁵찬스는 불운이나 일시적인 패배의 그늘에 숨어 찾아오거나 한다.] 그러므로 대부분 사람들은 이 찬스를 흔히 놓치고 마는 것이다.

마침 이 무렵, 에디슨은 신제품인 '에디슨 구술 녹음기'를 얼마 전 완성했었는데 에디슨 연구소의 영업 사원들은 이 신제품에는 그다지 흥미를 가지지 않았다.

번즈는 이것이야말로 기회의 도래라고 직감하고 그 신제품의 판매를 맡고 싶다고 자기 의사를 밝혔다. 그 결과, 번즈는 이 구술 녹음기를 엄청나게 팔아치웠다. 그래서 번즈는 드디어 전 미국의 판매권을 획득하게 되어 큰 부를 손에 거머잡았던 것이다. 그러나 그때, 이미 번즈는 다시 대단한 진리를 깨닫기 시작하고 있었다. 그 진리란 '진지하게 생각을 거듭하면 반드시 성취된다.'라는 확신이었다.

당시, 번즈가 바라고 있던 부가 어느 정도의 것이었는지 모르겠으나 그는 이 시점에 이미 2,3 백만 달러를 손에 넣고 있었던 것으로 안다. 그러나 그 금액보다도 더욱 중요한 것은 '마음속에 싹튼 소망이 언어에 의해 명확한 형태를 가졌을 때, 그것은 반드시 구체화되어 현실의 것이 되어서 손에 들어오게 된다.'는 결정적인 사실을 체험한 것이었다.

번즈는 끝내 '염원이 이루어져' 에디슨의 공동 경영자가 될 수 있었다.게다가 막대한 부를 손에 넣었다. 그가 출발시에 가지고 있었던 것이란 자기 자신이 가지고 싶은 것이 무엇인가 하는 명확한 소망과 그리고 소망을 성취할 때까지는 결코 마음을 돌이키지 않겠다는 굳은 결의,

단 그것 뿐이었다.

■ 너무나 빠른 '단념'

[6실패의 최대 원인은 일시적인 패배에 너무나 간단하게 '단념'해 버리는 것이다.] 이것은 누구나 한두 번은 경험이 있지 않을까?

골드럿쉬 시대에 R·U 더비의 숙부도 그 '열기에 들떠' 서부로 떠났다. 그러나 숙부는 '금괴보다 중요한 것은 사람의 마음속에 있다'는 지식을 모르고 있었기 때문에 크게 실패하게 된다.

숙부는 삽과 곡괭이를 가지고 서부로 왔다. 그리고 곧 광맥을 찾아냈다. 그는 금광석을 실어내는 컴페어를 구입하려고 일시 광산을 폐쇄하고 메릴랜드주 윌리엄즈파크의 고향으로 돌아왔다. 그리고 친척과 이웃에서 자금을 빌려 컴페어를 구입하여 서부로 보냈다. 그리고 다시 숙부는 더비를 데리고 광산으로 돌아왔다. 더비와 숙부가 파낸 광석은 제련소에서 콜로라도주에서 가장 질이 좋은 것이라는 것을 인정받았기 때문에 그들은 금방 빚을 갚을 수가 있었다. 그러나 큰 실패는 그 다음에 일어났다.

착암기로 파내려가는 것 만큼 그들의 꿈은 크게 부풀어갔다. 그러나 어느날 갑자기, 금광맥이 사라졌다. 그들의 꿈은 허무하게 무너졌다. 그곳에는 이제 한 조각의 금도 남아 있지 않았다. 그래도 그들은 절망과 싸우면서 기도하는 마음으로 차근차근 착암기로 파내려갔다. 그러나 결국, 모든 것이 물거품으로 돌아가 버린 것을 인정해야만 했다. [7그들은 '최후의 결단을 내려' 채굴 설비를 몽땅 수백 달러의 싼 값으로 고물상에 팔아치우고 고향으로 돌아왔다.]

그런데 그 설비를 산 고물상은 혹시나 하여 광산 기사를 데리고 와서 이 광산이 정말로 가망이 없는지 조사를 해 보았다. 그 결과 더비가 이 광산을 포기해야만 했던 원인은 그들이 '단층(斷層)'에 관한 지식이 없었다는 것으로 판명되었다. 조사를 맡은 기사의 계산에 착오가 없다면 금광맥은 더비와 숙부가 채굴을 단념한 지층으로부터 '단 3 피트 아래'에 나타나게 되어 있었다. 그리고 실제로 그 지층으로부터 금광맥이 재발견되었다. 고물상은 이 광맥에서 몇백만 달러라는 금광석을 파냈던 것이다.

이것은 '소망을 단념하기 전에 보다 확실을 기하기 위해 전문가의 의견을 듣는다'는 지식과 그리고 그렇게 할 마음의 여유를 가진 자에게만 주어지는 보수였다.

■ 절망 저편에 성공이 기다리고 있다

나중에 그 이야기를 들은 더비는 마음속 깊이 후회했다. 그러나 이 대실패의 경험은 그 후, 더비가 생명 보험의 세일즈를 시작하게 되고부터 크게 도움이 되었다. 서부에서 겪은 대실패는 사소한 부주의에서 일어났다는 것을 깨달은 더비는 새로이 보험 세계로 뛰어들면서 자기 자신에게 강력한 교훈으로 삼았다.

"목표한 손님이 '노(NO)라 해도' 결코 단념하지 않겠다. 광산에서 당한 실패를 두번 다시 되풀이하지 않아야지."라고.

순식간에 더비는 연간 매상이 100만 달러를 넘는 실적을 올려 우수 영업 사원 그룹의 멤버로 끼어들기까지 성공을 했다. [8그는 '당장에 단념하는 사나이'에서 '한번 달라붙으면 떨어지지 않는 끈질긴 사나이'로 변신했다. 어느 경우이든 [9성공을 쟁취할 때까지의 인생, 그것은 절망과 좌절의 반복이다.] 일시적인 패배에서 모든 것을 단념하기란 매우 간단한 일이며, 더욱이 그 좌절에 그럴 듯한 이유를 다는 것은 그다지 어렵지는 않다.그래서 대부분 사람들은 일시적인 실패로 곧 소망을 포기하게 된다

미국에서 성공한 사람으로 불리워지는 500 명 이상의 사람들이 나에

게 이야기한 말을 빌리자면,

　　"위대한 성공이라는 것은 사람들이 패배 앞에 무릎을 꿇은 시점은
　　불과 얼마가 지났을 때에 온다."

라는 말이었다. 실패라는 것은 교활하고 약아서 마치 사기꾼과 같은
것이다. 우리가 성공에 손이 닿게 될 때, 필요한 것은 이 사기꾼에게
현혹되지 않는 명민한 지식이다.

■ 어른을 꼼짝 못하게 한 소녀

　　더비가 하드녹스 대학을 졸업하고 금광에서의 경험을 살려 인생의
새로운 제1보를 내딛으려는 결심이 굳어짐에 따라 행운의 문이 그의
눈앞에 열리기 시작했다. 그는 '노(NO)'라는 말이 반드시 진실한 '노
(NO)'를 뜻하는 것이 아니라는 사실을 차차 알게 되었다.

　　어느 날 오후, 더비가 숙부를 도와 낡은 맷돌로 밀을 빻고 있을 때의
사건을 소개할까 한다. 그의 숙부는 많은 흑인 소작인을 거느린 대농장
경영자였다. 그때 조용히 방앗간 문이 열리더니 어느 흑인 소작인의 작은
딸이 들어왔다.

　　숙부는 그 소녀를 돌아다보고 매정한 말투로 말했다.

　　"무슨 일이냐?"

　　그녀는 귀여운 목소리로 대답했다.

　　"엄마가 50 센트를 받아오라고 하셨어요."

　　"안돼! 빨리 돌아가."

　　"네에."

하고 소녀는 고분고분하게 대답을 했다.

한 발자욱도 그곳에서 움직이려고 하지 않았다.

　　숙부는 일에 열중하고 있었기 때문에 소녀가 그 자리에 아직 서 있는
것을 알지 못하고 있었다. 그러나 다시 얼굴을 들었을 때 비로소 소녀를

보고 소리를 질렀다.

"집으로 돌아가라고 했는데 뭘하고 있느냐? 빨리 돌아가지 않으면 혼내줄 테다."

소녀는 다시

"네에."

라고 대답했다. 그러나, 역시 꼼짝도 하지 않았다.

숙부는 맷돌에다 쏟아 넣으려던 밀푸대를 바닥에 놓더니 곁에 있는 저울대를 집어들고 험악한 얼굴로 소녀 쪽으로 다가갔다.

더비는 숨을 죽이고 되어 가는 상태를 지켜보았다. 몹시 화가 난 숙부의 얼굴 표정으로는 틀림없이 당장 큰 일이 벌어질 것으로 생각했기 때문이다.

숙부가 소녀 앞에 당도하기 전에 소녀가 먼저 한발 다가섰다. 그리고, 숙부를 올려다보면서 또렷한 목소리로 이렇게 말했다.

"엄마는 어쨌든 50 센트가 필요한 걸요."

숙부는 걸음을 멈추고 찬찬히 소녀의 얼굴을 들여다보고 있더니 천천히 저울대를 바닥에 놓고 주머니에 손을 집어넣어 50 센트 지폐를 꺼냈다. 그리고 소녀에게 그 돈을 내밀었다.

돈을 받자 소녀는 방금 싸워서 이긴 상대의 눈을 응시한채 천천히 문쪽으로 뒷걸음질쳐서 갔다. 소녀가 방앗간에서 나가 버리자 숙부는 상자 위에 걸터앉아 그대로 10 분 이상이나 창문 밖 허공을 바라보고 있었다. 숙부는 공포에 가까운 기분으로 방금 체험한 일을 생각하고 있었던 것이다.

더비도 또한 생각에 잠기고 있었다. 작은 흑인 소녀가 백인 어른을 완전히 압도해 버리는 것을 본 것은 이번이 처음이었다. 도대체 그녀는 어떻게 이런 일을 해 냈을까? 그처럼 화가 난 숙부를 어린 양처럼 순종케 한 것은 무엇이었을까? 어떤 불가사의한 힘을 사용하여 그 소녀는 승리자가 되었을까? 가지가지 의문이 차례로 더비의 머리속을 스쳐 지나

갔다. 그러나 그 답을 발견한 것은 그 후 몇 년이 지난 다음, 내가 이 사건에 대한 이야기를 들었을 때이다.

묘하게도 내가 이 이상한 경험담을 들은 것은 이전에 더비의 숙부가 밀을 빻고 있던 낡은 그 방앗간 안에서였다.

■ '노(NO)' 뒤에 있는 '예스(YES)'

곰팡내나는 낡은 방앗간 안에 꼼짝 않고 선채, 더비는 자신의 눈으로 보았던 그 불가사의한 일을 지금에 와서 곰곰히 생각하고 있었다. '도대체 어떻게 된 일이었을까? 격노한 숙부를 그처럼 완벽하게 꺾다니. 얼마나 무서운 아이인가?'

더비의 이 의문에 대한 대답은 이 책 어딘가에서 완전한 모양으로 상세하게 설명하고 있으므로 꼭 찾아내기를 바란다. 그리고 그 작은 소녀가 우연히 발휘한 불가사의한 힘을 당신도 몸에 지니도록 활용했으면 한다.

냉정하게 한번 더 이 사건의 본질을 분석해 보면 도대체 어떤 불가사의한 힘으로 그 소녀가 그 자리를 모면했는지 알게 될 것이다. 이 불가사의한 힘은 빠르게도 다음 단계에서 그 일단을 엿볼 수 있을 것이다. 어쨌든 이 책 어느 곳에 당신의 직감력을 길러 모든 장해를 물리칠 불가사의한 힘을 발휘하는 방법이 감추어져 있다.

그 수수께끼는 제1단계에서 해명되거나 혹은 다른 단계에서 갑자기 당신의 마음에 번뜩일지도 모른다. 또한, 하나의 아이디어로 발견될런지도 모르며 혹은 목표와 그 계획이라는 체계적인 형태를 취하고 있을 경우도 있을지 모른다. 하여튼 그 번뜩임이 당신 눈앞에 나타났을 때, 당신은 과거의 경험을 새롭게 활용할 수가 있을 것이다.

작은 흑인 소녀가 무심히 사용한 그 불가사의한 힘의 수수께끼에 대한 이야기가 끝났을 때, 더비는 생명 보험의 세일즈맨으로 활약해 온 과거

30 년간의 인생을 뒤돌아보고 그 소녀가 그에게 가르쳐 준 것에 대해 이렇게 술회했다.

"나는 이제 틀렸구나 하고 생각되는 경우를 만나면 항상 이 낡은 방앗간에서 큰 눈을 도전적으로 번쩍이며 서 있던 그 소녀의 모습을 회상하기로 했어요. 그리고 어떻게 하든 이 세일즈는 관철시켜야 한다고 자기 자신에게 타일렀습니다. 생각해 보면 세일즈의 성공은 반드시 목표한 손님이 한번 '노(NO)'라고 말한 다음이었어요."

또, 더비는 금광에서의 실패에 대해서도 솔직하게 자기 자신의 과오를 시인하고 이렇게 말했다.

"금광에서 한 경험은 모습과 형태는 달랐지만 나에게 행복으로 가는 이정표였습니다. 그 실패 덕분에 [10어떤 곤란이 다가오더라도 처음 먹은 마음으로 밀고 나가면, 반드시 관철할 수 있다.]는 것을 배웠으니까요."

더비의 체험은 매우 흔하게 있는 것처럼 생각되었으나 실은 그 안에 그의 인생을 바꾸어 버리는 중요한 비밀이 감추어져 있어서 그에게는 생명과 거의 같은 만큼 소중한 것이었다. 이 두 가지 체험을 분석하여 그 안에 감추어져 있는 비밀을 해명했기 때문에 그는 위대한 성공을 거두게 되었던 것이다.

그러나 시간적인 여유가 없기 때문에 자기의 실패 원인을 규명하여 성공의 열쇠를 발견하지 못하는 사람들은 어떻게 하면 실패를 살려 다음 기회를 잡을 수 있는 능력을 기를 수 있을 것인가?

실은 이런 사람을 위해 이 책을 쓰게 된 것이다.

■ 중요한 것은 '건전한 사고 방식'이다

이 문제에 대한 해답은 13 단계 중에 상세하게 설명하고 있으나 실제로는 예측을 못하는 인생이라 당신은 여러 가지 괴로움이나 곤란에 부딪칠 것이다. 그러나 그 해답은 반드시 마음속에서 발견할 것이다. 그 해답들은 이 책을 읽어 나가는 데 따라 목표라던가 계획이라는 형태로 당신 마음속에 번뜩일 것이 틀림없다.

[11성공을 손에 넣기 위해 필요한 것은 단 하나, '건전한 사고 방식' 이 그것이다.]

이 책에 소개되어 있는 것은 이 '건전한 사고 방식'을 만들어 내기 위한 능력을 개발하는 법이다.

이 방법에 대해 말하기 전에 다음 말을 음미해 주기 바란다.

"부와의 만남, 그것은 갑자기, 너무나 커다란 규모로 눈앞에 뛰어나오므로 보통 사람들은 자기가 가난했던 시절에는 대체 그것이 어디에 숨어 있는지 헷갈리고 만다."

이 말에는 놀라운 뜻이 포함되어 있다. 그 중에서도 중요한 것은 [12진심으로 열심히 부를 계속 찾는 자만이 부를 손에 넣을 수 있다.]라는 격언과 맞추어 생각해 보았을 때, 한층 더 그 말의 무게를 이해하게 될 것이다.

당신이 진지하게 부를 이루어 보겠다고 바라고 원하는 사람이면 그 소망은 먼저 당신 마음 가운데에 싹트고 그리고 점점 성장한 것을 기억할 것이다.

나는 25년 동안에 걸쳐 '부호라고 불리우는 사람들이 어떻게 그와 같이 되었는가'하는 수수께끼를 풀기 위해 연구를 계속해 왔으나 실은 그들도 당신과 마찬가지로 '부자가 되고 싶다.' 라고 하는 소망에서 출발했다.

이 성공의 철학을 이해하고 그리고 이것을 자기 자신을 위해 활용할 수 있게 되면 당신의 생활은 모든 면에서 잘 되어 갈 것이다. 그 동안에 당신이 마음에서 감지하는 무엇이나 그것이 현실의 것이 된다는 확신이 생기게 될 것이다.

이것은 결코 '불가능한 일'은 아니다.

[13인류의 최대 약점은 너무나 '불가능'이라는 말에 '익숙해져 있다' 는 것이다.]

사람이란 절대로 바꾸 지 못하는 '숙명'에 묶여 있다던가 제아무 리 초인적인 인간에도 반드시 '한계'라는 것이 있다는 상식을 간단하게 시인해 버리는 것은 매우 위험하다.

이와 같은 게으르고 태만한 상식을 바로잡아 불가능을 가능으로 만들어 숙명을 극복하고 한계를 타파하여 많은 사람들을 성공으로 이끌어온 '성공 철학'을 알도록 이 책이 출판되었다. 우리는 이 '성공 철학' 이야말로 진실이라는 것을 확신하고 모든 것을 걸고 이 철학을 해명해 나가도록 하자!

[14성공을 믿는 사람에게만 성공이 주어진다. 가령 조금이라도 마음 한구석에 실패를 허용한다면 그 사람에게는 실패가 찾아올 것이 틀림없다.]

이 책의 목적은 실패 공포증에 사로잡혀 있는 사람들의 마음을 자신에 가득찬 성공 의식으로 전환시키는 데 있다.

그런데 [15모든 사람에게서 볼 수 있는 또 한가지 약점은 자기 멋대로의 자기 주장이나 독선적인 고정 관념으로 모든 것을 평가하거나 결정하여 달려드는 태도이다.] 그 때문에 자기 자신은 이미 가난이나 실패나, 절망감에 사로잡혀 있다는 이유로 '이 책을 읽어 보았자 성공 따위는 할 리가 없다.'고 믿고 있는 사람이 있을지도 모른다.

이처럼 불행한 사람들을 생각했을 때 나는 한 우수한 중국인이 머리에 떠오른다. 이 중국인은 미국 교육을 받으려고 시카고 대학에 유학하고 있었는데 어느날, 총장인 허버와 캠퍼스에서 선채로 이야기를 나눈 적이 있었다.

그때 총장으로부터 '미국인의 가장 큰 특징은 무엇이라고 생각하는가'라는 질문을 받고 이 젊은 동양인은 이렇게 대답했다.

"이건 편견인지 모르겠습니다만 미국인들의 눈은 정면으로 사물을 보지 않고 있다고 생각합니다."

이 중국인의 말에 우리는 어떤 반론을 제기할 수 있을까?

많건적건 사람은 누구나 편견을 가지고 있다. 그래서 자기 말에만 귀를 기울이고 자기 생각만이 정당하다고 규정짓는 것은 위험하다. 그러나 사람들은 애석하게도 자기 자신의 관찰만이 올바르다고 믿고 있다. 이 사실은 결국, 사람들은 서로가 정면으로 사물을 보고 있지 않다는 것을 말해 주고 있다. 왜냐하면 사람들은 각각 자기 자신과는 다른 인간이기 때문이다. 즉 사람들은 각자의 껍질속에 틀어박혀 있다.

■ 바라기 때문에 실현한다

헨리 포드가 저 유명한 V 에잇 엔진을 개발하려고 마음먹었을 때의 이야기를 하려고 한다.

포드는 8 개의 실린더를 하나로 묶어 조립한 엔진을 제작하려고 기사들에게 설계를 의뢰했다. 그러나 포드의 아이디어를 설계도에 그려본 기사들은 8 실린더 엔진이란 이론적으로 불가능하다고 결론지었다.

"무슨 일이 있어도 만들어야 한다."

포드는 이렇게 명령했다.

"허지만 불가능한 것은 불가능합니다."

기사들은 반론을 제기했으나

"어쨌든 해야 한다. 가령, 아무리 많은 시간이 걸려도 완성할 때까지 일에 몰두하라."

포드는 단념하지 않았다. 이와 같은 언쟁이 있었으나 결국, 기사들은 포드의 명령에 따라 이 엔진 개발을 착수하게 되었다. 그러나 반년이 지나도 8 실린더 엔진은 어디에서 어떻게 손을 대야 할지 그것조차 찾아내지 못했다. 그리고 또 반 년이 아무런 성과없이 지나고 말았다.

　기사들은 포드의 명령에 따라 온갖 상상력을 동원하여 사운을 걸고 필사적인 연구를 계속했으나 결국 포드의 명령 자체가 도리가 없는 불가능이라는 기사들의 결론이 내려졌다.

　그해의 세모에 포드는 세 번째로 8 실린더 엔진은 역시 불가능한 일이라는 기사들의 보고를 받았으나

　"몇번이건 도전하라. 나에게는 어쨌든 그것이 필요하다."

　포드의 대답은 이것 뿐이었다.

　그런데 불과 얼마 후에 갑자기 기사들이 V 에잇 엔진을 완성시켰다. 이렇게 하여 포드는 승리의 날을 맞이했다.

　이 이야기의 상세한 내용은 생략하겠으나 포드의 마음속에 있었던 그 무엇이 구체적으로 바로 현실로 나타났던 것이다. 당신이 진지하게 풍족해지기를 바라고 있다면 포드의 '성공 철학'에 대해 이미 무엇인가 느꼈으리라고 생각한다. 소망이 성취되는 시기라는 것은 실은 그다지 멀리 있는 것이 아니다. 포드는 성공 철학을 이해하고 활용한 덕분에 큰 성공자가 되었지만 이 '성공 철학'의 근본은 소망과 그리고 명확한 목표에 있었다. 이것을 이해할 수 있다면 당신도 반드시 포드와 동등한 성공을 거두게 될 것으로 안다.

■ 진리의 시(詩)

　시인 헨리는 그의 예언중에서 '나야말로 내 운명의 지배자이며 내 혼의 선장이다'라고 읊고 있으나 이는 만인에게 공통되는 진리이다. 왜냐하면 우리들만이 우리들의 사고를 컨트롤하는 힘을 가지고 있기 때문이다.

　헨리는 우리들의 마음을 지배하고 있는 의지의 힘이야말로 우리들의 두뇌에 자극을 주어 조화가 이루어진 생각을 낳게 하여 행복한 인생을 창조한다는 사실을 호소하고 싶었던 것이다. 막대한 부를 쌓아올려 성공을 쟁취하기 위해서는 첫째, 그렇게 되기를 오로지 바라는 일이다. 그리

고. 그 바램이 자기의 의지가 되어 마음을 컨트롤하게 되어서야 비로소 목표로 향하는 단호한 계획이 생겨나게 된다는 것을 이 시는 가르쳐 주고 있다.

헨리는 시인이오 철학자는 아니었으므로 이 시가 진리를 가르쳐 주고 있었지만 그 내용은 당장 이해가 되지 않았다. 그러나 헨리의 확신은 느리기는 하였으나 그 진리 자체가 정체를 나타내기 시작하여 오늘에 와서는 이 진리를 인간의 운명을 극복하는 '성공 철학'으로 이 책에서도 채택하게 되었다.

■ 운명을 바꾼 학생

이 '성공 철학'을 배울 준비는 충분히 되었으리라고 생각하나 여기서 마음을 가라앉혀 주기 바라며 '성공 철학'이 한 사람에 의해 만들어졌다는 것도 잊어 주었으면 한다. 이 '성공 철학'은 지금까지 수많은 사람들에게 도움이 되었던 것과 마찬가지로 반드시 당신을 위해서도 영원히 도움이 될 것이다. 이 사실은 곧 알게 된다.

몇년 전 일이지만 나는 웨스트 버지니아주의 살렘 대학 졸업식의 기념 강연을 의뢰받은 적이 있었다. 나는 강연중에 이 책에서 말한 '성공 철학'에 대해 열의를 기울여 해설을 하였던 바, 어느 한 학생이 무척 큰 영향을 받은 듯했다. 이 학생은 후일 국회 의원이 되어 F. D. 루즈벨트 대통령 시대에 요직에 취임하였는데 그로부터 나의 '성공 철학'에 대해 의견이 보내왔으므로 여기에 소개하겠으니 당신도 그 내용을 검토해 주었으면 한다.

친애하는 나폴레옹 선생님께

국회 의원으로 일하고 있는 나로서는 사람들마다 가지고 있는 여러가지 고민을 잘 알고 있습니다. 이 고민을 안고 있는 수천 명이나 되는 남성이나 여성을 위해 조금이나마 도움이 되어 주었으면 하고 펜을 들었습니다.

1922년의 일이었다고 생각됩니다. 나는 살렘 대학 졸업식에서 선생님의 기념 강연을 들은 바 있습니다. 나는 선생님의 그 강연 덕분으로 국민에 대한 책임감과 장래에 대한 사명감을 가지게 되었습니다. 말씀 가운데에 특히 포드 이야기는 지금도 그때의 감동을 잊을 수가 없습니다. 나는 그 강연을 듣고 여하한 어려움이나 괴로움도 반드시 자기의 인생은 자기 자신의 힘으로 헤쳐 나갈 수 있다는 자신감을 가지게 되었습니다.

금년에도 수천 명이라는 학생들이 졸업을 하게 되어 있습니다. 그들도 당시 내가 배웠던 실천적이고 용기에 충만한 선생님의 강연을 기대하고 있습니다. 그들은 어디에서 인생의 방향을 전환하고 무엇을 실행하여 어떻게 인생을 개척해 나가면 될 것인가를 알고 싶어하고 있습니다. 지금까지 수없이 많은 사람들의 고민을 해결해 주신 선생님의 힘을 꼭 빌렸으면 합니다.

지금 우리 나라에서 대체 얼마나 많은 사람들이 경제적 배경도 없는 현 상태에서 탈출하여 풍족해지려고 노력하고 있는지 모릅니다. 만약 이런 사람들을 구할 수 있는 사람이 누구냐 하면 그는 바로 나폴레옹 선생님 이외는 없다고 믿고 있습니다.

또한 만일 책을 출판하셨다면 꼭 초판본을 저에게 보내 주시기 바랍니다. 그때 자필로 된 싸인을 해 주시면 그 이상 고마운 일이 없겠습니다.

제닝스 랜돌프

이렇게 되어 나는 그 강연으로부터 35 년 후인 1957년에 다시 살렘 대학 졸업식에서 기념 강연회를 하게 되었으며 그때 그 대학에서 명예 문학 박사의 칭호도 받게 되었다.

1922 년 이래 나는 J. 랜돌프를 지켜 보아 왔지만 그는 그후 미국의 일류 항공 회사의 중역이 되었다. 그리고 한편으로는 웨스트 버지니아주 출신의 상원 의원으로 또, 위대한 사회 지도자로 활약을 계속하고 있다.

요점정리

E.C. 번즈처럼 풍채도 신통치 않은데다 무일푼인 사나이라도 타오르는 소망을 가지고 있는 한, 누구나 자기의 인생을 개척해 나갈 수 있다.

노력의 방향이 잘못되어 있지 않은 한, 괴로운 시대가 길면 길수록 성공의 때는 가까와지고 있다. 그런데도 성공을 눈앞에 두고도 중도에서 단념하는 사람이 많다. 그들은 이름도 모르는 사람들에게 승리를 넘겨주고 마는 사람들이다

'목표를 가질 것' 그것이 모든 성공의 제1보이다. 가령 어린아이라 할지라도 확고한 목표를 가지고 있으면 장정도 쓰러뜨릴 수 있다. 항상 자기에게 주어진 사명의 중요성을 인식하고 타성을 타파하고 노력을 계속한다면 불가능을 가능으로 바꾸는 것도 어렵지 않다.

또 H. 포드처럼 자기의 신념과 인내력을 남에게도 가지게 함으로써 '불가능' 을 극복할 수도 있다.

"그것이 무엇이건 인간이 상상하여 믿을 수 있는 것은 반드시 실현시킬 수 있다."

소 망

꿈을 꾸기만 해서는 안 된다.
불타오르는 소망을 가져야 한다.
무엇을 갖고 싶은가 그것을 결정하는 일이 인생의 제 1보이다.
강렬한 소망은 반드시 실현된다.

성공 철학 · 제 1 단계
소 망

E. C. 번즈가 뉴저지주의 이스트 오렌지에서 화물 열차를 내린 것은 지금부터 약 50 년 이전의 일이었다. 그의 복장은 부랑자의 차림이었으나 '마음'만은 왕자에게도 뒤지지 않는 자신감에 넘쳐 있었다.

정거장에서 T. A. 에디슨의 연구소로 향하는 그의 마음은 이미 사업에 대한 생각으로 가득차 있었다. 그리고 이 위대한 발명가와 함께 사업을 한다는 인생에서 가장 크게 불타오르는 소망의 제1보로써 드디어 번즈는 에디슨 연구소의 문을 두들겼던 것이다.

번즈가 가지고 있던 소망은 꿈이나 희망과 같은 그런 간단한 것은 아니었다. 무엇인가를 초월해야 하는 절대적인 것이었다.

그로부터 몇 년도 지나기 전에 번즈는 어엿한 공동 경영자로서 에디슨 앞에 섰다. 이때, 그의 인생을 건 소망은 바로 현실의 것으로 되어 있었다. 모든 정력, 모든 능력, 모든 노력, 그 밖의 모든 것을 이 '절대적인 소망'에 전력 투구함으로써 번즈는 대성공을 거두게 되었던 것이다.

■ 퇴각을 생각하지 말라

에디슨 연구소에서의 처음 5 년 동안은 별다른 일없이 지나갔다. 누가 보아도 번즈는 한 개의 톱니바퀴로밖에 보이지 않았으나 번즈 자신은 처음 에디슨을 만났을 때부터 내내 그와 동업자라는 생각을 잠시도 잊은 때가 없었다.

번즈는 공동 경영자가 되기 위한 면밀한 계획을 짜고 있었다. 그리고, 그 계획에는 퇴각을 위한 어떤 길도 모두 차단되어 있었다. 이 계획이야말로 그의 인생에 있어서 최대의 것이오. 최후의 길이라고 몇번이나 자기 자신의 마음속에 타일렀다. 그리고 끝내는 그 계획이 실현되었다.

이스트 오렌지를 처음 찾아왔을 때부터 그는 에디슨으로부터 일자리를 얻겠다는 소극적인 생각은 추호도 없었다. 번즈는 에디슨과 동업을 하기 위해 이스트 오렌지에 왔다고 몇번이고 거듭 마음에 다짐했다.

그에게는 에디슨 연구소에서 소망이 무너졌을 때를 대비하여 달리 기회를 찾도록 해 두자는 생각 따위는 털끝 만큼도 없었다. 이 세상에서 자기가 성취하고 싶은 일은 '단 한 가지'이며 그것을 위해 인생의 모든 것을 걸겠다고 단단히 마음을 먹었다.

"번즈는 〔[1]후퇴란 불가능하며 승리가 없으면 오직 패배밖에 없다는 엄한 양자 택일의 길을 스스로 만들어냈던 것이다〕."

이것이 바로 E. C. 번즈의 성공 철학이었다.

■ 배를 태워버린 장군

옛날, 어느 위대한 장군이 싸움터에서 중대한 결단을 내려야 할 시점에 몰렸던 일이 있었다. 1천 명 남짓한 병사를 거느리고 1만명이 넘는 강병이 기다리고 있는 적진 한가운데로 쳐들어가야 할 절박한 처지에 있었다. 장군은 병사들을 선단에 나누어 태워, 가만히 적국으로 숨어들어 갔다. 군사와 무기 탄약을 모두 배에서 하선시키자 장군은 모든 배를 태워 버리도록 명령을 내렸다.

붉게 타오르는 선단을 앞에 두고 장군은 이렇게 말했다.

"제군, 지금 우리의 선단은 화염에 싸여 불타고 있다. (²우리들에게
는 이제 도망갈 배조차 없다. 그르므로 우리가 살아서 돌아갈 길은
오직 이기는 길밖에 없다. 승리가 아니면 전멸이 있을 뿐이다.)"

그들은 이겼다. 목표하는 것이 무엇이건 승리를 얻기 위해서는 스스로
자기의 배를 불태워 퇴각하기 위한 모든 수단을 끊어버려야 했다. 그렇
게 하므로써 '성공 철학'의 제1단계인 '불타오르기만 하는 소망'이 그
위력을 발휘한다.

시카고에 큰 화재가 발생한 이튿날 아침, 상인들은 길모퉁이에 모여
어제밤까지 자기들의 가게였던 불탄 자리를 물끄러미 바라보고 있었
다. 그들은 다시 이 땅에 가게를 짓느냐 아니면 시카고를 버리고 좀더
장래성이 있는 다른 곳으로 옮기느냐를 상의하고 있었다. 그러나 결국,
단 한 사람을 제외하고는 전원이 시카고를 떠나기로 결의가 되었다.

이곳에 머물러 가게를 재건하기로 결정한 단 한 사람은 불탄 자리를
가르키며 이렇게 선언했다.

"여러분, 앞으로 몇번이고 화재를 당해도 나는 반드시 이땅에 세계
에서 제일가는 가게를 세워 보겠습니다."

이것은 거의 1세기 이전의 이야기이지만 세워진 빌딩은 지금도 타오
르는 소망을 상징하는 기념탑으로서 굳건하게 서 있다.

그 단 한 사람이었던 마샬 필드도 다른 동료들과 마찬가지로 앞으로의
전망도 없어 보이는 이 땅을 버리는 일은 매우 쉬웠을 것이다. 그러나
M 필드와 다른 상인들과의 차이점을 주의깊게 볼 필요가 있다. 그 차이
야말로 사람을 성공으로 이끌어 가느냐 아니면 실패로 끝나 버리느냐
하는 포인트이기 때문이다.

돈의 고마움을 알게 되는 나이가 되면 누구나 돈을 벌고 싶어한다.
그러나 다만 가지고 싶어하는 것만으로 돈이 손에 들어오지는 않는다.
마음속으로부터 부자가 되고 싶다고 염원하여 그 소원을 달성하기 위해
착실한 계획을 세우고 '결코 타협을 허용하지 않는다'는 결의 아래, 그

계획을 실행해 나가면 소망은 반드시 이루어질 것이다.

■ 소망 달성을 위한 6 가지 스텝

부자가 되고 싶다는 '소망'을 달성하기 위해 반드시 밟아야 할 6 가지 스텝을 소개한다.

1. 당신이 바라고 있는 돈의 '금액'을 명확하게 할 것. 단, 단순히 '많은 돈을 벌고 싶다'란 생각만으로는 안된다.(이것은 나중에도 설명하겠지만 심리학적으로 중요한 뜻이 있다)
2. 당신이 가지고 싶어하는 돈을 얻기 위해 당신은 '무엇을 치룰 것인가'를 결정할 것. 이 세상에는 댓가 없는 보답이란 존재하지 않는다.
3. 소망을 달성하는 '기일'을 결정할 것.
4. 돈을 얻기 위한 면밀한 계획을 세워 가령, 그 준비가 되어 있지 않다 해도 상관하지 말고 즉시 행동에 들어갈 것.
5. 지금까지의 4 가지 스텝(얻고 싶은 돈의 금액, 그러기 위해 할 일, 그 기일, 그리고 면밀한 계획)을 종이에 상세하게 기술할 것.
6. 이 종이에 쓰여진 선언을 1일 2 회, 잠자리에 들기 직전과 기상 후 즉시, 되도록 큰소리로 읽을 것. 이 경우, 당신이 이미 그 돈을 가졌다고 생각하여 그렇게 믿어 버리도록 하는 것이 중요하다.

부자가 되기 위해서는 이 6 가지 스텝을 정확하게 따라야 하는 것은 물론이지만, 그 중에서도 중요한 것은 제 6 의 스텝이다. 그러나 아직 가지고 있지도 않은 돈을 이미 손에 넣었다고 생각하라고 해도 그건 불가능하다고 이의를 다는 사람이 있을지도 모른다. 그러나 여기가 바로 '소망'을 현실의 것으로 만들 수 있는가, 없는가의 갈림길이 되는 곳이다. 당신이 진심으로 돈을 갖고 싶다고 원하고 있다면 그리고 당신이라면 반드시 그 돈이 손에 들어왔을 때의 일도 상상할 수 있을 것이다.

■ 1억 달러의 가치가 있는 교훈

그런데 또 '마음의 작용'이 가지고 있는 위대한 힘을 이해못하고 있는 사람들 중에는 이 6 가지 스텝의 교훈을 우습게 생각하는 사람이 있을 것이다. 그러나 철강왕 A 카네기도 어느 제강 공장에서 한 명의 노동자로 인생을 출발했으나 이 6 가지 스텝을 실행하여 드디어는 1억 달러가 넘는 대부호가 되었다.

또 한 가지 알아두어야 할 것은 이 6 가지 스텝은 단지 '돈벌이'에만 쓰이는 것이 아니고 다른 어떤 소망에도 그대로 도움이 된다는 사실이 에디슨에 의해 실행되어 그 진가가 실증되고 있다.

이 교훈이 요구하는 것은 '어려운 일'도 아니며 '희생'이나 '고도의 교육'에 있는 것도 아니다. 중요한 것은 소망이 반드시 이루어진다는 것을 굳게 믿고, 운은 반드시 트인다는 '상상력'을 몸에 지니고 있어야 한다. 모든 (³성공자라고 불리우는 사람들은 처음에 꿈을 그리고, 희망을 가지고, 소망을 불태워 계획을 세운 사람들이었다.) 그러므로 지금 당장, 부자가 되고 싶다는 '활활 타는 소망'을 가지고 반드시 부자가 될 것이라는 '믿음'만 있으면 반드시 성공할 수 있다.

■ 진실한 공상가

부를 누리고 싶다고 염원하고 있는 사람들은 첫째, 우리가 살고 있는 이 세계는 끊임없이 전진하고 있다는 사실을 알고 있어야 한다. 차례차례로 새로운 지도자가 나타나고, 새로운 발명이 되고, 새로운 교육법이 개발되고, 새로운 시장이 창조되고 또, 새로운 서적, 새로운 문학, 새로운 텔레비전 프로그램, 새로운 영화 등이 계속 만들어지고 있다는 사실을 인식하고 있어야 한다. 이 발전과 약진 이면에 소용돌이치고 있는 에너지, 그것이 '불타는 듯한 소망'이라는 것을 간과해서는 안된다.

세계적인 지도자로 존경을 받았던 사람들은 항상 아직 볼 수도 만질 수도 없는 미래를 굳게 믿는 힘을 가지고 있었기 때문에 마찬루를 세우고, 도시를 건설하고, 공장을 세우고, 비행기와 자동차 등 인류의 생활에 편리한 온갖 것을 만들어냈다.

이 변화 무쌍한 세계에서 성공하기를 원한다면 우리들의 일을 '공상가'로 비웃는 사람들의 말에 동요되어서는 안된다. 선배들의 개척자 정신을 몸에 간직하고, 그 개척들의 꿈이 바로 현대의 가치있는 이 문명을 창조하고, 그 정신이 활력의 원천이 되어 우리의 재능을 여기까지 개발했다는 사실을 잊어서는 안된다.

〔⁴나태하고 겁이 많은 비판주의자가 새로운 세계를 창조한다는 것은 있을 수 없다.〕

당신이 지금부터 하려고 하는 일이 올바른 일이므로 그 실현을 믿을 수 있다면 당신은 전진이 있을 뿐이다. 당신의 그 꿈에 감연히 도전하라. 만일 실패하면 어떻게 할 것인가 하는 걱정은 무시한다. 왜냐하면 그런 걱정을 하는 사람은 어떤 실패에도 그 이면에는 반드시 가치있는 성공의 씨앗이 감추어져 있다는 사실을 모르는 사람들이기 때문이다.

에디슨은 전등 발명에 꿈을 두고 '몇천 번이라는 실패'에도 불구하고 최후까지 그 꿈을 버리지 않았다.

〔⁵진실한 공상가는 중도에서 간단히 손을 드는 그런 '약한 사람'은 아니다.〕

호에런은 담배의 체인 스토어를 만들겠다고 작심하고 드디어 미국 최대의 유나이티드 담배 스토어를 실현했다. 라이트 형제의 하늘을 날아보고 싶다는 진지한 꿈은 오늘날의 하늘에 세계를 창조했다.

마르코니는 눈에 보이지 않는 전파의 힘에 꿈을 걸었다. 그것이 오늘의 라디오와 텔레비전을 탄생시킨 것이다. 그러나 마르코니가 전선을 사용하지 않고 공중으로 통신이 된다는 이론을 발표했을 때, 친구들은 그를 정신 병원으로 데리고 갔다는 이야기는 지금도 화제가 되고 있다.

주의해 살펴보면 지금은 옛날의 공상가들이 알아차리지 못한 발명이나 발견 기회가 많이 주어져 있다는 것을 알게 될 것이다.

■ 꿈이 소망을 낳는다

무엇이 되고 싶다, 무엇을 완성시키고 싶다고 하는 강렬한 소망을 가진 사람들을 '공상가'라고 부르고 있으나 진실한 공상가란 바보도 아니고 게으름뱅이도 아닐 뿐 아니라 도박꾼도 아니다. [6성공으로 이르는 길을 개척해 나가려는 사람들의 스타트는 비참할 경우가 적지 않다.] 게다가 도중에는 가슴이 터지도록 고난에 시달려야 한다. 그러나 그들이 인생의 전기를 잡게 되는 시기는 언제나 최악 사태의 한창때이었던 것이다.

J 번연은 영국의 명작이라고 일컬어지는 '천로역정(天路歷程)'의 작자이지만 이 작품이 완성된 것은 종교 재판에 져서 투옥된 이후였다.

O 헨리는 오하이오주 콜럼부스의 독방 안에서 비로소 자신에게 잠재해 있는 천재적인 재능을 깨달았다. 그러므로 그 불행한 운명에도 불구하고 비참한 범죄인으로 일생을 끝내지 않고 위대한 작가로서의 또 하나의 생애를 굳건하게 쌓아올렸다.

C. 디킨즈는 평범한 상표를 붙이는 장인이었으나 쓰라린 실연을 경험함으로써 세계적인 작가가 되었다.

H. 켈러는 태어나자 곧 장님에 귀머거리, 벙어리라는 3중고의 몸이 되었으나 그 참혹한 불행에도 불구하고 역사의 한 페이지에 그의 이름을 장식했다. 그녀는 생애를 통해 [7패배를 인정하지 않으면 누구에게도 패배는 있을 수 없다.]라는 말을 증명한 사람이다.

R. 번즈는 배우지 못한 시골의 가난뱅이었을 뿐 아니라 알콜 중독자로까지 전락했으나 그의 순결 무구한 마음으로 읊은 그 아름다운 시는

많은 사람들의 공감을 얻어 마지막에는 행복한 생애를 마쳤다.

베토벤도 실은 귀머거리였으며 '실락원(失樂園)'을 쓴 영국 최대의 시인 밀튼은 장님이었다. 그러나 이 두 사람의 진지한 공상은 훌륭한 예술로 결정(結晶)되어 그 이름은 영구히 잊어지지 않고 있다.

단순히 희망을 가지는 것과 소망을 현실의 것으로 받아들이는 마음의 준비를 하는 것과는 근본적인 차이가 있다. 소망은 반드시 실현될 것을 마음으로 믿지 않는 한 그것을 받아들이는 마음의 준비를 할 수는 없다. 즉 희망이나 기대가 아닌 '신념'을 가지는 것이 중요하다. 또 동시에 항상 마음에 여유를 가지도록 하는 것도 중요하다. 신념은 물론이거니와 성의와 용기도 마음이 초조하면 발휘하기 어렵다.

이것은 비참하고 가난한 인생을 감수하는 것보다 '부자가 되자, 성공하자'라고 결심하는 편이 훨씬 쉽다는 것을 알아라.

다음 시가 이 진리를 가르쳐 주고 있다.

인생을 1 페니라는 싼 값에 파는 사람에게
인생은 그 이상의 지불은 하지 않는다.
나중에 가서 후회해 보아도
더 팔 것은 아무것도 없으리라.
인생에 고용되려고 하는 사람에게 인생은 바라는 만큼의 급료를 주겠지.
그러나 한번 급료가 결정되면
일생 그 급료로 참아야 한다.
가령. 비참한 일이라도
자진하여 고생을 배운다면
자립심을 가지고 전진하는 사람에게 인생은 어떤 부라도 부여해 주리라.

■ 소망이 불가능을 극복한다

이 단계의 클라이막스에 내가 가장 감동을 받은 인물을 소개할까 한다. 이는 귀가 없이 태어난 불행한 소년의 이야기이다.

내가 처음 그와 만났던 것은 그가 이 세상에 태어나 불과 몇분 후의 일이었다. 의사는 이 갓난아기가 일생 동안 농아로서 살아야 한다고 선언했다.

그러나 나는 이 의사가 한 말을 믿지 않았다. 나에게는 그런 권리가 있다고 생각했기 때문이다. 그 이유는 이 아기의 아버지는 바로 나였기 때문이다.

나에게는 이미 가지고 있던 신념이 있었으나 그것을 나는 오랫동안 가슴속 깊이 간직하기만 하고 있었다.

나는 내 아들이 듣고 말하는 능력을 가지고 있을 것이라고 믿고 있었다. 어째서 그렇게 믿고 있었는가 하고 물으면 명확한 답변을 하지 못하지만 방법만 발견되면 그는 정상적인 사람이 될 것이라고 믿고 있었기 때문이다.

나는 에머슨이 한 말을 생각하고 있었다.

"천지 우주를 관장하고 있는 자연의 법칙이 우리들에게 해야 할 일을 가르쳐 주고 있다. 그러나 다만 솔직하게 따르는 것이 좋다. 사람들에게는 각기 살아가는 길이 있다. 귀를 기울이고 조용히 들어 보면 올바른 가르침이 너에게도 들리리라."

바른 가르침, 그것이 곧 '소망'이라는 것이다! 무엇보다도 나는 내 아들이 결코 농아가 아니라는 것을 열망하고 있었다. 나의 이 소망은 지금까지 단 한번도 동요한 적은 없었다.

그러나 지금 나는 무엇을 할 수 있는가? 어쨌든 귀가 없어도 소리를 두뇌에 전달하는 방법이 있을 것이라는 나의 불타오르는 소망을 내아들의 마음속에 심어 주는 일이 선결 문제라고 나는 생각했다.

내 가슴은 이것으로 가득차 있었으나 누구에게도 털어놓지 못했다. 다만 매일 '내 아들은 농아가 아니다.' 라는 것이 신념이 될 때까지 내 자신에게 타일렀다.

약간 자랐을 때, 아들은 불과 조금이지만 약간의 청력이 있다는 것을 알았다. 그러나 다른 아이들이 말을 하기 시작할 무렵이 되어도 아들은 겨우 그 표정의 움직임만으로 청력어 있다는 것을 알 뿐이었다. 그러나 나에게는 그것으로 충분했다. 만일 조금이라도 들을 수가 있다면 그 능력을 키울 수가 있을 것이라고 생각했기 때문이다. 마침 그 무렵, 예기치도 않았던 일로 희망의 빛이 비치기 시작했다.

■ 길을 찾았다!

내가 축음기(蓄音機)를 사왔을 때의 일이다. 아들은 태어나서 처음으로 음악을 듣고 완전히 흥분하여 축음기가 아주 마음에 든 모양이었다. 아들은 상자의 모퉁이를 입으로 물듯이 한 자세로 레코드를 청취하고 있었다. 이런 아들의 자세는 매우 중요한 뜻을 가지고 있었지만 '골전도(骨傳道)'라고 일컬어지는 현상을 들어본 적도 없었던 나로서는 몇 년이나 그 중요성을 깨닫지 못했다.

아들이 이제 축음기에도 진력이 난 얼마 후, 나는 그의 두개골에서 비스듬히 아래쪽에 있는 약간 뾰족한 뼈에 입술을 대고 말을 하였더니 잘 들리는 듯한 것을 알았다. 그래서 당장 이 새로운 발견을 이용하여 나는 자유롭게 듣고 말하는 것을 그가 열망하도록 유도해 나갔다. 마침 아들은 잠자기 전에 옛날 이야기를 듣기를 매우 좋아했으므로 나는 특별한 이야기를 창작하여 '들을 수 있는 정상적인 사람이 되고 싶다'는 열렬한 소원과 자립심과 상상력을 가지도록 철저하게 훈련시켰다. 이 이야기를 만드는 데 있어서 신경을 쓴 일은 아들의 이 불행은 열등한 것이 아니라 오히려 고마운 가치있는 것이라고 그에게 설득한 내용이었다. 내가 연구한 여러 가지 철학 서적 안에도 '불행에는 반드시 그와 동등한 가치가 감추어져 있다'고 하는 진리가 쓰여져 있다. 그러나 정직하게

말하면 나중에 와서 보기까지는 아들의 불행이 대체 어떤 가치를 가지고
있는지 상상도 하지 못했다.

■ 이제 누구도 말리지 못한다

지금 와서 회상해 보면 아들이 시종 나를 '신뢰'해 준 것이 매우 고마
웠다. 이 노력은 반드시 보답을 받는다는 나의 말을 아무런 의문없이
믿어 주었던 것이다. 예를 들면 귀가 없어도 학교에 가면 선생님들은
틀림없이 친절하게 대해 줄 것이며, 좀 자라면 신문팔이라도 할 수 있을
것이며 (그의 형은 이미 신문을 팔아 돈을 벌고 있었다), 귀가 없는데도
기특한 소년이라고 모두가 귀여워할 것이라는 내 말을 순수하게 믿어
주었다.

이런 '특별 교육'이 열매를 맺기 시작했다는 것을 안 것은 그가 7세가
되었을 때이다. 그는 신문을 팔겠다고 강경하게 졸랐으나 아내는 여간해
서 허락하지 않았다. 하는 수 없다고 생각한 그는 자기 자신의 힘으로
신문을 팔아 보겠다고 결심을 했다.

어느날 오후, 하녀와 함께 집에 두고 가족이 외출을 했을 때의 일이
다. 그는 하녀의 눈을 피해 부엌의 창을 통해 바깥으로 나오자 먼저 근처
의 구두방에서 6센트를 빌려 신문을 살 밑천을 만들었다. 신문을 구입
하여 팔아 치우자 그 매상금으로 다시 신문을 구입하여 팔고 이렇게
하여 그는 해가 저물 때까지 장사를 했다. 마지막에 수지 결산을 하여
구두방에 빌린 돈을 갚고 보니 순이익 42센트가 그의 작은 손에 떨어졌
다. 그날 밤, 우리가 집에 돌아왔을 때, 아들은 그 돈을 손에 꼭 쥔채,
피곤에 지쳐 잠이 들어 있었다.

아내는 아들의 쥔 그 손을 살그머니 펴고 동전을 꺼내 보더니 자기도
모르게 울음을 터뜨렸다. 그녀는 아들의 승리에 감동하여 그만 울어버렸
던 것이다. 그러나, 나는 반대로 마음속으로부터 기쁨에 복받쳐 큰 소리

로 환성을 지르고 말았다. 아들의 마음속에 신념을 심어 주려고 했던 그 노력이 드디어 대성공을 거두었다는 것을 이 42 센트가 증명해 주었기 때문이다.

아내는 목숨을 걸고 돈을 벌려고 한 작은 이 귀머거리 아들의 손을 언제까지나 눈물을 흘리며 부여잡고 있었다. 나도 자신의 의지로 신문을 팔고 온 내 아들에게서 용감하고 큰뜻을 품은 자립심을 갖춘 작은 실업가를 보았다. 나는 너무나 기뻤다. 그것은 오늘 밤의 일이 평생 그를 용기 있는 사나이로 만들어 줄 것이라고 믿었기 때문이다.

■ 들렸다!

이 작은 귀머거리 소년은 선생님이 큰 소리로 이야기하지 않는 한, 전혀 알아듣지 못한 채, 대학까지 진학을 했다. 수화를 배우는 것을 원치 않는 우리의 바램에 따라 그는 농아 학교에 가지 않았다.

이 일로 학교의 사무국과 심한 논쟁이 있었으나 아들은 정상적인 인간으로서 정상적인 생활을 해야 한다는 우리의 신념은 변함이 없었다.

고교를 다닐 때 아들은 전기 보청기를 시험해 보았으나 아무런 도움이 되지 못했다.

그러나 대학 생활 마지막 주에 그의 생애에서 가장 중대한 사건이, 그것도 아주 우발적인 일로 일어났다. 실은 어느 메이커에서 보내온 보청기의 견본이 이야기의 시작이다. 보청기에 대하여는 이전에 이미 실망하고 있었으므로 처음에는 시험해 보기가 싫은 듯했다. 그러다 무심코 그 기구를 귀에 대고 스위치를 넣은 순간, 오랫동안의 꿈이었던 정상 청력이 마치 마술이라도 건 듯이 나타났다. 그는 생애에서 처음으로 정상인과 같은 경험을 했다.

그는 기쁨으로 흥분하여 제일 먼저 어머니에게 전화를 했다. 그리고 어머니의 말을 자기의 귀로 완전히 알아들었던 것이다. 그리고 또 다음 날 처음으로 교수의 강의를 분명하게 들을 수가 있었으며 소리를 지르지 않고도 친구들과 대화가 되었다. 아들은 지금까지와는 다른 새로운 세계를 자기 것으로 만들었던 것이다.

오랜 소망은 이것으로 이루어졌다. 그러나 우리는 여기서 만족하지 않았다. 진실한 승리 즉 스스로의 불행을 동등한 가치가 있는 것으로 전환시키기 위해 다음의 새로운 노력의 스타트를 끊었다.

■ 귀가 부자유스러운 소년의 큰뜻

아들은 새로운 소리의 세계에 황홀감을 느꼈다. 그는 보청기 메이커에 편지로 그의 훌륭한 체험을 상세하게 알렸다. 얼마 후 메이커로부터 초대장이 와서 그는 뉴욕에 가게 되었다. 공장 안내를 받으면서 그는 경험을 통해 얻은 보청기의 개량점이나 아이디어에 대해 기술 주임과 대화를 하고 있다가 그때 갑자기 그의 머리속에 불행을 전환시킨 그 이상의 가치를 창조하는 방법이 떠올랐다. 그리고 그것에 의해 그는 장래의 수입과 행복을 약속받게 되었다.

그때 그의 머리에 떠오른 것이란 귀머거리로 일생을 보내야 하는 몇백만 명이나 되는 불행한 사람들을 위해 자신의 경험을 살려보고 싶다는 소망 그것이었다.

그후 1개월 가량 그는 보청기에 관해 재검토를 하는 한편 실태 조사를 했다. 그리고 한 사람이라도 더 많은 사람들에게 이 새로운 소리가 있는 세계를 알리고 싶다는 소망을 실현시키기 위하여는 첫째로 전세계의 난청자들을 만나 보아야 한다고 생각했다. 그는 2년간의 행동 계획을 짜서 메이커에 제출하였던 바, 당장에 받아들여졌을 뿐 아니라, 그 자신도 메이커에서 직책을 부여받았다.

만일 그가 불행한 사람들에게 기쁨과 희망을 주고 싶다고 원하지 않았더라면 이 불행한 사람들은 언제까지나 구원을 받지 못했을지도 모른다.

무엇보다도 만일 우리 부부가 아들인 블레일의 성격을 이렇게 특별 훈련을 시키지 않았더라면 그도 보통 농아인으로 일생을 보냈을 것이 틀림없다. 듣고 말하는 능력을 얻고 싶다는 소망과 신념을 아들의 마음 속에 싹트게 하여 정상인으로서의 생활을 동경하게 하도록 교육시켜 온 것이 어느 사이엔가 그를 정적의 세계로부터 구출한 것이다. 바로 '불타오르는 소망'이야말로 불가능을 가능케하는 힘이며, 블레일이 정상 의 청력을 얻게 된 것도 이 소망의 덕택이었다.

만일 불행하게도 좌절한 채 있었다면 그는 벌거숭이와 마찬가지로 비참하게 이 사회를 살아가야 했으리라. 어릴적부터 내가 그의 마음속에 새겨온 '빛나는 미래'를 그가 믿어 준 것이 행복을 가지고 왔다 하겠다.

■ 소망의 힘으로 일류 가수가 된 여성

그러면 M S 헤잉에 대해 쓴 신문 기사를 소개한다. '불타오르듯한 소망' 이외는 아무런 재능도 없었던 그녀가 어떻게 일류 가수가 될 수 있었는가, 이것을 알리고 싶어서이다.

올챙이 시절 M S 헤잉은 그 재능을 인정받으려고 비엔나 황실 오페 라단의 연출가를 찾아갔으나 그녀는 테스트조차 받지 못했다. 초라한 옷차림에 주눅이 들어 어쩔줄 모르는 소녀를 보고 그 연출가는 신사답지 못한 태도로 이렇게 말했다.

"어디서 온 말뼈다귀인지도 모르는데다 그 얼굴로 이 오페라게에서 살아갈 수 있다고 생각하는가? 자아, 그런 거창한 망상은 걷어치우고 미싱이라도 한 대 사서 벌어먹도록 해라. 너는 절대로 가수는 될 수 없으니까."

이 연출가는 음악에 대한 지식은 풍부했는지 모르나 '타오르기만하는

62

소망'을 가진 사람이 어떤 일을 할 수 있는지 그것에는 전혀 무지했다. 만일 그에게 그것에 대한 지식이 조금이라도 있었더라면 그때, 단 한번의 테스트도 하지 않고 이 천재적인 가수를 쫓아 버리는 잘못은 저지르지 않았을 것이다.

수년 전, 일을 함께 하는 동료 한 사람이 병으로 쓰러진 일이 있었다. 그의 용태는 날로 악화 일로였다. 그리고 드디어 입원하여 수술을 받게 되었을 때, 의사는

"안됐지만 너무 늦었습니다."

라고 하며 단념했다. 그러나 본인은 병원으로 실려 가기 전에 이렇게 말했다.

"사장님, 걱정 말아요. 곧 돌아올 테니까요."

시중하는 간호원은 그런 말을 하는 그를 가엾다는 듯이 바라보고 있었다. 이때 죽음을 생각하고 있었던 사람은 의사와 간호원이었으나 환자 자신은 그런 생각은 추호도 없었다. 그리고 약속대로 그는 원기를 회복하여 돌아왔다.

"생명에 대한 불타오르는 소망이 그를 구했던 것입니다. 만일 조금이라도 죽음을 받아들일 틈이 있었으면 그는 살아나지 못했음이 틀림없습니다."

후일, 의사는 이렇게 술회했다.

이미 아시다시피 신념으로 지탱되고 있는 소망의 힘, 이것을 우리는 의심치 못한다. 비참하게 스타트를 하였으면서도 끝내는 부를 축적한 실력을 발휘한 수많은 사람들을 우리는 이 눈으로 보았다. 불타오르듯한 소망은 사람을 죽음의 심연에서 끌어내고, 몇백 번이라는 실패에서도 회복시키는 힘을 가지고 있다. 거기에다 일생 불구자로 끝날 뻔한 내 아들에게 정상인으로서 행복한 생활을 하도록 약속해 주었다.

그런데 어떻게 하면 이 불타오르는 소망을 스스로의 것으로 만들어 사용할 수 있을까? 그것은 이하의 단계에서 밝히게 될 것이다.

'정신 과학'에서 보아도 대자연 안에는 강렬한 소망만이 가지고 있는 '불가능'을 받아들이지 않는 '불가사의한 힘'이 감추어져 있다.

요점정리

불타오르기만 하는 소망이 진가를 발휘할 때, 승리는 이미 당신의 것이다. 퇴각을 생각할 필요는 어디에도 없다.

여기서 말한 6 가지 스텝은 소망을 돈으로 바꾸는 '성공철학'이다. A카네기는 이 '성공철학'으로 1 억 달러를 벌었다.

소망은 일시적인 패배에서 당신을 일으켜 세우는 힘이며 당신에게 승리를 가져오는 힘이다 잿더미속에서 세계 제 1의 백화점을 재건한 것은 이 소망의 힘이었다.

귀가 없는 소년이 들을 수 있게 된 것도, 아무도 돌아보지 않던 초라한 소녀가 일류 오페라 가수가 되었던 것도 의사가 단념했던 환자가 원기 왕성하게 돌아온 것도, 모든 것이 소망 즉 정신 과학에서 말하는 자연의 위대한 힘의 작용이다.

"자기 자신이 인정하지 않는 한, 이 세상에 불가능은 있을 수 없다."

신 념

흔들리지 않는 신념,
그것이 당신의 사고(思考)를 '힘'으로 바꾼다.
신념은 당신의 한계를 두들겨 부수고
신념은 새로운 자신(自信)이 되어
당신을 '도전하는 인간'으로 만든다.

The Think and Grow Rich Action Manual

성공 철학 · 제 2 단계
신 념

마음의 작용의 근본은 신념이다. 신념이 사고와 이어질 때, 잠재 의식이 자극되어 거기에서 의욕과 무한의 지성이 솟아나온다. 신념과 사랑과 성은 인간의 온갖 감정 중에서도 가장 강력한 충동을 수반하게 된다. 이 3 가지가 동시에 작용하여 선명한 사고와 이어질 때, 잠재 의식은 충격을 받아 믿지 못할 만큼의 힘을 발휘한다.

■ 신념은 단련할 수 있다

자기 암시의 힘을 사용하여 마음속의 소망을 돈이나 혹은 그 외의 것으로 전환시키려고 할 때, 반드시 알아두어야 할 중요한 것이 있다.

"신념이란 자기 암시에 의해 잠재 의식속에 선언이 되거나 되풀이 하여 가르침으로 해서 만들어낸다. 일종의 정신 상태이다."

좀더 알기 쉽게 설명하기 위해 예로서 당신을 들어보자. 당신은 어떤 목적으로 이 책을 읽고 있을까? 그것은 아마 당신의 마음 깊숙한 곳에서 움직이는 '어떤 소망'을 돈이나 혹은 그 밖의 것으로 '전환시키는 능력'을 가지기 위해서일 것이다. 당신은 다음에 나오는 '자기 암시'나 '잠재 의식' 등의 각 단계를 읽어 이해하며 확신하고 그리고 시험적으로 실행해

가는 도중에 차츰 마음속에 신념이 굳어지는 것을 느끼게 될 것이 틀림
없다. 즉, 신념은 이 책에 쓰여진 13 단계를 한 계단 한 계단 올라감으로
써 자연히 양성되는 강한 정신을 말한다. 즉,

"당신의 소망을 거듭 되풀이하여 잠재 의식에 가르쳐서 주입하는
도중에 당신은 신념의 인간이 되어 가는 것이다."

이것은 범죄를 반복하는 범죄자의 심리를 분석하면 더욱 이해가 가능
하리라. 어느 유명한 범죄 심리학자는 '처음으로 죄를 범했을 때는 누구
나 고민하고 슬퍼하지만 2 번, 3 번 거듭할수록 점점 익숙해져서 끝내는
완전히 죄의식이 없어져 버린다'고 말한다.

이것은 ['어떤 정보이건 거듭 되풀이하여 잠재 의식에 주입시키면
차츰 그 사람의 성격이 변화하여 드디어 완전하게 인간 그 자체를 바꾸
어 버린다] 라는 것을 가르쳐 주고 있다. 그는 또, 이런 말도 한다. '인간
의 사고는 신념과 이어져 그 사람 자체를 창출한다. 건전한 사고는 건전
한 인간을 만들며 나태한 사고가 범죄자를 만든다'. 사고는 감정의
자극을 받아 비로소 생명을 가지고, 생기를 가지고, 행동을 야기시킨다.
특히, 신념이나 사랑이나 성 따위의 감정이 '동시'에 사고와 이어지면
그 발휘하는 에너지는 상상을 초월한다. 즉, 신념 등의 적극적 자극은
잠재 의식에 작용하여 사람에게 행복을 초래한다. 그러나 나태나 비판주
의 등의 소극적인 자극도 잠재 의식에 작용을 한다. 그리고 그 결과는
사람들에게 불행을 초래한다는 사실도 잊어서는 안된다.

■ 약한 마음을 버려라

이것으로 알 수 있듯이 잠재 의식은 긍정적인 건설적 사고와 이어지는
동시에 부정적인 파괴적 사고와도 이어진다. 이 때문에 몇백 명이나
되는 사람들이 '불운'이라던가 '불행'이라는 진흙구덩이 속으로 빠져들어
가고 만다.

68

[²대부분의 사람들이 가난뱅이가 되거나 혹은 실패자가 되는 것은 '숙명이다'라고 믿어 버리고 자기는 어쩔 수가 없다고 단념해 버린다.] 실은 이런 사람들은 잠재 의식에 무의식적으로 부정적인 사고를 가지게 함으로써 스스로 '불행'을 만들어내고 있다.

반대로 적극적인 사고를 자기 암시에 이용하여 잠재 의식에 주입시키면 당신은 돈이건 무엇이건 손에 넣을 수 있게 된다.

잠재 의식은 신념 등의 자극을 받고 작용을 하지만 어느 경우든 우리는 잠재 의식을 능숙하게 '달랠' 필요가 있다. 예를 들어 내가 아들에게 암시를 주어 그의 잠재 의식을 개혁한 것처럼 의식적인 자기 암시에 의해 자기를 바꾸어 버릴 수도 있다. 자기 암시에 의해 자기를 바꾸어 가려면 첫째, '소망이 이미 달성되었을 때의 모습'을 잠재 의식에 주입할 때부터 시작해야 한다. 소망을 이미 이루었을 때의 상태를 생생하게 마음속에 그림으로써 잠재 의식은 신념을 더욱 강화하여 당신은 어느 사이엔가 소망을 현실화시킬 수가 있다.

어쨌든 초기에는 시험을 해 본다. 그렇게 하는 동안에 잠재 의식을 자유로이 조종할 수 있게 된다. 책을 읽는 것만이 아니라 지금 당장 시험해 보도록 권하고 싶다. [³당신에게 가장 중요한 것은 일체의 약한 마음을 버리고 적극적인 의욕을 마음에 가득 채우도록 노력하는 일이다.] 적극적인 의욕과 신념을 굳혀, 그 굳은 신념이 또, '불타는 인간'을 창출하는 것이다.

■ 신념을 기르는 말

역사가 시작된 이래, 종교가들은 인류에게 '신념'을 가지도록 하려고 고투해 왔다. 그러나 어떻게 하면 신념을 가지게 될 것인가 하는 구체적인 방법에 대하여는 한 마디도 설명된 바가 없었다. 즉 신념이란 '자기 암시에 의해 창출되는 마음의 상태이다'라는 말을 그들은 하지 않았기 때문이다.

항상 보통으로 사용하고 있는 말로 힘찬 신념을 양성하는 방법을 가르쳐 주겠다. 다음 말을 소리를 내어 되풀이 읽어 주기 바란다.

자아, 우리의 신념을 가지자. 우리는 영원한 신념을 가지자.

신념은 나의 사고에 생명을 주고, 힘을 주어 나를 일으켜 세우는 '명약'이다.

나는 부자가 되고 싶다. 신념을 가지는 일이 그 제 1보다.

신념은 과학으로 분석하지 못한다.

신념은 '기적'이다.

신념이야말로 나를 절망에서 끌어 일으켜 주는 '흥분제'이다.

신념은 기도이다. 무한의 지성을 번뜩이게 하는 마그네슘이다.

신념이야말로 나의 고정 관념을 때려 부수는 다이나마이트이다.

나는 신념을 가졌다. 그러므로 이제 무서운 것은 아무것도 없다.

우주의 모든 것은 나의 편이다.

■ 반복이 신념을 만든다

신념의 작용을 증명하기란 어려운 일이 아니다. 그렇게 하려면 자기 암시에 대해 생각해 보는 것이 빠른 길이리라. 그러면 자기 암시란 무엇인가? 그리고 어떤 위력을 가지고 있는가?

거듭 되풀이하고 또 되풀이하여 반복된 사고는 그것이 거짓이건 진실이건 결국은 그 사람의 신념이 되어 버린다. 거듭 거짓말을 하면 언젠가는 그것이 자신도 참말처럼 생각되는 경우가 흔히 있다. 〔4 모든 인간이란 그 마음속 깊은 곳에 자기가 그리고 있는 대로의 인간이 되어 가는 법이다.〕 우리들을 조종하여 움직이고 있는 것은 우리들이 가지고 있는 무의식의 신념에 지나지 않는다. 그런데 여기에 중요한 말이 있다.

"신념은 온갖 망설임을 없애 준다."

신념은 한 알의 씨앗으로 비유할 수 있다. 비옥한 대지에 뿌려진 이 한 알의 씨앗은 나중에 싹이 터서 성장하여 꽃이 피어 열매를 맺는다. 한 알의 씨앗은 몇만 알의 같은 씨앗이 된다. 신념은 새로운 신념을 낳고 이것이 계속된다. 신념에 망설임이 끼어들 틈은 없다. 신념이 망설임을 없애 주기 때문이다.

사람의 마음은 언제나 무엇인가를 찾아 헤매고 있으나 그 마음속에 있는 희미한 소원이 강렬한 감정 가령, 신념과 이어지면 그 순간부터 소원은 당장에 타오르고 또, 물을 얻은 물고기처럼 쑥쑥 발전하여 그 사람의 인생마저도 지배하게 된다.

한번 더 원점으로 돌아가자. 어떻게 하면 우리들의 사고나 계획이나 목표를 실현시킬 수 있을 것인가? 대답은 간단하다. 어떤 사고라 할지라도 어떤 계획이나 목표라 할지라도 '반복된 사고'는 조용히 마음속에 뿌리를 내려 반드시 싹을 트게 해 준다. 그러므로 당신은 마음속에서 결정한 인생의 목표를 알기 쉬운 말로 종이에 써 놓고 매일 소리내어 읽으면 된다. 이 '말'은 어느 사이엔가 당신의 잠재 의식안에서 성장하여 머지 않아 폭발적인 위력을 발휘하게 된다.

이제 불행을 탄식하지 말자. 그 대신에 '빛나는 미래'를 믿자. 마음이야말로 중요하고 마음이야말로 보물이라는 사실을 잘 아셨으리라고 생각한다. 이제 깨달았는지 모르겠으나 우리들의 최대 약점은 '자신이 없다는 것'이었다. 그러나 이제 걱정할 것은 없다. '자기 암시의 힘'만 사용하면 누구나 확고한 자신을 가질 수 있으며 커다란 용기도 몸에 지닐 수 있다. 다음은 잠재 의식이 자동적으로 훌륭한 당신을 창출해 줄 것이다.

■ 자신감을 양성하는 5 가지 공식

1. 나에게는 훌륭한 인생을 구축할 능력이 있으므로 인내하고 기다린다. 나는 절대로 단념하지 않을 것을 약속한다.

2. 내가 마음속에서 강렬하게 원하는 것은 언젠가는 반드시 실현될 것이라고 확신한다. 그래서 매일 30 분, 내가 되고 싶다고 생각하는 모습을 마음속에 생생하게 그려낸다.

3. 나는 자기 암시의 위대한 힘을 믿고 있다. 그래서 매일 10 분간, 정신을 통일하여 자신감을 양성하기 위한 '자기 암시'를 건다.

4. 나는 '인생의 목표'를 명확하게 종이에 썼다. 다음은 일보일보 자신감을 가지고 전진해 가는 일 뿐이다.

5. 나는 진리와 정의에 입각하지 않는 한, 여하한 부도 지위도 오래 가지 않는다는 사실을 알고 있다. 그래서 이기적인 목표를 세우지는 않겠다. 누구나 남의 원조 덕분에 성공할 수 있다. 그래서 나는 첫째 남을 위해 봉사하자. 인정을 몸에 익히고 미움과 시기, 이기심이나 짓궂은 마음을 버린다. 남을 괴롭히면 성공은 거두지 못한다. 내가 스스로를 사랑하는 것 만큼 남을 사랑하자. 그리고 그 '맹세'를 매일 큰 목소리로 반드시 읽도록 하자. 나의 자신감은 굳어져 성공할 것이다.

이 공식에는 지금까지 어느 누구도 깨닫지 못했던 '대자연의 법칙'이 작용하고 있다. 그러므로 이 공식은 건설적인 목적에 올바르게 사용되면 인류의 빛나는 전진에 도움이 된다. 그러나 만일 이것이 파괴적인 목적에 잘못 사용되면 아주 큰 비극을 낳게 될 것이다.

이 진리에서 알 수 있는 것은 지금까지 실패를 거듭하여 가난과 절망과 비참에 시달려온 사람은 실은 저도 모르는 사이에 자기 암시의 법칙을 잘못 사용하고 있었던 사람이다.

■ 신념과 자기 암시

잠재 의식은 건설적인 사고와 파괴적인 사고를 구별하지 못한다. 즉 잠재 의식은 열등감이나 공포 의식에도 또, 용기나 신념에도 민감하게 반응한다. 그러므로 자기 암시는 그 사용 방법에 따라 우리들에게 행복과 번영을 가져오는 일도 있는가 하면 인간을 절망의 구렁텅이에 떨어뜨리는 일도 있다. 만약 당신이 공포나 의심이나 열등감에 사로잡혀 있으면 어느 틈에 그 자기 암시가 작용하여 당신은 작은 인생으로 끝나고 말 것이다.

〔⁵요트가 돛을 조종하는 방법 여하로 동쪽으로나 서쪽으로 나아가는 것처럼 당신의 인생도 당신의 사고 방식 여하에 따라 행복하게도 되고 파멸하기도 한다〕.

이 자기 암시의 작용을 훌륭하게 표현한 시가 있으므로 소개한다.

만일, 당신이 진다고 생각한다면 당신은 질 것이다.

만일, 당신이 이제 틀렸다고 생각한다면 당신은 끝장일 것이다.

만일, 당신이 이기고 싶다고 생각하는 마음 한구석에 이건 무리라고 생각한다면 당신은 결코 이기지 못할 것이다.

만일, 당신이 실패한다고 생각한다면 당신은 실패할 것이다.

세상을 잘 보라. 마지막까지 성공을 기원해 온 사람만이 성공하지 않았던가.

모든 것은 '사람의 마음'이 결정한다.

만일, 당신이 이긴다고 생각한다면 당신은 이길 것이다.

'향상하고 싶다.' '자신을 가지고 싶다.' 고 만일, 당신이 원한다면 당신은 그대로 된다.

자아, 재출발이다.

강한 자가 이긴다고만 정해져 있지 않다. 재빠른 사람만이 이긴다고 정해져 있지 않다.

"나는 할 수 있다."

그렇게 생각하는 자가 결국 이긴다.

이 시 중에 가장 중요한 말은 어느 것일까? 한번 더 찾아 보라. 그리고 이 시의 뜻을 마음속에 새겨두기 바란다.

■ 신념이 기적을 낳는다

당신 안에는 지금까지 상상도 하지 않았던 훌륭한 것을 현실의 것으로 만들어 주는 한 알의 씨앗이 잠자고 있다. 바이올린 명연주자가 바이올린 줄에서 훌륭한 명곡을 창출하는 것과 마찬가지로 당신도 마음속에 잠자고 있는 훌륭한 재능을 끌어내 주기 바란다.

A 링컨은 40 세가 지날 때까지는 하는 일마다 실패의 연속이었다. 어디를 가나 누구도 상대해 주지 않는 존재였다. 그러나 어느 사건이 계기가 되어 그의 마음속에 잠자고만 있던 천재가 눈을 떴다. 그래서 그는 세계적인 지도자가 되었다. 그 '사건'이란 슬픔과 애정이 얽힌 것이었다. 그가 진실로 사랑했던 앤 래트레치가 원인이었다.

사랑의 감정은 신념과 흡사한 마음의 상태이다. 사랑도 신념과 마찬가지로 인간을 바꾸어 버리는 힘을 가지고 있다. 이것은 대성공을 거둔 수많은 사람을 조사하는 도중에 내가 발견한 것인데 위대한 성공자들은 누구나가 여성(또는 남성)의 사랑으로 굳게 떠받쳐진 사람들 뿐이다.

그런데 좀더 상세하게 신념의 힘을 알기 위해 '신념에 산 사람들'을 알아보자.

우선 첫째로 들어야 할 대표자는 예수 크리스트이다. 누가 무슨 반론을 내세워도 크리스트교의 근본은 '신념'이라는 것을 부정못할 것이다. 크리스트의 가르침이나 위업은 '기적'이라고 말해 왔으나 기적은 신념 이외의 다른 아무것도 아니다.

[⁶기적'은 신념의 힘으로 일어나는 것이다.]

인도의 마하트마 간디는 어떤가. 그는 신념의 놀라운 가능성을 마음으로부터 믿은 사람이다. 그에게는 한 벌의 옷을 살 돈도 군함도 그리고 한 사람의 병사도 없었으나 '신념'이라고 하는 위대한 재산을 가지고 있었다. 그 신념의 힘이 2 억 국민의 마음을 흔들어 움직이게 하여 한

사람의 마음처럼 한곳에 모았던 것이다. 도대체 신념 이외에 이런 아슬
아슬한 곡예를 수행할 힘이 달리 있겠는가.

■ 얻으려고 하기 전에 베풀려고 하라

사업을 경영하는 데도 신념과 협력이 필요하다. 그러므로 성공하는
경영자는 〔⁷남에게 봉사를 요구하기 전에 먼저 남에게 봉사할 줄을 알고
있다.〕 이것을 설명하기 위해 U. S. 스틸사가 설립된 1900년 당시의
이야기를 소개하겠다.

앞에서도 조금 말한 바가 있으나 인간의 '사고'라는 것이 얼마나 막대
한 부를 가지고 오는가를 이해하고 있는 사람도 많을 것이다. 그러나
만일, 인간의 '사고'가 부를 초래하는 데 대해 아직도 의문이 있는 사람
은 이 이야기에서 그 의문을 완전히 풀어 주기 바란다.

이 '사고의 힘'에 대하여 뉴욕 국제 전신 공사의 J. 로웰이 드라마틱한
이야기를 해 주었기에 그것을 여기에 게재할까 한다.

화려한 10억 달러의 연설

1900년 12월 12일 밤의 일이다. 미국을 대표하는 80명의 부호들이
5번가인 유니버시티 클럽의 홀에 모여 있었다. 어느 무명의 청년 실업가
를 초대한 것이 그 목적이었다. 그러나 거의 대부분의 연회객은 그 만찬
회가 미국 재계를 뒤흔들 만큼 중요한 의미를 가지고 있다는 것을 예상
도 하지 못하고 있었다.

원래, 이 파리는 J. 에드워드 시몬즈와 C. 스튜워드 스미스 두 사람이
전날, 피츠버그를 방문했을 때, C. M. 슈웹으로부터 받은 흐뭇한 환영에
대한 감사의 답례로 열었던 것이었다. 그와 동시에 38세의 철강계의
이 뉴페이스를 서부의 은행가들에게 소개하려는 뜻도 있었다. 그러나,
대부분의 회원들은 이 청년이 그 정도로 수완가인지는 미처 생각도 하지

못했다. 또 뉴욕 사람들은 긴 연설을 좋아하지 않으므로 모두에게 호감을 주려면 슈웹의 연설은 10 분이나 아니면 길어도 20 분 정도의 무난한 자랑 이야기 정도로 그치도록 몰래 귀띔해 주는 자도 있었다.

슈웹의 오른쪽에 앉아 있는 주최자역인 J. 삐엘폰드 모간마저도 의리상 참석한데 불과하다는 것처럼 보였다. 그러므로 하물며 다음날 신문에 게재될 화제가 있을 것 같지 않은 만찬회였다.

회원들은 여느 때와 마찬가지로 이미 7, 8 코스의 요리가 끝나고 있었으나 특별한 화제도 없고 하여 모두가 지루한 듯했다. 슈웹에는 면식도 있는 은행가나 실업가는 거의 없었다. 슈웹은 아직 몬노가헬라강 연안 일부에서만 이름이 나 있을 뿐이었다. 그러나 파티가 끝나갈 무렵에는 재계의 거두인 모간을 비롯하여 전 회원이 후일 V. S. 스틸사를 창설하여 억만장자가 될 이 청년에게 홀딱 반하고 말았던 것이다. 그날 밤의 찰스 슈웹의 연설은 문법적으로는 칭찬할 만한 것이 아니었으나 위트가 풍부하고 포인트를 명확하게 찌른 조심성스러운 연설이었다.

그러나 슈웹이 설명한 총액 50억 달러에 이르는 대계획에 회원들은 크게 존경을 받았다.

연설이 끝났는데도 아무도 자리를 뜨려고 하지 않았다. 슈웹의 연설은 장장 90 분이나 되는 연설이었지만 모건은 곧 그를 한구석에 있는 테이블로 데리고 가서 1시간 이상이나 둘이서 대화를 나누고 있었다.

파티는 슈웹의 흠잡을 데 없는 개성도 매력적이었지만 흥미로운 것은 그가 발표한 지금이라도 당장 실현이 될 것 같은 철강계 재편성의 원대한 계획이었다. 지금까지 여러 사람이 모건의 마음을 끌 비스켓이나 강철띠, 설탕, 고무, 위스키, 오일, 츄잉껌 등의 상품 기획을 들고 왔었다. 투기사인 존 W. 게이쯔도 자주 접촉을 시도했으나 모건을 움직이지 못했다. 시카고의 주식계에서 무어인인 빌과 짐은 성냥과 그래커로 모건에 접근하려고 했으나 상대도 하지 않았다. 시골 출신 변호사 엘버트 H. 게일리도 모간패에 끼어들려고 무척 노력했으나 여간해서 받아들이

76

려고 하지 않았다.

J. P. 모건은 대단한 거물 실업가로 대우받고 있었지만 슈웝의 구상을 듣고 완전히 넋을 잃고 말았다.

그러나 이 구상과 비슷한 것은 이미 1세대 전에도 알려져 있었던 것이다. 몇천의 자회사를 흡수하여 때로는 이익도 내지 못하는 회사까지 매수 통합하여 거대한 기업을 만드는 전략이 바로 이것이다. 철강계에 있어서도 J. W. 게이쓰가 빈틈없이 채택하여 자회사만을 체인화한 아메리카 강삭사를 만들어 놓고 있었으며 모건과 함께 연방 제강사라는 통합 회사를 만들기까지 이르게 되었다. 그러나 이것들은 앤드류 카네기의 대규모 수직 통합 조직에 비하면 53 개사나 되는 멤버가 출자하고 있는 협동 조합마저도 마치 소꿉장난처럼 보였다. 그들이 아무리 단결을 해도 카네기의 거대한 조직에는 털끝 만큼도 영향을 주지 못했다. 이것은 모건도 잘 알고 있었다.

완고한 스코틀랜드 노인인 A. 카네기는 스키보 성의 전망대 위에서 눈을 가느다랗게 뜨고 아래 사람들의 도전을 바라보았다. 그러나 모건의 수작이 눈에 거슬릴 경우에는 가끔 엄하게 일침을 놓기도 했다. 모건도 남에게 지기 싫어하는 사나이였으므로 어떻게 하든 카네기를 꼼짝 못하게 하려고 마음먹고 있었다. 그리고 와이어나 강철띠나 강철판에는 눈도 돌리지 않고 다른 가공 따위는 모두 하청에 맡긴 다음 철강 판매에만 전념하고 있었다. 그 모건에게는 카네기를 때려눕히는 데 더 이상 없는 '좋은 수'를 발견한 것이다.

C. M. 슈웝의 연설을 듣고 모건은 지금까지 하던 방법이 근본적으로 잘못되었던 것을 알았다. 이것은 '카네기의 전조직'을 몽땅 사버리지 않는 한, 모건의 조직은 속수 무책이라는 것을 깨달았기 때문이다.

1900년 12월 12일의 파티에서의 슈웝의 연설로 간접적으로 돌려 한 말이지만 저 카네기의 엔터프라이즈가 가까운 장래에 모건에게 흡수될 것이라는 것이 어둠속에 어슴푸레하나마 예견되었다. 슈웝은 국제적인 시야로 철강계의 장래를 예측하고 합리적인 경영을 하기 위해 먼저 조직을 근본적으로 재편성할 것을 제안했다. 무계획하게 난립하고 있는 공장이나 설비를 정리, 통합하여 자본을 일원화하고 원자재의 유통을 기하고, 정계와의 연계를 개선하고, 세계 시장을 향한 진출을 권장하는 등, 그 구상을 상세하게 설명했던 것이다. 연설 가운데에서 슈웝은 10년 전, 카리브해를 노략질하고 다니던 해적이 그 얼마나 큰 잘못을 저질렀는지를 이야기하면서 무엇이건 독점하여 값을 엄청나게 올려 사복을 불리려는 경영 자세가 얼마나 어리석은 생각인지를 납득이 가도록 해설했던 것이다. 지금까지의 방법이 얼마나 근시안적이며 온 세계의 모든 분야가 발전하려고 하는 기회에 철강 시장만을 독점하려는 것이 얼마나 타산업의 발전에 압박을 주어 왔는가를 날카롭게 지적했다. 여기서 우두머리를 바꿔치워 철강의 가격을 끌어내리면 시장은 가속도적으로 확대될 것이며 그러므로써 철강은 더욱 더 여러 가지 분야에 사용케 되어 세계적인 장사가 가능하게 될 것이라고 역설했다.

이제와서 생각해 보면 슈웝은 그 자신은 깨닫지 못하고 있었겠지만 현대에서의 대량 생산 전략의 시조가 되었던 것이다.

유니버시티 클럽의 파티에서 돌아와서도 모건은 장미빛으로 빛나는 슈웝의 계획을 생각하면 여간해서 잠이 오지 않았다. 한편, 슈웝은 비츠버그에 돌아와, 소형의 카네기 방식으로 철강 사업을 계속하고 있었다. 게일리나 그밖의 멤버들도 집으로 돌아와 주식 시장을 바라보면서 다음에는 무슨 일이 일어났는지 지켜 보고 있었다.

모건이 머리를 들고 일어날 때까지는 그다지 시간이 걸리지 않았다. 슈웝이 만찬회에서 들고 나온 맛있는 요리를 소화하는 데 걸린 시간은 단 1주일이었다. 모건은 이 계획에서 자금 염출이 어려워질 우려는 없을 것으로 판단했다. 그래서 곧, 슈웝과 손을 잡으려고 생각했으나 그보다 먼저 걱정거리가 하나 있었다. 그것은 카네기가 자기 조직의 멤버가 월가의 제왕과 사랑의 도피를 한 것을 알게 되면 반드시 좋아하지 않을 것이라는 것이었다. 카네기는 이 월가를 걷기조차 싫어할 정도였으니까.

그래서 중개역으로 J. W. 게이쓰가 지명되었다. 게이쓰의 책략이란 다음과 같은 것이었다. 즉 슈웝이 우연히 필라델피아의 벨뷰 호텔에 있을 때, 우연히도 J. P. 모건도 그곳에 나타날 수도 있다는 제안이었다. 그러나 운수가 나쁘게도 '그날' 모간은 병이 나서 뉴욕의 자택에서 움직이지를 못했다. 하는 수 없이 다른 장로격인 한 사람이 중개자가 되어 슈웝은 뉴욕에서 정식으로 모건과 재회를 했다.

어느 경제사 전문가에 의하면 이 드라마는 처음부터 A. 카네기가 계획한 것이며 슈웝을 위해 열린 그 만찬회도 그 유명한 연설도 그리고 슈웝과 돈의 왕자인 모건과의 만남도 모두가 빈틈이 없는 스코틀랜드인이 고안해 낸 것이라 하나 사실은 바로 그 정반대였다.

앤드류가 '시골 두목'이라고 부르던 그 모건이 파티에서 슈웝의 계획에 그토록 열심히 귀를 기울이리라고는 누구도 생각하지 않았다. 항차 앤드류로부터 '철저하지 못한 수전노들'이라고 불리우고 있던 일당들이 흥미를 나타내리라고는 도저히 생각지도 않았던 일이었다.

그러나 슈웝은 동판 인쇄로 왕성한 6매에 걸친 자필 원고를 열의를 다해 진지하게 설명했다. 개개의 힘의 한계를 설명하고 새로운 이익을 창출하는 씨스템을 발표하는 그의 모습은 그야말로 새로운 철강계의 스타처럼 보였다.

그런데 이 6매의 원고를 밤을 새워 짜낸 것은 4명의 남자였고 그리고 그 우두머리가 모건이었다. 또 한 사람은 아리스토텔레스식의 학자이며 신사인 로버트 베이컨이고 3번째는 전문가인 J. W. 게이쓰이며 그리고 4번째가 철강 매매에 대해 가장 많은 지식을 가지고 있는 슈웝이었다.

만찬회 석상에서는 어느 누구나 슈웝에게 질문을 하는 사람은 없었다. 왜냐하면 그의 발표에는 결정적인 진실을 이야기하고 있었기 때문이다. 그는 절대적인 자신감을 가지고 역설했다. 그리고 이 계획은 다른 어느 누구도 흉내를 내지 못하는 것이었으며 또 한몫 끼여 같이 한몫 보자는 자는 일체 받아들이지 않는다고 첨부하였다.

"앤드류 카네기는 팔겠는가?"

뉴욕의 자택에서 모건은 슈웝에게 물었다.

"해볼 수는 있습니다."

슈웝은 대답했다.

"매수가 성공되면 그 다음은 자네에게 맡기겠네."

모건은 약속했다.

여기까지는 순조롭게 왔으나 카네기는 과연 팔 것인가? 가령, 판다고 해도 어느 정도 요구를 할 것인가? 슈웝은 3억 2000만 달러라고 생각하고 있었는데…. 그러면 지불 방법은 어떻게 하면 될 것인가? 보통주인가 우선주인가? 혹은 채권인가? 현금일 것인가? 만일, 현금으로 한다면 이런 큰 돈은 어느 누구도 준비를 못할 것이 틀림없다. 1월의 서릿발이 내릴 듯한 어느날의 일이었다. 웨스트체스터에 있는 앤드류의 사저에서 골프 모임이 개최되었다. 방한용 스웨터를 입은 앤드류와 슈웝은 추위를 쫓으려고 떠들썩하게 잡담을 주고받으며 골프를 치고 있었다. 그러나 따뜻한 휴게실로 돌아오기까지는 비지니스에 관한 일은 단 한마디도 교환하지 않았다.

그러나 슈웝은 천천히 말을 끄집어 냈다. 유니버시티 클럽에서 80명이나 되는 부자들을 매료시킨 그 설득력으로 번덕스러운 노실업가의 비위를 거슬리지 않도록 하면서, 은퇴하여 안락한 여생을 보내기 위해 막대한 자금이 준비되어 있는 것을 설명했다. 카네기는 '음, 음'하고 끄덕이고 있었으나 메모지에 숫자를 써서 슈웝에게 건네주면서 이렇게 말했다.

"이 값이면 팔도록 하겠네."

메모지에는 4억 달러라고 쓰여져 있었다.

그리고 슈웝의 설득 결과, 우선 3억 2000만 달러를 지불하고 나머지 8000만 달러는 향후 2년간 증자의 무의 무상 교부로 지불하는 조건으로 결정되었다.

나중에 이 스코틀랜드 노인은 대서양 횡단 여객선의 갑판에서 모건에게 아쉬운 듯이 이렇게 말했다.

"1억 달러 더 요구해도 되었을 걸."

물론, 이 사건은 온 세계에 큰 소동을 불러일으켰다. 영국의 통신사는 이 초거대조직에 전세계가 기급을 할 것이라고 타전했으며 예일 대학의 허드리 학장은 이 조직은 언젠가 법률로 규제를 받을 때까지는 적어도 25년 동안은 워싱턴의 제왕으로서 군림할 수 있을 것이라고 했다.

그렇게 하여 유명한 투기꾼인 킨이 신주 매점에 달려들었으므로 6억 달러에 이르는 다른 주도 순식간에 폭등하여 카네기는 수백만 달러, 모건의 신디케이트는 합계 6,200만 달러, 그 밖에 게이산에서 게일리에 이르기까지 관계한 모든 사람이 각각 몇 백만 달러의 이익을 챙겼다.

그때, 38세의 슈웝이 얻은 보수는 이 새로운 조직인 유나이티트 스테이트 스틸사의 사장 자리였다. 그는 1930년까지 그 자리를 계속 확보했다.

■ 부는 먼저 마음속에서 비롯된다

이 드라마틱한 거대 사업 이야기는 소망이 구체적인 가치를 창출하는 메카니즘을 완전 상태까지 가르쳐 주고 있다.

이 거대한 조직은 첫째, 한 사람의 마음속에서 창출되었다. 그 조직을 철강과 결부시키려는 계획도 같은 한 사나이의 마음속에서 구상된 것이다. 단 한 사람 소망과 신념과 상상력 그리고 인내력이 이 U S스틸사를 탄생시켰다. U S 스틸사의 자산은 줄잡아도 6억 달러를 넘는 것이었는데 그것은 통합이 가지고 온 결과였던 것이다.

　C M 슈웝의 소망과 신념이 J P 모건들의 마음을 움직이게 하여 그 결과로서 6억 달러나 되는 자산을 탄생시켰다. 생각해 보면 조그마한 인간의 소망과 신념이 그 얼마나 막대한 자금을 만들었는가.

　U S 스틸사는 그 후에도 더욱 더 번영하여 미국 최대의 기업이 되었다. 오늘날 철강의 용도는 확대되고 새로운 시장이 개발되어 종업원이 수만 명에 이르고 있다. 슈웝의 사고가 이와 같이 막대한 이익을 만들어 냈다.

　부, 그것은 바로 소망 가운데서 탄생되는 것이다.

　[⁸우리들의 부에 한계가 있는 것은 우리들의 소망에 한계가 있기 때문이다.]

　신념이 한계를 때려 부순다.

　그러면 당신도 인생의 갈림길까지 왔을 때에는 꼭 한번 더 이 이야기를 상기해 주기 바란다.

요점정리

신념없이 성공은 없다. 이 신념은 잠재 의식에서 자기 암시를 줌으로써 강화할 수가 있는 것이다.

자신을 기르는 5가지 공식은 누구나 다 실행될 것이다. 절망을 원하는가 행복을 원하는가. 결과는 당신이 원하는 대로 된다는 것을 충분히 알았을 것이다.

링컨이나 간디를 보면 어떻게 하여 신념의 가공할 힘이 몇백만 명이라 는 사람들의 마음을 동요케 하였는가를 알 수 있을 것이다.

사람은 요구하기 전에 베풀어야 한다 진실로 풍족한 사람은 독점을 하지 않는다. 모든 사람들과 함께 모든 사람들을 위해 사업을 하는 사람 이 가장 풍족하게 되는 법이다.

"가난하게 되거나 부자가 되거나 어느 쪽이든 그렇게 되기 위한 신념이 필요하다."

자기 암시

당신의 마음 깊숙한 곳에 있는 것이 활약하기 시작할 때,
경이적인 결과를 가지고 온다.
그 배후에 있는 감정의 힘, 그것이 짜였을 때 훌륭한 일이 일어난다.

성공 철학 · 제 3 단계
자기 암시

자기 암시란 우리가 5감을 통해 스스로 자기 마음에 주는 암시나 자극을 말한다.

즉 일종의 자기 최면이다. 자기 암시는 자신의 생각이나 소원을 의식적으로 잠재 의식에 주입함으로써 우리들의 인생마저도 바꾸는 힘을 가지고 있다. 사람은 누구나 '자기의 생각'이라는 것을 가지고 있다. 그리고 그것이 긍정적인 것이건 부정적인 것이건 '자기의 생각'이 저도 모르는 사이에 잠재 의식에 자기 암시를 주고 있다.

인간이란 그 5감을 통해 잠재 의식에 받는 암시의 힘에 의해 생활에 필요한 온갖 것을 창출하는 능력을 가진 동물이다. 그러나 그 능력을 효과적으로 활용할 수 있는 사람이 적기 때문에 비참한 일생을 보내야 하는 사람이 많다.

잠재 의식은 흔히 기름진 밭과 같은 것이다. 그러나 아무리 그 땅이 비옥해도 작물의 씨를 뿌리지 않고 방치해 두면 일면은 잡초에 점령되고 만다. 이것은 잠재 의식에 대해서도 마찬가지라고 하겠다. 건설적인 자기 암시가 주어지면 잠재 의식은 당신이 바라는 것을 가꾸어 키워 준다. 그러나 만일 그대로 방치해 두면 가능성에 가득찬 잠재 의식도 잡념에 점령되어 파멸해 버린다.

■ 감동이 돈을 낳는다

그런데 '소망' 중에 '6 가지 스텝'이 있었다는 것을 상기해 주기 바란다.

'당신의 소망을 종이에 써서 하루에 세 번씩, 소리를 내어 읽어 이미 그 소망을 달성한 것처럼 생각하도록 노력하는 일'이라고 가르쳤을 것이다. 이 가르침을 지켜 나가면 당신의 소망은 잠재 의식 중에서 '부동의 신념'으로 바꾸어질 것이다. 이 가르침을 되풀이하면 당신은 소망을 현실의 돈이나 그 외의 것으로 전환시키는 적극적인 사고가 차차 습관화하여 몸에 배게 된다. 그런 뜻에서 여기서 한번 더, 6 가지 스텝을 숙독해 주기 바란다. 그렇게 하면 자기 암시의 작용을 한층 더 잘 알게 될 것이다.

그런데 소망을 소리내어 읽을 때, (이것을 되풀이함으로써 부를 얻으려고 하는 소원이 신념으로 바뀐다.) 소중하게 해 줄 것은 이 말이 아니고 그것을 반복함으로 해서 생겨나는 '마음의 변화'이다. 잠재 의식은 마음의 변화 즉 '감동'에 의해 비로소 그 훌륭한 힘을 발휘하게 된다. 싫증이 나겠지만 '되풀이하는 일'의 중요성을 충분히 이해해 주기 바란다.

감정이 깃들여 있지 않은 말로는 잠재 의식을 뒤흔들지는 못한다. 잠재 의식을 자극하기 위해서는 신념에 찬 감정이 깃들인 힘찬 말이어야 한다. 이것은 초심자에게는 어려울지도 모르나, 한두 번으로 잘 되지 않는다 해서 곧 그만두는 것은 게으름뱅이가 하는 일이다. 연습도 하지 않고 노력도 없이 무엇인가를 얻으려고 하는 생각은 뻔뻔스러운 생각이라고 아니할 수 없다. 진심으로 성공하고 싶다면 얼렁뚱땅하지 않아야 한다. 인내하며 끝까지 해내야 한다는 각오가 잠재 의식을 요동케 한다. 안이한 마음을 버리고 시작하라.

그러면, 한번 더 당신의 마음에다 물어보라. 당신은 진심으로 부를 얻고 싶은가?

자기 암시가 그 힘을 발휘하게 될 것인가 아닌가는 당신이 얼마나 소망에다 마음을 집중할 수 있는가에 달려 있다.

■ 첫째로 믿을 것

우리에게 요구되는 것은 '집중력'이다. 그러면 어떻게 하면 집중력을 기를 수 있을까? '소망' 중에 나온 6 가지 스텝의 첫번째 것은 '당신이 바라고 있는 금액을 명확하게 할 것'이라고 나와 있으나 눈을 감고 정신을 집중하여 그 돈이 실제로 당신 것이라고 느껴지도록 노력하기 바란다. 이것을 1일 1회 실행한다. 그리고 그것을 실행할 때는 '신념'의 장에서 배운 바와 같이 이미 그 소망을 이룬 것처럼 마음속에 그리는 일이 중요하다.

그런데, 가장 중요한 것은 잠재 의식은 무엇이건 주어지는 암시는 받아들인다는 사실이다. 그리고 또 잠재 의식은 '몇번이고 되풀이하지 않으면 여간해서 그 암시를 받아들이려고 하지 않는다.'는 사실이다.

이 사실에 대하여 당신의 잠재 의식이 '기적'을 일으키기 위한 조건을 알아보자. 잠재 의식이 강한 신념을 만들어 주는 것은 '첫째, 당신이 믿기 때문이다.' 즉 당신이 부를 얻을 수 있다고 믿었을 때, 잠재 의식이 당신에게 완전한 실행 계획을 가르쳐 줄 것이다.

이미 말씀드린 바와 같이 소망을 돈으로 전환시키는 데는 그것을 마음속에 그리는 상상력이 필요하다. 상상력이 필요한 어떤 힘을 가지고 있는가, 어떤 일을 할 수 있는가, 그 수행하는 역할은 과연 무엇인가 하는 것이 분명해질 것이다.

■ 영감의 힘

부를 얻기 위해서는 첫째, 확고한 계획을 세우는 일이 중요하다. 그러나 더욱 중요한 일은 부를 얻기 위한 '행동을 일으키는 일'이다. 그리고 그 전에 해야 할 일은 '마음속에 이미 돈을 획득했을 때의 당신 모습을 그리는 일'이다. 그렇게 하면 잠재 의식이 작용하여 당신이 해야 할 일을 가르쳐 줄 것이다. 당신이 무엇을 해야 할 것인가 하는 것은 '인스피레이션(영감)'이라는 제6감(第六感)에 의해 알게 된다. 만일 인스피레이션이 떠오르면 당신은 있는 그대로를 받아들여 지체없이 충실하게 그것을 실행하면 된다. 앞에 나온 6 가지 스텝의 제 4 번째에

"부를 얻기 위한 면밀한 계획을 세워, 가령 그 준비가 되어 있지 않아도 상관 말고 '당장 행동에 옮긴다."

는 가르침이 있는데 순순히 그 가르침을 따르는 일이 중요하다. [¹이제 '당신의 이론'은 깨끗이 버리도록 한다. 원래 이론이라는 것은 게으름뱅이이다.] 그러므로 이론에만 사로잡혀 있으면 결국은 모든 것이 흐지부지 끝나고 말 우려가 있다.

그런데 마음속에 부를 얻었을 때의 당신의 모습을 그릴 수 있게 되면 다음은 그것을 위해 당신이 '어떻게 노력할 것인가'를 생각해야 한다. 이것은 매우 중요한 일이다.

■ 잠재 의식을 움직이는 3 가지 스텝

여기서 잠재 의식을 발동시키는 자기 암시 방법을 상세하게 3 가지로 정리하여 두자.

1. 밤에 잠들기 전에 당신이 쓴 암시의 말을 이미 그것이 획득되었을 때의 모습을 마음속에 그리면서 또렷한 목소리로 읽을 것(이것은 자기 목소리를 자기가 듣게 된다.) 예를 들면, 당신이 5년 후, 1월 1일까지 세일즈맨으로 5만 달러를 벌려고 마음먹었다 하자. 그때, 당신이 만드는 암시의 말은 아마도 다음과 같으리라.

"나는 19××년 1월 1일까지 5만 달러의 돈을 모은다. 이 돈은 5년 동안에 차차 모이게 될 것이다.

나는 이 금액을 모으기 위해 최선을 다할 각오를 가지고 있다. 나는 세일즈맨으로서 모든 손님에게 최대의 써비스를 한다.(되도록 구체적으로 쓸 것). 나는 이 돈이 반드시 손에 들어올 것이라고 믿고 있다.

나는 정의에 가득찬 확고한 신념을 가지고 있다. 그러므로 그 돈은 손에 만질 수 있을 만큼 분명하게 마음속에 그릴 수 있다.

돈이 나를 기다리고 있다. 나는 충분한 보답을 하겠다. 지금 나는 어떻게 보답을 할 것인가, 그것이 마음속에 떠오르기를 기다리고 있다. 그 영감이 떠오르면 바로 행동에 들어갈 것이다."

2. 다음에 이 '암시의 말'을 마음속에서 참으로 당신 것이 될 때까지 아침과 저녁마다 반복하여 읽을 것.

3. 벽이나 천정, 화장실, 책상 등, 눈에 잘 띄는 곳에 이 '암시의 말'을 몇 군데 붙여 두어 항상 당신의 마음을 자극하도록 해 둘 것

이 3 가지 일을 실행하는 것이 자기 암시의 힘을 발휘시키는 가장 좋은 방법이다. 그리고 중요한 것은 반드시 감정을 깃들일 일이다. 감정 중에서도 특히 신념을 가지고 자기 암시를 하도록 이미 상세하게 설명한 바가 있으므로 다시 한번 읽어 보라.

이런 일을 하는 것은 매우 바보스러운 것처럼 생각하는 사람이 있겠지만 그러나 아무리 창피해도 기세가 꺾여서는 안된다. 주저하지 말라. 물러서지 말라. 다만 충실하게 용기를 가지고 이 가르침에 따라야 한다.

'실행해 보자.' 누가 뭐라고 해도 상관하지 말라. 당신이 정열을 가지고 순수한 마음으로 이 가르침을 실행해 가면 지금까지 당신을 속박하고 있던 고정 관념이라는 사슬은 풀리고 껍질은 깨져 당신은 다시 태어날 것이다.

■ 어째서 당신은 운명의 지배자가 될 수 있을까?

옛날 사람들은 '지구는 둥글다.'는 말을 여간해서 믿으려 하지 않았던 것처럼 인간은 새로운 것에 대해서는 무엇이거나 의심을 하고 보는 애석한 경향이 있다. 그러나 지금까지의 의심을 버리고 용기를 가지고 이 가르침을 실행하기 시작했을 때부터 이제까지 소심한 시궁쥐와 같았던 사람도 '신념의 호랑이'로 변하기 시작한다.

지금까지 수많은 철학자들이 인간이야말로 이 세상의 '운명의 지배자다.'라고 말해 왔다. 그러나 어째서 그렇게 말할 수 있는가에 대해서는 누구 한 사람 설명은 하지 않고 있다. 왜냐하면 인간이 이 세상의 운명의 지배자가 될 수 있을 것인가? 특히, 어째서 인간이 물질 세계를 지배할 수가 있을까? 그 이유에 대해 생각해 보자.

"인간은 스스로 운명이나 그 생활 환경을 지배할 수 있다. 왜냐하면 인간은 자신의 잠재 의식을 발동시켜 변화시키는 힘을 가지고 있기 때문이다."

소망을 부나 그 외의 것으로 전환시켜 가기 위해서는 자기 암시의 힘이 사용되지만 자기 암시가 부를 만들어내는 것은 아니다. 자기 암시에 의해 자극을 받은 잠재 의식이 부를 만들어내는 것이다. 그러므로 자기 암시는 그 도구에 지나지 않는다. 그러나 잠재 의식을 자극하는 가장 효과적인 수단이 자기 암시라는 사실을 고려해 볼 때, 우리들 인생에서 자기 암시가 그 얼마나 중요한 역할을 수행하고 있는가는 분명하다.

그 뜻에서도 이 자기 암시의 단계를 매일 저녁 소리내어 되풀이해 읽어 주기 바란다. 가능하면 연필 따위로 줄을 치면서 읽으면 더욱 효과가 있을 것이다.

요점정리

당신에게도 제 6 감(第六感)이 있겠지만 잠재의식을 발동시키는 것은 시각 · 청각 · 미각 · 후각 · 촉각의 5감(五感)이다. 이 5감을 잘 이용할 수 있게 되면 당신의 잠재의식은 번영으로 향해 작동을 시작하여 가난은 차차 사라져 갈 것이다.

목표인 부는 이미 획득되었다고 생각하게 됨에 따라 뜻하지 않았던 곳에서 돈이 몰려오게 된다. 그러므로 먼저 그 금액을 명확하게 정해두 는 일이 중요하다.

잠재의식의 작동이 당신에게 무엇을 해야 할 것인가를 가르쳐주면 의심하는 마음을 버리고 당장 행동을 개시해야 한다. 반드시 영감의 힘을 믿고 그 중요성을 올바르게 이해해 두기 바란다. 때가 되기를 기다리겠다는 생각은 실패로 이끌 뿐이다.

자기 암시를 사용하는 방법을 3 가지로 정리하여 두었으나 그 가르침을 한마디한마디 충실하게 지켜 나가면 당신은 반드시 스스로 운명의 지배자가 되리라고 본다.

"역경에는 반드시 그것보다도 큰 보수의 씨앗이 감추어져 있다."

전문 지식

교육이 당신에게 무엇을 해 줄 것인가?
당신은 언제나 필요한 지식을 얻을 수 있을 것이다.
이 간단한 방법을 사용하면
이미 당신은 남의 밑에서부터 스타트할 필요는 없다.

성공 철학 · 제 4 단계
전문 지식

 지식에는 2 가지 종류가 있다. 그 하나는 일반 상식이고 또 하나는 전문 지식이다. 일반 지식은 그것이 아무리 폭이 넓고 아무리 다양성이 있어도 돈벌이에는 거의 쓸모가 없다.

 대학에서는 온갖 고도의 일반 상식을 배우고 있으나 그것을 가르치고 있는 교수들의 대부분은 가난하다. 그것은 그들은 '지식을 파는 일'에는 프로일지라도 그 지식을 '효과적으로 조립하여 활용하는 일'에는 프로가 아니기 때문이다. 효과적으로 짜여지지 않는 한, 어떤 지식도 결코 돈을 버는 데는 도움이 되지 않는다. 그런데 [¹이 사실을 모르는 많은 사람들은 '지식은 힘이다.'라는 터무니없는 오해를 하고 있다.]

 지식에 힘 따위는 없다. 지식은 단순한 재료에 지나지 않는 것이다. 지식이 효력을 발휘하기 위해서는 목표 달성을 위해 효과적으로 짜여져야 한다. 그러나 모든 학교 교육이 지식을 짜맞추는 일을 가르쳐야 하는데도 이를 완전히 망각해 왔다.

 H 포드가 거의 학교를 다니지 않았다는 이유로 사람들은 그를 '무식한 사람'으로 돌려버리고 있으나 그것은 잘못이다. 이처럼 잘못 생각하는 사람들은 아마도 '교육'이라고 하는 말의 뜻을 모를 것이다. 교육(에듀케이션)이라는 말은 라틴어의 'EDUCO'에서 생겨난 것으로 '끌어낸다'

가 그 뜻이다. 즉, 인간의 내부에 원래 갖추어져 있는 능력이나 재능을 끌어내어 확장해 간다는 뜻이다.

그러므로, 교육이 있는 사람이란 반드시 지식을 폭넓게 가진 사람은 아니다. 참으로 교육이 있는 사람이란 자기 마음속에 갖추어져 있는 여러 가지 능력을 자유자재로 잘 다룸으로써 주위 사람들과 협조하면서 자기의 목표를 착착 달성해 나가는 인물을 말한다.

■ '무식'하기 때문에 성공할 수 있다

제 1차 대전 때 시카고의 어느 신문사가 H 포드를 '무식한 평화주의 자'라고 비난한 적이 있다. 포드는 그 사설에 이의를 제기하고 명예 훼손으로 고소했다. 재판정에서 신문사측 변호사는 포드를 증언대에 세워 그가 무식한 사람이라는 것을 배심원들에게 증명하려고 했다. 변호사는 포드에게 질문 공세를 폈다.

포드는 자동차에 대해서는 깊은 전문 지식을 가지고 있었으나 이 심술궂은 질문 공세에는 거의 대답을 하지 못했다. 즉, 이 자리에서 포드는 무식했다.

포드에게 퍼부은 질문은 예를 들어,

"베네딕트 아놀드란 어떤 인물이었습니까?"

라던가

"1976년의 남북 전쟁에서 영국이 미국에 파병한 병력은 얼마였습니까?"

등, 턱없는 것들이었다.

포드는

"나는 영국이 보낸 군대의 숫자는 정확히 모릅니다만 아마, 전쟁이 끝나고 귀국한 숫자보다는 많았다고 생각합니다."

등, 진지하게 대답을 했으나 지나치게 공격적인 질문을 받았을 때, 포드는 변호사를 손가락질하면서 이렇게 물었다.

"만일 내가 당신 질문에 모두 대답해야 한다면 여기서 한 가지만 알아두셔야 할 것이 있습니다. 실은 내 사무실 책상에는 벨의 단추가 1열로 늘어서 있습니다. 그 중 맞는 단추 하나를 누르기만 하면 각 전문 분야의 조수가 나에게 올바른 대답을 알려 주게 되어 있습니다.

그런데 당신에게 알고 싶은 것은 어째서 지금 내가 지금까지 질문받은 것과 같은 일반 지식을 모두 알아두고 있어야 할 필요가 있나요?

나에게는 필요할 때, 필요한 답을 알려 주는 많은 조수가 있는데……라고 말하였다. 이는 참으로 논리적인 반론이었다. 여기에는 정평있는 그 변호사도 입을 다물지 않을 수 없었다. 그리고 또. 법정에 꽉 들어차 있던 사람들도 포드는 무지한 사람이기는 커녕 매우 지식이 있는 인물이라는 것을 인정했다.

필요할 때, 어디로 가면 올바른 지식을 얻을 수 있는가를 알고 있고, 그 지식을 짜맞추어 계획을 세워 그것에 입각하여 행동하는 사람이 무식할 턱이 없다. 포드는 '협력자'그룹을 만들어 언제든지 필요로 하는 전문 지식을 즉석에서 얻도록 하고 있었기 때문에 그는 미국의 최대의 부자가 되었던 것이다.

즉 그 자신이 얼마나 지식을 가지고 있는가 하는 것은 중요한 문제가 아니었다. 중요한 것은 지식을 활용하느냐 못하느냐에 있었다.

■ 지식을 얻는 것은 어렵지 않다

드디어 소망이 부나 그밖의 다른 것으로 전환하려고 하기 전에 당신은 좀더 자기 능력에 자신감을 붙여두고 싶다고 생각할지도 모른다. 즉 부자가 되기 위해 좀더 전문 지식을 가지고 싶어할 것이다. 그러나 반드시 당신이 그 지식을 전부 가질 필요는 없다. 각 전문가들을 '협력자'로 함으로써 당신의 약점을 완전히 커버할 수가 있기 때문이다.

막대한 재산을 이룩하기 위해서는 그만한 힘이 필요한 것은 당연하지만 그 힘은 전문 지식을 가진 현명한 인재를 골고루 등용함으로 해서 얻을 수가 있다. 즉, 재산을 만드는 데 있어서 본인이 반드시 전문 지식을 가질 필요는 없다.

이것으로 보아 소위 '교육'을 충분히 받지 못한 사람에게도 재산을 이룩할 기회가 있다는 것을 알게 될 것이라고 생각한다. 많은 사람들이 '교육'을 받지 못했다는 이유로 일생 동안, 열등감에 사로잡혀 고민했다. 그러나 이제 걱정은 없다.

[2전문가를 모아 '협력자'를 만듦으로써 당신은 그 보좌역들과 동등한 지식을 가진 사람이 될 수 있다.]

T A 에디슨은 생애에서 단 3 개월밖에 학교에 다니지 못했다. 그러나 그는 결코 지식이 없는 사람은 아니었으며 비참한 인생을 보낸 사람도 아니었다. H 포드도 6 년 남짓한 학력밖에 없었으나 큰 부자가 되어 유복한 일생을 보냈다.

전문 지식이 없다 해서 고민할 필요는 전혀 없다. 당신도 필요한 전문 지식을 가진 사람들의 협력을 얻는 것으로 대성공을 할 수 있다.

■ 어디에서 지식을 얻게 되는가

먼저 어떤 목적을 위해 어떤 전문 지식이 필요한가를 조사할 필요가 있다. 당신 인생의 목적이나 목표의 크기에 따라 필요한 전문 지식이 결정될 것이다. 그것이 결정되면 그 지식을 어디서 어떻게 손에 넣는가를 검토해야 한다.

그 좋은 예를 소개하겠다.

1. 먼저 당신 자신의 경험과 교육에 눈을 돌려야 한다.
2. 가까이에 있는 사람들의 경험이나 지식은 곧 활용이 될 것이다.(협력자)

3. 대학의 공개 강좌는 필요에 따라 참가한다.
4. 공공의 도서관(책은 문명의 최대 이기로서 크게 활용해야 한다.)
5. 특별 훈련 코스(전문 지식의 합숙 훈련이나 통신 교육 등은 당장 쓸모
  가 있어 편리하다.)

  필요한 지식을 얻게 되면 다음은 그것을 효과적으로 활용하여 가치있
는 결과를 만들어내지 않는 한, 전혀 값어치가 없다.
  만일, 당신이 좀더 공부하고 싶다고 생각하고 있다면 먼저, 무엇 때문
에, 어떤 지식을 찾고 있는가를 분명히 해야 한다. 다음으로 어디에 가면
확실하게 그것을 얻을 수 있는지 연구해야 한다.
  [³성공하는 사람은 언제까지나 그 목표나 사업에 관계있는 전문 지식
을 탐욕스럽게 계속 찾아 그치려고 하지 않는다.] 그러나 성공 못하는
사람은 학교를 졸업하면 이제 모든 공부는 끝났다고 잘못 생각하고 있
다. 학교 교육이라는 것은 어떻게 하면 인생에 도움이 되는 지식을 얻을
수 있는가 하는 공부의 방법을 가르쳐 주는 데 지나지 않는다.
  [⁴또. 현대는 세분화의 시대에 들어와 있다. 그러므로 최근에는 점점
더 전문 지식을 가진 인재를 찾게 되었다.]
  예를 들면 콜롬비아 대학의 직업 소개 부장인 로버트 무어 씨도 그
논설 중에 이런 말을 했다.

요구되는 전문가
  지금 기업이 구하는 신입 사원은 어떤 분야에서의 전문가이다. 예를
들면 회계사라든가 기술자나 저널리스트, 혹은 건축사나 화학자 등이
다. 또 이와 같이 전문적인 지식을 가진 사람들 외에 학생 시절에 무슨
리더를 한 사람이나 활동가였던 사람에게도 기업은 높게 평가하고 있
다.
  학생 시절에 활발했던 사람은 일반적으로 협조성이 많고 인내력이

강한 사람이 많다. 그러므로 단순히 학업 성적이 좋았던 사람보다도 인간성이 풍부하므로 어떤 기업에서도 끌어 가려고 한다. 이런 사람 중에는 동시에 6 개사에서 스카웃된 자도 있을 정도이다.

어느 대기업에서는 어떤 인재를 찾고 있는가 하는데 대해 이런 편지를 보내온 곳이 있다.

"우리 회사에서는 매니지멘트의 능력을 가진 학생을 구하고 있습니다. 그러므로 성적보다도 성격과 지성과 인격을 중시하고 있습니다."

실습 제도의 권장

기업이나 공장에서는 요즘 여름 휴가 등에 '실습 제도'를 실시하는 곳이 증가했다. 기업측은 대학 2,3년부터 전문 과정을 받는 것이 바람직하다고 생각하고 있어서 어물어물 무기력하게 학생 시절을 보내는 자는 채용하지 않는 경향이 있다.

그러므로 학교측도 기업이 특기자를 구하고 있는 것을 재인식하고 학생들의 취직에 관해 좀더 책임을 가져야 할 것이다.

전문 지식을 얻는데 가장 신뢰가 되고 편리한 것이 대도시에 흔히 있는 합숙 훈련 코스일 것이다. 또 하나는 가정에서 자유롭게 공부할 수 있는 통신 교육이다. 통신 교육은 학교에 따라 취직 상담 등의 특전이 있는 곳도 있으므로 잘 알아보고 신청하는 것이 좋다.

■ 자기 훈련

노력도 하지 않고 댓가도 지불하지 않고 얻은 것은 경시당하는 경우가 많다. 실제로 그 중에는 엉터리가 있으므로 하는 수 없는지 모르겠다. 아마도 그 때문에 애써 훌륭한 교육을 받아도 그것이 무료인 공립 학교인 경우는 사회로부터 평가를 낮게 받지 않을 수 없다. 그러므로 오히려 전문 지식의 훈련 코스를 받는 편이 유리하다. 특히 통신 교육은 높은 평가를 받고 있다. 통신 교육의 수강료는 그다지 높지 않으므로 보통 수강료는 선불이다. 선불을 해 버리면 끝까지 수강을 하지 않으면 손해 이므로 중도에서 퇴학하는 사람이 적어진다. 즉 선금 쪽이 초지를 관철 하기 쉽다.

나도 45년 전에 통신 교육으로 공부한 적이 있다. 선전 광고의 전문 코스를 받고 있었으나 반도 진행하기 전에 도중에서 중단하고 말았다. 그러나 학교는 그 후에도 청구서를 보내 공부를 중단했는데도 불구하고 강경하게 지불을 요구했다. 그래서 나는 어차피 수강료를 지불해야 한다 면 (법적으로 나에게 지불 의무가 있다.) 끝까지 하여 본전을 찾겠다고 마음먹었다. 그때 이 지불 제도는 아주 잘 생각한 것이라고 감탄했으나 나중에 와서 이 제도가 가르쳐 주는 참뜻을 재인식하게 되었다. 이와 같이 강제적으로 지불을 명령받았기 때문에 어쨌든 코스를 졸업하게 되었다.

■ 배우는 데 있어서 너무 늦었다는 법은 없다

미국에는 세계에서 최대 규모의 공립 학교가 몇 개 있다. 그러나 인간 의 나쁜 버릇 중의 하나가 공짜는 가치가 없다고 생각하고 있는 것이 다. 그러므로 미국의 무료 학교나 도서관은 단지 '무료라는 이유만으로' 사람들로부터 무시당하고 있다. 그 때문에 학업의 중도나 혹은 졸업하고 도 아직 더 공부가 부족하다고 생각하는 사람이 많다. 이것이 특별 훈련 코스에 참가하는 사람이 증가하고 있는 원인이다.

[5또 경영자들은 여가를 반려하고까지 공부하려고 하는 의욕있는 사람이야말로 지도자로서 기대가 되는 것을 경험으로 잘 알고 있어서] 자기 훈련 코스를 받고 있는 종업원을 특별히 우대하는 경향이 있다.

이것도 특별 훈련 코스의 수강자를 증가시키는 또 하나의 원인이라 하겠다.

그런데 [⁶인간에게는 어쩔 도리가 없는 큰 결점이 있다. 그 치명적인 결점이란 '대지(大志)의 결여'이다.] 그리고 얼마나 의욕이 없는 사람이 많은지. 그러나 이것은 의욕이 있는 사람에게는 커다란 기회이다.

[⁷촌각도 아껴 집에 돌아와서도 공부하려고 하는 열성을 가진 샐러리맨이 언제까지나 말단으로 있을 턱이 없다] 그들의 노력은 반드시 보상된다. 게으른 자는 그들을 위해 길을 터 주지 않을 수 없고 상사들은 반드시 그들을 발탁하게 될 것이다.

자기 훈련 코스는 승진을 원하는 샐러리맨이나 정년 퇴직 후에도 다시 취직을 생각하고 있는 사람들은 물론이거니와 마음에 큰뜻을 품고 있는 사람은 누구나 효과가 있는 공부 방법이라 하겠다.

스튜워드 오스틴 와이어는 처음에는 건축 회사의 기사로 취직했으나 운이 나쁘게도 근무하던 회사가 도산하여 수입원이 끊어지고 말았다. 그래서 곰곰이 생각한 결과, 기업의 법률 고문이 되어 보겠다고 마음먹었다. 그리하여 그는 다시 대학에 들어가 전문 코스를 수강하여 드디어는 시험에 합격하여 거뜬히 법률 고문이 됨으로써 높은 수입을 얻게 되었다.

'가족을 부양해야 하므로 공부할 시간이 없다.'던가 '나이를 너무 먹어 지금 새삼스럽게 수강하는 것이 창피하다.'라던가, '좋은 대학을 나왔는데 다시 야간 코스에 참가하는 것은 위신 문제'라는 등 평계를 대는 사람들을 위해 와이어에 대해 좀더 상세하게 이야기할까 한다.

와이어가 다시 대학에서 공부한 것은 40세를 지나서부터였다. 당연히 결혼하여 가족을 부양할 입장에 있었다. 그는 몇군데 대학을 상세하게 연구하여 그에게 필요한 전문 지식을 가장 조직적으로 공부할 수 있는 대학을 선택했다. 그 덕분에 보통 4년이 걸리는 것을 불과 2년으로 졸업을 하게 되었다.

이것으로 지식을 얻기 위해 얼마 만큼의 노력이 필요하다는 것을 아셨으리라 생각한다.

■ 이동기장 사무소 이야기

여기서 또 한 가지 이야기를 소개할까 한다.

식료품점에 근무하고 있는 세일즈맨이 드디어 정년이 되었다. 그래서 그는 부기 경험이 약간 있는 것을 살려 그것을 활용하기로 했다. 그래서 부기 전문 코스를 수강하여 부기와 그 사무기 사용법을 마스터했던 것이다. 그후, 그는 독립하여 기장업(記帳業)을 개업했던 바, 이전의 고용주였던 식료품점을 비롯하여 100개점 이상이나 되는 중소 상점과 계약을 할 수 있게 되었다. 이 장사는 크게 히트하여 나중에는 버스를 개조하여 그 안에 계산기나 타자기를 설치하고 순회 처리하기까지 발전해 갔다. 그가 몇 사람의 조수를 고용하는 처지가 된 것은 부기에 관한 전문 지식을 효과적으로 활용하는 상상력이 있었기 때문이다. 전문 지식을 얻었다는 것과 그리고 그것을 이용하는 상상력을 가지고 있었던 덕분으로 그는 지금 이전에 받던 급료의 10배 이상이나 되는 소득세를 납부할 만큼 대성공을 거두었다.

그런데 이 세일즈맨보다 더 큰 수입을 만들어낸 왕성한 상상력에 대해 이야기하겠다.

이 실화의 주인공도 본래는 어느 상점의 세일즈맨이었다. 그는 그때까지 하던 세일즈맨 생활을 그만두고 새로운 연구를 시작했다. 그가 착수한 것은 도매업자용의 이익 계산이 동시에 되는 신식 장부였다. 이 착안은 좋았으나 그의 고민은 어떻게 이 착안을 실제 수입으로 전환시키는가 하는 것이었다. 즉 그에게는 부기의 전문 지식은 있었으나 그것을 활용하여 돈으로 전환시킬 상상력이 부족했던 것이다.

그러나 이 문제는 어느 유능한 젊은 여성에 의해 해결되었다. 그녀는 남의 생각을 구체적으로 정리하는 상상력을 가진 사람이었다. 그녀는 신식 장부의 구상을 상세하게 들으면서 그것을 훌륭하게 작성했다. 아름답게 인쇄되어 정성껏 제본된 이 신식 장부는 그 자신이 세일즈를 하여 미처 만들어내지 못할 정도로 주문이 날개돋친 듯 쇄도했다.

■ 나의 카탈로그

만일 당신을 최고로 유리한 조건으로 사회에 내보낼 방법이 있으면 알려 주기 바란다고 생각하지 않는지, 실은 자기 자신도 좀더 높은 대우를 받고 사회에 진출하겠다고 생각하고 있는 사람은 미국에도 몇만 명이 있다.

다음에 소개하는 새로운 사업은 어느 인물의 장래를 설계할 필요성이 있어서 생겨난 것이었으나 이것이 그 외의 다른 사람들에게도 유효하다는 것을 알았다.

이 새 사업을 개발한 사람은 훌륭한 상상력을 가진 한 어머니였다.

그녀는 몇천 명이나 되는 사람들이 어떻게 하면 자신을 높은 값으로 사회에 내보낼 수 있을까 하고 고민하는 것에 착안했다. 만일 자기를 유리하게 내보낼 수 있는 '안내서' 같은 것이 있으면 반드시 쓸모가 있을 것이라고 생각했던 것이다. 그녀가 고안한 '나의 카탈로그'에 대해 상세하게 알아본다.

그녀의 아들은 대학을 졸업했는데도 마땅한 취직 자리를 찾지 못해 고민하고 있었다. 그것을 본 이 원기 왕성한 맹렬 어머니는 아들을 위해 '나의 카탈로그'를 만들려고 생각했다. 그녀가 만든 카탈로그는 지금까지 나와 있는 것과는 비교도 안되는 근사한 것이었다.

이 카탈로그는 50 페이지나 되는 아름답게 타이프한, 나무랄데 없는 완전한 데이터였다. 그녀 아들의 성격과 특기, 학력, 자격, 취미, 경험, 교우 관계 등이 상세하게 정리되었고 거기다 그녀의 아들이 희망하고 있는 직종과 그리고 지위와 수입까지 당당하게 쓰여져 있었다. 그리고 그가 그 자리를 얻게 되면 어떻게 활약할 것인가도 그림으로 보는 것처럼 명확하게 기재되어 있었던 것이다.

이 카탈로그는 몇 주일이나 걸려 신중하게 작성되었다. 그녀는 아들을 매일 도서관에 다니게 하여 카탈로그를 만드는 데 필요한 모든 자료를 모으게 했다. 그리고 또. 생각이 나는 모든 해당 회사를 방문케 하여 유익한 정보를 많이 모으게 했다. 그런 노력의 결과, 완성된 카탈로그에는 목표하는 회사에 대한 필요한 정보가 가득 실려 있게 되었다.

■ 10 년간의 절약

이런 의문을 가지고 있는 사람이 있을 것이다. '무엇 때문에 일자리를 구하는 것 때문에 그렇게까지 힘드는 일을 해야 하는가?'

그 대답은 바로 이렇다. '어떤 일을 성취하려면 힘들고 귀찮다는 생각을 해서는 안된다. 이 어머니가 아들을 위해 작성한 카탈로그 덕에 그는 단 한번의 면회로 희망하던 직장에 가게 되고 게다가 희망한 대로 수입을 얻게 되었다.'

더욱 중요한 것은 그는 평사원에서 출발한 것이 아니었다는 것이다. 그는 처음부터 부지배인의 지위를 획득하고 거기다 수입을 얻었다.

"무엇 때문에 그런 힘들고 귀찮은 일을 해야 하는가?"
라는 질문에 또. 한 가지 더 대답할까 한다.

그가 평사원에서 출발했다면 현재의 지위까지 승급하는 데 걸리는 세월을 적어도 10년간은 이 카탈로그가 단축해 버렸다.

평사원에서 출발하여 차차 출세한다는 사고 방식은 건전한 것처럼 들리겠으나 [그 사고 방식의 최대 결점은 평사원으로부터 출발하는 대부분의 사람이 현실로는 승진의 기회를 잡기는 커녕, 기회가 보이는 높이까지 머리를 쳐들지 못하는 경우마저 있다.] 그러므로 그는 최후까지 스타트라인에 선 채, 인생을 마치지 않을 수 없다.

또 낮은 지위에서 사회를 봄으로써 평사원에서 출발한 사람들은 대부분의 경우, 쾌활성과 용기를 잃고, 의욕을 잃어 비판주의로 빠지고 만다. 그리고 가장 비참한 것은 [⁹그러한 사람들의 대부분이 '대지(大志)'를 상실한다는 것이다. 우리는 이것을 '밧줄에 묶인 인간'이라고 부르고 있는]것인데 그 뜻은 매너리즘 가운데서 단념한 인생을 보낸다는 것이다. 즉, 하루하루를 익숙해진 생활에 만족하며 살아가는 도중에 그것이 습관이 되어 끝내는 포로가 되어 꼼짝못하는 인간이 되고 만다

그러므로 가령 한 계단 한 계단 위로 올라가 보는 것은 매우 중요하고 가치 있는 일이다. 한 계단이라도 높은 지위에 서면 세상이 보다 확실하게 보이는 법이다. 사람들이 승진하기 위해 어떤 노력을 하고 있는가, 어떻게 기회를 잡는가, 어째서 그들에게는 용기가 있는가 하는 것을 관찰하는 일은 당신에게 있어서 매우 가치 있다고 하겠다.

■ 세계가 구하고 있는 것은 승리자이다

여기에 관해 던 헐핀의 이야기를 소개하겠다.

1930년 대학 시절에 그는 전 미우승을 저 유명한 노틀담 풋볼 팀의 매니저를 하고 있었다. 그리고 당시의 감독은 정열의 사나이로 유명한 고 누트 록큰이었다.

헐핀이 대학을 졸업한 해는 전국적인 대불황으로 도저히 취직이 되지 않는 시대였다. 그는 은행에서 영화사까지 돌아다녔으나 일자리를 얻지 못했다. 그리고 겨우 찾은 일자리란 전기 보청기의 커미션 세일이었다. 이런 일이란 엄격하고 불안정하다는 것은 잘 알고 있었으나 그의 처지로는 불만을 하지 못했다.

어쨌든 2년 가량 그는 도리가 없이 그 일을 계속했다. 그에게는 일이 조금도 재미가 없었다. 그러나 그는 그 불만을 스스로 해결하려고 결심

했다. 만일 이 결심을 하지 않았더라면 그는 비참한 인생을 마쳤을 것에 틀림없다.

그는 먼저 세일즈 매니저의 조수가 되려고 목표를 세웠다. 곧 그는 조수가 될 수 있었으나 막상 되고 보니 처음으로 그는 미처 몰랐던 큰 기회가 아직도 얼마든지 있다는 것을 발견했다. 이 발견과 동시에 기회 또한 그를 외면하지 않았다.

헐핀은 굉장한 판매 실적을 계속 올렸다. 그의 활약상을 본 라이벌 회사의 딕트 글라브사의 Ａ Ｍ 앤드류 사장은 Ｄ 헐핀이란 어떤 사나이 인가 하고 흥미를 가졌다. 그래서 어느날, 그는 헐핀을 초대했다. 그리고 헐핀은 앤드류 사장으로부터 딕트글러프사의 어쿠스티컨표 보청기 부문 의 세일즈 매니저로 스카웃되었던 것이다.

당장에 헐핀은 단신 플로리다로 파견되어 그곳에서 그가 신규 개척을 할 수 있는 사람인지 아닌지를 테스트받았다. 그러나 헐핀은 결코 낙담 하지 않았다. 명감독인 누트 록큰이 항상 말한 '세계는 승리자를 애타게 기다리고 있다. 게으름뱅이에게는 볼일이 없다.' 라는 말을 마음에 간직하 고 세일즈에 몰두했다. 그리고 본사에 돌아왔을 때, 그는 일거에 부사장 으로 발탁되었던 것이다. 이 지위는 보통 적어도 10년 동안 노력해도 겨우 얻을까말까하는 자랑스러운 높은 자리였으나 그는 불과 6개월 남짓 한 시일에 이룩했다.

이 이야기에서 내가 강조하고 싶은 요점은 [¹⁰'자기의 지위는 자기가 조절할 수 있다'라는 것이다.] 즉, 높은 지위에 앉는 것도 낮은 지위에 머무는 것도 모두 다 자기 자신에게 달려 있다는 말이다.

■ 말단으로부터의 탈출

이 이야기에서 또 한 가지 지적해 두고 싶은 것은 [¹¹성공과 실패는 그 사람의 습관에 의해 좌우된다는 것이다.] 미국에서 가장 유명한 미식 축구 감독인 누트 록큰의 감화를 받아 헐핀은 어떻게 하든 노틀담 풋볼 팀을 세계 제일 가는 팀으로 만들고 싶다고 생각했다. 실제로 영웅 숭배심은 사람을 분발하게 하는 힘을 가지고 있다.

사업의 성공과 실패는 하고자 하는 의욕 하나로 결정된다는 것이 나의 신념이지만 아들인 블레일이 D 헐핀의 회사에 취직이 되었을 때, 그것이 확실하게 증명되었다.

헐핀이 아들에게 약속한 초임금은 다른 라이벌 회사의 반밖에 되지 않았다. 그러나 나는 아버지의 권위를 내세워 아들을 납득시키는 동시에 아들이 헐핀의 측근에서 일을 하도록 조치했던 것이다. 자기의 지위는 스스로가 잡아야 한다라는 투지에 가득찬 사람 곁에 있는 것은 돈으로 사지 못하는 훌륭한 감화를 받을 수 있다고 생각했기 때문이다.

지위가 낮으면 누구나 지루하고 초라하고 수입이 적은 법이다. 그러므로 지금까지 '낮은 지위에도 만족하려는 그런 안이한 생각은 하지 말라.'라고 기회 있을 때마다 말해 왔던 것이다.

■ 상상력을 사용하라

아들을 위해 '나의 카탈로그'를 고안해 낸 어머니는 지금, 전미국 여기저기에서 주문을 받아 많은 사람들을 위해 특별한 카탈로그를 작성하기에 바쁘다.

이 카탈로그는 단순히 지금까지와 같은 일을 하되, 보다 많은 수입을 얻으려는 것이 목적은 아니다. 그런 교활한 세일즈맨쉽이 아니라는 말이다. 취직을 하는 자와 고용을 하는 자의 양자가 함께 낭비없이 이익을 얻으려는 것이 목적이다.

만일 당신의 상상력이 풍부하고 그리고 좀더 유리하게 당신 자신을 판매하려고 생각한다면 조속히 실험해 볼 일이다. 반드시 대학 출신의 의사나 변호사나 기술자들보다도 더욱 높은 수입을 얻을 수 있는 일자리를 가지게 될 것이다.

왕성한 상상력, 이보다 가치있는 것은 없을 것이다.

이 상상력의 근본이 되는 것이 전문 지식이다. 운이 나빠 아직 부를 얻지 못하고 있는 사람들에게는 상상력보다 전문 지식 쪽이 보다 간단하게 익힐 수 있다. 그러므로서 남의 전문 지식을 살려서 사용하는 상상력이 있는 사람을 만인이 찾고 있다.

참으로 중요한 능력이란 상상력을 말한다. 여러 가지 전문 지식을 효과적으로 조합하여 부자가 되기 위한 확고한 계획을 작성할 때 필요한 것, 그것이 바로 상상력이다.

만일, 당신에게 상상력이 있다면 당신은 지금까지의 이야기 중에서 귀중한 힌트를 잡을 수 있었을 것이다. 중요한 것은 당신의 그 상상력이다. 전문 지식도 물론 중요하지만 그것은 길거리 여기저기에서 언제나 주워 모을 수 있는 것에 지나지 않는다.

요점정리

어떤 지식도 그것은 '재료' 에 불과하다. 그러므로 이 지식을 효과적으 로 조합하여 최종 목표를 달성하기 위한 행동 계획을 작성하는 것을 배워야 한다.

교육에 대해 우리들은 근본적으로 고쳐 생각할 필요가 있다. H 포드는 '무지' 하였기에 부호가 되었다.

본문 안에서 소개한 5 가지 지식원을 잘 활용해 주기 바란다. 지식을 얻는 것은 그다지 어려운 일은 아니다.

만일 상품이 없어도 당신은 당신 자신을 좀더 높은 값으로 판매할 수 있지 않을까. 자기 훈련을 함으로써 60 세를 지난 사람들도 성공하고 있다. 자기 훈련을 하려고 하는 의욕이 믿지 못할 만한 성공을 가져 온 다.

'나의 카탈로그' 를 곧 만들어야 할 것이다. 당신은 10 년이나 손해를 보고 있는지도 모른다.

"부자의 길로 나아가는 사람에게 있어서 여러 가지 지식은 그 길을 포장해 준다."

상상력

찾고 있는 '기회'는 당신 상상력 안에 있다.
상상력은 마음속의 번뜩임을 부로 바꾸어 주는 공장이다.

성공 철학·제5단계
상상력

상상력이란 문자 그대로 인간이 창조하는 온갖 '착상(着想)'을 구체화하는 공장이다. 착상이나 소망은 상상력의 도움을 받아 비로소 모양을 가지고, 무게를 가지고, 그림자를 가진 현실의 모습이 될 수 있다.

옛부터 인간이 그 마음속에 상상할 수 있는 것은 반드시 인간에 의해 창조가 된다고 하여 왔다. 인간은 상상력을 작용시킴으로써 지난 50년 동안에 그때까지의 인류 역사에서 성취하여 온 이상의 것을 대자연 가운데서 발견하여 활용해 왔다

예를 들면 인간이 공기를 완전히 지배하게 되었기 때문에 하늘을 나는 데 성공하였다. 그와 동시에 새는 인간과 비교가 되지 않을 정도까지 비참하게 몰락했다. 또 인간의 상상력은 몇백만 마일이나 떨어진 태양을 분석하여 그 중량을 계산하고 그 원소를 측정해 버렸다. 또, 인간의 상상력에 의해 오늘날에 와서는 소리보다 빠른 속력으로 여행하는 일이 상식으로 되어 버렸다.

이 인간에 있어서 단 하나의 한계는 오로지 이 상상력을 어디까지 개발하여 이용할 수 있는가 하는 것에 달려 있다. 상상력은 또한 매우 조금만 활용되고 있다. 우리들 인간에게는 상상력이라는 훌륭한 것이 있다는 것을 겨우 알게 되었을 뿐이며, 그 얼마 안되는 초보적인 이용을

시작했을 뿐이다.

■ 상상력의 2 가지 활동 방법

상상력에는 2 가지의 활동 방법이 있다. 한 가지는 '합성적 상상력 (合成的想像力)'이며. 또 한 가지는 '창조적 상상력'이다.

합성적 상상력 이것은 이전부터 있던 사고 방식이나 지식이나 아이디어 등을 합성하여 새로운 무엇인가를 만들어내는 힘이다. 합성적 상상력은 그 차체로는 아무것도 만들어내지는 않는다. 다만 경험이나 교육이나 인생 철학을 재료로 하여 거기에서 새로운 것을 만들어 낸다. 여간 특별한 경우가 아닌 한, 창조적 상상력의 '천재'에 의지할 필요는 없다. 지금까지의 대부분의 발명가들은 이 합성적 상상력만으로 많은 어려운 문제를 해결해 왔다

창조적 상상력 이것은 인간의 한도가 있는 마음을 '무한의 지성'과 직접 교신시키는 힘이다. 즉. '감'이나 '번뜩임'이 그것이다. 이 창조적 상상력의 작용에 의한 것이다. 이것에 의해 인간은 문제의 본질을 해명하거나 새로운 발명을 할 수 있는 것이다. 또. 이 창조적 상상력에 의해 인간은 타인의 잠재 의식과 '텔레파시'로 교신할 수도 있다.

창조적 상상력은 나중에 말하겠지만 자동적으로 작용한다. 창조적 상상력은 인간의 의식이 급속한 회전을 할 때, 가령. '강렬한 소망'으로 마음이 두근두근할 때, 그 힘이 발휘된다. 창조적 상상력은 사용하면 할수록 더욱 더 활발해지고 날카롭게 연마되어 간다.

상업, 공업, 금융업 등, 각계의 지도자로서 또. 예술가, 음악가, 시인, 작가 등 일류가 된 사람들은 모두 이 창조적 상상력 개발에 성공한 사람들이다.

소망은 단순한 사고의 번뜩임에 지나지 않는다. 그것은 몽롱한 아지랭

이와 같은 것으로, 구체적인 형체가 되어 현실화되지 않는 한, 추상적으로 아무런 가치가 없다. 소망을 부로 전환시킬 때, 가장 빈번하게 쓰이는 것이 합성적 상상력이지만 아무래도 창조적 상상력에 의지하지 않을 수 없는 경우도 있다.

■ 상상력을 되살려라

당신의 상상력은 별로 사용된 적이 없어 그 힘이 약화되어 있는지도 모른다. 만일 그렇다면 더 사용함으로써 되살려 연마해야 한다. 상상력은 사용하지 않아서 그 작용이 정지하는 일은 있어도 결코 시들어 죽는 일은 없다. 잠시 동안, 당신의 합성적 상상력이 소생되는 것을 감지할 수 있도록 정신을 집중해 주기 바란다. 왜냐하면 당신의 소망을 부로 전환시키려면 아무래도 이 합성적 상상력이 필요하기 때문이다.

그래서 이 책을 한번 읽고 나면 다시 이 단계를 되풀이 읽고 즉각 상상력을 써서 당신의 소망을 돈으로 전환시킬 계획을 세워 주기 바란다. 계획을 세우는 방법에 대하여는 대부분의 단계 중에서 반복하여 설명하고 있으므로 필요에 따라 선택하면 된다. 상상력을 써서 계획을 명확하게 용지에 쓸 때, 소망은 차츰 눈에 보이는 자세로 나타난다. 즉 소망을 계획하여 용지에 쓰는 일, 그것이 사고를 돈으로 전환시키는 첫걸음이라는 것을 알았으리라고 생각한다.

■ 대자연의 법칙을 사용하라

당신을 포함하여 지구상에 존재하고 있는 모든 생명은 현미경적으로 작은 물질이 대자연의 신비에 힘으로 올바르게 조합되어 진화해 온 것이다. 그리고 놀라운 사실은 우리들의 육체를 구성하고 있는 세포는 물론 지구를 생성하고 있는 모든 원자는 그 하나하나가 물리적인 에너지를 가지고 있다는 것이다.

소망이란 사고의 발동이다. 이 발동이 에너지를 가지고 있다. 즉 돈을 벌고 싶다는 소망이 마음속에 번뜩인 순간부터 당신의 육체나 두뇌는 그것으로 향해 자동적으로 작동을 시작한다. 이것은 대자연이 이 지구나 우주의 만물을 창조해 왔다는 것과 같은 불변의 법칙에 의한 작용이다.

['대자연에 불변의 법칙에 힘을 빌림으로써 비로소 우리는 부를 구축할 수 있다.]

그러나. 그러기 위해서는 먼저 이 법칙이 어떤 것이며 어떻게 사용하는가를 연구할 필요가 있다. 그래서 나는 어느 실화를 통해, 막대한 부를 이루어 주는 이 힘의 비밀을 파헤쳐 볼까 한다. 그것이 이 법칙을 해명하는 가장 빠른 길이다.

기적이라던가 신의 조화라는 것을 우리는 그저 '불가사의'라고밖에 생각하지 않는다. 그러나. 그것은 과연 절대로 해명하지 못하는 것일까? [²실은 대자연의 법칙은 이 지구나 항성이나 혹성 그리고 또. 주변의 모든 물체나 동물의 세계를 통해 우리에게 그 작용을 가르쳐 주고 있다.]

다음에 소개하는 이야기는 당신이 상상력의 작용을 해명하는 실마리가 될 것이다. 먼저 이 이야기를 통독하여 느낀 대로 흡수해 주기 바란다.그리고 다시 한번 되풀이하여 읽고, 이 이야기 깊은 곳에 잠재해 있는 '성공 철학'의 참뜻을 간파해 주기 바란다. 이 이야기는 결코 한번 읽는 것으로 알았다고 생각지 말라. 가볍게 생각하지 말고 반드시 되풀이해 읽어 주었으면 한다. 3 번째를 읽었을 때 쯤에는 당신의 마음은 반드시 크게 부풀게 될 것이다.

■ 상상력이 부를 이룩한다

재산 축척의 출발점은 상상력이다. 여러 가지 아이디어나 착상은 상상력에 의해 만들어진다. 그러면 이제는 상상력이 얼마나 거대한 부를 이루었는지 알아보자.

■ 어느 비밀의 요소

지금부터 50년 전, 나이가 많은 어느 시골 의사가 도시에 왔다. 그는 마차를 매고 약국 뒷문으로 가만히 들어가 젊은 점원과 거래를 시작했다.

1시간 이상이나 두 사람은 카운터 뒤에서 소근소근 작은 목소리로 이야기를 나누고 있었다. 드디어 의사는 마차로 돌아오더니 낡은 큰 주전자와 커다란 나무 버들(주전자 안에 든 것을 휘젓는 데 쓰는 막대)을 가지고 왔다. 점원은 주전자를 조사해 본 다음, 안주머니에서 돈다발을 꺼내 의사에게 건네주었다. 돈다발은 꼭 500달러 즉, 그 점원이 저금한 전액이었다.

의사는 어떤 공식을 쓴 메모를 점원에게 건네 주었다. 그 메모에 쓰여진 말은 '임금님의 몸값'이 될 만큼의 큰돈과 같은 가치가 있었다. 그러나, 그 '의사에게는 아무런 가치도 없었던'것이다. 이 마법의 말은 주전자를 끓이는 필요한 것이었으나 의사도 점원도 그렇게 거대한 부가 그 주전자 속에서 만들어지는지 짐작도 하지 못했다.

늙은 의사는 그 메모가 500달러라는 돈에 팔려 몹시 좋아하였다. 점원은 그 메모와 낡은 주전자를 사는 데 저금을 모두 털었으나 그는 커다란 찬스를 잡은 것이다. 그러나, 그때는 그 투자가 언젠가는 알라딘의 램프도 따라오지 못하는 황금을 만들어낼 것이라는 것은 꿈에도 생각하지 못했다.

그때 점원이 '정작 산 것은 아이디어'였다.

낡은 주전자와 버들과 어떤 공식을 쓴 메모지는 그저 우연하게 모인 것에 지나지 않았다. 그 주전자가 불가사의한 힘을 발휘하기 시작한 것은 이 새 소유자가 의사는 전혀 생각지도 않았던 어떤 '비밀의 요소'를 혼합했을 때부터였다.

그 주전자가 황금을 만들어내게 된 원인 즉 그 점원이 혼합한 비밀의 요소가 도대체 무엇이었는가를 당신은 알겠는가?

그러면 이 아이디어가 만들어낸 소설보다 더 재미있는 사실을 소개할까 한다.

먼저 이 아이디어가 얼마나 막대한 부를 가져왔는지 알아보자.

그 주전자의 알맹이는 막대한 설탕을 소비하고 있다. 즉 이 아이디어는 사탕수수 재배나 설탕 정제나 판매에 종사하고 있는 몇천 명이나 되는 사람들에게 일자리를 주고 있다.

또, 이 낡은 주전자는 연간 몇천만 개의 유리병을 소비하여 유리 공업에 종사하고 있는 수많은 사람들의 생활을 지탱하고 있다.

또한 거기다 낡은 주전자는 많은 점원이나 디자이너나 카피라이터나 광고 업자의 일을 확보하고 또 이 주전자 알맹이를 아름다운 사진으로 만들어낸 예술가에게 명예와 부를 주었다.

이 낡은 주전자 덕분에 작은 거리는 남부에서 제일 가는 상업 도시로 발전하여 직접, 간접으로 이 도시 사람들은 큰 혜택을 받고 있다. 이 아이디어 덕분에 온 세계의 문명 도시에 이익을 주어, 그 모든 관계자에게 돈다발을 뿌리고 있다. 주전자에서 솟아나오는 황금은 남부에서도 최대의 대학을 건립하여 수천 명의 젊은이가 성공하기 위해 그곳에서 공부를 하고 있다.

만일 이 낡은 놋쇠 주전자가 말을 할 수 있다면 전세계의 말로 스릴에 가득찬 모험담을 이야기해 주리라. 예를 들면 사랑의 모험, 사업의 모험, 그리고 제1선에서 활약하고 있는 세일즈맨들의 모험담 등 나는 적어도 그 중 한 가지 모험담은 잘 알고 있다. 그것은 내 자신이 그 모험에 관계하고 있었기 때문이다.

이 모험에 내가 등장한 것은 그 점원이 낡은 주전자를 산 곳에서 그다지 먼 곳은 아니었다. 내가 나의 아내와 만났던 곳이 바로 그 장소였으며 그 마법의 주전자에 대한 것을 이야기해 준 사람도 바로 그녀였다. 그리고 내가 그녀에게 프로포즈했을 때, 우리가 마시고 있던 것도 이 주전자의 알맹이었던 것이다.

당신이 어떤 사람이건, 어디에 살고 있는 사람이건 어떤 일을 하고 있는 사람이건 앞으로 '코카 콜라'라는 문자를 볼 때마다 그 부와 발전이 하나의 아이디어에서 태어나 아사 챈드라라는 한 점원이 메모지에 적은 공식대로 혼합한 것이 '상상력'이었다는 사실을 기억해 두기 바란다.

좀더 생각을 해 보자. 이 책에 쓰여 있는 13 단계의 '성공 철학' 이야말로 코카 콜라를 온갖 촌락과 도시와 전세계의 가는 곳마다 보급시키는 원동력이 되었다. 그러므로 이 '성공 철학'을 알아두면 당신도 코카 콜라와 같은 기록을 만들기가 가능할 것이다.

■ 1주일 동안에 100만 달러를 만든 사나이

다음에 소개하는 이야기에서 '뜻이 있는 곳에 길이 있다'라는 옛 속담을 연상하게 될 것이다. 이 이야기는 사람 좋은 교육자이고 목사였던 프랭크 W. 간솔러스로부터 직접 들은 것이다.

간솔러스는 시카고의 축산품 가공 지구에서 목사를 하고 있었으며 그는 학생 시절에 교육 제도의 문제점을 발견했었다. 목사가 된 다음에도 간솔러스는 교육 제도의 개혁을 내내 생각하고 있었다. 그리고 어느 때 그는 낡은 교육 방법에 구애받지 않고 뜻대로 교육할 수 있는 새로운 대학을 설립하려고 마음을 먹었다.

그런데 새로운 대학을 건립하는 데는 100만 달러라는 대금이 필요했다. 그러나 그런 대금을 어디서 어떻게 장만해야 할지 엄두가 나지 않았다. 대지(大志)에 불타고 있던 젊은 목사도 이 자금 마련의 일로 마음이 괴로웠다. 그는 자나깨나 고민했다. 무슨 일을 하거나 어디에 있거나 이 고민은 그를 따라다녔으며 드디어 이 고민에 집착하게 되어버렸다.

목사이긴 했으나 또한 철학가이기도 했던 간솔러스 박사는 성공을 성취한 사람이 누구나 그러했듯이 먼저 자기의 목표를 명확하게 해야 한다는 것을 깨달았다. 그는 한번 더 어째서 새로운 대학이 필요한가를 추구하고 그리고 그 필요성과 목표를 명확하게 했다. 명확한 목표가 불타오르는 듯한 소망에 뒷받침될 때, 의욕과 박력과 상상력이 그에게 솟아올랐다.

간솔러스는 이 위대한 진실을 깨달았으나 어디서 어떻게 그 100만 달러를 만들면 되는지 전혀 알 수가 없었다. 여기서 만일 그가 일반적인 상식에 따랐다면 아마도 다음과 같은 핑계를 대고 좌절했을 것이다.

"내 생각은 매우 훌륭한 것이다. 그러나 필요한 100만 달러를 만들 지 못하는 이상 나로서는 하는 수가 없다."

대부분의 사람이라면 이렇게 말했을 것이 틀림없다. 그러나 그는 그렇게 말하지 않았다. 그때 그가 한 일은 매우 중요하므로 여기서 그의 말을 직접 들어 보자.

어느 토요일 오후였습니다. 나는 내 방에서 100만 달러를 만들려면 어떻게 하면 될 것인가 하고 생각에 잠겨 있었습니다. 벌써 2년 이상이나 이 문제에 대해 생각해 왔으나 생각하는 일 이외에 내가 할 수 있는 일은 한 가지도 없었습니다.

갑자기 무엇에 충격을 받은 듯이 나는 이렇게 결심했습니다.

"좋아!! 1주일 이내에 그 100만 달러를 만들겠다."

라고. 어디서 어떻게 만들 것이냐는 것은 걱정하지 않기로 했습니다. 가장 중요한 것은 정해진 기간 안에 반드시 그 돈을 만들어야 한다는 '결심'이었습니다. 이 단호한 결심을 한 순간부터 지금까지는 경험한 적이 없는 기묘한 확신이 마음속에 용솟음쳤습니다. 그리고 마음속에서 누군가가 이렇게 말했습니다.

"어째서 오랫동안 이런 결단을 하지 못했는가? 돈은 벌써 오래 전부터 너를 기다리고 있었는데……"

그로부터 일은 갑자기 진전이 잘 되었습니다. 나는 신문사에 전화를 하여 내일 아침 설교를 하고 싶다고 신청했습니다. 연제(演題)는' 만일 지금 내가 100만 달러가 있다면 무엇을 할 것인가'라는 것이었습니다.

나는 당장 설교 준비에 착수했습니다. 그 준비는 결코 어려운 일은 아니었습니다. 그것은 지난 2년 간이나 생각해 온 것이었기 때문입니다. 모든 준비를 끝내고 일찌감치 잠자리에 들어갔습니다. 그때 또 100만 달러가 이미 내 손에 들어온 듯한 생각이 들었습니다. 그리고 큰 자신감에 가득 차 잠이 들었습니다.

그리고 이튿날 아침에는 일찍 잠이 깼습니다. 원고를 재검토하면서 '오늘의 설교가 사람들의 마음을 움직이게 하여 부디 100만 달러가 모이게 해 주십시오'하고 무릎 꿇고 하느님에게 기도했습니다.

기도를 하고 있을 때 나는 또 돈이 만들어질 것 같은 그 확신 비슷한 기분이 되었습니다. 그리고 그 흥분을 간직한 채 그곳에 뛰어나가 설교단으로 올라갔습니다. 그런데 설교를 시작하기 직전까지 나는 원고를 두고 온 것을 몰랐습니다.

그러나 다시 돌아가 가지고 오기에는 이제 너무 늦었습니다. 지금 회상해 보면 원고를 가질러 돌아가지 못했던 것이 얼마나 나에게 유리했는지 모릅니다. 원고 대신에 잠재 의식이 모든 것을 도맡아 주었습니다.

설교를 시작할 때가 되었습니다.

나는 눈을 감고 전신전령(全身全靈)을 다하여 그리고 진지하게 이상을 설파했습니다. 단순히 이야기한 것이 아니라 빌었던 것입니다. 만일 지금 내 손에 100만 달러를 쥐어 주면 도대체 어떤 일을 하려고 하는가에 대해 상세하게 설명했습니다. 젊은 사람들이 좀더 실용적인 능력을 익히고 풍부하고 따뜻한 마음을 기를 수 있는 새로운 대학의 이야기를 했던 것입니다.

설교가 끝나고 단에서 내려오려고 할 때입니다. 뒤에서 3번째 줄에 앉아 있던 한 신사가 천천히 일어서더니 설교단으로 다가왔습니다. 그가 무엇을 하려고 했는지 나는 알 수가 없었습니다. 그는 설교단으로 올라오더니 양팔을 벌리고 이렇게 말했습니다.

"목사님, 목사님의 설교에 감격했습니다. 만일 100만 달러가 있다면 목사님은 지금 하신 말씀을 반드시 실행하실 것으로 저는 믿습니다. 내일 내 사무실로 오시면 그 100만 달러를 드리고 싶습니다. 나는 필립 D. 어무어라고 하는 사람입니다."

다음날 아침 간솔러스는 어무어의 사무실에서 100만 달러를 기부받았다. 그 자금으로 일리노이 실업 대학으로 유명한 어무어 실업 대학이 설립되었던 것이다.

이 100만 달러는 조그만 한 아이디어에서 만들어진 것이다. 그리고 이 아이디어에는 간솔러스가 2년간에 걸쳐 마음속에 간직해 온 소망이 단단하게 다짐되어 있었다. 즉 그가 돈을 만들려고 결심하고 무엇을 할 것인가 결심하고 그것을 실행에 옮기고부터 불과 36시간 내에 100만 달러나 되는 막대한 돈이 현실로 되어 손에 들어왔던 것이다.

젊은 간솔러스가 가지고 있던 '100만 달러가 있다면' 이라고 하는 담담한 소원이나 비위가 좋은 바램 그것은 세상에서는 진귀하거나 새로운 것도 아니었다. 그 외에도 같은 생각을 가진 사람은 얼마든지 많이 있었을 것이다. 그러나 저 기념할 만한 토요일, 〔3지금까지의 애매한 생각을 뒤집어 '1주일 이내에 돈을 손에 넣겠다'고 결심한 그 결단력에는 보통으로는 하지 못하는 무엇인가 독특한 곳이 있다〕

그가 100만 달러를 손에 넣었을 때의 그 법칙은 현재에도 살아 있다. 물론, 당신도 이 법칙을 사용할 수 있다. 이 불변의 법칙은 그 젊은 목사가 사용하여 성공한 것과 마찬가지로 오늘날에도 사용할 수가 있다.

■ 명확한 목표와 완전한 계획

아서 챈드라와 프랭크 간솔러스 박사에게는 공통된 특징이 있다는 것에 주목해 주기 바란다. 즉 두 사람 모두 '최종 목표를 명확하게 할 것'과 '완전한 계획을 세운다'는 것에 의해 아이디어를 돈으로 전환시킬 수 있다는 놀라운 법칙을 알고 있었다는 것이다.

〔만일 근면과 정직만이 부를 이룩한다고 믿고 있는 사람이 있다면 그것은 크게 잘못된 생각이다〕. 성실하게 일만 하면 부자가 된다는 생각은 큰 오해이다. 막대한 부를 얻는 데는 강렬한 소망과 대자연의 법칙의 작용이 없어서는 안된다. 물론 우연이나 요행 등은 관계가 없다.

일반적으로 말해 아이디어란 사고의 번뜩임이며 그것은 상상력의 작용을 빌려 남에게 행동을 일으키게 하는 것이다. 세일즈맨으로 성공한 사람들은 그대로는 팔리지 않는 상품이라도 아이디어에 의해 팔 수 있다는 것을 잘 알고 있다. 그러나 평범한 세일즈맨은 이 사실을 모르기 때문에 평범한 성과에서 끝난다.

예를 들어 소설 출판업자는 매우 가치 있는 사실을 발견하고 있다. 즉 독자의 대부분은 책의 타이틀을 사는 것이지 내용을 사는 것이 아니라는 사실이다. 그러므로 판매가 신통치 않은 책이라도 그 책의 타이틀을 바꿈으로서 100만 부를 팔아치웠다는 일도 있다. 책의 내용은 물론 그대로이지만 이전의 커버를 떼어내고 '대인기'를 가져올 듯한 제목으로 표지를 바꾸었을 뿐이다.

시시한 것처럼 생각할 사람도 있겠지만 이것도 하나의 아이디어로 상상력이 가지고 온 승리이다. 아이디어에 정가란 붙일 수 없다. 값은 아이디어의 고안자가 붙이는 것이다. 그 사람이 현명하면 할수록 큰 가치를 만들어낼 것이다.

아이디어 고안자와 그 아이디어를 파는 사람이 손을 잡고 사업을 시작할 때 여러 가지 성공담이 시작된다. 카네기는 아이디어를 창조하는 사람과 파는 사람을 모음으로서 자신을 포함하여 많은 사람들에게 부를 이룩하게 했다.

몇백만 명이나 되는 사람들이 '우연'을 기대하면서 인생을 보내고 있다. 물론 그 우연에서 찬스를 잡을 수도 있겠지만 가장 현명한 인생 설계가 운을 기다리는 것은 아니다.

나의 경우도 확실히 '우연'이 인생 최대의 찬스를 만들어 주었지만 실제로 재산을 이룩하기까지는 25년간이나 되는 부단한 노력이 필요했다.

나의 '우연'이란 A 카네기와 만나 공동으로 일을 하자는 약속이 되었다는 것에 있다. 그때, 카네기가 내 마음에 심어준 것은 '성공 철학'을 정리하여 완성시킨다는 아이디어였다. 그리고 25 년에 걸친 노력과 연구와 공부의 결과. 정리된 이 '성공 철학'에 의해 몇천 명이나 되는 사람들이 이익을 얻어, 수많은 부호를 탄생시켰다. 무슨 일이거나 애초에는 흔한 것들이다. 위대한 성공도 누구나 착상할 수 있는 보통 아이디어에서 시작되었다.

나의 우연은 카네기에 의해 가져오게 되었으나 그후 나의 결의, 목표의 명확화, 목표 달성에 대한 소망 그리고 25 년간의 부단한 노력, 이것들이 종합되어 이 책이 출판되게 되었다. 나의 소망은 평범한 것은 아니었다. 그 덕분에 도중의 절망이나 낙담, 일시적 패배나 비판, 그리고 통상 느껴온 시간의 낭비에 대한 불안 등 모든 것을 극복할 수 있었다.

나를 지탱해 준 것은 타는 듯한 소망에 대한 집념이었다. 이 아이디어가 카네기에 의해 비로소 마음에 불꽃이 일기 시작했을 때, 이 불꽃을 '꺼서는 안된다' '죽여서는 안된다'라고 내 자신에 타이르고 달래고 위로하고 격려했다. 서서히 아이디어는 스스로의 힘을 가지게 되어 크게 성장하였으며 드디어는 내 자신이 지배될 정도로 발전해 갔다. 아이디어란 그런 것이다. 처음에는 생명과 활력과 방향을 제시해 주어야 하지만 그러는 동안에 곧 스스로의 힘으로 일어서서 모든 장해를 헤치고 나갈 수 있게 된다.

아이디어는 눈에 보이지 않는 힘이지만 그 아이디어를 만들어내는 두뇌보다 훨씬 큰 힘을 가지고 있다. 아이디어는 두뇌에서 나오지만 그 두뇌가 죽은 후에도 계속 살아간다.

요점정리

상상력에는 합성적인 것과 창조적인 것이 있으며 훈련에 의해 동시에 그 기능을 효과적으로 발휘하게 할 수 있다.

상상력은 실패 안에서는 보지 못하고 성공 안서에는 반드시 촉매적 요소이다. 아서 챈드러는 코카 콜라의 공식을 발명하지는 않았다 그러나 그는 상상력을 사용함으로써 그 공식을 부로 전환시켰다.

상상력에 의해 뒷받침된 단호한 목적과 명확한 금액이 결정될 때, 돈은 언제나 당신을 기다리고 있다. 이 법칙은 젊은 목사가 100만 달러를 얻었을 때 증명되고 있다.

대부분의 경우 거부는 흔한 아이디어에서 만들어진다. 특별히 이렇다 할 새로운 발명이 아니더라도 조화를 바꾸는 것만으로 아이디어는 몇백만 달러, 몇천만 달러의 거대한 부를 구축하는 힘을 가지고 있다는 것을 잊지 말아 주기 바란다.

"가장 좋은 도구라 할지라도 그 사용법을 알고 있는 사람을 필요로 한다."

계획의 조직화

협력자의 힘을 빌린다.
그렇게 하면 가장 적합한 일을 잡게도 되고 리더가 될 수도 있으며
놀라울 만큼 단기간에 큰 부자도 된다.

성공 철학 · 제6단계
계획의 조직화

먼저 지금까지 배운 것을 간단하게 정리하도록 하자.

인간이 무엇인가를 만들어내거나 성취할 수 있는 것은 애초부터 소망이 있었기 때문이다. 소망은 희미한 추상적인 세계에서 상상력의 작용에 의해 차츰 구체적인 세계로 발전하여 그 달성 계획이 만들어져 합성되어지는 것이다.

'소망'의 단계에서 소망을 전환시켜 돈이나 기타의 것을 창조해 가기 위한 6가지 스텝을 소개하였으나 이 중 제4스텝에 '부를 얻기 위한 면밀한 계획을 세워, 그 준비가 되어 있지 않아도 상관말고 즉시 행동으로 할 것'이라고 말한 것을 상기해 주기 바란다. 그러면 어떻게 그 면밀한 계획을 세우면 될 것인가를 이야기하겠다.

1. 필요한 인재를 되도록 많이 모을 것. 그리고 나중에 말하는 '협력자'의 철학을 사용하여 돈 버는 계획을 세워 행동 준비를 권할 것(이 것은 특히 중요하므로 결코 무시해서는 안된다)

2. '협력자'들에게 힘을 빌리기 전에 그들의 협력에 대해 어떤 보답을 할 것인가를 결정해 둘 것. 아무런 대상도 바라지 않고 전면적인 협력을 해 줄 사람이란 없다. 또, 현명한 사람이라면 보답의 준비도 하지 않고 남에게 협력을 청하는 일 따위는 하지 않는다. 단 그 보답은

반드시 돈이어야 할 필요는 없다.

3. '협력자'들과는 적어도 주 2 회, 되도록이면 좀더 자주 만나도록 할 것. 계획이 완전히 달성될 때까지는 끝까지 이를 계속할 것.

4. '협력자'들과 마음이 통하도록 항상 노력할 것. 마음의 소통이 원활하지 못하면 당신의 계획은 중도에서 실패할 위험이 있다. 이것은 '협력자'의 철학은 전원의 마음이 완전히 결합되는 것이 조건이기 때문이다.

계획을 세울 때의 중요한 2 가지 마음가짐을 말해 두겠다.

1. 당신은 지금 매우 중요한 일을 실행하고자 한다. 그러므로 단호히 성공해야 한다. 그리고 절대로 실패를 용납치 않은 완전한 계획을 세워야만 한다.

2. 당신은 남의 교육과 경험 그리고 재능과 상상력을 빌려 비로소 성공을 할 수 있다. 그러므로 이것이 계획속에 효과적으로 섞여 짜여 있어야 한다.

[¹남의 협력을 전혀 빌리지 않고 거대한 부를 구축할 만한 경험이나 재능이나 지식을 가진 사람은 없을 것이다]. 그러므로 부를 이룩하는 계획은 반드시 자기의 힘과 '협력자'들의 힘이 있어야 한다. 물론 경우에 따라서는 당신 혼자, 계획을 세우는 일이 있어도 무방하다. 그러나 그때에도 반드시 '협력자'들의 검토와 승인을 얻는 것을 잊어서는 안된다.

■ 패배가 당신을 강하게 만든다

그런데 [²만일 최초의 계획이 실패하면 어떻게 하는 것이 좋을 것인가? 주저할 것 없이 즉시 다음의 새로운 계획을 세우는 일 뿐이다.] 만일 이 계획도 실패한다면 또 다시 곧 그 다음 계획을 세운다. 즉 완전히 성공을 거둘 때까지는 몇번이고 새로운 계획을 계속 세운다. 바로 이것이 성공의 포인트인 것이다. 대부분 사람들은 실패에 실패를 거듭해도 차례로 새로운 계획을 계속 세운다. 바로 이것이 성공의 포인트인 것이다. 대부분 사람들은 실패에 실패를 거듭해도 차례로 새로운 계획을 짜낸다는 인내력이 결여되어 있기 때문에 결국 실패로 끝나고 만다.

제아무리 실력이 있는 사람이라도 완전한 계획이 없으면 돈을 벌기는 커녕 다른 어떤 일에서도 성공하기란 어렵다. 그래서 단단히 명심해 둘 것은 〔³만일 당신이 실패를 하는 일이 있어도 그것은 단순히 일시적인 것이며 결코 영구적인 것은 아니다〕라는 사실이다. 당신의 실패의 원인은 다만 계획이 서툴렀다는 데 지나지 않는다. 그러므로 다음의 새로운 계획을 다시 짜내어 재도전하면 된다.

일시적인 패배가 의미하는 것은 계획의 잘못된 곳이 어디였던가라는 것이다. 대부분 사람들은 1회째의 계획이 서툴렀다는 것만으로 비참한 일생을 보내게 된다. 당신을 성공시키는 것은 완전한 계획 뿐이다. 마음 속에서 단념해 버리지 않는 한 누구에게도 패배는 있을 수 없다.

제임스 J. 힐은 대륙 횡단 철도를 건설하려고 했으나 일시적으로 자금 마련에서 실패했다. 그러나 '다음의 새로운 계획을 세우는 것으로 해서' 그 패배를 역전시켜 승리를 쟁취했다.

헨리 포드는 창업 당시 뿐 아니라 상당한 실업가가 되어서도 일시적으로 큰 패배를 맛본 일이 몇 번이나 있었다. 그러나 그때마다 새로운 계획을 짜냄으로써 드디어 대성공을 거두었다.

〔⁴거대한 부를 이룩한 사람들을 볼 때, 우리는 그 승리의 모습만을 보고 그가 성공할 때까지 타고 넘어야 했던 수많은 일시적 패배를 간과하기 쉽다〕.

지금 말씀드리고 있는 철학이 이해되는 사람이라면 일시적 패배를 한번도 맛보지 않고 부를 이룩하는 일은 있을 수 없다는 것을 알 것이다. 패배는 당신의 계획이 서툴다는 것을 알려 주는 신호이다. 실패하면 즉시 다음 새 계획을 세워 다시 목표를 향해 출범해야 한다. 도착하기 전에 단념해 버린다면, 당신은 단순한 '중단자'가 되어 버린다. 〔⁵중단하는 자는 결코 승리를 얻지 못한다. 그리고 승리자는 결코 중단하는 일이 없다).

이 말을 되도록 정성스럽게 종이에 써서 침실 천정이나 화장실 안이나 식탁 위에나 사무실 벽에 붙여 놓아 주기 바란다.

그런데 '협력자'를 모을 때는 실패를 두려워하지 않는 타입인 사람을 선택해야 한다.

또, 어리석은 인간은 돈을 버는 데 필요한 것은 돈뿐이라고 믿고 있으나 이것은 잘못이다. 첫째, 소망이야말로 '돈을 버는 데 제1보'라는 것을 잊어서는 안된다. 돈 그 자체에는 생명력이 없다. 돈 자체에는 움직이거나 생각하거나 말을 할 능력은 없다. 그러나 돈은 인간의 목소리를 듣는 힘을 가지고 있다. 그러므로 부를 얻는 데는 먼저 돈에 소리를 질러 불러 모아야 한다.

■ 당신의 재능을 알리려면

부를 이룩하기 위해서는 반드시 지적인 계획이 있다. 그래서 자기의 재능을 알리려면 어떻게 해야 되는가 하고 고민하는 사람들을 위해 몇 가지 교훈을 소개할까 한다.

아무리 거대한 재산일지라도 그것은 한 인간의 노력과 상상력에 의해 이룩된 것이라는 사실을 잊어서는 안된다. 이 사실은 우리들에게 용기를 준다.

[6이 세상에는 노력과 상상력 이상으로 가치있는 것은 없다.]

■ 인간의 2 가지 타입

세상에는 크게 나누어 2 가지 타입의 인간이 있다. 즉, 리더(지도자)와 폴로어(종속자)가 그것이다. 그래서 애초부터 당신은 리더가 되려고 하는지 아니면 폴로어가 되려고 하는지를 분명하게 해 둘 필요가 있다. 일반적으로 이 양자의 수입에는 매우 큰 간격이 있다. 즉 폴로어는 당연히 리더 만큼의 수입은 기대하지 못한다. 그런데도 폴로어의 대부분은 리더와 같은 수입을 잘못 기대하고 있다.

폴로어라는 것은 아무런 불명예스런 일이 아니다. 그러나 또 명예스러운 일도 아니다. 어떤 리더도 처음에는 폴로어였었다. 그러나 그 노력과 상상력에 의해 폴로어에서 성장하여 리더가 될 수 있었던 것이다.

[7리더에게 현명하게 따르지 못하는 자는 거의 예외없이 훌륭한 리더가 되지 못한다고 단언할 수 있다.] 그리고 가장 현명하게 리더를 따를 수 있는 인물만이 가장 빨리 리더로 성장할 수 있는 인물이다. 현명한 폴로어만이 그 리더로부터 지식과 기회를 얻게 된다.

■ 리더를 위한 11 가지 조건

다음에 리더의 조건을 11 항목 열거해 보자.

1. **용기를 가질 것** 용기와 지식과 경험에서 나오는 것이다. 자신감과 용기가 결여된 리더에게 지배당하고 싶어하는 사람은 아무도 없다. 그와 같은 리더 아래에 언제까지 있는 것은 현명하지 못한 폴로어 뿐이다.

2. **자기 통제력을 가질 것** 스스로를 컨트롤하지 못하는 사람이 남을 컨트롤할 수 있을 리 없다. 리더의 엄한 자기 통제력이야말로 현명한 폴로어가 다투어 따른다.

3. **정의감에 불타는 것** 공평한 마음과 정의감없이 남의 존경을 모은다는 것은 도저히 불가능하다.

4. **단호한 결단을 내릴 것** 우유부단은 자신감이 없는 증거이다. 결단력이 없어 언제나 갈피를 잡지 못하고 있는 리더에 따라올 사람이 있을 리 없다.

5. **계획성을 가질 것**　성공하는 리더는 일을 계획하여 그 계획을 반드시 실행한다. 구체적이고 명확한 계획을 세우지 않고 착상으로 행동하는 리더는 키가 없는 배와 같은 것으로 언젠가는 암초에 부딪치고 말 것이다.

6. **보수 이상의 봉사를 하는 습관을 몸에 익힐 것**　리더로서 절대적인 조건은 부하에게 충분히 생각해 줄 성의가 있어야 한다.

7. **성격이 쾌활해야 할 것**　야무진 데가 없고 주의성이 없는 사람은 리더가 되지 못한다. 리더에게는 존경심이 모여야 하므로 그 때문에도 쾌활해야 한다.

8. **인정이 있어야 할 것**　리더는 부하에게 인정이 있어야 한다. 부하를 이해할 뿐 아니라 그들의 고민도 이해할 수 있어야 한다.

9. **모든 것을 알고 있어야 한다**　리더는 그 입장에 관한 모든 것을 잘 알고 있어야 한다.

10. **책임감을 가질 것**　리더는 부하의 실패에 대해서도 책임을 져야 한다. 이 각오가 없이 책임을 회피하려고 한다면 리더는 그 자리를 물러서야 한다. 부하의 무능은 자신의 무능이라고 생각하는 리더가 되어야 한다.

11. **협력하여 일을 할 수 있어야 할 것**　리더는 협력 체제 아래에서 일이 되도록 해야 한다. 또 부하에게도 협력하는 것의 중요성을 가르치고 지도할 의무가 있다. 리더에게는 권력이 필요한데 권력에는 협력이 필요하다.

〔⁸그런데 리더에도 2 가지 타입이 있다. 그 하나는 부하의 존경을 모으고 이해하는 '왕자(王者)'라고 불리우는 타입이다. 또 하나는 힘으로 그 입장을 밀고 나가는 '패자(霸者)'라고 불리우는 타입이다.〕

〔⁹역사적으로 보아 힘으로 하는 리더가 최후까지 살아 남은 예는 없다.〕 독재자나 전제자가 반드시 실추되는 것은 의미 심장한 일이다. 그것

은 즉 사람들은 힘으로 하는 리더에게는 절대로 마음으로부터 복종하지 않는다는 것을 증명하고 있다.

나폴레옹, 뭇솔리니, 히틀러 등은 힘에 의한 리더였으나 그 지위도 나중에는 소멸되어 갔다. 결국 부하의 지지를 전면적으로 얻고 있는 리더만이 생존하게 된다.

사람들은 힘으로 지배한 리더에게는 일시적으로 따른다 해도 기꺼이 그렇게 하는 것은 아니다. 지금까지도 그리고 앞으로도 리더를 꿈꾸는 사람은 패자가 아닌 왕자를 이상으로 삼아야 한다. 왕자야말로 사람들이 찾고 있는 새로운 타입의 리더라 하겠다.

지금 새로운 타입인 리더의 조건을 11개 항목 소개하였으나 그 외에도 필요한 조건이 있을 것이다. 이러한 조건을 몸에 익힌 리더만이 찬스를 얻어 성공한다.

■ 리더가 실패하는 10 가지 원인

다음은 실패하는 리더의 원인 10 개 항목을 들어본다. 왜냐하면 무엇을 해야 하는가 하는 지식과 함께 무엇을 해서는 안되느냐 하는 지식도 중요하기 때문이다.

1. **정밀한 사고가 결여되는 것** 유능한 리더는 사물을 상세하게 분석하여 조립하는 능력을 가지고 있다. 리더로서의 당연히 필요한 것을 너무 바쁘다 하여 소홀히 하는 사람은 훌륭한 리더가 되지 못한다. 리더이거나 폴로어이거나 너무 바쁘기 때문에 계획을 재검토 못한다거나 긴급 사태에 대비할 수 없다는 것은 자신의 무능이나 또는 나태를 증명하는 것밖에 되지 않는다. 성공하는 리더는 반드시 스스로의 지위에 관한 모든 사항을 모조리 이해하고 있어야 한다. 물론 그러기 위해서는 유능한 부하에게는 계속해서 일을 맡기는 태도가 필요하다.

2. **비참한 일은 하기 싫다는 마음을 가질 것** 필요하다면 어떤 일이건 자진해 하려는 마음가짐이 필요하다.

> "가장 위대한 인간이란 어떤 일에서나 심부름꾼이 될 수 있는 사람이다."

라는 말은 우수한 리더가 되려고 하는 사람들이 인식하고 마음에 두고 있어야 한다. 이것은 진실을 말하고 있다.

3. **행동보다도 지식을 지나치게 소중히 여기는 것** '지식'만을 내세우는 사람에게 세상은 지불하지 않는다. 그 지식에 입각하여 일어나는 행동이나 남을 행동하도록 하게 할 때만이 보수가 지불된다.

4. **부하로부터의 도전을 두려워하지 말 것** 부하가 자기 지위를 빼앗으려고 하지는 않을까 하고 두려워하고 있는 리더는 그 두려움이 멀지 않아 현실로 될 것을 각오하고 있어야 한다. 유능한 리더는 자기 지위에 관한 모든 것을 연구하여 그 임무에 정통하고 있어야 한다. 그래야만 중요한 문제를 깨끗하게 처리해 나갈 수 있다. 또, 자기 한 사람이 일을 하여 얻는 수입보다도 부하에게 일을 시킴으로서 얻는 수입 쪽이 크다는 사실을 잘 알고 있다. 그러므로 유능한 리더는 그 직업에 관한 지식과 매력적인 성격으로 남의 능력을 능숙하게 빼낸다. 또 부하들도 단독으로 행동하기보다 유능한 리더 아래서 행동하는 편이 보다 효율적이라는 것을 알고 있다.

5. **상상력이 부족하다는 것** 상상력이 모자라면 긴급 사태에 대처할 수도 없거니와 부하를 잘 지도해 가지도 못한다. 그리고 물론, 계획도 짜지 못한다.

6. **자기 본위인 것** 부하가 하는 일에 무엇이거나 잔소리를 하는 리더는 반드시 그들로부터 미움을 사게 된다. 위대한 리더는 부하의 명예를 손상케 하지는 않는다. 그뿐 아니라 부하가 명예를 얻기 바란다. 누구나 단순히 돈만을 위해 일하는 것은 아니다. 그가 한 일에 대해 인정받기를 바라고 있다. 유능한 리더는 그것을 잘 알고 있다.

7. **과격한 성격** 과격한 리더를 존경하는 부하는 없다. 그뿐 아니라 과격한 성격은 리더 자신의 인내력과 활력을 파괴해 버리므로 자멸할 따름이다.

8. **성의가 없다는 것** 아마 이것은 서두에 와야 할 문제였었는지도 모른다. 자신에 대해, 동료에 대해, 그리고 상사에 대해 성의가 없는 사람은 언제까지나 리더로 있을 수가 없다. 성의의 결여보다 슬픈 것은 지구상에 존재하지 않을 것이다. 성의가 없으면 사람들의 멸시를 사기 마련이다. 이것이 실패의 최대 원인이라고 생각된다.

9. **특권을 남용하는 것** 유능한 리더란 용기를 줌으로써 부하를 지도하는 인물이다. 부하의 마음에 공포심을 야기시키는 따위의 일은 결코 해서는 안된다. 부하들에게 자기의 '특권'을 강요하려고 하는 리더는 힘에 의한 리더 부류에 들어간다. 만일, 훌륭한 리더라면 부하를 이해하고 동정하며 공평한 마음으로 접하여 사업상의 지식을 조금 보이는 이외에 특권을 강요할 필요는 없다.

10. **직위와 신분을 과시하려는 것** 실력있는 리더라면 부하의 존경을 사기 위해 '직위나 신분'을 필요로 하지 않을 것이다. 직위나 신분을 지나치게 고집하는 사람은 일반적으로 무능한 경우가 많다. 진실한 리더가 되려고 하는 사람에게 항상 문이 열려 있는 법이다. 리더의 일자리에 겉치레나 형식은 필요없다.

이상은 리더로서 실패하는 원인의 대표적인 것이다. 이중의 어느 하나를 받아들여도 실패하기에 충분하다. 훌륭한 리더가 되려고 생각한다면 당신은 이런 결점을 가지고 있지 않은지 이 리스트를 주의 깊게 연구해 주기 바란다.

■ 전세계가 새로운 리더를 구하고 있다

그런데 여기서 어떤 분야에서 새로운 리더를 구하고 있는지 알아보도록 한다.

1. 정치 분야에서는 새로운 리더를 얻어야 한다는 것은 긴급 요건이다.
2. 은행계는 근본부터 개혁을 할 수 있는 리더를 찾고 있다.
3. 산업계도 새로운 리더를 찾고 있다. 산업계에 있어서 앞으로의 리더는 기업의 사회적 책임을 확고하게 자각하고 있는 인물이어야만 한다.
4. 종교계의 리더가 반성해야 할 일은 신자들이 경제적인 문제로 고민하고 있다는 현실을 좀더, 진지하게 받아들여야 할 일이다. 이 문제를 피하고 정신론을 설교해 보아야 현실적으로 탈락자가 늘어날 뿐일 것이다.
5. 법률, 의학, 교육 등의 분야에 있어서도 금후로는 새로운 타입의 리더가 필요해질 것이다. 특히 교육계에 있어서는 중요한 문제이다. 교육계의 리더는 학교에서 배운 지식을 실생활에서 어떻게 활용해 갈 것인가를 가르치는 연구가 필요하게 될 것이다. 이론이나 기억보다도 지식의 활용에 중점을 두는 자세가 필요하다.
6. 저널리즘의 세계에도 새로운 리더는 필요하게 될 것이다.

현대는 모든 분야에서 새로운 타입의 리더를 요구하고 있다. 세계는 굉장한 속도로 시시각각 변화하고 있으므로 우리들 인간의 관습이나 사고 방식도 이 변화에 대응하여 고쳐 나가야 한다. 앞으로의 세대를 살아가는 자는 항상 진보적인 자세로 환경을 개선해 나가는 동시에 자기 자신도 개혁해 나가야 한다.

■ 일을 찾아내는 5 가지 방법

그런데 자기 자신의 재능을 최대한으로 살려 나가는 데는 첫째 일을 얻어야 한다. 그래서 어떻게 하면 효과적으로 적합한 직업을 발견할 수가 있는가 하는 것에 대해 연구해 보기로 한다.

1. **직업 소개소를 이용하는 것** 이것은 이용 방법 여하에 따라 매우

도움이 된다. 충분히 시간을 들여 실적을 올리고 있는 평판 좋은 소개소를 선택한다. 참으로 훌륭한 소개소는 지금은 그다지 흔하지 않다.

2. **구인 광고를 이용하는 것** 신문, 잡지, 업계지 등의 구인 광고란을 시험해 보는 것도 좋을 것이다. 사무직이나 일반 셀러리맨은 일이 있으면 그것으로 충분할 경우가 많다. 그러나 관리직을 지망하는 경우는 주의하여 광고를 분석할 필요가 있다. 본래 구인 광고는 다분히 응모자와 모집자의 소식을 잘 파악한 프로가 해야 하는 것이지만 그렇지 않을 경우가 많기 때문이다.

3. **희망하는 편지를 보내는 것** 특정한 회사 등에 직접 지원서를 보내는 방법도 해 볼만하다. 편지는 깨끗하고 아름답게 쓸 것. 정성들여 서명하는 일도 잊어서는 안된다. 또한 이 편지와 함께 '당신의 완전한 소개서'를 동봉할 것. 가능하면 이 소개서도 편지도 전문가에 의뢰하여 만들면 좋다.

4. **지인(知人)에게서 소개를 받을 것** 만일 된다면 지인의 도움을 받아 선방 경영자를 만날 것. 이 방법은 관리직을 구하고 있는 사람들이나 자기를 알리고 다니는 것을 싫어하는 사람들에게는 편리할 것이다.

5. **뛰어들기 지원을 하는 것** 경우에 따라서는 뛰어들어가 경영자와 부딪치는 것도 필요할 것이다. 이 경우는 보다 완전한 '당신의 소개서'를 제출해야 한다. 이것은 상대방인 경영자나 중역과 상담하는 경우에 필요하기 때문이다.

■ '나의 카탈로그'를 만드는 방법

'나의 카탈로그'는 재판을 위해 변호사가 준비하는 원고와 마찬가지로 신중하게 만들어야 한다. 만일 당신이 이 종류의 카탈로그를 만든 경험이 없다면 전문가와 상의하여 만드는 것이 현명할 것이다. 성공한 상인이라면 반드시 자기 상품의 장점을 잘 알리는 예술성과 광고 심리학을 몸에 익히고 있을 것이다. 이것은 당신의 재능을 파는 경우에도 절대 필요한 일이다.

이 카탈로그에 반드시 써야 할 것을 다음에 게재한다.

1. **학력** 간결하게 학력을 쓰고. 전공 과목과 그 전공 이유를 명확하게 쓸 것.
2. **경험** 지금 지망하고 있는 직종과 비슷한 일을 한 경험이 있으면 그 이전에 다닌 회사 이름과 주소 등을 상세하게 써 넣을 것. 또. 그 일에 도움이 될 만한 체험이 있으면 어떤 것이건 상세하게 써 넣을 것.
3. **신원 보증의 편지** 어떤 회사이거나 중요한 일을 맡기는 이상에는 당신의 전력이나 성격을 상세하게 알려고 할 것이다. 그래서 카탈로그에는 다음에 표시한 사람들의 신원 보증서의 카피를 첨부하도록 한다.
   ① 이전 근무처의 경영자
   ② 학생 시대의 담임 선생님
   ③ 당신이 알고 있는 유명인
   ④ 기타
4. **사진** 카탈로그에는 최근의 사진을 붙일 것. 반드시 전문가에게 찍을 것.
5. **희망하는 직종** 카탈로그에는 반드시 희망하는 직종을 명확하게 쓸 것. 단 단순하게 어떠한 자리를 구한다는 식의 태도는 바람직하지 못하다. 사양하거나 비굴해하거나 중도 포기하는 태도는 신용을 잃을 뿐이다.
6. **재능이나 특기나 자격** 구하고 있는 직종과 관계가 있는 재능이나 특기, 자격을 상세하고 면밀하게 쓸 것.
   이것은 가장 중요한 일로 이것에 의해 당신의 수입이 결정된다.

7. **시험적으로 채용할 것을 제의할 것** 어쨌든 1 개월 동안 채용하여
시험해 볼 것을 제의할 것. 이것은 다소 무례하게 보이겠으나 지금까
지의 경험으로 분석하여 보면 적어도 해볼 만한 가치는 있을 것같이
생각된다. 만일, 당신의 경험에 자신이 있다면 꼭 해 보기 바란다.
일반적으로 이러한 제의는 당신이 재능에 자신이 있다는 것을 나타내
는 것도 되며, 상대방 경영자의 마음을 움직이게 하는 데도 도움이
될 것이다. 단, 이 제의를 실행하는 데는 다음 3 가지 조건이 필요하
다.

① 그 일을 반드시 해 낼 자신이 있다는 것.
② 시험적인 채용 기간인 1 개월이 끝나면 반드시 본채용될 전망이
   서 있어야 한다는 것.
③ 반드시 취직하고 말겠다는 굳은 의지가 있을 것.

8. **상대 회사에 관한 지식** 취직하기 이전에 그 업계에 대해 충분히 연구
해 두는 일이 중요하다. 그리고 카탈로그에는 당신이 그 업계에 관해
가지고 있는 지식을 써 넣을 것. 이에 의해 당신이 참으로 하고자
하는 의욕이 있다는 뜻을 알리게 된다. 거기다 당신이 상상력이 풍부
한 사람이라는 인상을 주게 된다.

승리를 쟁취하는 변호사란 법률을 전부 암기하고 있는 사람은 아니
다. 그 사건에 대해 철저한 준비를 한 사람이다.〔[10]만일, 당신이 자기
'사건'에 철저한 준비가 되었다면 당신의 승리는 이미 절반 이상 확보되
었다고 생각해도 될 것이다.〕

카탈로그가 길어도 걱정할 필요는 없다. 당신이 진지하게 취직처를
연구하는 것과 마찬가지로 구인을 하는 측도 진지하게 유능하게 인재를
구하고 있다. 실제로 성공자라고 불리우는 경영자들은 유능한 부하를
고르는 데 성공한 사람들이다. 그러므로 어떤 정보도 반드시 그들에게
흥미의 대상이 될 것이다.

또 한가지 중요한 것이 있다. 카탈로그는 반드시 예쁘게 완성시켜야

한다는 것이다. 이것은 당신이 근면한 사람이라는 것을 증명하기 때문이다. 나도 의뢰해 오는 사람들을 위해 카탈로그를 제작해 준 일이 있으나 꼼꼼하게 정성을 들여 만든 카탈로그 덕분에 면접도 하지 않고 취직이 된 사람이 몇 사람이나 있다.

카탈로그 제작이 끝나면 다음에서 가르킨 바와 같이 표지를 만들어 신중하게 제본한다.

블랭크 주식 회사 사장 비서님 앞

'나의 카탈로그' 로버트 K. 스미스

이 표지는 반드시 선방 회사명을 기입한 별도로 된 용지라야 된다. 회사 이름을 넣지 않고 어디에나 제출할 수 있도록 해 두는 것은 당신의 성의를 의심하게 될 수도 있다. 또, 표지는 최상의 두터운 종이를 사용한다. 모든 점에서 고상하고 품위있고 완전하게 보이도록 연구 개선하는 일이 중요하다.

우수한 세일즈맨은 반드시 복장에 조심한다. 그것은 처음의 인상이 영원히 이어진다는 사실을 잘 알고 있기 때문이다. 카탈로그는 당신을 알리는 세일즈맨이므로 훌륭한 몸차림을 시킴으로써 선방의 마음을 단단히 붙잡게 된다. 만일 당신이 구하고 있는 직종이 응분의 가치가 있는 자리라면 모든 것에 최선을 다하는 것은 당연하다 하겠다. 선방 경영자에게 당신의 인상을 바르고 강렬하게 주는 데 성공하면 보통 방법으로 취직하는 경우보다도 몇 배의 수입을 처음부터 기대할 수 있다. 단 직업 소개소나 광고를 이용하여 응모하는 경우라면 카탈로그는 카피로 충분할 것이다. 카피도 잘 사용하면 결코 실례가 되지 않는다.

■ 일을 잡는 7 개 항목

누구나 자기에게 맞는 직업을 구하고 있다. 화가는 그림을 그리고 장인은 손을 쓰고 작가는 글 쓰는 것을 바라고 있다. 또 별로 내세울 만한 특기가 없는 사람에게도 산업계나 실업계에는 여러 가지 종류의 일이 준비되어 있다. 만일, 미국이 어떤 좋은 일을 하고 있다고 하면 그것은 아마 온갖 종류의 일을 제공하고 있다는 것이라고 하겠다. 그중에는 농업, 공업, 상업 그 밖의 헤아릴 수 없는 여러 가지 전문직이 있다. 그러므로 당신은 다음과 같은 일을 해 보라.

1. 당신이 바라고 있는 일을 확실하게 정할 것. 돈만 생기면 어떤 일도 좋다는 사람에게는 결국 돈이 되는 일은 주어지지 않는다. 만일, 희망대로의 일이 없으면 스스로 창립하면 된다.

2. 취직하고 싶은 회사를 결정할 것

3. 희망하는 회사의 경영 방침과 사장의 인격, 승진의 기회 등을 면밀하게 연구할 것.

4. 당신의 재능과 성격을 분석하여 당신은 '무엇을 할 수 있는가'를 명확하게 할 것. 그리고 당신의 의욕과 재능과 노력을 어떻게 조화시키면 되는가 그 계획을 짤 것.

5. 이제 여기까지 오면 직종이나 승진에 대한 것은 잊어 버린다. "나에게 무슨 일이든 주세요." 라는 소극적인 말을 하는 것도 중지한다. 단 당신은 '무엇을 할 수 있는가' 그것만을 생각하도록 한다.

6. 마음속에 당신을 알리는 계획이 떠오르면 경험 있는 문장력이 좋은 사람의 협조를 받아 그 계획을 상세하고 알기 쉽게 문장화한다. 그리고 완전한 당신의 카탈로그를 만든다.

7. 그 카탈로그를 목표하는 담당자에게 제출하고 다음은 그 사람에게 맡겨 둔다. 어느 회사에서나 자기 회사에 이익을 가져다 주는 인재를 찾고 있으므로 당신의 카탈로그는 반드시 진지하게 검토될 것이 틀림없다.

이 7 개 항목을 실행하는 데는 2, 3일 혹은 2, 3 주의 시간이 걸릴지도 모른다. 그러나, 이에 의해 수입면에서나 승진면에서나 모든 방면에서 말단 생활을 몇 년이나 면하게 된다. 무엇보다도 이것을 실행함으로써 당신은 최종 목표를 달성하는 데 걸리는 시간을 적어도 5 년 이상은 단축할 것이다.

[¹¹사다리 중간에서 올라가려고 하거나 새치기를 하여 살아 가려고 하는 사람에게는 반드시 신중하고 과감한 계획이 필요하다.]

■ 대중에게 봉사하라

경영자와 종업원의 관계는 이전과 상당히 달라지고 있다. 이들의 관계는 다음과 같이 될 것이 분명하다.

즉 '경영자' '종업원' '손님'의 3자에 있어서 경영자와 종업원은 지금까지처럼 상하 관계가 아니고 함께 협력하여 손님에게 써비스를 제공하는 '동료'가 된다. 과거에는 경영자나 종업원 양자가 모두 '싸다'는 것만을 목표로 하고 있었다. 그래서 종업원이 되려는 사람은 '임금은 싸도 좋습니다'라고 자신을 싸게 팔고, 경영자도 '우리 것이 쌉니다'하고 자기 상품이나 써비스를 싸게 팔아 왔다. 즉 양자가 모두 바겐세일을 하고 있었던 것이다. 일반적으로 바겐세일에서는 써비스도 예의도 무시되는 일은 당연하다.

'예의와 써비스'는 오늘날의 장사 세계에서는 절대적의 모토이다. 이 모토는 경영자도 물론이거니와 종업원에게도 중요한 의미가 있다. 왜냐하면, 경영자도 종업원도 최종적으로는 손님에게 고용되어 있는 것과 마찬가지이기 때문이다. 그러므로 자기 자신이나 상품을 싸게 팔아, 그 때문에 예의와 써비스가 소홀해지면 결국은 양자가 함께 손님으로부터 배척을 당하게 된다. 가스 계량기 검침원이 유리가 깨질 정도로 문을 세게 두들겼던 시대를 기억하고 있는 사람도 많을 것으로 생각한다. 당황하여 급히 문을 열면 찌푸린 얼굴을 한 그 무례한 검침원은 '도대체 언제까지 사람을 세워 놓을 작정이오.' 라고 말했다. 그러나 이런 시대는 이제 끝났다. 지금의 검침원은 손님들에게 써비스하는 것에 진심으로 기쁨을 느끼고 있는 신사들 뿐이다. 당시, 이런 무례한 검침원들을 손님들이 거북해하고 있다는 것을 가스 회사가 알아차리기 전에 석유 회사의 한 세일즈맨이 나타나 순식간에 전미국을 점령하고 만 일이 있다.

그 무렵은 최악의 대불황 시대였다. 나는 펜실버니아의 탄광 지대에서 석탄 산업의 부진 원인을 수개월에 걸쳐 조사하고 있었다. 그 당시는 석탄업자도 그 종업원들도 '싸구려 경쟁'에 나날을 보내고 있었다. 그러나, 그것이 석유 회사에게는 더할 나위 없는 굉장한 이익을 가져오게 했다.

이 이야기에서 알 수 있듯이 [12사람이 어떤 결과로 끝나는가 하는 것은 그 사람의 현재를 관찰하면 당장에 알게 된다.] 성공하는 사람은 성공하기 위한 행동을 취한다. 마찬가지로 실패하는 사람은 실패하기 위한 행동을 하고 있다. [13어떤 결과든 반드시 그 원인이 있기 마련이다.]

■ QQS의 공식

자기 재능을 사회속에서 살려 가려면 어떻게 하면 되는가 라는 것에 대해 알아보았다. 만일 인류가 그 재능을 살리기 위한 연구와 노력을 게을리하는 일이 있으면 인류는 멸망하게 될 것이다. 그 의미로 보아도 한사람한사람의 인간이 좀더 노력하여 자신의 재능을 보다 효과적으로 파는 세일즈맨이 된다는 것은 중요한 일이다.

당신의 장래는 당신이 발휘하는 그 써비스의 질과 양 그리고, 써비스 정신에 의해 정해진다. 이것이 'QQS'의 공식이다. Q는 Quality(질), 또 하나의 Q는 Quantity(량), 그리고 S는 Service(서비스)정신을 말한다.

'QQS'의 공식을 좀더 상세하게 설명하겠다.
1. 써비스의 질(Q)이란, 어떤 작은 일에 관해서도 모든 행동이 항상

사람들에게 그만한 가치를 가져오도록 배려되어 있다는 말이다. 즉 성의가 가득찬 써비스야말로 질이 높다고 하겠다.

2. 써비스의 량(Q)이란 경험과 실적을 쌓아가는 도중에 좀더 일의 양을 늘리려고 생각하는 습관에서 생겨나는 것이다. 보다 많은 써비스는 보다 많은 써비스를 하려는 '사고 방식의 습관'에 의해 오게 된다.

3. 써비스 정신(S)이란, 동료와 부하들이 협력하고 싶어지도록 모든 사람들에게 이익을 가져오게 하려는 마음에서 생겨난 것이다.

질과 양이 충분하다 해도 거기에 써비스 정신이 부족하면 완전하다고는 못한다. 당신의 수입과 보람은 이 QQS가 최대한으로 발휘되므로 해서 보증된다.

A 카네기는 이 QQS의 공식 중에서도 특히, S 즉 써비스 정신의 중요성을 강조하고 있다. 동료와 함께 일을 하고 동료에게 이익을 가져오게 하는 데에 신경을 쓰는 일이 가장 중요하다. 그러므로 제아무리 양이 많고, 제아무리 질이 좋아도 사람들과 협조가 되지 않는 써비스 정신이 결여된 사람은 결코 카네기는 동료로 삼지 않았다. 즉 카네기는 모두 함께 일할 수 있는 인재를 구했던 것이다. 그리고 그의 방법에 따른 사람들이 모두 부를 이룩하는 데 성공한 것을 보면 우리들은 그의 방법을 인정하지 아니할 수 없다.

또 기분 좋게 이 사회를 살아 가기 위해서는 쾌활한 성격을 가지는 일이 중요하다. 만일 써비스 정신을 충분히 가지고 있어서 모두 함께 즐겁게 해 나갈 수 있는 사람이면 만약 다소간 그 질이나 양이 부족하다 해도 사회는 나름대로의 평가를 할 것이다. 중요한 것은 솔직하고 밝은 성격이다.

■ 물건을 파는 것일까, 재능을 파는 것일까

재능을 팔아 생활하는 사람도 상품을 팔아 생활하는 사람 못지 않게 수입을 얻고 있는지도 모른다. 그러나 재능을 파는 사람이 좀더 그 파는 방법을 연구하면 지금보다도 더욱 많은 수입을 얻게 될 것이다.

어째서 이런 말을 하는가 하면 재능을 파는 사람들의 대부분이 보통 상품과는 그 상품 파는 방법과 규칙이 전혀 다르다고 믿고 있기 때문이다. 그리고 대부분의 경우도 좀더 효과적으로 재능을 팔려는 노력을 하지 않기 때문이다.

물건을 파는 시대는 이제 끝났다. 앞으로는 재능을 파는 시대이다. 당신 두뇌의 현실적인 가치를 결정하는 것은 당신의 수입이다. (즉 당신의 재능을 팔아 얻고 있는 수입이다). 그래서 당신의 두뇌(재능)의 참 가치를 계산해 보자. 그 계산식은 다음과 같다.

당신의 수입 $\times$ 16 $\times$ ⅔ = 당신 재능의 참수입

즉 당신의 수입은 당신의 모든 재능의 6 퍼센트에 상당하고 있다. 당연히 돈은 재능보다 가치가 낮은 것이지만 때로는 너무나 그 차가 벌어지는 일이 있다.

우수한 '두뇌'는 효과적으로 쓰기만 하면 사업에서는 돈보다 훨씬 큰 가치를 만들어 낸다. 왜냐하면 '두뇌'는 불경기의 영향도 받지 않으며 도난을 당할 우려도 없고 써서 없어지지도 않기 때문이다. 그뿐 아니라 돈이라는 것은 우수한 '두뇌'에 의해 활용되지 않으면 모래 언덕과 마찬가지로 전혀 가치가 없는 것이기 때문이다.

■ 실패자가 되는 31 가지 원인

성실하게 그리고 진지하게 노력하는데도 불구하고 인생을 실패로 끝내는 사람들이 적지 않다. 모든 것은 '숙명'이라고 단념해 버리기 전에 대체 무엇이 원인으로 그렇게 되었는지 엄격하게 추구할 자세를 가지는 일이 중요하다.

나는 이전에 '패배자'라고 간주되고 있는 2만5천 명이나 되는 사람들

을 연구한 일이 있다. 그 연구 결과, 성공자가 되는 데는 31 가지 원인이 있다는 사실을 발견했다. 그래서 그 리스트를 소개하겠는데 당신 자신도 이와 어떤 관계가 있는지 생각하면서 읽어 주기 바란다.

1. **불행한 유전적 결함**　이것은 매우 적은 수이지만 때로는 육체적·정신적인 결함을 가지고 태어나는 사람도 있다. 이 결함을 보충하는 것은 주위 사람들의 따뜻한 협력만이다. 그러나 자기 힘으로 개선하지 못하는 문제는 31 가지 원인중에는 '이것만'이라는 것을 잊어서는 안된다.

2. **인생 목표의 결여**　자기 인생의 목표를 확실하게 세워 놓고 있지 않은 사람에게 성공의 가망은 있을 수 없다. 내가 연구한 사람들 100명 중의 98 명은 이렇다 할 '인생 목표'를 가지고 있지 않았다. 아마도 이것이 그들에게 실패의 최대 원인이 되어 있다고 생각된다.

3. **향상심의 결여**　향상하는 것에 무관심한 인간이나 노력을 아끼는 사람은 누구나 도움을 주지 못한다. 본인이 깨달을 때까지 그저 기다릴 뿐이다.

4. **교육 부족**　이것은 간단하게 해결되는 문제이다. 역사를 뒤돌아 보아도 최고 지식을 가진 사람이란 그 대부분이 '독학형'이었다. 대학을 나온 사람을 지식있는 사람이라고 부르는 것은 잘못이다. 지식있는 사람이란, 남과 협력하면서 자기의 소망을 착착 실현해 갈 줄 아는 사람이다. 교육이란 단순이 지식있는 것을 뜻하는 것은 아니다. 그 지식을 여하히 활용하는가 하는 점이 문제이다.

5. **자기 훈련 부족**　훈련의 제 1 보는 자기 관리이다. 먼저 자기의 소극적인 성격을 개선해야 한다. 남을 지배하기 전에 자신을 지배할 수 있는 사람이 되는 일이다. 그러나 자기를 지배하는 일은 반드시 쉬운 일은 아니다. 그러나 만일 자신을 지배할 수 있으면 자신에게 정복되고 만다. 거울에 자기 모습을 비쳐보면 자기가 2 사람 있다는 것을

알게 될 것이다. 우리들 중에는 적극적인 자기와 소극적인 자기가 항상 공생하고 있다.

6. **질병** 아무리 해도 건강하지 못하면 행복하다고 할 수가 없다. 그러나 질병의 커다란 원인으로 자기 관리의 결여를 들고 있는 것은 주목해야 할 일이다. 가령,

① 폭음 폭식

② 부정적인 사고 방식의 습관

③ 성생활에 관한 지식

④ 운동 부족

⑤ 나쁜 호흡 방법에 의한 신선한 공기의 결여

7. **어린 시절의 나쁜 영향** '어릴 때 굽은 가지는 커서도 길맞가지 된다.'는 속담과 같이 범죄적 경향이 있는 사람은 어린 시절을 나쁜 환경이나 인간 관계하에서 자란 경우이다.

8. **1일 지연** 이것은 실패의 원인으로 가장 흔한 것이다. '노인성 지연'은 누구에게나 잠재해 있는 것이지만 그것은 언제나 성공의 기회를 앗아가고 만다. 인생에서 실패하는 것은 '시기'를 기다리고만 있기 때문이다. 기다릴 필요는 없다. 기다려도 '시기'는 찾아오지 않는다. 지금 당장 일어서서 할 수 있는 일부터 시작하라.

9. **인내력의 결여** 우리는 보통. 훌륭한 '창시자'이며 비참한 '완료자'인 경우가 많다. 우리는 조금이라도 실패를 하면 그대로 희망을 잃어버리기 쉽다. 인내처럼 중요한 것은 없다. 인내를 모토로 하고 있는 사람에게는 드디어 '가난의 신'이 지고 결국에는 성공한다. 실패는 결코 인내를 이기지 못한다.

10. **배타적인 성격** 누구에게나 트집을 잡아 친구마저 잃는 사람에게 성공의 가망은 적은 법이다. 성공하기 위하여는 남의 협조를 얻을 수 있어야 하는데 배타적인 성격의 소유자는 결코 사람들의 협조를 얻지 못한다.

11. **성욕의 과다** 섹스의 에너지는 사람들을 행동으로 모든 자극 중에서도 가장 영향력이 강한 것이다. 또, 인간의 감정 중에서도 파도가 높은 것이다. 그러므로, 이것을 능숙하게 이용하여 육체적인 만족 이외의 목적에 그 에너지를 활용해야 한다. 특히, 여성은 그 성에서 해방되어야 한다.

12. **도박** 도박을 좋아해서 그 얼마나 많은 사람이 실패로 울어야 했는지 모른다. 1929년의 월가 대폭락 때도 수백만 명이라는 사람들이 주식 마진으로 그 인생을 망쳤다.

13. **결단력의 결여** 성공자는 재빨리 결단을 내려 여간한 일이 아니면 그것을 변경하지 않는다. 그러나 패배자는 느릿느릿 결단을 내리고 사소한 일에도 그것을 변경한다. 우유부단과 지연과는 쌍둥이 악마와 같은 것으로 그 어느 한쪽이라도 안고 있는 사람은 반드시 다른 한쪽도 안게 된다. 이 쌍둥이 악마에 사로잡히기 전에 빨리 그것을 내버려야 한다.

14. **6 가지 공포** 이 공포에 관해서는 나중에 상세하게 설명하겠으니 단단히 읽어 두기 바란다.

15. **배우자 선택의 잘못** 사람이 실패하는 원인으로 가장 많은 것이 바로 이것이다. 결혼은 모든 인간 관계 중에서 그 친밀도가 가장 짙다. 그러므로 부부 중 어느 쪽엔가 문제가 있으면 반드시 양자가 함께 실패한다고 해도 과언이 아니다. 결혼의 실패는 가장 비참하고 불행하고 절망적인 것이다.

16. **과도한 조심성** 찬스를 잘 잡는 사람은 남의 찌꺼기라도 참고 가져야 한다. 즉, 지나친 조심성은 조심성이 없는 것보다 나쁘므로 양쪽 모두를 피해야 할 양극단인 것이다. 인생은 가지가지 찬스로 가득차 있다.

17. **동료 선택의 잘못** 사업 실패의 원인 중 가장 흔한 것이 이 잘못이다. 자기의 능력을 최대한으로 발휘하기 위해서는 의욕과 지성이

있는 성공자와 동료가 되어야 한다. 일하는 데 있어서 서로 다투는 동료야말로 선택할만하다. 의욕이 없는 동료를 선택한 탓으로 파멸한 사람도 적지 않다.

18. **미신과 편견** 미신은 일종의 공포의 발로이며 무지의 증명이다. 성공하는 사람은 근거없는 것을 무서워하지 않는다.

19. **사업 선택의 잘못** 만약 아무리 노력을 해도 그 일을 싫어하면 결코 성공하지 못한다. 그러므로 가장 중요한 것은 자기 자신의 전심 전력을 다 바칠 수 있는 일을 선택해야 한다.

20. **집중력 부족** 변덕이나 반 재미삼아 무엇에나 손을 대는 사람은 결국 무엇 하나 진짜를 가지지 못한다. 인생의 최종 목표를 하나로 정리하여 집중적으로 노력할 수 있는 사람이 되는 것이 중요하다.

21. **낭비벽** 방탕한 사람은 성공을 못한다. 낭비는 가난으로 가는 꽃길이다. 그래서 정기적으로 저금하는 습관을 몸에 배게 하는 것이 중요하다. 저금이 있다는 것은 특히 일을 구할 때, 가령 정년 퇴직자가 재출발하려는 때는 용기와 안심을 가져다 준다. 왜냐하면 돈이 없으면 일을 선택할 자유도 없어져 무엇이건 나타나는 조건마다 꼬리를 흔들며 따라야 하기 때문이다.

22. **열의의 결여** 열의가 없는 사람은 유능하게 될 수가 없다. 열의 있는 사람이란 그만큼 사람들에게 영향력이 있는 사람이다. 정열이 사람을 움직인다.

23. **좁은 마음** 어떠한 분야에서도 마음이 좁은 사람은 리더가 되지 못한다, 마음을 닫는다는 말은 지식욕이 없어졌다는 것을 뜻한다. 특히 종교나 인종 혹은 정치 등에 관한 의견의 차이는 마음이 좁은 가운데서 가장 나쁜 영향을 끼치게 된다.

24. **무절제** 특히 폭음 폭식과 과다한 섹스는 좋지 않다. 이 어느 한쪽을 가지고 있어도 성공에는 치명적인 원인이 된다.

25. **협동 정신의 결여** 협동 정신이 없는 사람은 그 지위를 잃거나 찬스

를 놓치는 일이 많다.

26. **노력없이 손에 넣은 권력(재산 상속인 등)** 권력은 스스로의 노력으로 손에 넣은 것이 아니면 때때로 파멸을 초래하는 일이 있다. 지나치게 쉽게 부를 얻는 것은 빈곤보다 위험하다.

27. **거짓말하는 것** 정직보다 더한 것은 없다. 거짓말을 하는 사람에게 남겨지는 것은 아무것도 없다. 빠르거나 늦거나 그 거짓말의 원인으로 신망과 자유를 잃게 될 것이다.

28. **이기주의와 허영심** 이것들은 언젠가는 사람들로부터 외면당하는 원인이 될 것이다.

29. **억측만의 사건** 올바르게 판단하기 위해 사실을 수집하는 노력을 게을리하는 사람들이 너무 많다고 생각된다. 이러한 사람들은 억측이나 이기적인 판단에서 오는 '사견(私見)'의 포로가 되어 결국은 자신을 어쩔 수 없게 만들어 버린다.

30. **자금 부족** 충분한 자금을 가지지 않고 경솔하게 과대한 사업을 시작하면 얼마 가지 않아 갈팡질팡하게 될 것이다.

31. **기타** 이상의 것 외에 당신이 경험하여 고생한 실패의 원인이 있으면 상세히 써 주기 바란다.

열심히 노력을 했는데도 실패로 끝난 사람들의 그 원인은 이 31 개 항목 중에 있을 것이다. 되도록 둘도 없는 친한 친구가 있으면 그에게 이 리스트를 체크하도록 하면서 당신을 분석해 주도록 하는 것이 바람직하다.

용기가 필요한 일이겠으나 그것을 실행함으로써 커다란 인생의 개선점이 발견될 것으로 본다.

[¹⁴인간이라는 것은 일반적으로 제3자 만큼 자기 자신을 냉정하게 관찰할 수는 없다.] 이것이 당신을 포함한 우리 모두에게 해당된다 하겠다.

■ 자기를 알리는 방법

[¹⁵사람들이여, 너 자신을 알라!]라는 말은 고대로부터 내려오는 격언이다. 만일 상품을 팔고 싶으면 첫째, 그 상품에 대해 잘 알아야 한다. 마찬가지로 자신의 재능을 파는 경우에도 첫째 자기 자신을 잘 알아두어야 한다. 자기 결점을 올바르게 앎으로 해서 그것을 커버하거나 혹은, 개선할 수도 있다. 또 자신의 장점을 잘 앎으로써 재능을 바르게 팔 수가 있다. 그리고 자기 자신을 잘 알기 위해서는 정확한 자기 분석을 하는 방법 이외는 없다.

자기의 무식과 어리석음을 폭로해 버린 어느 젊은이의 이야기를 하겠다.

그는 어느 유명한 회사에 취직을 하려고 지원했다. 지배인이 그에게 어느 정도의 보수를 원하고 있는가 하고 질문할 때까지는 그에게 매우 좋은 인상을 가지고 있었다. 그러나 이 젊은이의 대답은 특별한 큰 보수는 바라지 않는다고 했다(이것은 목표 의식의 결여를 나타내고 있다). 지배인은 그때 이렇게 말했다.

"그러면 1주일간 견습을 한 다음 그때 보아 능력에 맞도록 보수를 정합시다."

"아, 아닙니다. 그건 곤란합니다."

그는 당황하여 말했다.

"지금 일하고 있는 곳에서도 과분한 급료를 받고 있습니다."

지금 있는 일자리에 그냥 있는 경우거나 아니면 사정이 있어 다른 일자리에서 반드시 지금 받고 있는 급료 이상의 가치가 자기에게는 있다는 확신을 가져야 한다.

누구나 좀더 수입이 많았으면 하고 바랄 것이다. 그러나 돈에 욕심을 가졌다는 것과는 전혀 별개 문제이다. 대부분의 사람들이 이점을 잘못 생각하고 있는 듯하다. 그러므로 바라는 만큼의 돈은 받아도 당연하다는 터무니없는 주장이 나오게 된다. 자기 자신의 가치와 그 욕망은 전혀 아무런 관계도 없다. 당신의 가치를 결정하는 것은 당신에게 얼마 만큼의 가치가 있는 행동을 할 수 있는가 하는 사실이다.

■ 지난해에는 전진할 수 있었는가

1 년에 한번은 반드시 상품의 재고 조사를 해야 하는 것과 마찬가지로 자신의 재능을 파는 사람도 1 년에 한번은 자기 분석을 해야 한다. 그리고 그 결과는 결점이 감소하고 장점이 증대해도 1 년에 한번은 자기 분석을 해야 한다. 인간은 진보하기도 하고 정지하기도 하고 혹은 후퇴하기도 하는 법이지만 우리들의 목표는 진보해야 한다. 그 의미에서도 이 자기 분석은 과연 진보가 있었는지 아니면 만일 진보했다면 어느 정도인지를 알려 준다. 또 반대로 후퇴한 경우도 그 사실을 명백하게 한다. 재능을 효과적으로 살려 나가기 위해서는 가령 그 정도가 적다 할지라도 반드시 전진하는 일이 필요하다.

이 자기 분석은 연말에 하는 것이 바람직하다. 그렇게 하면 분석 결과 밝혀진 문제점을 새해의 개선 목표로 삼을 수 있기 때문이다. 그러면 다음 28 가지 질문에 대답해 주기 바란다. 되도록 엄격한 친구가 입회를 해 주면 좋겠다.

■ 자기 분석을 위한 28 가지 질문

1. 금년 목표는 완전히 달성되었는가? (인생의 최종 목표를 세워1 년 동안에 어디까지 나아갈 것인가를 밝혀 한해한해 전진해 가야 한다).
2. 항상 최선을 다했는가? 지난해보다 무엇인가 조금이라도 진보한

일이 있었는가?

3. 최대의 써비스를 했는가?

4. 항상 협조성을 가지고 일을 했는가?

5. 하루하루 연장하지는 않았는가? 만일 있었다면 어느 곳에서 했
   는가?

6. 성격을 개선할 수 있었는가? 그것은 어떤 점이었는가?

7. 계획대로 최후까지 끈기있게 행동할 수 있었는가?

8. 항상. 어떤 경우에도 재빨리 확신을 가지고 결단을 내릴 수 있었
   는가?

9. 6 가지 공포 중 어느 것에나 구애되지 않았는가?

10. 조심성이 너무 많거나 모자라지 않았는가?

11. 누구와도 분쟁을 일으키지 않았는가?

12. 집중력이 발휘되었는가? 에너지를 낭비하지 않았는가?

13. 관대한 마음으로 남의 잘못을 용서했는가?

14. 어느 부분의 재능이 진보했는가?

15. 무절재는 없었는가?

16. 이기주의로 흐른 적이 없었는가?

17. 일상의 태도는 남으로부터 존경받을만 했던가?

18. 독단이나 사건을 고집한 적이 없었는가? 항상 정확한 분석에 입각
    하여 판단했는가?

19. 시간, 지출, 수입 등이 모두 예정대로 관리되었는가?

20. 낭비라고 생각한 시간은 어느 정도였는가?

21. 내년에는 좀더 전진하기 위해 시간 상용 방법을 어떻게 하면 좋다
    고 생각하는가? 습관을 어떻게 바꾸면 좋겠다고 생각하는가?

22. 양심에 가책이 되는 행동을 한 적이 있는가?

23. 수입 이상의 양질 다량의 써비스를 어떻게 제공했는가?

24. 누군가에게 불공평하게 하지는 않았는가? 만일 했다면 누구에게

했는가?

25. 자기가 인재를 모집하고 있다고 하면 자기를 채용해야 한다고 생각
하는가?

26. 하는 일은 완전히 마음에 드는가?

27. 자기에게 보수를 치루어 준 사람들에게 완전히 만족하고 있다고
생각하는가? 만일 그렇지 않다면 무엇이 원인이라고 생각하는가?

28. 자기는 성공할 수 있다고 생각하는가? (냉정하게 평가하여 남의
의견과 비교할 것)

그러면 이것으로 당신의 재능을 살리기 위한 실천 계획을 만들 준비는
거의 갖추어졌다. 지금까지 배운 것은 당신의 재능을 최대한으로 발휘해
나가기 위한 계획을 세우는 방법에 대해, 리더를 위한 11 가지의 조건,
실패하는 리더의 10 가지 원인, 리더를 구하고 있는 각 분야, 인생에서
실패하는 31 가지 원인, 자기 분석을 위한 28 가지 질문이었다.

어째서 이렇게 철저하고 상세하게 설명했는가 하면 자기 재능을 완전
히 살려 부를 이룩하는 데는 아무래도 이런 것들이 필요하기 때문이다.
정년 퇴직한 사람으로서 재출발해야 할 사람들이나 인생의 도중에서
끼어들어 출발하려는 사람들에게 있어서 그 수입의 댓가로 지불할 수
있는 것은 자기 자신의 재능 이외에는 아무것도 없기 때문이다. 그러므
로써 재능 이외의 아무것도 없는 자기를 소중하고 신중히 팔아야 하기
때문이다.

지금까지 한 교훈을 완전히 이해하여 자기 것을 만들 수 있으면 재능
을 파는 사람에게도 인재를 평가하는 사람에게도 크게 도움이 될 것이
다. 특히, 이 교훈은 인사 부장이나 채용 담당자나 그 밖의 관리직이나
경영자에게 값어치를 매길 수 없는 귀중한 자료가 되지 않을까 한다.
만일 내가 하는 말이 과대하다고 생각된다면 조금 전의 자기 분석을
위한 28 가지 질문을 스스로 시험해 보라. 아마도 진지하게 인생을 생각
하고 있는 사람이라면 나의 의견을 시인해 주리라고 믿는다.

■ 부를 이룩하는 무한의 찬스

그런데 어떻게 하면 찬스를 포착할 수 있을까에 대해서는 모든 것을 이해했을 것이다. 그러면 다음 질문은 '어디에 가면 찬스를 포착하는가' 이다. 그래서 일람표를 만들어 크고작은 것을 불문하고 부를 이룩하려는 사람들에게 어떤 찬스를 제공할 수 있는지 알아보기로 하자.

첫째 우리가 상기해야 할 것은 이 미국이 '전세계에서 가장 큰 자유가 보장된 나라이다'라는 것이다. 이 자유롭다는 특권을 지금까지 일람표로 만든 사람은 많지 않을 것이다. 또 자유가 제한되어 있는 이웃나라와 우리 나라를 비교한 사람도 적을 것이다.

우리는 사상의 자유, 교육을 선택하는 자유, 종교의 자유, 정치의 자유, 직업을 선택하는 자유, 부를 이룩하는 자유, 거주의 자유, 결혼의 자유, 인종에 관계없이 찬스를 가지는 자유, 여행의 자유, 음식물의 자유, '목표의 자유'(가령, 그것이 미국 대통령이 되는 일이라 할지라도)를 완전히 보장받고 있다.

우리들에게는 아직 더 많은 자유가 있으나 이 일람표에서는 중요한 것만을 다루기로 하겠다.

자유는 미국 최대의 특전이다. 어째서냐 하면 미국은 미국 태생이건 이민이건 모든 시민에게 관용하고 다양한 이 자유를 평등하게 보장하고 있는 전세계에서 단 하나의 나라이기 때문이다.

다음에 이 자유가 어떤 은혜를 우리에게 베풀고 있는가를 알아보자. 미국의 평균적인 가족을 예로 들어 자유의 은혜가 크다는 것을 알아본다.

식료품 이 관대한 자유 덕분으로 미국의 평균적 가족은 앉은채로 전세계의 음식물을 그것도 가계중에서 간단하게 입수할 수 있다.

의복 미국 어느 주에 살아도 연간 500 달러만 있으면 여성은 남못지 않은 패션 드레스를 갖출 수 있다. 남성은 그 이하의 예산으로 충분하다.

주거　우리는 스팀, 전기, 요리용 가스 설비가 완전히 갖추어진 살기 편한 주거에서 생활하고 있다.

아침 식사용의 토스터도 불과 몇 달러로 손에 들어오고, 방은 전기 청소기로 청소를 하며, 부엌과 욕실에서는 항상 냉수나 온수를 사용할 수 있다. 음식물은 전기 냉장고에 보관되며, 주부는 플러그를 꼽기만 하면 머리를 컬하고, 세탁하고, 다리미질을 할 수 있다. 남편에게는 전기 면도기가 있으며, 라디오나 텔레비전은 스위치를 넣어두기만 하면 무료로 24시간 전세계 방송을 즐기게 해 준다. 그 밖에도 우리들의 가정에는 편리한 설비가 완비되어 있어서 미국의 온갖 자유가 충만해 있다.

지금 말씀드린 것은 의·식·주의 최저 생활에 필요한 3가지에 대한 것이었으나 평균적 미국인은 1일에 보통 8시간의 노동을 하는 것만으로 모든 자유를 손에 넣을 수가 있다.

거기에다 미국에는 세계 어느 곳에서도 유례를 찾아보지 못하는 재산권을 지키는 보장 제도가 있다. 즉 은행에 맡겨 둔 돈은 만일 그 은행이 도산해도 정부가 대신 보상을 해 준다. 또한 미국에서는 어느 주에 간다 해도 패스포드나 허가증은 필요없다. 가고 싶을 때 가고 돌아오고 싶을 때 돌아오면 된다. 그리고 예산에 맞추어 기차이건 자가용이건 버스이건 비행기이건 배건 자기가 좋아하는 것을 자유롭게 이용할 수가 있다.

■ 눈에 보이지 않는 훌륭한 힘

정치가들은 선거 때가 되면 한결같이 미국의 자유를 선언하고 있으나 이 '자유'에 대해 그 근본과 본질을 진지하게 연구한 정치가를 본 적이 없다.

그러나 나는 지금까지 감추어 두었거나 내놓기를 꺼려했거나 어떻게 할 줄을 몰라 덮어둔 것은 아니겠으나 지금 여기서 한 가지는 확실히 말해 두고 싶은 것이 있다.

그것은 나에게는 특별한 권리가 있다는 것이다. 무슨 권리인가 하면 '어떤 것'을 분석하여 그것을 발표할 권리이다. 그 '어떤 것'이라는 것은 미국 국민에게 좀더 혜택을 주고, 좀더 기회를 주고, 좀더 찬스를 주어 세계 어느 나라에도 비할 수 없는 온갖 종류의 자유를 가져오도록 하는 것이다. 우리는 지금까지 이 '어떤 것'을 신비화하고, 추상화하고 그리고 큰 오해를 해 왔다.

어째서 나에게 이 '눈에 보이지 않는 힘'의 근본과 본질을 분석하여 발표할 권리가 있는가 하면 그 힘을 입수하여 그것을 오늘까지 책임을 가지고 유지해 온 사람들을 내가 반세기 이상 동안, 이 눈으로 지켜 보아 왔기 때문이다. 이 수수께끼 같은 인류의 은인 이름은 '자본'이다.

자본은 다만 돈만으로 성립된 것은 아니다. 자본이 공공에게 소용이 되고 또한, 자신에게도 이익을 가져오게 하려면 어떻게 돈을 활용하면 좋을 것인가 그 방법과 수단을 계획하는 고도로 잘 조직된 현명한 사람들의 특별 그룹에 의해 비로소 성립되어 있다.

이 그룹들은 과학자, 교육자, 건축가, 발명가, 평론가, 광고업자, 운수 전문가, 회계사, 변호사, 의사 등 그 외에 산업계, 실업계에서 고도의 전문 지식을 가진 남녀에 의해 구성되어 있다. 그들은 새로운 분야에 도전하여 개척하고 노력하여 한걸음한걸음 전진을 계속했다. 그들은 대학과 병원과 공공의 학교를 존속시키고 훌륭한 도로를 건설하고 신문을 발간하고 정부가 쓰는 자금의 대부분을 스스로 떠맡고 거기에다, 인류가 진보하는 데 필요한 온갖 것을 공급해 주고 있다. 간단하게 말하면 자본가란 문명의 두뇌이다. 왜냐 하면 그들이 교육이나 개발 등, 인류를 발전시키는 전조직의 중추 역할을 다하고 있기 때문이다.

두뇌를 가지지 않는 돈은 항상 위험을 내포하고 있다. [16돈은 올바르게 쓰면 문명에게는 가장 중요한 것이다.] 자본의 힘을 빌리지 않고 가족에게 검소한 아침 식사를 책임지고 제공할 수 있는지를 상상해 보기만 해도 조직적인 자본력의 중요성을 조금은 이해하게 될 것이다.

한 잔의 홍차 때문에 당신은 미국과 멀리 떨어진 중국이나 인도까지 직접 가야 할 것이다. 당신은 아무리 수영의 명수라 해도 도착하기 전에 지쳐 죽고 말 것이다. 거기다 또 한가지 문제가 있다. 당신이 태평양을 헤엄쳐 건넜다 하자. 그러나 돈없이 어떻게 홍차를 입수하겠는가?

다음은 설탕이다. 당신은 또 서인도 제도까지 헤엄을 치거나 아니면 유타주의 사탕수수밭까지 걸어가야 한다. 그리고 설사 그 땅에 도착할 수 있었다 해도 아마 당신은 설탕을 가지고 돌아오지 못할 것이다. 왜냐하면 조직화된 노동력과 자본력이 없으면 설탕을 생산하지 못하기 때문이다. 그런데 하물며 그것을 제당하여 미국 각지의 아침상에 올리도록 배달하는 데는 말할 것도 없다.

계란은 가까운 농장에서 간단하게 가져올 수 있을지 모르겠으나 글레프플르쓰의 쥬스를 식탁 위에 올리려면 또 당신은 폴로리다까지의 먼 길을 계속 걸어야 한다.

빵은 캔서스나 다른 어느 곳의 소맥산 지대까지 가야만 입수된다.

메뉴에서 오트밀을 제외해야 할 것이다. 그 이유란 오트밀은 숙련된 노동자와 전용 기계가 조직화되지 않으면 생산이 되지 않기 때문이다. 그러기 위해서는 물론 자본력이 있어야 한다.

남들이 쉬고 있는 동안에 이번에는 남 아메리카까지 헤엄쳐 가서 바나나를 2, 3개 구해 돌아오는 길에 잠시 가까운 낙농장에 들러 버터와 크림을 가지고 돌아오면 간신히 가족이 모여 앉아 아침 식사를 즐길 수 있게 된다. 이건 정말 웃기는 이야기라고 생각될지 모르겠으나 만일 자본주의 체제가 되어 있지 않는다면 사소한 음식물을 입수하는 데도 방금 말한 것처럼 고생을 해야 한다.

■ 문명은 자본으로 인해 성립되어 있다

아침 식사 한 끼를 예를 들어도 철도를 건설하고 기선을 만들어야 한다. 그러기 위해서는 거대한 자본이 필요하게 된다. 생각만 해도 다리가 움추러들 것 같지만 거기에다 철도나 기선에는 많은 종업원을 고용해야 하며 그것만도 또한 수백만 달러나 되는 돈이 필요하게 된다. 이 교통 기관들은 미국의 근대 자본주의 문명의 일부분에 지나지 않는다. 그보다도 먼저 대지를 개척하여 씨를 뿌리고 길러 거두어 제조하여 시장에 내보내는데 많은 준비가 필요하다. 그리고 그러기 위해 또 수백만 달러의 비용을 들여 설비를 하고 기계를 구입하여 포장하고 궤짝에 넣어 판매 준비를 해야 하며 거기에다 몇백만 달러나 되는 급료를 지불해야 한다.

철도나 기선은 자연히 생겨나서 제멋대로 움직이는 것이 아니다. 이런 것들은 문명의 요구에 따라 상상력, 신념, 정열, 결단력, 인내력을 가진 조직화된 사람들의 노력과 연구에 의해 비로소 생겨나는 것들이다. 이러한 사람들을 우리는 자본가라고 부르고 있다. 그들은 건설하고 완성하며 달성시켜 유익한 써비스를 제공하여 이익을 만들어 부를 이룩하려는 불타는 소망에 의해 일어선 사람들이다. 그들은 문명을 쌓아올려 가는 동시에 자기도 막대한 부를 쌓아올려 간다.

이와 같이 대사업을 성취해 온 자본가들은 약간 거친 말을 쓰자면 거리의 허풍장이들과 흡사한 사람들이다. 또 그들은 급진파인 사람들이나 공갈꾼이나 교활한 정치가들이나 뇌물을 주고 있는 노동 조합 지도자들로부터 '약탈주의자'라든가 '월가'라든가 하는 칭호로 불리우는 사람들이다.

나는 특정의 그룹이나 특정의 경제 사상의 편을 들거나 반론을 하고 있는 것은 아니다.

이 책의 목적은 (내가 반세기 이상 신념을 가지고 열중하고 있는) 부를 이룩하고 싶다고 소원하고 있는 사람들에게 그 소망을 달성하기 위한 정확한 지식과 신뢰할 수 있는 '성공 철학'을 소개하는 일이다.

그래서 나는 자본주의 경제를 이해하는 데 있어서의 주의점을 2 가지 측면에서 분석해 두고 싶다.

1. 만일 부를 추구한다면 그 대소를 불구하고 첫째, 그 부로 가는 길을 지배하고 있는 자본주의 자체를 좀더 올바르게 인식하여 응용해 나가야 한다.

2. 자본주의가 만들어내는 이익을 마치 유해한 것처럼 트집을 잡아 꼬집어 주장하는 정치가나 선동가들의 사견에 현혹되어서는 안된다.

여기는 자본주의의 나라이다. 자본력에 의해 성립되어 있는 나라이다. 자유와 기회가 풍부하여 권리를 주장하고 부를 추구하는 우리는 조직적 자본의 이점을 충분히 이해하고 있다.

[17부를 구축하여 합법적으로 그것을 소유할 수 있는 단 한가지 방법은 유익한 써비스를 제공하는 일 뿐이다.] 단순한 대중의 힘으로 보아도 그것이 국민 하나하나에게 자유와 이익이 확보되지 못하는 것이라면 결코 합법적으로 사람들을 유복하게 하지 못한다.

■ 부와 기회도 가득 넘쳐 흐르고 있지 않을까

미국이라는 곳은 정직하기만 하면 어떤 사람에게도 평등하게 부를 이룩할 수 있는 기회와 자유를 부여해 주는 나라이다. 사냥을 하는 사람은 사냥거리가 가득 있는 사냥터에 가는 것이 틀림없다. 부를 추구하는 경우도 마찬가지이다. 부가 가득한 나라에 가야 한다.

만일 당신이 부를 추구하고 있다면 일국의 국민중에 부인들만 연간 몇백만 달러나 되는 돈을 입술 연지나 기타 화장품 값으로 뿌리고 있는 이 유복함을 간과해서는 안된다.

만일 당신이 돈을 벌고 싶다면 담배에 연간 몇백만 달러를 쓰고 있는 이 나라를 다시 한번 고쳐볼 필요가 있다.

미식 축구와 야구나 그 밖의 현상금이 걸린 여러 가지 게임을 즐겨 연간 몇백만 달러의 돈을 열심히 지불하려고 하는 사람들이 살고 있는 나라에서 황급히 달아날 일은 없을 것이다.

잊어서 안되는 것은 우리들에게 부를 이룩하게 하는 조그만 일례에 지나지 않는다는 것이다. 이런 것들은 그다지 중요하지 않은 것이다. 그러나 이렇게 시시하게 여겨지는 것이라도 생산이나 수송이나 판매에는 몇백만 명이나 되는 종업원이 관계하고 있으며 매월 몇백만 달러의 임금이 지불되고 있는 현실을 예사로 보아서는 안된다.

특히 이런 상품들의 이면에도 부를 이룩하는 기회가 굴러다닌다는 사실을 잊어서는 안된다. 이 미국에서는 자유 그것이 목표가 되어 있다. 누구도 이러한 장사를 막지는 못한다. 왜냐하면 이런 일에서 재능이나 훈련이나 경험을 가진 사람이 있어서 부를 구축하려 하고 있을지 모르기 때문이다. 미국에서는 하고자 하는 의욕이 없는 사람은 돈을 모을 수 없다. 보통의 노동으로는 생활비를 버는 것만으로도 벅찰 것이다.

그러면 당신은 어떻게 하는가?

기회는 당신 앞에 널려 있다. 먼저, 한걸음을 내딛어 무엇이 갖고 싶은가를 결정하고 계획을 세워 행동에 옮겨 인내력을 가지고 관철한다. 미국의 자본주의는 살아 있다. 미국의 자본주의는 노력하는 사람들 모두에게 부를 보장하고 있다.

'자본주의'는 누구에게도 부를 얻는 권리를 거부하지 않는다. 단 아무런 노력도 하지 않는 사람들에게는 부를 얻는 데 보장도 하지 않으며 또 약속도 하지 않는다. 자본주의는 경제의 법칙에 의해 지배되고 있는 것으로 주지 않는 자가 얻는다는 것을 언제까지나 허용하지는 않는다.

요점정리

'협력자' 란에서 말씀한 4가지 교훈은 당신의 재능을 몇 배나 증가시켜 줄 것이다.

당신을 격려하고 당신에게 힘을 나누어 주는 동료를 선택함으로써 당신의 자신감은 더욱 더 굳어질 것이다.

리더를 위한 11가지의 조건과 리더가 실패하는 10가지 원인을 충분히 이용하여 당신의 소극적인 성격을 개선해야 한다. 또 새로운 리더를 구하고 있는 6가지 분야와 일을 찾는 5가지 방법을 이해하면 당신은 어떤 분야에서도 활약할 수 있다.

『나의 카탈로그』를 완성하면 당신은 다분히 '인기인이 될 것이다.

미국의 행복은 자본력 위에 구축되어 있다. 좀더 올바르게 자본주의를 인식하고 응용해야 한다.

"성공은 설명이 필요없다. 마찬가지로 실패에 변명은 필요없다."

결단력

결단이 소망을 결정시킨다.
언제, 어떻게 결단을 내릴 것인가를 몸에 익혀라.
당신은 결단에 의해 막대한 재산을 손에 넣을 수 있다.

성공 철학 · 제 7 단계
결단력

　실패자가 되는 31 가지 원인중에서도 하루 연기 즉 결단력의 결여는 톱클라스에 들어 있다는 사실이 명백하다. ['결단력과 반대의 뜻을 가진 '지연'은 누구나 헤쳐 가야 할 최대의 적이다.]

　이 책을 다 읽고 나면 당신이 얼마나 '재빨리' '명확한' 결단을 내리게 되었는지를 시험해 보면 좋을 것이다. 재빨리 명확하게 결단을 내릴 수 있게 되면 드디어 이 책이 소개하는 '성공 철학'을 실제로 행동에 옮기는 준비가 되었다고 하겠다.

　백만장자 따위는 문제가 되지 않을 정도의 막대한 재산을 이룩해 온 수백만 명의 사람들을 분석하여 명백해진 것은 그 '전원'이 재빠른 결단력의 소유자이며 그리고 만일 한번 내린 결단을 변경해야 할 경우에는 매우 많은 시간을 가지고 천천히 결정한다는 사실이다. 거기에 반하여 부를 이룩하는 데 실패한 사람은 예외없이 결단을 내리는 것이 '매우 느리고' 그것을 '변경하는 것이 매우 빠르고' 게다가 '빈번하다'는 사실을 알 수 있다.

　H. 포드의 뛰어난 재능의 하나는 역시 재빠르고 명확한 결단력과 결단을 변경할 때는 시간을 둔다는 것이다. 이 때문에 그는 '완고한 사람'이라고 불리우고 있다. 그리고 이 완고함이 원인으로 포드는 '형태를

바꾸어야 한다'고 충고한 많은 친구나 고객의 말을 듣지 않고 그 유명한
모델 T.(세계에서 가장 추한 자동차)의 제작을 계속했던 것이다. 아
마, 이 모델 T 에 대해서는 변경에 결단을 내리는 시기가 늦었다고도
할 수 있겠으나 그는 그 완고한 고집 덕분에 막대한 부를 구축하는 데
성공했다 하겠다. 포드의 명확한 결단력은 틀림없이 그 완고한 성격에서
오는 것이겠지만 그래도 결단을 내리는 것이 매우 늦고 변경하는 것이
매우 빠르다는 성격과는 비할 데가 없는 가치가 있었다.

■ '의견'만큼 값싼 상품은 없다

필요한 돈마저도 손에 넣지 못하는 사람은 일반적으로 남의 의견에
너무나 영향을 받는다는 공통점이 있다. 그들은 신문 기사나 주변 소문
에 쉽사리 흔들리고 만다. '의견'이란 이 세상에서 가장 싼 상품이다.
누구나 산더미 같은 '무책임한 의견'을 가지고 있는 법이다.

만일, [²남의 의견에 현혹되어 신념이 없는 결단을 내린다면 당신은
어떤 일을 해도 성공할 가망은 없으리라.] 하물며, 돈을 버는 것은 도저
히 불가능할 것이 틀림없다. 남의 의견에 좌우되는 사람이라면 아직
진실한 소망을 가지고 있다고는 할 수 없다는 의미를 가지고 있다.

당신 자신이 이 책의 '성공 철학'을 실행하겠다는 결단을 내려 주기
바란다. [³당신은 당신 자신의 결단에 따라야 한다.] 당신이 선택한
'협력자' 이외의 사람들의 의견에 당신의 마음이 좌우되어서는 안된다.
그러기 위해서도 '협력자'를 정할 때에는 반드시 당신의 목표를 완전히
이해하고 전면적으로 응원해 줄 사람을 찾아내도록 해야 한다. [⁴지나치
게 친한 친구나 친척 중에는 악의는 없다 해도 놀리거나 농담하는 '뜻'
으로 당신을 방해하는 사람이 있을지도 모른다.] 사람은 좋지만 무지한
그런 사람이 당신의 자신감을 꺾고 만다. 그래서 많은 사람들이 인생을
망쳤는지도 모른다.

당신에게는 자기의 두뇌, 자기의 마음이 있으므로 그것으로 결단을 내려야 한다. 그러나 만일, 결단을 내리기 전에 좀더 정확한 정보나 사실을 수집해 두고 싶을 경우에는 당신의 목적을 밝히지 말고 필요로 하는 정보만을 찾으면 된다.

일반적으로 어정쩡한 지식만을 가진 사람들이 '아는 체'한다. 이런 사람들은 남의 의견을 들으려고 하지 않고 매우 말도 많은 것이 특징이다.

[5만일 단호한 결단력이 몸에 배도록 하려고 생각한다면 첫째, 입을 굳게 다물고 그리고 눈과 귀를 크게 떠야 한다.] 지나치게 말이 많은 사람중에는 무능한 사람이 많다. 만일 당신이 듣기보다도 말을 많이 하는 타입인 사람이라면 당신은 정보를 수집하기는 커녕 남에게 당신의 아이디어를 도둑맞게 될 것이다.

풍부한 지식을 가진 사람 앞에서 입을 연다는 것은 당신이 훌륭한 지식인인지 아니면 그렇지 않은 사람인지를 자백하는 일이 된다. [6참으로 현명한 사람은 그 조심성 있는 태도와 침묵으로 남의 눈에 띈다.] 당신 주변 사람들도 모두 기회를 엿보고 있다. 만일 부주의하여 계획을 누설하면 어느 누구에게 선수를 빼앗길 수도 있다.

지금 당장 당신이 내려야 할 결단은 입을 다물 것과 귀를 열어둘 일이다. 그래서 다음의 말을 크게 써서 눈에 잘 띄는 곳에 붙여 두기 바란다.

"당신이 하고 싶은 일을 남에게 말해도 좋다. 그러나 행동으로 결과를 보여라!"

[7이것은 '중요한 것은 말로 하는 것이 아니다.'라는 사실을 알려 주고 있다.]

■ 결단이 역사를 바꾼다

결단의 가치는 결단을 내리는 데 얼마 만큼의 용기가 필요한가에 따라 결정된다.

현대 문명의 기초는 생사를 건 용기있는 결단에 의해 구축되어 왔다.

링컨은 몇천 명이나 되는 지지자와 친구들의 맹렬한 반대를 충분히 각오하고 그 유명한 노예 해방령을 선언했던 것이다. 그 용기있는 결단이 흑인들에게 자유를 부여했다.

독배를 마신 소크라테스의 결단도 자기의 신념에 타협을 허락하지 않는 용기의 결과였다. 그의 결단이 역사를 1,000 년 이상이나 진보케 하여 인류에게 사상과 언동의 자유를 가져오게 했다.

로버트 E. 리 장군이 미합중국의 정책에 반대하여 남부 여러 주를 위해 일어선 것도 용기에 충만한 결단이었다. 이것은 이 결단에는 자기의 생명은 물론이거니와 몇천 명이나 되는 많은 사람들의 생명이 걸려 있다는 사실을 그는 잘 알고 있었기 때문이다.

■ 보스톤 사건

그런데 미합중국 역사 중에서 최대의 결단은 1776년 7월 4일 , 필라델피아에서 내려진 결단일 것이다. '56 명의 남자들'이 어떤 서류에 서명했는데 이 용기 있는 행동은 전미국 국민이 자유를 획득하느냐 아니면 '56 명이 하나 남김없이 교수형을 당하느냐.' 라는 문자 그대로 목숨을 건 결단이었다.

우리는 이 결단이 내려진 날의 일을 알고 있다. 그러나 이때, 그들에게 얼마 만큼의 용기가 필요했는지 알고 있는 사람은 적지 않은가 한다. 우리가 알고 있는 것은 배운 대로의 역사이며, 밸리 포지나 요크타운에 대해서이며, 조지 워싱턴이나 콘월리스경에 대한 것 등 사람들의 이름이나 날짜뿐이다. 그러나 이 이름과 날짜, 장소의 배후에 숨겨져 있는 진실한 힘에 대해 우리는 거의 무식에 가깝지는 않을까? 워싱톤 군대가 요크

타운에서 승리를 쟁취하기 훨씬 이전, 우리에게 자유를 부여한 눈에 보이지 않는 힘에 대하여는 더한층 이해를 못할 것이다.

전 인류에게 새로운 독립을 가져오게 하여 영원한 자유와 생명을 부여한 불가사의한 힘에 대하여 역사가들이 아무런 조회도 하지 않았다는 것은 슬퍼해야 할 일이다. 왜냐하면 이 힘이야말로 온갖 고난을 극복하고 가치있는 인생을 이룩하려고 하는 사람들에게 없어서는 안될 것이었기 때문이다.

그런데 여기서 그 힘을 만들어내게 된 사건을 뒤돌아보도록 하자.

이 이야기는 1770년 3월 5일, 보스톤에서 발발한 사건에서 시작된다.

그 무렵 영국 정부군은 미국 식민지에 대해 무력 탄압을 자행하여 시민을 공포로 몰아넣고 있었다. 식민지 개척민들은 무장 군인이 온 거리를 순찰하고 있는 광경을 증오에 가득찬 눈으로 바라보고 있을 뿐이었다. 그러나 끝내 시민들은 그 적의를 노골적으로 나타내기 시작했다. 병사들에게 야유를 하거나 돌을 던졌다. 그래서 드디어 '총검 준비, 발사!'

라는 명령이 부대장으로부터 내려져 대참사가 일어났던 것이다.

이렇게 하여 전쟁이 시작되고 수많은 사상자가 속출했다. 이 사건은 영국 정부의 탄압이 식민지 주민을 지나치게 자극한 것이 원인이었다. 그 때문에 영국령 미국 여러 주의 의회(식민지 개척민의 대표자들에 의해 구성된 의회)는 이에 대해 단호한 행동을 취하기 위해 긴급 회의를 열었다. 이 회의에 존 행콕과 사뮤엘 애덤스의 모습도 보였다. 그들은 용기를 가지고 서로 이야기를 나누었으며 그리고 영국 정부군을 보스톤에서 내쫓기 위해 함께 행동하자고 서로 맹세했다.

그러면 다음 일을 잘 알아 주기 바란다. 즉 이 두 사람에 의해 내려진 결단이야말로 현재, 미합중국에서 구가하고 있는 자유의 시초였다. 이 결단에는 대단한 위험이 수반되고 있었으므로 굳은 신념과 커다란 용기가 필요했던 것이다.

회의 결과. S. 애덤스가 사자가 되어 햇친슨 지사를 만나 영국 정부군의 철병을 요청했다.

그리고 이 요구는 받아들여져 영국군은 보스턴에서 물러갔다. 그러나. 이것으로 사건이 모두 해결된 것은 아니었다. 그로부터 얼마 후 문명의 흐름을 근본부터 바꾸어 버린 대사건이 일어났다.

■ 협력한다는 것의 중요성

리처드 헨리 리와 사무엘 애덤스는 함께 공포와 희망을 가슴에 안고 각자의 주에서 시민의 행복을 위해 활약하고 있었으나 두 사람은 평소부터 서로 편지를 주고받고 있었다. 그들의 이야기 가운데서 중용 인물로 등장하고 있는 것은 이 편지에 원인이 있다.

애덤스는 13 주의 식민지 사이에 편지 왕래를 생각해 냈다. 그렇게 하면 서로의 협조성이 높아져 직면하고 있는 큰 문제를 해결하는 데 크게 유익하다고 생각했기 때문이다. 보스턴에서 군대와의 충돌이 일어난지 2 년 후(1772년 3월), 애덤스는 이 아이디어를 의회에 제안했다. 그 결과. 영국령 아메리카 식민지 독립을 위해, 서로가 손을 잡자는 취지 하에 식민지 통신 위원회가 발족되었다.

이 위원회가 우리들에게 자유를 가져오게 된 강대한 기초가 되었던 것이다. 이때 이미 '협력자' 그룹은 이루어졌다. 애덤스, 리, 행콕 등이 그 중심 멤버였다.

이렇게 하여 식민지 통신 위원회는 출발했다. 그러나, 당시의 시민들은 보스턴 사건 때와 같은 방법으로 아무런 조직력도 갖지 않은 채 영국 정부군에 반항을 계속하고 있었다. 그러나 이런 방법으로는 아무런 소득이 없다는 것은 명확했다. 이러한 각주의 사소한 분쟁도 통신 위원회의 멤버 혼자 힘으로는 어찌할 수가 없었다. 그러나. 멤버들은 누구 하나 지혜와 용기와 정열을 함께 모아 진심으로 손을 잡고 영국과 싸우려는 자는 없었다. 그래서 애덤스, 리, 행콕의 세 사람이 협동하여 일어섰던 것이다.

그러나 영국측도 그냥 있지는 않았다. 그들도 대책을 짜서 그들 나름대로의 '협력자'를 조직하고 있었다. 무엇보다도 그들에게는 돈과 군대가 충분하게 있었다.

■ 정의의 결단

영국 국왕은 매사추세츠 지사로 해친슨 대신에 게이그를 임명했다.

새 지사가 제일 먼저 취한 행동은 사무엘 애덤스에게 사자를 보내 반대 운동을 중지하도록 협박하는 일이었다. 펜튼 대령(지사가 보낸 사자)과 애덤스가 이때 교환한 대화를 재현해 보면 이러하다.

펜튼 대령"애덤스군, 나는 게이그 지사의 명에 의해 말하겠소. 자네가 반대 운동 진압에 협력해 주면, 영국 정부는 자네에게 만족할 만한 사례를 하려고 하오(애덤스를 매수하려고 했다). 이 이상 반항하지 않는 편이 현명할 것이라고 지사님께서도 말씀하시고 있소. 지금까지 자네가 취해 온 행동은 헨리 8세의 법령에 의하면 충분히 처벌받아야 마땅하오. 만일 이 법령에 의거한다면 자네는 반역죄로 본국으로 송환되거나 아니면 지사의 판단 하나로 당장에 투옥될 것이오. 그러나 마음을 바꿀 생각이 있으면 큰돈을 얻게 될 뿐 아니라 국왕과 평화를 유지할 수 있게 될 것이오."

사무엘 애덤스는 그 두 가지 중 어느 쪽을 취할 것인가 결단을 내려야만 했다. 즉 반대 운동을 중지하고 뇌물을 받아들이느냐 아니면 이대로 교수형에 처해지는 위협을 각오할 것이냐, 두 가지 중 어느 한쪽을 택해야 했다.

애덤스는 자신의 생명을 걸어야 할 무서운 결단을 할 단계에 몰렸다.

애담스는 지금부터 자기가 하는 말을 반드시 그대로 지사에게 전해 주도록 다짐을 하고는 이렇게 펜튼 대령에게 대답했다.

"그러면 게이그 지사에게 이렇게 전해 주시기 바랍니다. 나는 오랫동안 왕중의 왕 즉 신에게 반항한 적은 한번도 없었다는 것을 맹서합니다. 여하한 사적인 요청도 나의 나라에 정의를 범하지는 못할 것이요. 사무엘 애덤스로부터 게이그 지사에게 한가지만 충고하겠습니다. 흥분한 시민을 이 이상 노하게 하지 않는 편이 현명할 것이다."

애덤스의 통렬한 회답을 받은 지사는 격노하여 다음과 같은 성명을 발표했다.

"나는 영국 국왕의 이름을 걸고 반대 운동에 참가한 전시민의 죄를 용서하고 평화로운 생활을 약속한다. 그러나 너무나 큰 반역죄를 범한 사무엘 애덤스와 존 행콕 두 사람에게는 그에 상응하는 벌을 가하겠다."

현대의 속어로 표현하자면 애덤스와 행콕은 없애야 한다는 것이었다. 그러나 이 지사의 성명은 도리어 두 사람에게 결사적인 결단을 내리게 하는 결과가 되었다. 두 사람은 절대로 신뢰할 수 있는 동지만으로 긴급 비밀 회의를 열었다. 전원이 모이자 애덤스는 문을 채운 다음 열쇠를 주머니에 집어넣고 이렇게 선언했다.

"어떻게 하더라도 전 식민지를 단결시켜야 한다. 그러므로 그 결론이 나올 때까지는 단 한 사람도 이 방에서 나가지 못한다."

그리고 비상한 흥분이 방안에 계속되었다. 어떤 사람은 당장 행동을 개시해야 한다고 주장하였으며 또, 어떤 사람은 영국 국왕에게 대드는 것이 현명한가 아닌가 망설이고 있었다. 애덤스와 행콕은 이미 아무런 두려움도 느끼고 있지 않았으며 그리고 실패의 가능성도 생각하지 않고 있었다. 이 두 사람의 타오르는 정열이 다른 멤버에게 옮겨붙어 1774년 9월 5일에 필라델피아에서 제1회 대륙 회의를 개최할 것에 합의했던 것이다.

이 날의 결단을 잊지 말아 주시기 바란다. 이 날은 1776년 7월 4일보다도 중요한 날이다. 왜냐하면 이 대륙 회의를 여는 '결단'이 내려지지 않았더라면 독립 선언도 있을 수 없었기 때문이다.

이 회의의 제1회 집회가 개최되기에 앞서, 각주에서 선출된 지도자들의 비상한 노력의 결과 '영국령 아메리카에 있어서의 권리에 대한 개요'가 발간되었다. 이 새 지도자야말로 버지니아주 출신의 토머스 제퍼슨이었다. 이 일로 제퍼슨과 던모어경(버지니아주의 영국 대표)과의 관계는 행콕이나 애덤스 게이그 지사와의 관계와 마찬가지로 험악한 상태가 되어 버렸다.

이 유명한 '권리의 개요'가 발간되자마자 제퍼슨도 영국 정부에 반역죄로 기소되었다. 그러나, 이 협박으로 인해 도리어 용기를 얻은 동지의 한 사람인 패트릭 헨리는 대담하게 이렇게 말했다. 그것은 매우 고전적인 표현이었는데 최후에 한 말은 이러했다.

"만일 이것을 반역이라고 하면 앞으로는 온갖 반역을 범합시다."

식민지의 운명을 좌우하는 엄숙한 입장에 있던 이 사람들에게는 권력도 군사력도 재력도 없었다. 그러나, 그들은 제1회 대륙 회의 개최와 동시에 행동을 개시했던 것이다. 그로부터 2년 후, 격렬한 운동이 계속되었다. 그리고 1776년 6월 7일, 리처드 헨리 리가 일어서서 의장의 허락을 얻어 다음과 같은 발표를 했다.

"여러분, 나는 이 식민지가 자유와 독립의 권리를 가져야 한다고 믿고 있습니다. 따라서, 나는 영국 국왕에 대한 모든 충성을 단절하고 모든 정치적 관계를 해소하기 위해 행동을 취하려고 합니다."

■ 토머스 제퍼슨의 선언

리의 폭탄 선언으로 의회는 벌집을 쑤셔놓은 듯 하였다. 매일, 불꽃 튀는 격론이 벌어졌으며 리도 완전히 지쳐버렸다. 5일째가 되자 드디어 그는 일어서서 명백하고 확고한 목소리로 이렇게 말했다.

"의장, 우리는 이 문제에 대해서는 이미 며칠 동안 서로 이야기를 나누었습니다. 이제 행동하는 일만 남았습니다. 무엇 때문에 이 이상 더 기다릴 필요가 있겠습니까? 이 이상 무엇을 더 생각할 필요가 있을까요? 오늘 이 행복한 날을 아메리카 공화국의 탄생일로 정하면 어떻겠습니까? 황폐한 식민지가 아닌 평화와 법이 존재하는 질서있는 국가를 건설하지 않겠습니까?"

이 동의가 가결되기 전에 그는 그의 가족이 위독 상태라는 통지를 받아 버지니아로 돌아갔다. 그러나, 출발 진에 그는 친구에게 그 신념을 남겨놓았다. 그 친구란 최후까지 함께 싸우기를 서로 맹세한 토머스 제퍼슨이었다. 그로부터 머지않아 대륙 회의 의장(행콕)은 제퍼슨을 독립 선언문 기초 위원회의 위원장으로 임명했던 것이다.

위원회의 멤버들은 필사적으로 이 독립 선언문 작성에 들어갔다. 이 선언에 서명한 사람들은 영국 국왕과의 싸움에 패했을 경우에는 전원이 목숨을 잃을 것은 분명했다.

독립 선언문을 완성한 것은 6월 28일이었다. 곧 대륙 회의에서 그 원안이 발표되었으나 며칠 동안 내용에 대한 검토가 시작되었다. 그리고 드디어 76년 7월 4일, 토머스 제퍼슨은 의회에서 이 결의문을 아무런 두려움이 없이 정식으로 발표했다.

"우리는 자명한 진리로서 모든 사람들은 평등하게 태어나 조물주에 의해 빼앗길 수 없는 천부의 권리를 부여받아 그 안에 생명, 자유 및 행복의 추구가 들어 있다는 것을 믿고…"

제퍼슨의 발표가 끝나고 투표가 실시된 결과, 이 선언서가 정식으로 인정되었다. 그리고 죽음을 각오한 56 명의 서명을 얻었다. 이 결단에 의해 영원히 인류에게 권리를 가져다 주는 국가가 탄생했던 것이다.

이 독립 선언이 나오기까지의 경위를 분석해 보면 현재, 세계에서 그 자유를 구가하고 있는 국가가 이 56 명의 '협력자'들에 의해 창조된 것이라는 사실이 명백할 것이다. 워싱톤의 군대가 성공을 거두게 된 것도 이 '협력자'들의 결단이 있었기 때문이다. 그 이유는 [⁸이 결단이 그와 함께 싸운 모든 장병들의 가슴에 불타는 투지를 솟게 하여 결코 실패를 용납하지 않는다는 굳은 결의를 만들어 냈다.]

그리고. 잊어서는 안되는 일은 국가에 자유의 기쁨을 안겨준 이 결단력은 인생을 스스로 결정해야 할 우리들에 있어서도 같은 의미를 가진다 하겠다. 주의를 기울여 보면 이 독립 선언도 정식으로 발표되기까지는 다음 6 가지 단계가 1 단씩 진행되었다는 것을 알 수 있다. 즉 소망, 결단. 신념, 인내, 협력자 그리고 계획의 조직화이다.

■ 모든 것을 걸다

이 결단력의 철학이 가르쳐 주는 것은 강렬한 소망에 입각한 사고는 그 자체가 물리적인 가치를 창조하려는 경향이 있다는 것이다. 이 이야기에서나 U.S. 스틸사의 이야기에서나 불가사의한 전환을 해 가는 사고의 모습을 완전히 배웠으리라고 생각한다.

이 전환은 기적도 아니고 신의 조화도 아니다. 단지 자연의 법칙이 작용했을 뿐이다. 이 자연의 법칙은 신념과 용기있는 사람이라면 누구나 손에 넣을 수 있는 것이다. 그리고 이 자연의 법칙은 국가에 자유를 가져다 주는 것이며 또. 인간에게 부를 가져다 주는 것이기도 하다.

재빨리 명확한 결단을 내리는 사람은 자기가 무엇을 바라고 있는지를 알고 있는 사람이며 일반적으로 그 바램을 달성하는 용기를 갖추고 있는 사람이다. 어떤 분야에서나 지도자는 반드시 빠르고 단호한 결단을 내리는 사람이며 그러므로서 그들은 지도자가 될 수 있었던 것이다. 세상이란, 자기가 바라고 있는 것을 잘 알고 있으면서 그것을 향해 행동하는 사람들에게만 항상 기회를 주는 것이다.

우유부단은 보통 어릴적부터 몸에 배게 되는 것이다. 이런 아이들은 분명한 목표도 가지지 않은 채 국민 학교, 중학교, 고등 학교로 진학하여 대학마저도 그냥 그대로 들어간다.

　우유부단한 습성을 지닌 학생은 취직처를 선택할 때도 그 버릇이 없어지지 않는다. 학교를 졸업한 젊은이면 어떤 직업이라도 가질 수 있는데도 우유부단한 젊은이는 제일 먼저 발견한 직장에 취직해 버린다. 셀러리맨 100 명 중의 99 명이 확실한 목표도 가지지 않고 또, 경영자를 신중히 선택하려는 노력도 하지 않았기 때문에 현재의 지위와 급료에 만족해야만 한다.

　[⁹단호한 결단을 내리는 데는 용기가 필요하며 때로는 매우 과감한 용기가 필요한 경우도 있다.] 독립 선언에 서명한 56 명의 사람들은 자기의 생명을 그 결단에 걸었던 것이다. 바라는 일을 얻고 바라는 인생을 얻기 위해 생명을 걸고 결단을 내리는 사람은 생명을 그 일이나 인생에 거는 것은 아니다. 그들은 그 경제적 자유를 위해 생명을 거는 것이다. 경제적 자유, 부, 바람직한 일, 사회적 지위 등은 기대하고, 계획하고 열심히 추구하지 않는 한, 결코 상대편에서 굴러들어오지는 않는 법이다. 사무엘 애덤스가 식민지의 자유를 열망한 것과 '같은 정신'을 가지고 부를 열망한다면 누구나 반드시 성공한다는 것은 틀림없다.

요점정리

결단력의 결여는 실패의 최대 원인이다. 누구나 의견을 가지고 있으나 '당신의 일생'은 '당신의 의견'으로 결정해야 한다. 1776년, 필라델피아에서 내려진 결단은 반드시 당신을 격려하고 용기를 북돋아줄 것이다.

결단력은 그 자체가 매우 강대한 위력을 발휘하는 것이다.

우유부단은 어릴 때부터 몸에 배어버리는 일이 많으나 어떻게 하면 그것을 제거할 수 있을까? 아니면 거기에서 사람들을 가르치는 것일까?

독립 선언 이야기를 분석하여 그중에서 당신의 인생에 결정적인 행동을 일으키게 하는 결단력의 중요성을 배워주기 바란다.

자유를 구하는 강한 소망이 자유를 가져왔다. 마찬가지로 부를 구하는 강한 소망이 부를 가져온 것이다.

"힘에 가득찬 사람은 그 힘 속에서 자신의 모습을 발견한다."

인내력

무엇이 약점인가를 확실히 알자.
성급함이야말로 사람을 파멸시키는 것이다.
인내력을 몸에 익혔을 때, 당신은 전진하는 사람이 될 수 있다.

성공 철학 · 제 8 단계
인내력

소망에서 금전적인 가치를 만들어내기 위해서는 인내력은 불가결의 원인이다. 이 인내력의 근본이 되는 것이 '의지의 힘'이다.

의지의 힘과 소망이 올바르게 결합할 때. 두려움을 모르는 그 무엇이 생겨난다. 막대한 재산을 구축해 온 사람들은 때로는 냉혈한이라고 비난받는 일이 있다. 그러나 대부분의 경우, 그것은 오해이다. 그들은 강인한 의지력과 절대로 단념하지 않는 소망을 가진 사람들이다.

대다수의 사람들은 사소한 반대나 역경으로 곧 그 목표나 계획을 단념해 버린다. 그러므로 목표를 달성하기까지 어떤 장해에도 굴하지 않고 전진해 가는 사람은 극히 드물다.

'인내력'이라는 말에는 아무런 영웅적인 여운도 없을지 모르겠으나 이 소박한 말에는 우리들 인간에게 있어서 탄소가 철강의 가치를 결정하는 것과 같은 가치가 있다.

부를 이룩해 가기 위해서는 이 '성공 철학'의 13 단계를 활용해 가야 한다는 것이지만 그러기 위해서는 첫째. 이 '성공 철학'을 이해하고 그 인내력의 힘으로 이것을 1 단계씩 실제로 행동해 나가야 한다.

■ 인내력의 결여가 실패를 초래한다

만일 당신이 '성공 철학'을 실행할 마음으로 이 책을 읽고 있다면 당신의 인내력은 제 1 단계 '소망' 안에서 설명한 6 가지 스텝을 실행할 수 있는지 없는지를 테스트할 수 있다. 만일 당신이 이미 명확한 목표를 가지고 그 완전한 계획을 세우고 있는 그 수가 적은 100 명 중의 두 사람이라면 이야기는 다르다. 그러나 만일 그렇지 않다면 다시 한번 6 가지 스텝을 읽고 일상 생활중에서 습관으로 받아들이도록 노력해야 한다. 단지 그냥 읽어 넘겨서는 아무런 가치도 생기지 않는다.

['인내력의 결여는 실패의 최대 원인의 하나이다.] 조사 결과로 보면 이 인내력의 결여가 대다수 사람에게 공통된 약점이라는 것이 명백하다. 그러나 이 약점은 노력에 의해 극복할 수가 있는 것이다. 가장 간단한 그 극복 방법은 '오로지' 자기의 소망에 마음을 집중하는 일이다.

목표 달성의 출발점은 모두가 소망이다. 이것을 언제나 마음에 새겨 두기 바란다. 작은 불은 약간의 열만을 낼 수 있는 것과 마찬가지로 작은 소망은 작은 결과밖에 가져오지 못한다. 만일 당신의 인내력이 결여되어 있다고 생각한다면 당신의 소망에 원인이 있다. 좀더 소망의 불을 활활 타오르게 함으로써 그 약점은 개선될 수 있다.

이 책을 다 읽고 나면 꼭 '소망'의 단계를 다시 읽어 그 6 가지 스텝을 반드시 실행해 주기 바란다. 이 스텝에 따르려고 하는 용기와 성의가 당신의 부를 결정한다. 만일 당장 실행할 기분이 나지 않으면 당신의 '돈을 추구하는 의식'은 아직 충분히 무르익지 않았다고 생각하라. 그리고 좀더 부를 얻고 싶다는 의식을 굳히도록 해야 한다. 대해(大海)에 물이 흘러들어가는 것과 마찬가지로 부를 얻겠다고 결심한 사람에게만 돈은 자연히 흘러들어가는 법이다.

만일 당신에게 인내력이 결여되어 있다면 제 2 단계의 '신념'을 다시 한번 숙독하기 바란다. 또 '협력자'를 만들어 그 사람들의 원조를 얻도록 하라. 또 '자기 암시'나 '잠재 의식'의 각 단계에 있어서도 인내력을 개발하기 위한 교훈이 있으므로 참고해 주기 바란다. 그리고 당신이 잠재

의식중에 바라고 있는 것이 확실하게 구체적으로 떠오를 수 있도록 노력
해 주기 바란다. 그렇게 하면 이제 인내력 부족으로 고민하는 일은 없어
질 것이다. 당신의 잠재 의식은 당신이 일어나 있거나 잠을 자고 있거나
언제나 계속 활동해 주고 있을 것이다.

■ 돈을 추구하는 의식

'성공 철학'은 생각이 난 것처럼. 혹은 단편적으로 씹어 보는 것만으로
는 아무런 힘도 발휘하지 않는다. 그 진가를 몸에 익히게 하기 위해
'성공 철학'이 완전히 습관이 될 때까지 실행을 계속해야 한다. 이것
이외에 당신이 '돈을 추구하는 의식'을 개발하는 방법은 없다.

가난한 사람은 실은 가난을 좋아하는 사람이다. 그것은 돈을 좋아하는
사람에게 돈이 모여드는 것과 같은 법칙이다. '가난을 추구하는 의식'
은 '돈을 추구하는 의식'이 없는 사람의 마음을 '어느 사이엔가' 점령해
버린다. '가난을 추구하는 의식'은 노력하여 거두어들이려고 하지 않아도
마음속에 자연적으로 발생하는 것이다. 그것에 대해 '돈을 추구하는 의
식'은 천성적으로 그것을 가지고 있는 사랑은 다르지만 보통 사람들에게
는 의식적으로 노력하지 않으면 생겨나지 않는 법이다.

이 중요한 사실을 완전히 이해하면 부를 이룩하기 위해 인내력이 얼마
나 중요한 것인가를 알게 될 것이다. [²만일 인내의 힘이 없으면 당신은
어느 것이든 시작도 하기 전에 이미 패배해 버릴지도 모른다.] 그러나.
인내의 힘만 있다면 당신은 반드시 승리를 얻을 수가 있다. 만일. 당신이
악몽에 시달린 경험이 있는 사람이라면 반드시 인내력의 가치를 알아
주리라 믿는다.

당신은 침대 위에 누워 있다. 잠에서 깨어났다. 그리고 당장에라도
목이 졸려 죽을 것 같은 공포감에 사로잡혀 있으나 몸부림치는 것은
물론 꼼짝도 하지 못한다. 그래서 당신은 어쨌든 몸을 움직여야지 하고

생각하기 시작한다. 참을성있게 의지의 힘을 작용시켜 가는 도중에 간신히 한쪽 손가락을 움직일 수 있게 된다. 그 손가락을 계속 움직이는 동안에 차츰 팔이 움직이게 된다. 그리고 팔을 들어 올릴 수 있게 된다. 그리고 마찬가지로 의지의 힘을 작용시켜 가면 다시 다른 한쪽 팔도 움직일 수 있게 되고 끝내는 다리가, 그리고 또 다른 쪽 다리도 움직이게 되고 드디어 몸 전체를 자유롭게 움직일 수 있게 되어 간신히 악몽에서 탈출하게 된다. 당신은 인내력을 가지고 일보일보 노력해 가면 끝내는 성공을 하게 된다.

■ 이면에 감추어져 있는 것

당신이 어떻게 하든 정신적인 무기력에서 탈출해야 할 상황에 놓여 있을 경우에도 마찬가지이다. 악몽에서의 탈출에 성공한 것과 마찬가지로 맨처음에는 손가락 하나를 움직이는 데도 대단한 노력이 필요하지만 참을성있게 노력을 계속해 가는 도중에 점점 속도가 가해져 끝내는 완전하게 자기의 의지대로 컨트롤할 수 있게 된다. 처음에는 아무리 느리다 해도 참을성있게 진행해 나아가야 한다. [3인내의 힘이 최후의 승리를 가져오게 한다.]

만일 조심스럽게 '협력자'들을 선택했다면 적어도 그중 한 사람은 당신의 인내력을 기르는 데 도움을 줄 사람이 있을 것이다. 지난날 막대한 부를 이룩한 사람들 중에도 그 필요에 몰려 '협력자'의 도움을 빌린 사람이 있었다. 그들이 특별히 인내의 힘을 기르려고 했던 것은 항상 혹독한 환경에 몰려 인내력이 필요했기 때문이다. 이렇게 하여 그들은 인내력이 강한 인물이 되었던 것이다.

인내력이 습관화되어 몸에 배인 사람은 실패에 처해도 마치 보험에라도 들어 있듯이 침착하게 사물이 보이는 법이다. 그들이야말로 가령 몇번이고 실패해도 마지막에는 반드시 사다리 최상단까지 도달하게 될 사람이다. 때로는 무엇인가가 그 이면에 붙어 있어서 일부러 온갖 종류의 실패를 경험하게 함으로써 사람들을 테스트하는 것처럼 생각되는 경우마저 있다. 그때, 세계는 이렇게 외친다. '축하하네! 자네라면 반드시 성취할 것으로 알고 있었네!' 이면에 숨어 있는 그 무엇은 인내력 테스트를 통과하지 못한 사람에게는 성공의 기쁨을 주지 않는다. 테스트에 통과하지 못한 사람에게 승리는 없다.

테스트에 통과한 사람들은 그 인내력에 대해 듬뿍 보수가 주어진다. 목표가 무엇이건 그들에게는 성공이라는 승리가 주어진다. 그것만이 아니다. 그 결과 보수만이 아닌 더 중요한 것 즉 '어떤 실패에도 반드시 그 가치 이상을 만들어내는 씨앗이 잠재해 있다.'라는 지식을 체득하게 된다.

■ 패배는 일시적인 것이다

극히 한정된 사람들만이 실패의 경험에서 인내력의 위대함을 배워 알게 된다. 그들은 실패를 당해도 그것은 일시적인 것에 지나지 않는다고 생각하고 곧 다시 일어나는 사람들이다. 그 소망을 결코 포기하지 않는 사람만이 최후에 실패를 승리로 전환시킬 수 있다.

사람들의 생활 방식을 보면 압도적으로 많은 사람이 패배에 좌절한 채 두번 다시 일어서지 못하고 끝나는 것을 알게 된다. 그러나 그중에는 실패를 '더 한층 노력하라는 격려'라고 받아들이는 사람도 있다. 이러한 사람들만이 운 좋게도 인생의 후진을 경험하지 않고 지난다. 절망적인 사태에 직면했을 때에도 우리는 '져서는 안된다. 일어서야 한다!!'라는 소리가 들려 불가사의한 힘이 솟구치는 것을 느끼게 된다. 그러나, 이 힘을 느껴본 사람도 없거니와 그 존재를 깨달은 사람조차 적다. 이 힘은 굳이 부른다면 인내력이라고 이름지을 수밖에 없다. 이 힘이야말로 더욱 개발하여 양성해야 할 존재이다. 만일 이 인내력이 없으면 어떠한 분야에 있어서도 결코 위대한 성공을 성취하지는 못할 것이다.

이 책을 쓰면서 눈을 들어 보니 바로 눈앞에 위대한 그리고 신비적인 브로드웨이가 전개되어 있다. 여기는 '절망자의 묘지'인 동시에 '기회의 현관문'이기도 하다. 브로드웨이에는 전세계 사람들이 명성과 부와 힘과 사랑 그리고 그 밖의 성공이라고 불리우는 온갖 것들이 모여 있다. 그리고 한번 누군가가 기회를 찾고 있는 긴 행렬에서 빠져나가 성공을 거두었다 하면 전세계 사람들은 브로드웨이의 정복자로서 그 사람을 칭찬한다. 그러나 브로드웨이는 그렇게 간단하게 정복되지는 않는다. 이 브로드웨이는 재능이나 천재를 인정은 하나 보수를 주는 것은 '단념을 거부하는 것을 확인한 다음이다.

우리들은 이 브로드웨이 정복에 성공한 인물을 몇 사람 알고 있다. 그리고 그 성공의 비밀은 '인내'라는 말과 결코 떼어놓을 수는 없다.

이 비밀은 패니 허스트 양의 고투중에도 이야기가 나오고 있다. 그녀는 이 브로드웨이 정복에 훌륭히 성공한 사람중의 하나이다. 허스트는 작가로 입신하려고 1915년에 뉴욕으로 왔다. 오랜 고생을 했으나 그녀는 최후에 성공을 거둘 수 있었다.

패니 허스트는 낮에는 노동을 하고 밤에는 희망에 불타 저작에 몰두했다. 그러나 그녀는 4년 동안이나 뉴욕의 뒤안길을 걸어다녀야 했다. 희망의 등불이 꺼지려고 했을 때도 그녀는 '알았어, 브로드웨이, 당신의 승리에요!'라는 말은 결코 하지 않고 이렇게 말했던 것이다. '좋아요. 브로드웨이, 당신이 얼마나 많은 사람을 이곳에서 내쫓았는지 모르지만 나를 내쫓지는 못할 걸요. 지쳐 단념하는 쪽은 당신일 거에요'

어느 출판사(새터데이 이브닝 포스트)는 그녀에게 거절의 편지를 무려 36회나 보냈다. 그래도 그녀는 결코 단념하지 않았다. 보통 작가라면. 아니 누구나 그럴 것으로 생각되지만 거절 편지만으로 단념해 버렸을 것이다. 그러나. 그녀는 4년이라는 긴 세월 동안 출판사의 길을 왕래했다. 왜냐하면. 그녀는 반드시 이긴다는 신념이 있었기 때문이다.

그리고 드디어 승리의 날이 왔다. 저주의 사슬은 풀렸다. 눈에 보이지 않는 무엇인가가 패니 허스트를 테스트하고 있었으며 그녀는 거기에 합격한 것이다. 그때부터 이제 출판사는 그녀가 무던히도 왕래했던 그 길을 그녀의 집을 향해 오가야 했다. 돈이 너무나 갑자기 쏟아져 들어와 그녀는 미처 세어 볼 틈도 없었다. 거기다 그녀의 작품이 영화화되어 큰돈이 홍수처럼 흘러들어왔다.

짧은 이야기였지만 당신에게도 성공하는 데는 인내력이 얼마나 중요한 것인지 알았으리라 생각한다. 패니 허스트라 해서 특별한 인간은 아니다. 위대한 부를 이룩한 사람들은 누구나 맨처음에는 이런 인내력을 요구받은 사람들이다. 브로드웨이는 어떤 거지에게도 한잔의 커피와 샌드위치쯤은 베풀어 줄 것이다. 그러나 [*커다란 스테이크를 요구하는 사람에게는 반드시 담보물로 인내력을 요구한다.]

만일 케이트 스미스가 이 이야기를 알았다 하면 그녀는 틀림없이 '잘 했어!' 하고 기뻐할 것이다. 그녀도 이전에 설령 돈을 받지 못해도 마이크가 있는 곳이라면 어디서나 오랜 시간 노래를 불렀을 것이다. 어느날, 브로드웨이는 이렇게 말했다. '만일 할 수 있다고 생각하면, 어디까지 하겠는가 어디 해 보라'. 그녀는 자기 손으로 행복을 잡을 때까지는 견디어 냈다. 그리고 끝내 브로드웨이는 지쳐 이렇게 말했다.

"아! 이제 됐어. 잘 알았으니까. 그러면 네 가격을 정하도록 하자. 실컷 노래나 불러라."

그녀는 스스로 자신의 가격을 매겼다. 그것은 엄청나게 큰돈이었다.

■ 인내력을 기르는 8 가지 포인트

인내력은 마음의 작용이다. 물론 개발하여 단련시킬 수 있다. 그래서 인내력을 기르기 위한 8 가지 포인트를 알려 줄까 한다.

1. 목표의 명확화　당신이 무엇을 바라고 있는가를 확실하게 알 것. 아마

이것은 인내력을 개발하는 가장 중요한 열쇠가 될 것이다. 강렬한 동기 부여야말로 우리들에게 온갖 고난을 극복해 가는 힘을 부여해 준다.

2. **소망**   더욱 더 소망의 불을 태울 것. 당신의 소망이 소리를 내며 타오르게 되면 인내력을 발휘하는 것은 아무것도 아니게 될 것이다.

3. **자신감**   당신의 능력, 당신의 가치를 믿을 것. 자신감과 용기와 인내력을 지탱해 준다.(자신감을 기르기 위한 공식을 '자기 암시'의 단계에 설명했으므로 다시 한번 읽어 주기 바란다)

4. **계획의 조직화**   어쨌든 계획을 짜기 시작할 것. 면밀한 계획을 세워나가는 도중에 차츰 인내력이 양성되는 것을 느끼게 될 것이다.

5. **정확한 지식**   당신의 경험, 당신의 관찰을 기초로 하여 계획을 세울 것. 이 올바른 지식을 사용하지 않고 단순한 억측이나 짐작만으로 판단하는 것은 당신의 인내력을 파괴하기만 한다.

6. **협력심**   사람들에게 인정과 이해와 조화가 갖추어진 협력심을 가지는 일은 당신의 인내력을 강화시키는 것이다.

7. **의지의 힘**   명확한 목표를 향해 항상 마음을 집중시키려고 하는 노력이야말로 '인내력의 양분'이 된다.

8. **습관**   인내는 습관 문제이다. 인내하는 것이 습관이 되어 몸에 배도록 노력해야 한다. 당신의 마음은 나날의 경험이 쌓여서 원숙해지는 법이다. 공포라고 하는 가장 큰 적이라도 당신이 '용기있는 행동을 반복하는 일'에 의해 쫓아버릴 수가 있다.

■ 극복해야 할 16 가지 약점

'인내력'의 단계를 다 읽기 전에 당신 자신에게 만일 이런 힘이 결여되어 있다고 하면 특히 어느 점이 문제인가를 알아두어 주기 바란다. 용기를 가지고 이 8 가지 포인트를 분석하여 당신에게 결여되어 있는 것은 몇 개가 있는지 알아보기 바란다. 이 분석을 함으로써 새로운 당신을 창출하는 힌트를 발견할 수 있을지도 모른다.

당신과 성공 사이를 가로막고 있는 적을 발견해 주기 바란다. 이 분석에 의해 인내력에 대한 약점을 알 수 있을 뿐 아니라 그 약점의 근본 뿌리에 있는 깊은 잠재적인 원인도 알아 주었으면 한다. 조심스럽게 이 리스트를 연구하여 자기가 무엇인가 무엇을 할 수 있는 사람인가를 확실하게 파악해 주기 바란다. 그러기 위해서는 정직하게 자기 자신을 바라보는 일이 중요하다.

그러면 부를 추구하는 사람들이 반드시 극복해야 할 약점 16 개 항목을 열거해 두자.

1. 자기가 무엇을 바라고 있는가 하는 것을 모르고 설명도 못하는 것.
2. 무엇이건 내일로 미루는 것(보통, 그럴 듯한 '핑계'가 있다.)
3. 공부 의욕이 없는 것.
4. 우유 부단하여 정면으로 일과 대결하고자 하지 않고, 모든 것을 '책임전가'하는 것 (여기에도 모두 '핑계'가 있다)
5. 문제를 해결하기 위한 명확한 계획을 세우려고 하지 않고 구실을 찾아 '발뺌'을 하는 것.
6. 자기 만족.이처럼 불행한 것은 없다. 이것만은 구제할 방법도 없거니와 가능성도 없다.
7. 무관심.문제가 생겼을 때, 직면하여 싸우려고 하지 않고 당장 안이하게 타협하려는 태도의 근본 원인은 이 무관심이다.
8. 남의 잘못은 혹독하게 책망하나 자기 잘못은 여간해서 인정하려고 하지 않는다.
9. 소망이 빈약해서 아주 타성이 되어버린 게으름뱅이.
10. 어쭙잖은 실패를 구실삼아 무엇이건 중단해 버리려고 하는 교활한 생각.
11. 계획을 종이에 쓰려고 하지 않는 것. 이래서는 분석도 반성도 하지

못한다.

12. 눈앞에 아이디어가 번뜩이거나 기회가 와도 손을 내밀어 잡으려고 하지 않는 게으른 태도.

13. 멋있는 꿈만 꿀 뿐 아무 일도 하려고 하지 않는 것.

14. 노력하는 것보다는 그냥 가난한 대로 지나는 편이 좋다고 생각하는 태도. 이런 사람에게는 '이렇게 되고 싶다.' '이렇게 하고 싶다.' '이것이 갖고 싶다.'고 하는 큰뜻이 결여되어 있다.

15. 스스로 노력하지 않고 도박이나 투기 따위의 지름길을 찾아 돈을 벌려고 하는 것.

16. 남의 생각이나 행동이나 발언이 마음에 걸려 비난받을 것이 두려워 결국은 아무 일도 하지 않는 것. 이것은 이 리스트 중에서도 가장 큰 적이다. 왜냐하면 이것은 눈에는 보이지 않으나 어느 누구의 잠재의식 가운데도 반드시 도사리고 있는 것이기 때문이다.

■ 비평을 두려워하지 말라

비평을 두려워하는 태도에 대해 알아 두기로 하자. 대다수 사람들이 비평을 두려워하는 나머지 친척이나 친구나 세상 사람들의 영향을 지나치게 받아 결국 자기 인생을 허송 세월해 버린다.

수많은 사람들이 결혼에 실패하고 있으면서도 그 계약을 지켜나가려고 하다 결과적으로 자기 일생을 비참하게 끝내고 만다. 그것은 그들이 그러한 잘못을 바로 세우려고 할 때 반드시 나오는 세상의 비평을 두려워하고 있기 때문이다. (이런 공포에 구애되어 있는 사람은 이 공포에 의해 자기의 대지(大志)나 희망이 꺾여 돌이킬 수 없는 손해를 보고 있다는 것을 잘 알고 있다.)

몇백만 명이나 되는 사람들이 학교를 졸업하는 동시에 공부를 중단하고 사회에 나와서는 두번 다시 학교로 돌아가려고 하지 않는 것은 세상의 비평을 두려워하고 있기 때문이다.

남녀 노소를 불문하고 헤아리지 못하는 많은 사람들이 친척에 대한 의무라는 명목 때문에 그 일생을 망치고 있다. 이것도 그 비평을 지나치게 의식하기 때문이다.(어떤 의무도 개인의 큰뜻을 단념하게 하거나 자유롭게 사는 권리를 뺏거나 하지는 않는다.)

또, 실패에 대한 비난이 두려워 일부러 기회를 놓치는 사람도 있다. 이 실패에 대한 비평을 두려워하는 마음은 성공하고 싶다는 소망보다도 강한 것이다.

또, 높은 목표를 가지지 말자고 생각하는 사람이 많이 있다. 그들은 친척이나 친구가 '너무 큰 희망을 가지지 말라. 세상에서 미친 사람이라고 할 테니까.'라고 말하는 것을 두려워하고 있다.

A 카네기가 앞으로 20년의 세월을 들어 '성공 철학'을 체계화하자고 제안했을 때, 나는 순간적으로 세상이 무엇이라고 말할 것인가 하고 두려워했다. 이 제안의 목표가 내가 이제까지 상상도 하지 않았을 정도로 높고 먼 것이었기 때문이다. 그 발상과 동시에 나의 마음은 구실이나 핑계를 찾아내기 시작했다. 그것은 모두가 남들의 비평을 두려워하는 마음에서 나온 것이었다. 내 마음속에서는 이런 목소리가 들려왔다. '너에게는 무리한 일이다. 그 일은 너무나 크고 시간이 걸리는 일이다 …. 너의 친척은 어떻게 말할 것으로 생각하는가?…. 생활비는 어떻게 할 것인가? 지금까지 누구 하나 '성공 철학'을 체계화한 일이 없는데 도대체 네가 무슨 권리로 그것을 하려고 하는가? 그렇게 지나친 욕심을 부리다니 너는 도대체 누구냐?…. 비참한 성장 과정을 회상해 보라…. 철학에 대해 도대체 네가 무엇을 알고 있다는 거냐? 세상은 너를 미치광이라고 생각할 것이다.(사실, 사람들은 그렇게 생각했다). 지금까지 어느 다른 누구가 어째서 그 일을 안했겠느냐?…'

이외에도 차례로 여러 가지 의문이 내 마음속을 소용돌이치며 반성을 촉구했다. 그것은 마치 온 세상 사람들이 내 소망을 송두리째 짓밟아버리려는 것처럼 생각되었다. 그리고 카네기의 제안은 나에게는 도저히 무리한 일이기 때문에 단념하라고 가르쳐 주는 듯했다.

실은 오늘날까지 몇번이나 이 대지를 중단해 버리는 절호의 찬스가 있었다. 후년 몇천 명이나 되는 사람들을 분석해 가는 도중에 나는 어떤 사실을 발견했다. 즉 아이디어라는 것의 대부분은 태어났을 때, 이미 죽어 있거나 아니면 살아 있다 해도 당장에 손을 쓰지 않으면 안될 상태라는 것이다. 즉석에서 명확한 계획과 신속한 행동을 주입하여 숨을 돌이켜 주어야 할 필요가 있다. 갓 태어난 아이디어는 1분이라도 더 오래 생명을 끌면 그 만큼 살아남을 찬스가 커진다. 비평에 대한 두려움은 온갖 아이디어를 망쳐버리는 원인으로 이것이 있는 한 아이디어는 결코 계획화도 되지 못하여 행동으로 옮겨지는 일도 없다.

■ 인내가 '행운'을 가져온다

대부분 사람들이 성공은 '행운'에 의해 초래되는 것이라고 믿고 있다. 확실히 그렇게 믿게 하는 요소가 있을 것이다. 그러나 언제나 '행운'만을 목적으로 하고 있다가는 끊임없이 실망만 하고 있어야 할 것이다. 왜냐하면 그런 사람들은 곧 눈앞에 있는 또하나의 중요한 성공의 요소를 간과해 버리기 때문이다. 또하나의 요소라는 것은 '행운'을 자신의 손으로 창출하는 '지식'을 말한다.

대불황시, 코미디언인 W C 필루즈는 낙척하여 돈도 일도 모두 잃고 있었다. 거기다 중요한 흥행장마저 폐쇄당하고 말았다. 더욱 어려운 일은 그때 그의 나이가 이미 60 세를 넘었다는 것이었다. 그러나 그의 컴백을 향한 소망은 이상하게 강했다. 그는 출연료는 받지 않아도 좋으니 일을 시켜 달라고 새로운 영화계로 뛰어들었다. 이때 또 한가지 어려운 일이 생겼다. 그는 목병을 앓게 되었던 것이다. 보통 사람이라면 진작 단념하였음이 틀림없었겠지만 필루즈는 인내의 사나이였다. 그래도 그는

단념하지 않았다. 왜냐 하면 [5결코 단념하지 않고 참아 나가면 언젠가
는 반드시 '행운'을 만나게 된다는 것을 믿고 있었기 때문이었다.] 실제
로 그는 끝내 '행운'을 잡았던 것이다. 그러나 그것이 결코 우연히 이루어
진 것은 아니었다.

마리에 들레슬러가 영락하여 돈도 일자리도 잃었던 때에 그녀는 60
세에 가까웠다. 그러나 그녀도 또한 '행운'을 추구하여 그것을 잡았던
것이다. 그녀의 인내력은 보통 사람들이라면 이미 성공에 대한 꿈을
버리는 연령이 되었는데도 화려한 승리의 꽃을 피웠다.

에디 캔터는 1929년의 주식 시장 대폭락 때, 전재산을 날렸으나 용기
와 인내력만은 잃지 않았다. 이 두 가지 힘과 탁월한 통찰력 덕분에 그는
주에 1만 달러를 버는 데까지 재기할 수 있었다.

이상과 같이 인내력이 있으면 다른 조건이 여하히 나빠져도 재기할
수 있는 법이다.

누구나가 희망을 걸 수 있는 '행운'이 있다고 하면 그것은 자신의 손으
로 만들어내는 '행운'뿐일 것이다. 그것은 인내력에 의해 비로소 손에
넣을 수가 있다. 그리고 제1보가 목표를 명확하게 하는 일이다.

■ 명확한 목표가 인내력을 낳는다

윈저공의 이야기를 하겠다. 그는 황태자 시절, 40세가 지나게 될 때까
지 진정으로 사랑할 수 있는 신부를 구해 각지를 역방하고 다녔다. 유럽
여러 나라의 공주들이 그의 앞에 무릎을 꿇었으나 누구 하나 마음에
드는 처녀는 없었다. 그는 에드워드 8세라 하여 즉위하였으나 일체의
개인적인 자유가 허락되지 않은 채, 나날을 공허감에 싸여 보내고 있었
다. 그러나 그 허전한 마음을 측근들은 전혀 이해하지 못했다. 그러나
그 공허감을 달래준 것이 미국 태생인 연상의 연인, 심프슨과의 사랑이
었다.

윌리스 심프슨은 두 번이라는 이혼 경력을 가진 여성이었으나 그래도 용기를 가지고 진실한 사랑을 계속 찾고 있었다. 그녀의 인생에서의 시험은 바로 사랑이었다. 이 지상에서 가장 위대한 것은 무엇이었던가. 신은 그것을 사랑이라고 불렀다. 진실한 사랑은 사람이 만든 규칙이나 비평이나 중상이나 정략 결혼 따위로 결코 속박하지 못한다.

W심프슨의 사랑 이야기에서는 영국 국왕의 자리마저 내던지고 그녀를 택한 한 남성을 결코 잊어서는 안된다. 이 세계는 남자만의 세상이라고 불만을 하는 여성은 남성과 평등한 기회가 여성에게도 있다는 것을 알지 못하는 사람이다. 그녀는 세상이 '할머니'라고 부를 연령에 처음으로 세계 제일 가는 미혼의 임금님을 차지했던 것이다. 이 상식을 타파한 여성의 생활 양식에서 우리는 좀더 많은 것을 배워야 하겠다.

에드워드 8세는 어떠했는가? 그는 단 한 여성과의 사랑 때문에 너무나 비싼 댓가를 치루었다 하겠다. 우리들이 상세한 사정은 모르나 그 결과는 볼 수 있다. 에드워드 8 세는 왕위를 동생인 조지 6 세에게 물려주고 프랑스로 건너가 윈저공이 되어 당당하게 심프슨과 결혼했다.

대영 제국은 세계에 새로운 친척이 생겼던 것이다. 즉, 윈저공 부처는 떳떳이 왕실 가족의 일원에 끼이게 되었다. 인내력과 높은 댓가로 쟁취한 이 사랑의 이야기도 지금은 이미 옛날 이야기처럼 생각되기 쉬우나 우리가 알아두어야 할 것은 이 두 사람이 어떻게 하여 세계 제일 가는 귀중한 보물을 찾아내어 손에 넣었는가 하는 것이다.

지금부터 당신이 만나는 100 사람에게 이 세상에서 가장 가지고 싶은 것이 무엇인가 하고 물어 보기 바란다. 아마도 그들 중에 98 명까지는 당장에 대답을 하지 못할 것이다. 만일 군이 대답을 요구하면 어느 사람은 '노후의 보장'이라고 할지도 모르겠으나 대부분의 사람은 '돈'이라고 할 것이다. 또 '행복'이라던가 '명성과 권력'이라는 사람도 있을 것이다. 그 밖에 '세상에서 인정받고 싶다.'라던가 '생활의 안정'이라던가 '가수로서, 댄서로서, 혹은 작가로서의 재능'이라고 대답하는 사람도 있을 것이다. 그러나 누구 하나 그 달성 기일을 명확하게 대답하지는 못하며 그 달성 계획을 명확하게 설명하지도 못할 것이다. 희망만으로 달성할 수는 없다. 거기에 필요한 것은 명확한 계획이며 그것을 뒷받침하는 불타는 소망이며 그리고 부단한 인내력이다.

■ 인내력을 기르는 4 가지 스텝

인내력을 습관으로 몸에 익히기 위해서는 4 가지의 스텝이 있다. 거기에는 약간의 시간과 다소의 노력만 있으면 충분하다. 결코 위대한 지식이 필요한 것도 아니며 고등 교육이 필요한 것도 아니다.

그 4 가지 스텝이란

1. 불타오르는 소망으로 뒷받침된 명확한 목표를 가질 것.
2. 명확한 계획을 세워 한걸음한걸음 실행해 갈 것
3. 마음을 우울하게 하는 부정적인 방해가 되는 의견을 깨끗이 털어버린다. 이것은 친척이나 친구나 친지 등의 부정적인 '설교'에 대해서도 마찬가지이다.
4. 목표와 계획에 찬동하여 항상 용기를 북돋아 주는 친구를 사귈 것.

이 4 가지 스텝은 모든 성공의 필요 조건이다. 이 책의 13 단계에 걸친 '성공 철학'도 그 각 단계를 습관으로 몸에 익히는 것이 목적이다.

이 4 가지 스텝에 의해 당신은 가난에서 벗어날 수 있다.

이 4 가지 스텝에 의해 당신은 고정 관념을 타파할 수 있다.

이 4 가지 스텝에 의해 당신은 부자가 될 수 있다.

이 4 가지 스텝에 의해 당신은 권력과 명성을 얻어 세계적으로 인정받는 사람이 된다.

이 4 가지 스텝에 의해 당신은 '행운'을 만들어낼 수 있다.

이 4 가지 스텝에 의해 당신은 꿈을 현실화할 수 있다.

이 4 가지 스텝에 의해 당신은 공포나 실망이나 무관심을 극복할 수 있다.

이 4 가지 스텝을 실행하는 사람에게는 멋진 보상이 주어진다. 그 보상이란 자신의 가격을 매길 수 있는 특권과 자기 인생을 뜻대로 만들어 갈 수 있는 특권이다.

■ 무하마드 이야기

인내력이 있는 사람들이 온갖 고난을 극복해 온 그 불가사의한 힘이란 도대체 무엇일까? 패배로 타격을 받아도 다시 전세계를 상대로 해서 싸우려고 일어서는 사람에게만 무한의 지성이 구원의 손을 내미는 것은 무엇 때문일까?

헨리 포드와 같은 인물을 보면 이러한 의문이 차례로 내 머리속에 솟아오른다. 그는 무(無)에서 출발하여 인내라는 힘만으로 일대 자동차 왕국을 구축했던 것이다. 또 토머스 A 에디슨은 불과 3 개월 남짓한 교육밖에 받지 않았으나 세계적인 발명가가 되었다. 그는 인내력을 축음기와 영사기 백열 전구와 기타 50 가지 이상의 유익한 발명품과 바꾸었다.

나는 에디슨과 포드에 대해서는 오랫동안에 걸쳐 상세하게 연구할 기회가 풍부했다. 그러므로 이 두 사람에게 그런 엄청난 성공을 이룩하게 한 가장 큰 요소는 인내력 이외에 다른 것은 아무것도 없었다고 단언할 수 있다.

예언자, 철학자, 기적인, 대종교가라고 불리우는 사람들을 종합적으로 분석해 보면 인내력과 집중력과 목표의 명확화가 그들에게 성공을 가져다 준 근본적 원인이었다는 것을 알게 된다.

여기서 무하마드의 불가사의나 매혹적인 이야기를 할까 한다. 그의 생애를 분석하여 현재, 공업이나 경제 분야에서 성공한 사람들과 비교하여 본다. 그리고 그들의 모두에게 공통되고 있는 남보다 뛰어난 인내력이 어떤 것인가를 관찰해 볼까 한다.

만일 인내력을 기르는 불가사의한 힘에 대해 연구하고 싶다고 생각한다면 무하마드의 전기중에서도 특히 이사트 베이가 쓴 책을 읽어 주기 바란다. 토머스 스구류가 베이의 책 평론을 헤랄드 트리뷴지에 싣고 있다. 인내력의 놀라울 만한 구체적인 예가 가득 실린 이 책을 나중에 시간을 들여 천천히 읽어보려는 사람에게는 알맞은 예고편이 바로 이것이다.

[최후의 예언자]   토머스 스구류편 무하마드는 예언자이기는 했으나 기적을 이루고자 하지는 않았다. 그는 신비론자는 아니었다. 그에게 정식의 학력은 전혀 없었다. 그리고 그가 포교를 시작한 것은 40 세를 넘어서부터였다. 그는 자신을 신의 사자라고 자칭하고 이 세상에 참된 종교를 전하기 위해 신이 보낸 사람이라고 선언했다. 그러나 그는 세상에서 미치광이에다 바보로 취급받았다. 아이들은 그를 놀리고 들볶았으며 여인들은 오물을 던졌다. 그는 고향 메커에서 쫓겨났으며 그를 따르는 자도 가진 것을 몽땅 뺏기고 사막으로 추방되었다. 10년 간 그의 전도에 대해 주어진 것은 추방과 빈곤과 조소 뿐이었다. 그러나 그로부터 10년 후에 그는 전 아라비아의 지도자가 되었으며 메커의 지배자가 되어 도너우강에서 필레네 산맥에 이르는 광대한 지역에 영향력을 가진 세계적 신종교의 우두머리가 되었던 것이다. 이 신종교가 설파한 가르침은 기본적으로 3 가지 요소로 이루어져 있다. 그것은 말의 힘, 기도의 힘, 신과 인간과의 접촉이었다.

그의 경력은 문제가 되지 않았다. 무하마드가 태어난 것은 메커의 호족들의 세력이 쇠퇴하기 시작한 무렵이었다. 메커는 이 시대에 있어서 세계의 중심지이며 카바라고 불리우는 기적의 돌에 고향이며 교역의 거점으로 번영하고 있었다. 그러나 메커는 매우 건강치 못한 도시였으므로 아이들은 베드윈 유목민에게 맡겨져 사막에서 길렀다. 무하마드도 역시 그렇게 자랐다. 그는 유목민의 아들로서 계모 아래서 자랐으나 건강하고 늠름한 젊은이로 성장했다. 그는 양을 무척 귀여워했으므로 어느 호상의 미망인에게 고용되어 대상의 대장이 되었다. 이렇게 하여 그는 동양 각지를 돌아다니며 다른 종교를 가진 사람들과 이야기를 나누기도 하고 또. 크리스트교의 몰락과 그 투쟁을 관찰할 수 있었다. 28세가 되었을 때, 주인인 미망인 하데이지어의 눈에 들어 그녀와 결혼했다. 그녀의 아버지는 그 결혼을 완강하게 반대했으나 그녀는 아버지에게 술을 먹여 몹시 취하게 한 다음 그 사이에 식을 올리고 말았다. 이렇게 하여 그 후 12년간, 무하마드는 돈 많은 상인으로서 사람들의 존경을 받으며 살았다. 그러나 어느 때, 그는 사막 한가운데를 혼자 헤매고 다니기 시작했다. 며칠이 지나자 그는 코란의 성시를 완전히 외우고 돌아왔다. 그는 아내 하데이지어에게 모든 것을 털어놓았다. 그것은 그가 사막을 헤매고 있을 때, 가브리엘 대천사가 나타나 '무하마드여, 그대는 신의 사자로다.' 하고 말해 주었다는 것이었다.

코란은 신의 계시의 말이다. 무하마드의 전생애에서 최대의 기적이었다. 그는 시인이 아니었으며, 또한 어학에 대한 재능은 전혀 없었으나 코란의 경전을 계시받은 대로 충실하게 외웠던 것이다. 코란의 말은 전아라비아의 시인들이 만든 어떤 말보다도 훌륭한 것이었다. 이것은 아랍 민족에게는 기적 바로 그것이었다. 그들에게 있어서 그 말은 가장 훌륭한 선물이었으며 그 의미에 있어서도 매우 힘을 가지고 있었다. 거기에다가 신 앞에서의 인간들은 평등하다고 말했고 이 세상의 민주국가(이슬람)를 설파했던 것이다. 카바의 신전에 있는 360개의 우상을 모두 파괴해 버린 것은 정치적인 폭동의 결과이기도 했으나 무하마드의 주장에 의한 것이기도 했으므로 그는 또 다시 추방의 몸이 되었다. 우상은 사막민을 메커로 모으는 역할을 하고 있었으며 그 덕분에 상업이 번성했던 것이다. 메커의 상인이나 자본가들은 무하마드도 원래는 상인이었지 않느냐면서 그를 몰아 세웠다. 그래서 그는 사막으로 달아나 그 땅에서 세계적인 국가를 건설하려고 마음먹었다.

이슬람의 건설은 이렇게 하여 시작되었던 것이다. 꺼질 줄 모르는 싸움의 불꽃은 사막 밖으로까지 번져갔다. 결사의 각오가 단단했던 무하마드의 민주군은 한덩어리로 단결하여 싸움을 계속했다. 무하마드는 유다야교나 크리스트교도에게도 문을 닫지 않았다. 그는 새로운 종교를 일으키려고 한 것이 아니었기 때문이다. 그는 오직 하나의 신념을 가지고 오직 하나의 신을 믿는 사람이면 누구나 맞아들였다. 만일 유다야교도나 크리스트교도들이 무하마드의 이 초청을 받아들였더라면 이슬람은 세계를 정복하였을 것이 틀림없다. 그러나 그들은 그 초청에 응하지 않았다. 그 뿐 아니라 그들은 무하마드가 설파하는 인간의 평등마저도 인정하려고 하지 않았다. 그래서 무하마드의 군대가 예루살렘에 들어왔을 때에도 그 신념 때문에 살해당한 사람은 한 사람만이 아니었다. 그리고 그 후 몇 세기나 지나 십자군이 거리를 침략하여 무하마드의 신자들을 남녀 노소를 불문하고 몰살을 시켰던 것이다. 그러나 그럼에도 불구하고 크리스트교도들은 하나의 무하마드의 가르침만을 받아들이지 않을 수 없었다. 그것은 학문의 터 — 대학이다.

요점정리

탄소가 무른 철을 강철로 바꾸는 것과 마찬가지로 인내력에는 인간의 성격을 바꾸는 힘이 있다. 인내력이 있으면 당신은 '돈을 추구하는 의식'을 개발할 수 있으며 그 힘으로 잠재 의식은 항상 당신에게 돈을 벌게 하려고 그 기능을 개시하게 된다.

인내력을 단련하는 8가지 포인트란, 자기 자신의 내부 어디에 인내력을 구축하면 되는가를 가르쳐 주는 것이다. 이 각 포인트는 각각 예리하게 목표를 정해 인내력을 기를 수 있도록 되어 있다.

인내력을 몸에 익히는 4가지 스텝은 인내력을 습관화하는 데 소용이 되며 그 결과, 지금까지 나쁜 영향을 주어 온 부정적이고 절망적인 의식을 제거해 준다.

"전진하는 사람들이 어째서 억세어지는가를 알게 되면, 어째서 억센 사람이 전진할 수 있는가를 알게 될 것이다."

협력자

심령학을 연구하여 응용하자.
그렇게 하면 '협력자' 들이 당신의 부를 이룩하게 해 줄 것이다.

성공 철학 · 제 9 단계
협력자

부를 쌓고 성공을 이루는 데는 반드시 그것을 위한 에너지가 있어야 한다.

행동을 일으키는 데 충분한 에너지가 없으면 어떤 훌륭한 계획도 전혀 무력하여 쓸모가 없게 된다. 이 단계에서는 이 에너지를 어떻게 하면 얻게 되는가 또 어떻게 사용하면 되는가 하는 것을 설명하려고 한다.

이 에너지는 '조직화되어 올바르게 방향지워진 지식을 말한다.'라고 정의를 내릴 수 있다. 즉 여기서 말하는 에너지란 사람들의 소망을 돈이나 그 밖의 가치로 전환시키는 '조직적인 노력'을 뜻하고 있다. 이 조직적인 노력이란 같은 목표를 향해 가는 복수의 인간이 서로 조화를 유지하면서 협력해 가는 모습을 말한다.

재산을 만드는 데는 에너지가 필요하며 그 재산을 유지해 나가는데도 또한 이 에너지가 필요하다.

그러면 이 에너지를 손에 넣기 위해서 어떻게 하면 되는가 알아본다. 이 에너지가 '조직적인 지식'이라 한다면 첫째 그 '지식'은 어디에서 손에 넣을 수 있는지 그 원천을 알아보자.

1. 무한의 지성 우리들은 발상에 의해 지식을 얻게 된다. 이것에 대해서는 '상상력' 단계에서 '창조적 상상력'으로서 충분히 설명하고 있으므

로 한번 더 읽어 주기 바란다.

2. 축적된 경험 인류의 헤아릴 수 없는 경험은 (기록되고 정리되어서) 공공 도서관에 보관되어 있다. 또, 이 중에서도 중요한 것은 분류되고 조직화되어 공립 학교나 대학에서 가르친다.

3. 실험과 연구 과학의 세계나 또 각 실업의 세계에서는 밤낮으로 새로운 사실이 수집되고 분류되고 조직화되어 가고 있다. '과거의 경험' 만으로는 해결되지 않을 때에는 이 실험과 연구에 의뢰할 수밖에 없다. 여기에서도 '창조적 상상력'이 빈번하게 사용되어야 한다.

지식은 이들 중 어느 원천에서나 입수할 수 있을 것이다. 이렇게 얻어진 지식은 명확한 계획속에 짜여져 그리고 행동에 옮겨짐으로서 에너지로 전환된다.

지식의 3대 원천을 조사해 보아 아는 사실은 만일, 단 한사람만으로 이 지식들을 모아 행동을 일으켜 나가려고 하면 그것은 매우 고난이 따른다는 것이다. 그러나, 만일 계획이 명확하여 알기 쉬운데다 대규모라면 굳이 사람들을 모으려고 하지 않아도 반드시 저절로 사람이 모여들어 협력해 줄 것이라고 생각한다.

■ 앤드류 카네기의 비밀

'협력자'란, 명확한 목표를 달성하기 위해 모여든 복수의 사람들의 지식과 노력과 협조의 정신을 말한다.

['아무리 위대한 사람이라 할지라도 이 '협력자'의 원조가 없으면 그 실력을 최대한으로 발휘하지 못한다.] 우리는 지금까지 소망을 전환시켜 돈이나 그 밖의 가치를 만들어 내는 그 계획을 만드는 방법 등에 대해 배워 왔다. 만일 그런 것들을 인내력과 지성으로 실행하여 이 '협력자'를 올바르게 선택한다면 당신은 알지 못하는 사이에 목표의 절반을 달성하고 있다고 해도 좋을 것이다.

그래서 올바르게 선택된 '협력자'가 당신에게 주는 눈에 보이지 않는 강력한 에너지에 대해 좀더 상세하게 이해해 둘 필요가 있다. 그 하나는 경제적인 장점이며 또 하나는 심리적인 장점이다. 경제적인 장점은 간단 명료하다. 이 이익을 받을 수 있는 것은 [²항상 사람들의 조언을 구해 상의하여 진심으로 원조해 주려고 하는 친구를 가질 수 있는 사람이다.] 이러한 협력이 있고서야 막대한 부를 구축하는 데 기초가 굳어져 간다고 하겠다. 당신이 이 진리를 깊이 이해하게 되면 당신은 틀림없이 경제적으로 완전한 성공을 얻게 될 것이다.

그러면 '협력자'의 심리적인 장점을 해명하도록 하자. 이것은 여간해서 이해하기 어려울지도 모른다. 그러나 이 안에는 매우 중요한 진리가 감추어져 있다. 즉 [³두 개의 마음이 하나가 될 때 눈에 보이지 않는 힘을 가진 제3의 마음이 태어난다.] 인간의 마음은 일종의 에너지이며 그것은 본질적으로는 정신적인 것이다. 두 사람의 마음이 조화의 정신으로 이어질 때, 양자의 마음의 에너지가 이어져 하나의 결정이 되어 '협력자'의 심리적인 장점을 발휘하게 된다.

내가 '협력자'의 철학에서 경제면에 대해 알게 된 것은 50년 이상이나 이전에 A 카네기로부터 그것을 배웠기 때문이다. 이 철학과의 만남이 내 일생에 할 일을 결정지웠다. 카네기의 '협력자'들은 대략 50명의 스탭으로 구성되어 있었다. 그는 그 멤버들과 함께 철강의 생산과 판매라는 최종 목표를 향해 발전해 갔던 것이다. 그의 막대한 재산은 모두가 이 '협력자'들에 의해 만들어진 것이었다.

과거에 있어서 막대한 부를 이룩한 사람들이나 막대하다고는 하지 못한다 해도 아뭏든 성공자라고 생각되는 사람들을 분석해 보면 알다시피 그들을 의심하건 하지 않건 반드시 이 '협력자'의 철학을 활용한 사람들 뿐이다.

이처럼 큰 에너지가 '협력자' 이외에 의해 과연 얻어질 수 있을 것인가?

■ 남의 두뇌를 활용하라

　인간의 두뇌는 전지에 비유할 수 있을 것이다. 1 개의 전지보다도 몇 개의 전지를 연결한 쪽이 보다 큰 에너지가 나오는 것은 당연하다. 이와 마찬가지로 우리들 인간이 가지고 있는 두뇌라고 하는 전지도 그것을 몇 개 짜 맞춤으로써 방출되는 에너지가 정해지는 법이다.

　그래서 다음과 같은 중요한 공식이 성립된다. 즉 [⁴2 개 이상의 두뇌가 조화를 이룬 협력(결합)을 할 때, 하나의 두뇌보다 월등하게 큰 사고적 에너지를 만들어낼 수 있다.] 이것은 전지가 1 개보다도 다수를 조립하는 편이 보다 큰 에너지를 만들어내는 것과 마찬가지이다.

　이 메카니즘을 이해하면 항상 남의 두뇌를 능숙하게 이용하고 있는 사람들이 그들의 '협력자'로부터 어떤 에너지를 끌어내고 있는지 그 비밀을 알게 될 것이라고 생각된다.

　그런데 '협력자'의 심리적 특징에 대해 좀더 생각해 보도록 한다. [⁵몇 개의 두뇌가 더 모여 협력하여 조화를 이룬 기능을 발휘할 때, 이 결합에 의해 창조되는 에너지는 그 그룹 각자 가운데 크게 부풀어간다.]

　헨리 포드가 당초에는 매우 가난하고 무식하고 세상을 모르는 사람이었다는 사실은 누구나 알고 있을 것이다. 그리고 10 년간이라는 누구도 믿지 못할 짧은 시일 내에 그는 3 가지 핸디캡을 극복하고 25 년 동안에 미국 최대의 거부가 되었다는 것도 잘 알고 있으리라 생각한다. 그러나 이에 첨가하여 또 한가지 알아 두어야 할 것이 있다. 포드의 진출이 눈부시게 발전된 것은 실은 그가 T A 에디슨과 친구가 되었던 무렵부터였다. 이것에서 [⁶사람과 사람과의 어떤 마음에 교우가 그 성공에 얼마나 큰 영향을 미치게 되는가 잘 알게 될 것이다.] 내킨 김에 한발 더 나아가서 생각해 보면, 포드가 뚜렷하게 성공을 거둔 것은 그가 하베이 파이어스튼이나 존 밸러스나 루서 버뱅크(각자 훌륭한 두뇌의 소유자이다.)

등과 알게 된 무렵부터였다. 여기서 훌륭한 친구들과의 정신적인 교류가 얼마나 큰 에너지를 만들어내는지 알아두기 바란다.

[「조화의 정신과 인정을 가지고 우정을 나누어 가는 도중에서 우리는 사람들의 소질이나 습관이나 사고력 등을 서로 흡수해 간다.] 에디슨이나 버뱅크나 버로스나 파이어스튼 등과의 사귐을 통해 포드는 자신의 두뇌에 지성이나 경험이나 정신력 등을 흡수한 것이다. 거기다 그는 여기서 소개한 방법을 써서 '협력자' 그룹을 결성하여 그것을 계속 활용했다. 이 철학은 당신도 당장 활용할 수 있는 것이다.

마하트마 간디에 대해서는 잘 알고 있으리라고 생각한다. 그는 그러한 믿지 못할 정도의 힘을 어떻게 얻었을까? 이 대답은 불과 몇 마디면 충분할 것이다. 즉 그는 단호한 목표를 향해 사람들이 조화의 정신으로 단결할 것에 대한 중요성을 설파했던 것이다. 그 결과 그는 2억이 넘는 사람들의 몸과 마음을 단결시켰던 것이다.

간단하게 말하자면 간디는 기적을 이룬 인물이라고 할 수 있겠다. 그것은 2억 이상이나 되는 사람들을 결코 강제성이 없이 조화의 정신만으로 서로 협력하도록 지도하는 것은 기적 이외의 다른 아무것도 없었다. 만일, 이 사실을 기적이라고 부르는 데 의문이 있는 사람이 있다면 누구든 좋으니 2 사람 사이를 불과 몇 분만이라도 조화의 정신으로 협력하게 해 보도록 해 보라.

사업을 경영하고 있는 사람들은 조화와의 관계는 차치하고라도 종업원들과 함께 일하는 어려움을 통감하고 있을 것이다.

이 에너지를 얻는 원천 중에서 가장 중요한 것으로 손꼽히고 있던 것이 무한의 지성이다. 둘 이상의 인간이 조화의 정신으로 하나의 목표를 향해 서로 협력할 때, 에너지는 무한의 지성을 위대한 만능 저장고에서 직접 끌어낼 수 있다. 무한의 지성은 에너지의 온갖 원천 중에서도 가장 위대한 것이다. 그리고 천재나 위대한 지도자들이 항상 의지해 온 것도 이 무한의 지성이었다.(그들이 그것을 의식하고 있었거나 안했

거나 불구하고)

다음 2가지 원천에서 얻어지는 지식은 우리들이 5감을 통해 실감하는 지식에 비하면 신뢰성이 조금 떨어지는 듯하다. (물론 체험이 항상 신뢰된다는 것은 아니다.)

무한의 지성과 교신하는 방법에 대해서는 다음 단계에서 설명할 것이다.

무한의 지성과 교신하는 일은 어떤 종교적인 것이 아니다. 이 책에서 소개하고 있는 철학은 직접적, 혹은 간접적으로도 어떤 종교와 관계는 없다. 이 책은 단지 독자의 소망을 어떻게 하면 돈이나 그밖의 구체적인 가치로 전환할 수 있는가 하는 것을 해명하는 일이 목적이다. 숙독하고, 생각하고, 그리고 명상해 주기 바란다. 그렇게 하면 머지않아 이 책 전체의 주제가 모습을 나타내 뚜렷하게 눈에 떠오를 것이다. 지금 당신이 그런 눈으로 보고 있는 것은 각 페이지의 일부에 지나지 않는다.

■ 가난뱅이가 되는 데는 계획이 필요없다

돈이라는 것은 매우 부끄러움을 잘 타는데다 매우 붙잡기 어려운 것이다. 그러므로 돈은 좋아하는 여성을 필사적으로 추구하는 청년과 마찬가지로 정열을 가지고 곧바로 요구하여 쟁취해야 한다. 우연히도 돈을 추구하는 데 필요한 에너지는 여성을 요구하는 에너지와 거의 흡사하다. 이 에너지가 돈벌이를 위해 효과적으로 발휘될 때 반드시 신념과 인내력, 그리고 계획력, 실행력이 생겨난다.

'큰돈'이 실제로 손에 들어올 때는 그것이 마치 홍수가 밀려들어오는 것 같다. 그것은 눈에 보이지 않는 위대한 에너지의 흐름이다. 마치 큰 강의 흐름과 같은 것이다. 그러나 [8이 에너지의 흐름은 보통 강과 달라서 한쪽은 아래로, 다른 한쪽은 위로 역류하고 있다.] 그 한쪽의 흐름을 탄 사람들은 점점 부자가 되고 또 다른 한쪽 흐름에 휘말려 들어간 사람들은 점점 더 가난하고 비참하게 되어 간다.

막대한 부를 쌓아올린 사람들은 모두 이 인생의 흐름을 가까이에서 보아 왔을 것이다. 빈부의 갈림길은 그 사람의 '사고 방식의 차이'에 의한 것이다. 적극적으로 사물을 생각하는 사람들은 부를 이루는 흐름을 타고, 반대로 소극적으로 사물을 생각하는 사람들은 가난하게 되는 흐름에 말려들어가게 된다. 이 사고 방식의 차이는 부를 이룩하는 것을 목적으로 이 책을 읽고 있는 사람들에게는 매우 중요한 문제가 된다.

만일 당신이 가난하게 되는 흐름을 타고 있다면 이 책은 당신이 다른 한쪽의 흐름으로 바꾸어 타기 위한 열쇠가 될 것이다. 이 열쇠를 능숙하게 사용해 나간다면 당신은 틀림없이 구제가 될 것이다. 그러기 위해서도 이 책을 숙독해 주기 바란다. 단순히 통독하는 것만으로는 이익을 얻기가 어렵다.

[9가난과 부귀는 가끔 그 위치가 바뀌는 일이 있다.] 부귀가 가난을 내쫓아 버릴 때, 그 전환을 가져오는 것은 깊은 생각과 면밀한 계획이다. 가난하게 되는 데는 계획이 필요없다. 물론 누구의 협력도 불필요하다. 왜냐하면 가난은 대담하고 냉혹하기 때문이다. 반대로 부귀는 소심하고 겁장이이므로 따뜻한 보호가 필요하다.

요점정리

앤드류 카네기가 발견한 온갖 성공을 가져오는 위대한 철학 - '협력자' - 는 당신이 지금 당장 활용할 수 있는 것이다. '협력자'가 이루어 주는 조직화된 방향지어진 지식은 당신의 생애의 이정표가 될 것이다.

인간의 마음은 에너지이다. 두 개 이상의 마음이 조화의 정신으로 서로 협력할 때, 이 '협력자'는 제 3의 마음이 된다. 그것은 눈에 보이지 않는 위대한 에너지의 '은행'이다.

부를 구축하는 데는 계획을 세워 '협력자'를 만들어야 한다. 그러나 가난한 채로 있고 싶다면 일은 간단하다. 가난은 계획이 불필요하니까.

당신의 마음에 에너지를 가지고 오는 지식의 원천이 3가지 나와 있다. 그리고 지금, 당신은 그것을 자유 자재로 구사할 수 있다.

"행복은 행동 가운데서 생겨나는 것이다. 소극적인 생각으로는 아무것도 생겨나지 않는다."

성/공/철/학-제10단계

성 충동의 전환

섹스 에너지의 바른 사용법을 알아야 한다.

남성이 위대해지기 위해서는 반드시 여성의 사랑이 필요하다

The Think and Grow Rich Action Manual

성공 철학·제10단계
성 충동의 전환

'전환'이라는 말의 뜻은 간단하게 말하면 '변화한다.' '어떤 원리를 달리 응용한다.' '어떤 에너지를 다른 에너지로 바꾼다.'라는 말이다.

그런데 성의 충동은 마음의 작용에 하나이다.

이것을 모르기 때문에 성의 충동은 보통 육체적인 문제로 처리되고 있다.

대다수 사람들이 섹스를 잘못 이해하고 있기 때문에 음란한 생각에서 성의 지식을 얻으려고 하고 있다.

성은 본질적으로 육체적인 것인지 모르겠으나 다분히 정신적인 것이기도 하다.

섹스에는 3 가지의 건설적인 역할이 있다.

1. 인류의 영속

2. 건강 유지(치료 의학적으로는 이 이상 가는 것이 없다.)

3. 범인을 천재로 전환시키는 일

[1성 충동의 전환이란 간단하게 말하면 성은 육체적인 것에 지나지 않는다는 생각을 바꾸어 성은 좀더 다른 에너지로서 활용된다는 것을 이해하면 된다.]

성의 소망은 인간의 소망 중에서도 가장 강력한 것이다. 이 소망에 사로잡혔을 때, 사람들은 평소에는 보지 못하는 왕성한 상상력과 용기, 의지력, 인내력, 창조력 등을 발휘하게 된다. [²성의 소망은 너무나 강한 것이어서 사람들은 명예나 생명마저도 아낌없이 걸기도 한다.] 이 마음을 흔들어 움직이게 하는 강렬한 에너지를 혹은 다른 방향으로 이용할 수 있다면 왕성한 상상력이나 용기나 창조력은 문학이나 예술 등에 소용될 뿐 아니라 부를 이룩하는 데도 크게 도움이 될 것이다.

섹스 에너지를 전환시키기 위해서는 강한 의지의 힘이 필요하다. 그러므로 그 노력은 크게 보답을 받을 것이다. 성의 충동은 선천적인 것이며 자연스러운 것이다. 그러므로 배제하거나 억제하는 것은 바람직하지 못하다. 성의 충동은 인간의 신체와 정신 건강을 위해 올바르게 발산되어야 한다. 그러나 이것을 전환시켜 다른 방면으로 활용하지 않으면 섹스는 단순한 육체적인 것으로 끝나고 말 것이다.

강에 댐을 쌓고 물의 흐름을 일시적으로 조절할 수는 있어도 물은 그 도중에 달리 배수구를 찾아내게 된다. 섹스에 대해서도 마찬가지라고 말할 수 있다. 즉 일시적으로 억제하고 조절할 수는 있어도 자연의 원리에 따라 반드시 달리 배수구를 찾게 된다. 만일 그것을 창조적인 노력으로 전환시킬 수가 있다면 그것은 가치가 낮은 다른 배수구를 찾게 될 것이다.

■ 섹스 에너지

성의 배수구를 창조적인 노력으로 전환시키는 방법을 알고 있는 사람은 참으로 행복하다. 과학적인 연구에 의해 다음과 같은 중대한 사실이 밝혀지고 있다.
1. 위대한 성공을 거둔 사람들은 모두가 강한 섹스 에너지의 소유자이며 그리고 성의 충동을 능숙하게 전환시키는 기술을 배운 사람들이다.
2. 막대한 재산을 이룩한 사람들이나 문학, 예술, 산업, 건축 등 전공

분야에서 세계적으로 인정받게 된 남성들은 모두가 여성의 영향에 의해 동기가 부여되었다.

이 발견은 과거 2000년 이상에 걸쳐 전기나 역사를 연구하여 얻어진 것이다.위대한 성공을 거둔 사람들은 남성이건 여성이건 그 생애를 조사해 보면 강한 섹스 에너지를 가지고 있었다는 사실이 인정되었다

성의 충동은 '억제하지 못하는 힘'이며 설사. '신체'를 얽어매어도 막지는 못한다. 이 충동에 몰렸을 때. 사람은 강대한 행동력을 발휘하게 된다. 이 사실을 알게 되면 성 행동을 전환하는 일 가운데에 중대한 의미를 가진 창조력의 비밀이 감추어져 있다는 것이 이해될 것이다.

인간을 포함한 모든 동물에 대해 말할 수 있겠으나 그 생식선을 파괴하는 일은 행동력의 대원천을 제거해 버리는 것과 마찬가지이다. 그 증거로는 거세된 동물을 관찰하면 당장에 알게 된다. 거세되면 황소라도 어린 양처럼 온순해진다. 이와 같이 인간이건 동물이건 성의 에너지를 제거하면 모든 투지를 잃고 만다.

■ 마음을 자극하는 10 가지 항목

인간의 마음은 자극에 반응하여 정열이나 창조적 상상력이나 강렬한 소망 등의 충동이 생긴다. 이 마음에 충동을 가져오는 자극의 대표적인 것은 다음 10 개 항목이다.

1. 섹스
2. 애정
3. 명성, 권력, 돈에 대한 타오르는 소망
4. 음악
5. 우정(남녀를 불문)
6. 조화의 정신으로 결합된 '협력자'
7. 사회적인 박해

8. 자기 암시
10. 마약과 술

섹스가 리스트 최초에 올라 있는 것은 이것이 가장 강하게 인간의 마음을 분발케 하여 실제적인 행동에 박차를 가하는 것이기 때문이다. 이것들 중의 8 개는 자연적이고 건설적인 것이다. 그러나 나머지 2 개는 파괴적인 것이다. 이 리스트는 마음을 자극하는 커다란 요소를 비교 검토해 주기 위해 소개했으나 이것을 보아도 섹스가 모든 자극 중에서 가장 큰 것이라는 것을 알 것이다.

어느 아는 체하는 사람의 말을 들으면 천재란 '긴 머리를 하고 기묘한 음식을 먹고 혼자 살며, 농담을 좋아하는 사람들의 좋은 웃음거리가 되는 사람'이라는 것이다. 그러나 진정한 천재란 '상식으로는 도달하지 못하는 지식의 원천과 자유롭게 교신하여 사고의 강도를 증대시키는 요령을 발견한 사람'이라고 하겠다.

그러나 사람에 따라서는 이 천재의 정의에 대해 다음과 같이 질문하는 사람도 있을지 모른다. 제1의 질문은 '상식으로는 도달하지 못하는 지식의 원천과 어떻게 교신하는가?'라는 것이며, 제2의 질문은 '천재만이 도달할 수 있는 지식의 원천이 정말 존재하는가? 만일 있다면 그것은 어떤 것인가? 그리고 어떻게 하면 거기에 도달할 수 있는가? '라는 질문일 것이다.

그러면, 이 질문의 답변에 대해서는 당신 자신이 실험하여 확신을 가질 수 있는 증거를 소개하겠다.

■ 제6감이란 창조적 상상력이다

제6감의 실재에 대해서는 상당히 구체적인 입증을 얻고 있다. 제6감은 창조적 상상력이다. 그러나 대다수 사람들이 이 창조적 상상력을 사용하지 않은 채 일생을 마친다. 가끔 사용하는 일이 있었다 해도 그것은 우연에 지나지 않는다. 신중성과 계획성을 가진 극히 소수의 사람들만이 이 창조적 상상력을 구사할 수가 있다. 즉 이 능력을 자유 자재로 활용할 수 있고 이 작용을 충분히 알고 있는 사람이 바로 천재이다.

창조적 상상력은 한도가 있는 인간의 마음과 무한의 지성을 직접 연결하는 것이라 하겠다. 종교계에서 말하는 하늘의 계시나 발명계에서의 기초 발견이나 새로운 원칙 등은 모두 이 창조적 상상력의 작용에 의한 것이다.

■ 높아진 사고

보통 '감'이라는 마음속의 번뜩임은 다음 요소에 의해 얻어진다.
1. 무한의 지성
2. 잠재 의식
3. 타인의 두뇌
4. 타인의 잠재 의식

'번뜩임'이나 '감'이 생겨나는 요소는 이 4 가지 외에는 없다.

앞에서 10 개 항목에 마음의 자극을 말했으나 이것은 어느 것이나 두뇌의 작용을 비정상으로 높이는 것이며 지금까지의 고정 관념을 타파한 해답을 주는 것이다. 마음이 자극을 받아 흥분 상태에 있는 두뇌는 예를들어 비행기에서 지상을 내려다볼 때와 흡사하다. 비행기에서 내려다보면 지상에서는 보이지 않던 지평선도 훤하게 바라볼 수 있게 된다. 그와 마찬가지로 두뇌의 작용도 자극으로 높아짐으로 해서 지금까지 일상의 의식주에만 사로잡혀 있던 사고의 한계가 타파되고 모든 제한과 방해 따위로부터 해방된다.

이처럼 비행기를 타고 상공에서 지상을 내려다보는 듯이 이 두뇌의 작용이 높아질 때, 마음은 해방되어 창조적 상상력은 자유로이 활동하게 된다. 이것이 제6감이라는 것이다. 이 제6감을 단련시키는 방법은 나중에 상세하게 설명하겠지만 제6감이야말로 상식으로는 결코 발견하지 못하는 아이디어를 만들어내는 것이다. 제6감을 사용할 수 있느냐없느냐에 따라 천재와 범인이 결정된다.

■ 마음속의 속삭임

'감'은 자신의 잠재 의식 이외의 원천에 의해 발생할 때는 특히 예리함을 증대시킨다. 그리고 '감'은 사용할수록 그 신뢰성이 높아져 더욱 더 활발하게 이용된다. 그리고 능력을 개발하여 길러 가려면 계속하여 사용하는 방법 이외에는 없다.

인간의 '양심'이라는 것은 모두가 이 제6감의 작용으로 나오게 된다. 위대한 예술가나 작가, 음악가, 시인들이 어째서 위대하게 되었는가 하면 그들은 창조적 상상력에 의해 자신의 내부에서 말을 하는 '양심의 소리'를 항상 신뢰했기 때문이다.

예리한 상상력의 소유주가 가장 좋은 아이디어 소위 '감'에 의해 끌어내고 있다는 것은 사실이다.

눈을 감고 완전히 창조적 상상력에 의지하지 않으면 좋은 강연을 못한다는 교수가 있었다. 강연이 클라이막스에 이르기 직전에 어째서 눈을 감느냐는 질문에 그는 이렇게 대답했다.

"나는 마음속 깊은 곳에서 솟아나오는 직관에 의해 이야기하고 있기 때문입니다."

미국에서 가장 성공하였으며 그 막대한 재산으로도 유명한 어느 은행가도 결단을 내리기 2,3 분 전에 반드시 눈을 감는 버릇이 있었다. 왜냐하고 물으면 그는

" 눈을 감으므로 해서 영지(英知)의 샘에서 힌트를 끌어낼 수 있기 때문이다."

라고 대답한다.

■ 비밀의 교신실

고 엘머 R 게쓰 박사(메릴랜드 주 체비 체스 사람)은 200 가지 이상 이나 되는 유익한 특허품을 발명한 사람이다. 그 발명의 대부분은 기초 적인 중요한 것 뿐이었는데 그것은 모두 '감'을 단련시켜 활용함으로써 만들어낸 것들이다. 박사가 취한 방법은 범인이 어떻게 천재가 될 수 있는가 하는 것에 대해 관심이 있는 사람에게는 반드시 소용이 되는 아이디어일 것이다. 게이쓰 박사는 그다지 크게 유명해지지는 못했지만 틀림없이 위대한 세계적인 과학자였다.

박사의 연구실에는 그 자신이 '비밀의 교신실'이라고 불렀던 작은 방이 있었다. 이 작은 방은 완전히 방음 장치가 되어 있었으며 일체의 광선도 완전 차단되어 있고 펜과 한 권의 용지가 준비되어 있었는데 테이블 전면 벽에 전등 스위치가 있었다. 게쓰 박사는 창조적 상상력을 끌어내려고 할 때는 언제나 이 방에 들어가 테이블 앞에 앉아 전등을 껐다. 그리고 연구하고 있는 발명에 대해 이미 알고 있는 요소에 정신력 을 집중시켜 미해결 요소에 해답이 번뜩일 때까지 가만히 앉아 있었다.

어느 때는 차례차례 아이디어가 솟아나와 3 시간이나 메모해야만 했다.

'번뜩임'이 멈추고 그 메모를 조사해 보았더니 당시 과학계가 가지고 있던 데이터와 비교도 되지 않을 만큼의 정밀한 정의가 쓰여져 있었다. 그것만이 아니라 그 메모에는 그의 연구에 대한 해답까지도 논리적으로 기술되어 있었던 것이다.

게쓰 박사의 생활비는 실업가나 기업 등에 아이디어를 제공하기 위해 앉아 있는 것으로 해서 얻어졌다. 미국의 대기업 등은 아이디어를 위해 앉아 있는 시간에 따라 지불액을 결정할 정도였다.

이론이라는 것은 때때로 잘못되는 일이 있다. 왜냐하면 이론은 축적된 경험에 의해 크게 좌우되기 때문이다. 인간의 경험에 의해 얻어지는 지식이라는 것은 반드시 언제나 정확하다고 단정하지는 못한다. 그에 비하면 창조적 상상력에 의해 얻어진 아이디어 쪽이 상당히 신뢰성이 높다는 것이다. 왜냐하면 이것은 이론으로는 도달하지 못하는 지식의 원천에서 생겨나기 때문이다.

■ 섹스와 천재

천재와 보통 발명가와의 차이는 천재가 창조적 상상력을 발휘할 수 있는데 비해 보통 발명가는 이 힘에 대해 아무런 지식도 없다는 것에 있다. 그리고 아주 뛰어난 발명가만이 이 창조적 상상력과 합성적 상상력의 양쪽을 구사한다.

예를 들면 뛰어난 발명가는 먼저 합성적 상상력(이론)을 사용하여 경험에 의해 얻어진 지식과 정의를 조직하거나 합성한다. 그리고 만일 축적된 지식으로는 발명에 불충분하다는 것을 알게 되면 다음에 '창조적 상상력' 을 활용한다. 이 방법은 사람에 따라 다르겠지만 어쨌든 다음 2 가지 방법을 가지고 있다.

1. 앞에서 말한 10 개 항목에 마음의 자극제를 써서 첫째, 자신의 마음을 자극하여 그 작용을 높인다.
2. 다음에 이미 알고 있는 요소(완성 부분)에 정신을 집중시켜 발명에 필요한 미해결인 요소(미완성 부분)와 연결시켜 그 완성도를 마음속에 그려낸다. 그리고 이 완성도가 잠재 의식에 완전히 뿌리박힐 때까지 마음속에서 진지하게 생각을 계속한다. 그 다음은 마음을 비워 긴장을 풀고 해답이 떠오르는 것을 기다린다.

이 해답은 재빨리 그리고 명확하게 떠오르는 경우도 있으나 여간해서 되지 않는 경우도 있다. 그럴 때는 좀더 제6 감이나 '감'을 단련하도록 노력해야 한다.

에디슨은 '감'과 '번뜩임'에 의해 백열 전구를 발명하기까지에 합성적 상상력을 사용하여 1만 종류 이상이나 되는 아이디어 조립을 시험해야 했다. 이것은 그가 축음기를 발명했을 때도 마찬가지였다.

창조적 상상력의 존재를 증명하는 신용이 되는 증거는 몇 개나 있다. 이것은 고등 교육을 받지 않아도 각 분야에서 지도자가 된 사람들을 상세하게 분석함으로써 입증될 것이다. 창조적 상상력에 의해 위대하게 된 지도자로서 가장 좋은 예는 링컨일 것이다. 그는 앤래트릿지를 만나 경험한 사랑의 자극에 의해 자신의 재능을 발견하여 활용했던 것이다. 이것은 천재가 어떻게 생겨나는가를 연구하는 데 매우 중대한 의미를 가지고 있다.

■ 섹스야말로 활력원이다

역사의 페이지는 여성에 의해 그 섹스의 소망이 자극되어 그 결과 창조적 상상력이 개발되어 위대한 지도자가 된 사람들의 기록으로 가득 차 있다. 나폴레옹 보나파르트도 그중 한사람이다. 그는 최초의 아내인 조세핀의 내조를 받고 있었던 시절은 무적이었다. 그러나 '이기적' 이어서 그녀와 이혼하고부터 나폴레옹은 급속하게 쇠퇴하기 시작해 패배와 쎄인트 헬레나의 유배는 그후 얼마되지 않아서 일어난 일이었다.

[3우리는 아내의 영향력으로 대성공을 이루어 돈과 권력을 잡은 남자가 그 아내와 이혼하고 새여자를 맞이한 후, 파멸한 미국의 유명인을 많이 알고 있다] . 건전한 성의 자극보다도 힘이 강한 것은 없다는 사실을 알고 후회한 남자는 나폴레옹만은 아니었다.

인간의 마음은 자극에 반응을 일으키는 법이다.

이 자극 중에서 가장 위대하고 가장 강력한 것이 성의 충동이다. 이것을 이용하여 전환을 시킬 때, 이 위대한 힘은 사람들을 높은 사상의 세계로 끌어올려 낮은 곳에서는 자칫 끌려들어가기 쉬운 일이나 고민이나 고통에서 사람들을 해방시켜 준다.

그런데 기억을 새롭게 하기 위해 강한 섹스 에너지를 가지고 훌륭한 대성공을 거둔 사람들의 이름을 열거해 보겠다. 그들은 천재라고 불리우고 있는 사람들이지만 누구나 성 충동을 훌륭하게 전환시킨 사람들임에는 틀림없다.

조지 워싱톤, 토머스 제퍼슨, 나폴레옹 보나파르트, 엘버트 허버드, 윌리엄 섹스피어, 엘버트 H. 게일리, 아브라함 링컨, 위트로 윌슨, 럴프 월드 에머슨, J. H. 패터슨, 로버트 번즈, 앤드류 잭슨, 엔리코 카루소.

전기에 대해 지식이 있는 사람이면 이 리스트에 더 많은 사람의 이름을 첨가할 수 있을 것이다.만일, 할 수 있다면 유사 이래, 섹스 에너지를 이용하지 않고 성공한 사람을 한 사람이라도 더 찾아 주기 바란다.

과거인의 전기로는 신뢰를 못한다고 생각되면 당신 자신이 알고 있는 성공자 중에서 한 사람이라도 섹스에 그다지 관심을 가지지 않았던 인물을 찾아 보라.

섹스 에너지는 모든 천재들에게 있어서 창조력의 활력원이었다. "섹스의 강렬한 힘 없이는 지도자나 건축가나 예술가로서 성공한 사람은 지금까지 단 한 사람도 없었으며 앞으로도 결코 나타나지 않을 것이다."

단, 섹스 에너지가 강한 사람은 모두 천재라고 오해하면 안된다. 인간이 천재가 될 수 있는 것은 자신의 마음을 자극하여 창조적 상상력을 높여 훌륭한 활력을 발휘할 수 있을 때만이다. 이 '마음의 자극제'로서 가장 중요한 것이 섹스 에너지인 것이다. 그러나 이 에너지가 있다는 것만으로 천재가 되는 것은 아니다. 섹스 에너지의 육체적 교류에 대한 소망을 다른 소망에 전환시켜 행동을 일으킬 때, 비로소 천재가 태어나는 법이다.

[강대한 섹스 에너지를 가졌으면서도 천재와는 전혀 거리가 먼 인생을 보내고 있는 사람도 많으나] 그것은 그 힘의 위대함을 오해하고 남용

함으로써 자기 자신을 저차원의 동물로까지 떨어뜨렸기 때문이다.]

■ 섹스 에너지는 낭비되고 있다

성공을 이룬 저명한 사람들을 2만 5천 명 이상이나 분석한 결과 다음과 같은 사실을 알았다. [⁵즉 40 세 이전에 성공한 사람은 거의 없다는 사실과 대부분의 성공자가 50 세를 지나고부터 자기 페이스를 발휘하고 있다는 사실이다.] 이 사실은 너무나 놀라운 사실이므로 나는 그 원인을 철저하게 연구해 보았던 것이다.

그 결과 대다수 사람들이 40 세에서 50 세가 될 때까지 어째서 성공을 못했는가 하는 근본적인 원인이 밝혀졌다. 그 원인이란, 젊었을 때에는 섹스 에너지를 단지 육체적으로 발산만 해서 낭비해 버리기 때문이다. 젊을 동안은 육체면 이외에 좀더 중요한 것으로 전환시킬 수 있다는 것을 모른다. 이 사실을 알게 되는 때는 섹스 에너지가 가장 격렬한 시기를 지난 40 세에서 50 세가 되고부터이다.

대부분 사람들이 40 세를 지나도 섹스에 에너지를 좀더 가치있는 것에 사용하지 않고 낭비해 버리고 있었던 것을 반성할 것이다. [⁶아까운 홀륭한 에너지가 음란하게 방출되어 버렸다.] 그러므로 남성의 이 습성에서 '젊은 기분으로 외도를 한다'라고 말하고 있다.

섹스는 인간의 감정 중에서 가장 강한 것으로 이것을 능숙하게 전환시켜 가면 위대한 성공을 거둘 수가 있다.

■ 섹스는 하늘이 내린 것이다

역사를 보면 술이나 마약 따위의 인공적인 자극을 써서 천재가 된 사람이 있다는 사실을 알게 된다. 예를 들면 에드가 알랜 포우는 알콜 중독에 걸려 있을 때에 '큰 까마귀'를 써서 일찍이 인간이 접근하지 않았던 '공포의 세계를 환상속에 그려냈던 것이다. 또. 제임스 리글레가 그 대걸작을 쓴 예도 역시 그가 알콜 중독인 때였다. 그에게는 그 환상속에서 '안개가 가득 낀 강 위에 공장이 서 있는 것'이 보였던 것이다.

로버트 번즈도 알콜 중독 상태에서 '개똥벌레 빛'의 원시인 '지금은 그리운 그 옛날'을 썼다.

그러나. 이러한 사람들도 [⁷최후에는 자신을 망쳐버렸다는 사실을 잊어서는 안된다.] 술이나 마약 따위와 같은 인공적인 자극제를 사용하지 않아도 인간의 마음은 대자연의 혜택에 의해 더 안전하게 자극을 받도록 만들어져 있다. 그 자극에 의해 우리들의 마음은 어디까지나 훌륭하게 높일 수가 있다. 이 대자연의 자극제를 대신할 만한 것은 아직 달리 발견되지 않고 있다.

섹스가 정신적인 충동이라는 것은 심리학자들이 인정하는 바이다. 이 사실은 원시인에게도 공통되는 것인데 예를 들면 '부활제' 때 일종의 독특한 이상 행동에도 그것이 나타나 있다.

이 세계는 인간의 감정에 의해 지배되고 인간의 감정에 의해 문명이 이루어져 왔다. 원래부터 인간의 행동 대부분은 이성보다도 '감정'에 의해 좌우되고 있다는 것이다. 인간의 창조적 상상력은 '냉혹한 이성'에 의하는 것이 아니라 오로지 감정에 의해 작동한다. 이 인간의 감정 중에서 가장 강력한 것이 섹스이다. 다른 '마음의 자극제'를 모두 결합시켜도 섹스에는 미치지 못한다.

'마음의 자극제'는 일시적인지 영속적인지는 별개로 하고 모두 사고의 집중력을 높이는 작용을 가지고 있다. 앞에서 열거한 10 종류의 마음의 자극제에 의해 우리는 무한의 지성과 교신도 하고 자기 자신 또는 남의 잠재 의식의 저장고에서 '천재'를 끌어낼 수가 있는 것이다.

■ 섹스와 세일즈맨쉽

3만 명 이상의 세일즈맨을 지도해 온 어느 교수는 섹스에 관심이 높은 사람일수록 세일즈맨으로서는 유능하다는 놀라운 발견을 했다. 즉 '인간의 매력'인 개성을 만들어내는 것은 섹스 에너지 이외의 아무것도 아니라는 것이다. 섹스에 관심이 높은 사람들은 어떤 때라도 근사한 매력을 발산하는 것이다. 이 생명력에 넘친 매력을 길러 양성하는 것으로 해서 우리들은 인간 관계를 크게 발전시킬 수가 있다. 그 사람이 매력적인 사람인지 아닌지는 다음과 같은 방법에 의해 구별하게 된다.

1. **악수**   손을 잡는 순간, 그 사람에게 매력이 있는지 어떤지를 곧 판단할 수 있다.

2. **목소리의 상태**   매력 즉 섹스 에너지가 있는 사람의 목소리는 윤기와 탄력이 있고 음악적이다.

3. **자세와 동작**   섹스에 관심이 높은 사람의 동작은 싱싱하고 게다가 우아함과 유순함을 잃지 않는다.

4. **사고의 민감성**   섹스에 관심이 높은 사람은 사고 방식 중에도 섹스 감정이 살아 있다. 또 일부러 그렇게 함으로써 주위 사람들에게 영향을 주고 있다.

5. **복장**   섹스에 관심이 높은 사람은 항상 외관에 주의를 기울이고 있다.

그러므로 복장은 체격이나 용모에 맞는 개성적인 것을 입고 있다.

세일즈맨을 고용할 때, 유능한 매니저라면 첫째 조건으로 개성적인 매력이 있는 사람을 채용할 것이다. 섹스 에너지가 부족한 사람은 정열적이지 못하므로 열의로 사람들의 마음을 움직이게 하지 못하기 때문이다. 열의는 어떤 상품을 팔더라도 세일즈맨쉽에게는 가장 중대한 요소이다.

정치가나 강연가, 목사,변호사, 세일즈맨 등에서 섹스 에너지가 부족한 사람은 남에게 영향을 주지 못한다는 점에서 '실격자'이다. 또, 대부분 사람들이 감정에 자극을 받는 것만이 그 행동을 일으킨다는 사실과 맞추어 생각해 보면 세일즈맨의 소질로서 섹스 에너지가 필요하다는 사실을 알 것이다. 베테랑인 세일즈맨이 '판매의 명수'라고 불리우는 것은 그가 의식을 하고 있는지 어떤지, 불분명하지만 섹스 에너지를 세일즈의 정열에 전환시키고 있기 때문이다. 여기서 성 충동의 현실적인 중요성이 매우 구체적으로 이해되리라 본다.

섹스 에너지를 육체적인 관심에서 판매라는 본래의 목적으로 전환시켜 결단력과 정열을 발휘할 수 있는 세일즈맨은 성 충동의 전환 기술을 체득한 사람이다. 본인이 그것을 깨닫고 있는지 어떤지는 문제가 되지 않는다. 베테랑 세일즈맨의 대부분은 알지 못하는 사이에 섹스 에너지를 능숙하게 전환시키고 있는 것이다.

섹스 에너지의 전환에는 보통 사람으로는 상상도 못할 정도로 의지의 힘이 필요하다. 그러나, 이 의지의 힘은 노력에 의해 단련해 갈 수가 있다. 그리고 그 노력에는 반드시 그만한 가치가 있는 결과를 가져오게 된다.

■ 섹스에 대한 오해

섹스 문제에 대해서는 대부분 사람들이 알 필요가 없는 문제라고 생각하고 있는 듯하다. 그 결과, 섹스는 무지하고 어리석은 사람들에 의해 오해와 곡해가 생기어 농담으로 되어 왔다. 섹스 에너지가 강한 사람들은 남성이나 여성이나 세상에서 축복받을 만하다. 그런데도 그들은 남에게 알려지는 것을 두려워하여 감추고 있는 것은 그것이 세상으로부터 축복받기는 커녕 놀림을 받는 것이 보통으로 되어 있기 때문이다.

진보한 현대에서도 섹스 에너지가 강한 것을 열등감으로 생각하고 있는 사람이 몇백만 명이나 있을지 모른다. 그것은 섹스 에너지가 강한 것은 창피한 일이라는 잘못된 상식이 원인이라 하겠다. 단언해 둘 것은 여기서 섹스 에너지를 찬미하고 있다 해서 결코 품행이 나쁜 사람들을 두둔하고 있는 것이 아니므로 이 점만은 미리 알아 두기 바란다. 섹스는 현명하게 사리 분별을 가려서 쓸 때는 찬미되지만 만일 남용하게 되면 몸도 마음도 망치는 해를 가지고 온다.

[8위대한 지도자들을 실제로 분석해 보고 그들의 성공이 반드시 여성의 격려에 의한 것이었다는 발견은 매우 중요한 의미를 가지고 있다.] [9성공자들의 '부인'은 대부분의 경우, 겸손하고 희생적인 아내이므로 거의 세상에 얼굴을 내놓지 않는다는 것 뿐이다.] 그리고 아내 이외의 여성으로부터 인스피레이션을 받았다는 예는 극소수에 불과하다.

[10현명한 사람이라면 술이나 마약이 인생을 망친다는 것을 잘 알고 있을 것이다.] 그러나 섹스에 빠진다는 것이 술이나 마약과 마찬가지로 창조력을 망치는 유해한 것이라는 사실을 아는 사람은 매우 적다.

섹스에 미친 남자는 마약 중독자와 마찬가지이다. 양자가 모두 그 이성을 잃고 의지의 힘을 컨트롤하지 못하게 되어 버린다. 우울증 환자(정신병)의 대부분은 섹스의 참기능에 무지한 것이 원인이라고 한다. 성 충동의 전환에 대해 무지한 사람은 한편으로는 큰 벌을 받고 또 한편으로는 큰 이익을 잃고 있다.

섹스에 대해 무지한 사람이 많은 원인은 이 문제가 수수께끼와 침묵속에 싸여 감추어져 왔기 때문이다. 이 수수께끼와 침묵이 겹쳐서 젊은 사람들에게 심리적인 금욕 상태를 강요하고 있다. 그 결과, 도리어 호기심을 불러일으키어 '금단의 과실'에 대한 지식욕을 증대시키고 있는 것이다. 젊은 사람들에게 섹스의 올바른 교육을 실시해야 할 입장에 있는 정치가나 의사의 체면을 손상시키는 말인지 모르겠으나 그들 역시 아직 성 교육에 대한 충분한 지식을 가졌다고는 하지 못한다.

■ 40 세부터가 진짜다

어떤 분야에 있어서도 40 세가 되기 전에 창조력을 최대한으로 발휘한 사람은 극히 드물다. 보통 사람들이 그 창조력을 충분히 발휘할 수 있는 것은 40 세에서 60 세 사이이다. 이것은 분석한 결과 밝혀진 사실이다. 이 사실은 40 세까지 실패를 한 사람이나 40 세를 지나 이제 '늙었다' 고 비관하고 있는 사람들에게 용기를 주는 것이다. [11일반적으로 40 대에서 50 대가 인생에서 가장 결실이 많은 시기이다.] 우리들은 공포와 전율이 아닌 희망과 기대를 가지고 그 나이가 오기를 기다려야 한다.

40 대까지는 최상의 사업을 못한다는 증거는 미국에서 잘 알려져 있는 성공자의 기록을 조사해 보면 당장에 알게 된다. 헨리 포드도 40 대까지 는 그 성공의 징조도 보이지 않았다. 또 앤드류 카네기의 노력이 결실을 보기 시작한 것도 역시 40 세를 꽤 넘어서부터의 일이다. 제임스 J. 힐은 40 세 때는 아직 전신기의 키를 두들기고 있었다. 그가 대성공을 거둔 것은 그로부터 훨씬 이후의 일이다. 미국의 실업가나 은행가 등의 전기 에는 40 대에서 60 대까지가 인간의 가장 생산적인 연대라는 사실로 채워져 있다.

30 대에서 40 대에 걸쳐(배울 생각이 있는 사람은) 사람들은 성 충동 의 전환 기술을 배우기 시작한다. 보통은 우연히 그 기술을 발견하지만 그 발견을 의식하고 있는 사람은 많지가 않다. 그들은 단순히 성공하는 능력이 35 세에서 40 세가 되어야 생겨난다고 생각할 뿐 이 변화의 진실 한 원인을 모르는 일이 많다. 인간은 대자연의 원리에 의해 30 세에서 40 세가 되면 사랑과 성의 감정이 조화되기 시작하여 그것을 자극제로 위대한 힘을 끌어낼 수 있게 된다.

■ 천재에의 길

이 세상에서는 섹스만이 행동으로의 전능의 신이 된다. 그러나 그 힘은 '회오리 바람'과 같은 것이어서 때때로 조절이 되지 않을 때가 있 다. 그러나 사랑의 감정이 성의 감정과 결합하기 시작할 때 침착하게 목적을 생각하여 평정을 유지하고 적절한 판단을 하고 평형력을 가지도록 된다. 40 세를 지나도 이 사실을 분석하지 못하고 경험에 의해 그 힘을 기르지 못하는 사람은 그 얼마나 불행한가!

단지 섹스만으로 여성을 즐겁게 하려고 생각하는 사람이라도 대성공을 거둘 수가 있을지도 모른다. 그러나 이러한 사람들의 행동은 보통 조직적이 아니고 또한 본 줄거리에서 이탈되어 있는 일이 많아 전반적으로 파괴적인 때가 많다. 섹스만으로 여성을 즐겁게 해 주려는 사람들은 절도나 사기를 저지르거나 혹은 살인죄까지도 범하지 않는다고 말할 수 없다. 그러나 같은 사람일지라도 사랑의 감정과 성의 감정을 결합시킬 수 있다면 건전한 조화가 잡힌 이성으로 행동하게 된다.

인간에게 훌륭한 성공을 가져오게 해 주는 감정은 사랑과 로맨스와 섹스이다. 사랑의 감정은 안전변과 같은 것이어서 밸런스를 유지하고 평정심을 기르고 건설적인 행동을 끌어내는 요인이 된다. 이 3 가지 감정이 결합될 때 천재가 탄생하는 것이다.

감정은 일종의 마음의 상태이다. 대자연의 혜택에 의해 인간은 태어날 때부터 '마음의 화학자'가 갖추어져 있어서 마음속에서 화학적인 작용을 하고 있다. 화학자는 몇 개의 무해한 요소를 혼합하여 화학 반응을 일으키게 함으로써 맹독을 만들어낼 수 있다. 마찬가지로 감정도 그 결합 방법 여하에 따라서는 사람을 망쳐버리는 독소가 되는 일도 있다. 가령, 성의 감정에 질투의 감정이 혼합되어 화학 반응을 일으키면 사람은 광란하여 야수처럼 되어 버린다.

인간의 마음속에 있는 파괴적인 감정이 화학 반응을 일으켜 독약을 만들어내면 인간은 정의감도 공평심도 파괴되어 버린다.

천재로 가는 길은 섹스와 사랑과 로맨스를 개발하고 조절하여 활용해 나감으로써 완성되는 것이다. 더 간단하게 말하자면 그 절차는 다음과 같다.

첫째, 건설적인 감정이 마음을 지배하듯이 모든 파괴적인 감정을 추방해 버리는 일이다. 마음은 습관에 의해 만들어지는 것이다. 그러므로 '어떠한 감정이 마음을 지배하는가'에 따라 만들어지는 마음도 다르다. 우리는 의지의 힘에 의해 어떠한 감정이라도 좌절하거나 격려를 할 수 있다. 이 의지의 힘을 사용하여 마음을 조절하는 것은 그다지 어려운 일이 아니다. 그것은 단지 인내와 습관이 필요할 뿐이다. 이 조절의 비밀은 '전환'의 방법을 이해하느냐 못하느냐의 문제이다. 즉 어떤 소극적인 감정이 마음에 나타나도 '자신의 사고 방식을 변화시킨다'라는 간단한 방법으로 적극적이고 건설적인 감정으로 전환할 수가 있다.

[¹²자발적인 노력 이외에 천재가 되는 길은 없다.] 섹스 에너지만으로 돈을 벌거나 사업에서 성공하는 사람이 있을지도 모른다. 그러나 역사적으로 보아 그런 사람들에게는 그 행운을 언제까지나 품고 즐기게 되지는 못한다. 이것은 중요한 일이므로 숙고해야 한다. 그리고 이것이 진실이라는 것을 알게 되면, 이 지식은 남성만이 아니라 여성에게도 그 인생에 도움이 되리라고 생각한다. 이 진실을 몰랐었기에 몇천 명이나 되는 사람들은 일시적으로 부를 이룩하였는데도 불구하고 행복하게 될 권리를 잃었던 것이다.

■ 사랑의 힘

사랑의 추억은 영원히 사라지지 않는 것이다. 사랑은 끝나버린 후에도 언제까지나 사람을 인도하여 감화시킨다. 이 사실은 새로운 것도 아니다. 진실한 사랑을 경험한 사람이라면 누구나 그것이 사람의 마음속에 영원토록 발자취를 남기고 가는 것을 알고 있다. 왜냐 하면, 사랑은 원래 정신적인 것이기 때문이다. 사랑의 자극에 의해 훌륭한 성공을 이루지 못하는 남성은 애처로워해야 하겠다. 그러한 사람들은 살아 있는 시체에 지나지 않는다.

때로는 지나간 나날을 뒤돌아보며 아름다운 사랑의 추억으로 마음을

228

깨끗하게 씻어 주었으면 한다. 그것은 현재의 걱정이나 고민을 달래줄 것이다. 또 현실의 괴로운 생활에 숨통을 터 주기도 할 것이다. 누구도 모르는 이 환상의 세계에 잠김으로써 당신의 생활을 경제적, 정신적으로 완전히 바꾸어 버리는 아이디어나 계획이 솟아나올지도 모른다.

만일 당신이 실연을 했다는 이유로 자기 자신을 불행한 인간이라고 믿고 있다면 그것은 터무니없는 잘못된 생각이다. 진정으로 사랑한다는 것이 어떤 것이라는 것을 알고 있는 사람은 결코 모든 것을 잃는 일은 없을 것이다. 사랑은 몹시 변덕스럽다. 사랑은 기분이 좋을 때 찾아와서 아무런 예고도 없이 떠나간다. 그러므로 사랑이 찾아왔을 때는 그것을 맞아들여서 즐겨야 하며 사랑이 떠나가 버리는 것을 언제까지나 슬퍼해서도 안된다. 그 슬픔이 사랑을 되찾아 주는 것은 아니기 때문이다.

사랑은 한 번밖에 오지 않는다는 생각도 버려야 한다. 사랑은 수없이 왔다가 그리고 떠나가는 것이다. 그러나 꼭 같은 영향을 주는 사랑은 두번 다시는 오지 않는 법이다. 우리들 마음에 새겨져 잊지 못하는 사랑의 경험은 보통 한 번뿐일 것이다. 사랑이 떠나간다 해서 미워하거나 원망하지만 않으면 반드시 무엇인가 얻는 것이 있을 것이다.

지나가 버린 사랑을 탄식해서는 안된다. 사랑과 섹스의 차이를 알고 있는 사람이라면 탄식하지는 않을 것이다. 그 큰 차이란 사랑은 정신적인 것이며 섹스는 생물학적인 것이다. 무지와 질투를 빼면 정신적 접촉을 경험하는 것은 멋있는 일이다.

사랑이 인생에서 최대의 경험이라는 것은 의심할 여지가 없다. 사랑은 무한의 지성과의 교신을 가능케 하는 것이다. 로맨스와 섹스 그리고 사랑이 결합하면 우리는 창조력이라고 하는 '사다리'의 최상단까지 올라갈 수 있게 된다. 로맨스와 섹스, 사랑을 만들어내는 3개의 기둥이다. 사랑은 많은 얼굴과 그림자를 가진 감정이다. 그러나 가장 격렬하게 타오르는 사랑이란 그것이 섹스와 이어졌을 때에 경험하는 것이다. 절도 있는 섹스와 영원한 사랑이 결합한 결혼이 아니면 행복하게 될 수도 없으며 영속하지도 못한다. 이 두 개의 아름다운 감정이 결합하여야 비로소 결혼은 지상에 존재하는 가장 숭고한 정신에 도달하게 된다.

이 사랑과 섹스의 결합에 로맨스가 융합되면 인간의 한정이 있는 마음은 무한의 지성과의 사이에 있는 장벽이 제거되어 거기에 천재가 태어나는 것이다.

■ 어리석은 남자는 결혼으로 인생을 망친다

현대의 혼란한 결혼 생활에 어떻게 하면 조화를 가져올 수 있을 것인가. 불평과 잔소리에 가득찬 부조화한 결혼 생활은 아마 성에 관한 '지식 부족'이 그 원인일 것이다. 사랑과 로맨스와 올바른 성 지식이 있는 곳에 부조화는 없을 것이다.

사랑과 로맨스와 섹스의 참된 관계를 이해하고 있는 아내를 가진 남성은 행복하다. 이 3가지의 신성한 감정에 의해 움직여졌을 때, 어떤 고생도 힘들지 않게 된다. 사랑이 그것을 달래 주기 때문이다.

"남편을 죽이고 살리는 것도 아내에게 달렸다."

라는 옛 속담이 있는데 그런 속담의 원인은 분명하지 않다. 남편을 '살린다'거나 '죽인다'는 것은 아내가 사랑과 로맨스와 섹스를 올바르게 이해하고 있는가 아닌가에 달려 있다는 말이다.

만일 남편이 아내에게 흥미를 잃어 다른 여성에게 마음이 옮겨가는 일이 있으면 그 원인은 보통 섹스와 사랑과 로맨스에 대한 아내의 무지거나 혹은 무관심에 있다. 물론 이것은 부부의 사랑이야말로 진실한 것이라는 전제를 두고 그렇게 말한다. 또, 남편에 흥미를 잃어버린 아내에게도 마찬가지라고 말할 수 있다.

부부라는 것은 하찮은 일로 흔히 싸운다. 그런데 그것을 잘 분석해 보면 그 진짜 원인은 섹스에 관한 서로의 무지·무관심에 있는 일이 많다.

■ 남성은 여성에 의해 움직여지고 있다

남성을 분발하게 하는 최대의 원동력은 여성을 기쁘게 하겠다는 소망에 있다. 문명이 동트기 전, 선사 시대의 남자들도 여성에게 위대한 남성이라는 것을 인정받으려고 다투어 사냥을 했던 것이다. 이 점에 관한 한, 남성의 본질은 전혀 변함이 없다. 현대의 '사냥꾼'들은 야수의 가죽을 집에 가지고 가거나 하지 않는다. 그러나 여성의 환심을 사려고 아름다운 드레스나 자동차나 부를 가지고 돌아온다. 옛날과 다른 점은 가지고 돌아오는 것이 변했을 뿐이다. 남성이 막대한 부를 이룩하거나 지위와 명성을 손에 넣으려고 하는 것은 주로 여성을 기쁘게 하려는 소망에 의해 움직여지고 있으며 그 남성을 살리고 죽이는 것도 여성의 힘 하나에 달려 있다.

이 남성의 성질을 잘 이해하고 능숙하게 움직여 가는 여성은 다른 여성과의 경쟁에 어떤 두려움도 가질 필요가 없다. 남성은 다른 남성들과 있을 때는 불굴의 정신을 가진 '거인'이지만 좋아하는 여성에게는 간단히 조종당하고 만다.

그러나 남성은 여성에게 조종되고 있다는 것을 인정하고 싶어하지 않는다. 그것은 강자로 인정받고 싶어하는 것이 남성의 본질이기 때문이다. 그래서 남성의 이 본질을 올바르게 인식하고 있는 현명한 여성은 결코 자신이 조종하고 있다는 사실을 표면에 나타내지 않는다.

어떤 남성들은 아내, 연인, 어머니, 누이 등 여성의 영향을 받고 있다는 것을 알고 있는 경우가 있다. 그러나 그들은 굳이 그것에 대해 반항하려고 하지 않는다. 왜냐하면 [13여성의 영향력 없이 어떤 남성도 행복해질 수는 없으며 또 완전하게 되지도 못한다는 사실을 잘 알고 있기 때문이다.] 이 중요한 진실을 인식하지 못하는 남성은 훌륭한 성공을 쟁취하기 위한 이 힘을 자신의 손으로 포기해 버리는 것이다.

요점정리

섹스에 관한 2 가지 놀라운 사실은 당신에게 광대한 힘의 원천을 재발견하게 해 줄 것이다. 섹스 에너지는 토머스 에디슨이나 앤드류 잭슨 대통령과 같은 천재를 만들어내는 것이다.

섹스 에너지는 당신의 정열이나 창조적 상상력이나 집중적 소망이나 인내력 그리고 그 밖에 당신을 풍족하고 행복하게 하는 모든 것의 원동력인 것이다.

헤아릴 수 없는 가치가 있는 '감' 을 기르기 위해 당신의 사고를 높이는 노력을 해 주기 바란다. 그렇게 하면 온갖 사람들의 잠재 의식에 저장고와도 자유롭게 교신이 된다.

타고난 발명가들에 대한 위대한 비밀이 지금, 간결하고 화려하게 당신 앞에 나타났다. 섹스 에너지는 우리들에게 커다란 도움이며 지도자인 동시에 이 힘이 '이론' 보다도 광대한 것이라는 사실을 이해했을 것이 다. 그러나 우리들은 이 자연의 위대한 힘을 무시하고 있는 것은 아닌데도 그 존재를 발견하는 데 늦을 경우가 있다.

"생명력 안에야말로 다하는 일이 없는 부의 원천이 가로 놓여 있다."

잠재 의식

잠재 의식은 잠자는 거인이다.
게다가 이 거인은 당신의 하인이다.
잠재 의식은 당신이 바라는 것은 무엇이든 가져다 준다.

성공 철학 · 제11단계
잠재 의식

[¹인간의 마음은 현재(顯在) 의식과 잠재 의식의 2 가지 부분에 의해 포착되어 현재 의식에 보내온 모든 정보는 정리되고 분류되어 잠재 의식 안에 보관된다.] 그리고, 그 정보들은 파일링 캐비닛에서 서류를 꺼내듯이 잠재 의식 안에서 불리어 나오거나 꺼내지기도 한다.

잠재 의식은 어떤 아이디어나 정보라도 그대로 받아들여져 인화되어 버리는 성질이 있다. 즉 '잠재 의식은 선악을 구별하거나 시비를 판단하지 못한다.' 이 성질은 우리들이 잠재 의식을 조절하는 것이 가능하다는 것을 뜻하고 있다. 즉, 우리는 자신이 바라는 대로의 정보를 잠재 의식에 입력할 수가 있다. 물론 돈이나 그 밖의 것도 얻고 싶다는 소망을 입력하는 것도 가능하다는 것이다.

또 잠재 의식은 가령 신념과 같은 강한 감정과 연결된 정보에 민감하게 반응하는 성질도 가지고 있다.

이것은 제1 단계 '소망'의 장에서 소개한 '소망 달성을 위한 6 가지 스텝'과 관련지어 이해해 주기 바란다. 즉 소망을 잠재 의식에 전달할 때, 신념을 가지는 것이 얼마나 중요한가를 알아 주기 바란다.

[²잠재 의식은 낮이고 밤이고 쉬는 일이 없다.] 잠재 의식은 인간에게는 알 길이 없는 방법에 의해 무한의 치성과 교신할 수가 있다. 잠재

의식은 이 교신에 의해 목표 달성의 가장 확실한 수단을 이용하면서 마음대로 소망을 실현시켜 버린다.

우리들이 잠재 의식을 완전하게 조절하기는 어려우나 [³의지의 힘에 의해 실현시키고 싶다고 생각하는 소망이나 계획이나 목표를 잠재 의식에 맡겨둘 수는 있다.] 이 방법에 대해서는 제3 단계 '자기 암시'중에 '잠재 의식을 움직이게 하는 3 가지 스텝'에서 구체적인 소개를 했으므로 다시 읽어 주기 바란다.

잠재 의식이 인간의 한정된 마음과 무한의 지성을 결부시키는 '고삐'라는 것은 많은 증거에 의해 증명되고 있다. 우리들은 잠재 의식을 매개로 하여 무한의 지성과 생각대로 교신을 할 수 있다. 즉 잠재 의식만이 '착상'을 현실의 것으로 바꿀 수가 있다. 또 잠재 의식만이 '기원'을 알아 들을 수가 있다.

■ '마음의 번뜩임'에서 모든 것이 시작된다

잠재 의식과 창조력이 결부될 때 그 가능성은 예측도 못하는 위대한 것이 된다. 그것은 인간에게 두려움을 일으키게 할 만큼 위대하다.

잠재 의식에 대해 이야기할 때 우리들은 열등감을 가지고 지나치게 조심성있게 되지 않을 수 없다. 왜냐 하면 우리들의 잠재 의식에 대한 지식이 너무나 부족하기 때문이다.

그러나, 만일 당신이 잠재 의식의 실재를 인정하고 잠재 의식에 소망을 실현시킬 능력이 있다는 것을 알게 되면 당신은 제1 단계 '소망'에 쓰여 있는 것의 중요성을 완전히 납득할 것이다. 또 어째서 몇번이고 장황하게 '소망을 명확하게 하라' '목표를 종이에 써 내라.'는 충고를 받았는가를 알게 될 것이다. 그리고 또 이 충고를 실천해 가는 데는 얼마나 큰 인내력이 필요한가를 알게 될 것이다.

이 13 단계의 '성공 철학'은 모두가 당신이 잠재 의식에 도달하여 감응하는 능력을 획득하기 위한 자극제이다. 그러나 한두 번의 도전으로 잠재 의식에 도달하지 못했다 해서 낙담하면 안된다. 잠재 의식은 제2 단계 '신념'에서 말한 바와 마찬가지로 '습관화되어 비로소' 생각대로 움직이게 할 수가 있는 것이기 때문이다. 당신은 신념을 가지기 위해 더욱 시간을 들여야 할 것이다. 좀더 참을성있게, 좀더 인내력을 가져야 한다.

잠재 의식을 최대한으로 활용하기 위해 한번 더 여기서 제2 단계 '신념'과 제3 단계 '자기 암시'를 되풀이 읽어 주기 바란다. 잊지 말아야 할 것은 당신의 잠재 의식은 당신이 어떤 노력을 하거나 하지 않거나 그것과는 관계없이 생각대로 작동한다는 것이다. 그리고 당연히 이것은 다음의 것을 암시하고 있다. 즉 만일 당신이 공포나 빈곤이나 부정적인 생각을 쫓아버리고 좀더 건설적인 정보를 주어야만 잠재 의식은 파괴적 인 정보를 계속 흡수하게 된다.

[⁴잠재 의식은 단1 초도 게으름을 피우지 않는다.] 그러므로, 만일 당신이 게을러서 잠재 의식에 소망을 입력시키지 않고 있으면 당신은 게으름을 피운 벌로 잠재 의식에 파괴적인 정보를 지겹도록 받게 될 것이다. 우리들의 잠재 의식에는 제10 단계 '성 충동의 전환'중에서 배운 '마음의 번뜩임의 4 가지 원천'에서 끊임없이 소극적인 정보와 적극적인 정보가 무차별로 입력되고 있다.

잠재 의식에 대한 상세한 지식은 여하튼간에 당신의 모든 종류에 정보 의 와중에서 나날의 생활을 하고 있다는 것을 잊지 않으면 그것으로 충분하다. 그 정보들의 어떤 것은 소극적이고 또 어떤 것은 적극적이 다. 그래서 [⁵당신은 소극적인 정보를 내쫓고 적극적인 정보만이 입력되 도록 노력해야 한다.]

이것이 가능하게 되면 당신은 잠재 의식의 문을 여는 열쇠를 손에 넣은 것과 같다. 거기에다 당신은 그 문을 자유롭게 여닫게 되므로 바람 직하지 못한 당신의 잠재 의식에 끼어들지 못하게도 할 수 있다.

창조는 모든 인간의 '마음의 번뜩임'에서 시작된다. 인간은 마음에 싹트지 않는 것은 결코 만들어내지는 못한다. 마음에 번뜩인 정보는 상상력의 도움을 빌어 계획 중에 편성된다. 상상력은 잠재 의식과 서로 협력하면서 온갖 성공 계획이나 아이디어를 만들어 간다.

돈이나 기타의 것으로 전환시키는 목적으로 잠재 의식에 입력된 정보는 모두가 상상력의 작용에 의해 신념과 결부되어야 한다. 그리고 신념에 계획이나 목표를 결합시켜 잠재 의식에 입력시킬 때도 상상력은 필요하다.

이런 사실에서 보아도 잠재 의식을 자기 뜻대로 작동시키기 위해서는 13 단계의 모든 요소가 동원되어야 한다는 것도 알게 될 것이다.

■ 건설적인 감정을 기르는 방법

잠재 의식은 이성보다도 감정에 대해 보다 민감하게 반응한다. 사실, 감정과 결부된 정보 쪽이 잠재 의식에 입력되기 쉽다고 하는 이론을 뒷받침하는 증거는 얼마든지 있다.

가령, 감정이나 선동이 대중을 움직인다는 것은 잘 알려진 사실이다. 그래서 잠재 의식이 감정과 결부된 정보에 보다 민감하게 보다 쉽게 반응한다. 그렇다면 우리는 감정이라는 것에 대해 좀더 깊이 알아둘 필요가 있을 것이다. 감정에는 7 개의 건설적인 것과 7 개의 파괴적인 것이 있다. 파괴적인 감정은 그대로 두어도 잠재 의식속에 끼어들어 오지만 건설적인 감정은 자기 암시의 힘을 빌리지 않으면 잠재 의식에는 편성되지 않는다('자기 암시'의 단계를 참조).

이 감정들은 빵을 구울 때의 이스트균에 비유할 수 있다. 왜냐하면 잠재 의식에 입력된 감정은 온갖 것과 반응하여 점점 부풀기 때문이다. 이것으로 감정과 결부된 정보가 어째서 냉혹한 이론보다도 쉽게 잠재 의식에 반응을 일으키는가를 대체로 알았으리라 생각한다.

이것으로 당신 잠재 의식의 '내적 수신기'가 소망을 받아들일 준비가 완전히 갖추어진 듯하다. 다음은 이 '내적 수신기'와 교신하는 수단에 대해 알아두어야 한다. 왜냐하면 잠재 의식과 교신하는 데는 특별한 언어가 필요하기 때문이다. 잠재 의식이 가장 잘 이해해 주는 언어는 '감정'이다. 그러면 여기에 7 개의 건설적인 감정과 7 개의 파괴적인 감정을 소개하겠다.

잠재 의식에 입력할 때에는 이 중 건설적인 것을 선택하여 사용하도록 하고 파괴적인 것은 절대로 사용하지 않도록 해야 한다.

7 개의 건설적인 감정

소망

신념

애정

섹스

정열

로맨스

희망

이것 외에 몇 개의 건설적인 감정이 있으나 이 7 개는 특히 강력한 것으로 사람들이 무엇인가를 창조하려고 할 때에 가장 흔히 쓰이는 것이다. 첫째 이 감정들을 마스터할 수 있으면 (이것은 사용함으로써 마스터된다) 그 밖의 감정도 필요에 따라 활용할 수 있게 된다. 여기서 또 다시 알아두어야 할 것은 당신이 이 책을 공부하고 있는 것은 건설적인 감정으로 당신의 마음을 가득 채우는 것으로 해서 돈을 바라는 의식을 더욱 개발하는 것이 목적이라는 것이다.

7 개의 파괴적인 감정 (절대로 사용해서는 안되는 것)

공포

질투

증오

원망

탐욕

미신

분노

"건설적인 감정과 파괴적인 감정이 동시에 마음을 지배할 수는 없다". 반드시 어느 한쪽이 마음을 지배한다. 그래서 건설적인 감정이 당신의 마음을 지배하도록 하는 것은 당신의 의무이다. 그러기 위해서는 습관의 법칙을 능숙하게 이용해야 한다. 꼭 건설적인 감정을 이용하여 활용하는 습관을 몸에 익혀 주기 바란다. 그렇게 하면 당신의 마음은 완전히 건설적인 감정으로 가득차, 파괴적인 감정이 끼어들 틈이 없어져 버린다.

이상의 것을 충실하게 실행함으로써 비로소 당신은 잠재 의식을 생각대로 컨트롤할 수 있게 된다. 그러나 [⁶설사 하나라도 잠재 의식에 파괴적인 요소가 남아 있으면 그만큼 모든 건설적인 요소가 파괴되어 버리므로 조심해야 한다.]

■ 잠재 의식과 기도

실패를 저지른 인간이 대부분의 경우, 기도하는 것으로 구원을 비는 것은 잘 알고 있을 것이다. 그러나 그들의 기도는 거의가 다만 별뜻이 없는 말의 나열에 지나지 않는다. 그들이 어째서 비는가 하면 마음이 공포와 의혹으로 시달리고 있기 때문이다. 그러나 그 공포와 의혹의 감정은 잠재 의식에 입력되어, 무한의 지성에 전달된다. 그러면 무한의 지성은 이 감정을 확실하게 받아 반응을 일으킨다.

[⁷기도할 때에 어차피 무한의 지성에게 이르지는 못할 것이라느니 반응이 오지 않을 것이라느니 하는 마음이 있으면 아무리 빌어도 헛일이다.]

기도가 먹혀들지 않는 현실이 되는 일은 흔히 있는 일이다. 만일 당신이 이전에 기도에 의해 무슨 일을 성취한 경험이 있는 사람이라면 그때 마음의 상태를 상기해 주기 바란다. 틀림없이 거기에 논리를 초월한 그 무엇이 있었다는 것을 알게 될 것이다.

무한의 지성과 교신하는 방법은 음파가 라디오에 의해 수신되는 것과 매우 흡사하다. 라디오의 구조를 잘 알고 있다면 음성은 사람의 귀로 감지되지 않는 높은 진동으로 변조되지 않으면 통신이 되지 않는다는 것도 당연히 알 것이다. 사람의 음성은 방송국에서 몇백만 배나 되는 주파수로 변조되어 비로소 소리의 에너지는 공간에 퍼져나가는 것이다. 변조된 에너지(원래는 소리의 진동이었다)는 라디오로 수신되어 원래의 진동으로 변함으로써 귀로 들을 수 있는 음성으로 되돌아온다.

잠재 의식은 사람의 기도를 무한의 지성이 수신할 수 있는 주파수로 변조시키는 매체이다. 잠재 의식은 그 소원을 무한의 지성으로 전하는 동시에 그 회답을 목표 달성을 위한 명확한 계획이나 아이디어로서 우리들에게 가지고 와 주는 것이다. 이 원리를 알게 되면 어째서 기도책에 쓰여 있는 말을 단지 읽는 것만으로 사람의 마음과 무한의 지성을 결부시키지 못하는가를 알 수 있게 될 것이다.

요점정리

당신의 잠재 의식은 어떤 정보라도(파멸을 가져오는 것이거나 부나 성공을 가지고 오는 것이거나) 차별없이 받아들인다. 그래서 그 어느 쪽을 선택하느냐는 당신 자신의 문제이다. 그 결과는 당신을 살리기도 죽이기도 하는 것이다.

7개의 파괴적인 감정을 잘 알아두고 그것이 당신 마음에 자리잡지 않도록 조심해야 한다. 이와 동시에 모든 중요한 건설적인 감정을 알아두었다가 그것을 가족처럼 길러 나가야 한다.

당신 자신의 마음과는 멀리 떨어진 곳에 무한의 지성이 있으나 라디오의 구조와 마찬가지로 당신 마음의 주파수를 바꿈으로써 당신은 언제나 무한의 지성과 수신도 송신도 할 수 있다. 전우주의 에너지는 당신의 기도를 감지하여 당신을 도와 준다.

강대한 잠재 의식을 자유자재로 구사하는 능력을 하루하루 착실하게 쌓아올려가 주기 바란다. 머지 않아 당신은 모든 계획과 사업을 성공시켜 줄 근원적인 정보를 끌어낼 수 있게 될 것이다.

'인간의 위대함은 그 사람 생각의 위대함에 따라 결정된다.'

성/공/철/학-제12단계
두 뇌

두뇌에는 위대한 힘이 잠재해 있다.
그리고 당신은 이 위대한 힘을 구사할 수 있는 인물이다.

성공 철학·제12단계
두 뇌

40 년 이상이나 이전에 고 알렉산더 그라함 벨 박사와 엘머 R. 게이쓰 박사와 함께 연구를 하고 있을 때, 나는 인간의 두뇌가 마음의 진동을 송신하거나 수신하는 기지라는 사실을 발견했다.

무선 통신과 아주 흡사한 구조에 의해 인간의 두뇌는 남의 두뇌로부터 발신된 신호를 수신하는 능력을 가지고 있다. 이것은 제 5 단계 '상상력'중에서 말한 창조적 상상력과 비교해 생각해 주기 바란다. 창조적 상상력은 남의 두뇌에서 발신된 사고의 번뜩임을 받아들이는 두뇌의 '수신 장치'인 것이다. 즉 창조적 상상력은 우리들의 현재 의식이나 논리적인 마음과 사고의 번뜩임을 가지고 오는 '4 개의 원천'을 결부시키는 작용을 한다.

외부에서 보내오는 사고의 번뜩임은 자극되고 증폭되므로 해서 보다 더 한층 창조적인 상상력에 수신되기 쉽게 된다. 신호는 건설적인 감정이나 파괴적인 감정에 의해 증폭된다. 즉 마음의 진동은 감정에 의해 증폭된다는 말이다.

인간의 감정중에서도 가장 강렬하고 추진력이 큰 것이 섹스 감정이다. 이 섹스 감정에 의해서 자극을 받은 두뇌는 맹렬한 속도로 회전하기 시작한다. 성의 충동이 전환되어 사고가 자극을 받으면 창조적 사고력은 더욱 더 민감하게 아이디어를 수신할 수 있게 된다. 또 두뇌의 회전이 고속화되면 창조적 상상력은 남의 두뇌에서 발신되는 신호를 수신할 수 있을 뿐 아니라 남의 잠재 의식과도 직접 교신하게 된다.

잠재 의식은 두뇌의 '발신 장치'이며 마음의 진동이 여기서 발신이 된다. 그리고 창조적 상상력의 '수신 장치'가 이 신호의 에너지를 잡게 되는 것이다. 즉, 당신 '마음의 교신 시스템'은 발신 장치인 잠재 의식과 수신 장치인 창조적 상상력에 의해 구성되어 있다. 그래서 다음은 이 양자의 교신을 성립시키고 있는 자기 암시에 대해 생각해 보아야 한다.

제 3 단계 '자기 암시' 중에서 소개한 '잠재 의식을 움직이는 3 가지 방법'은 충분히 마스터했으리라 생각한다.

당신의 '마음의 교신 시스템'은 비교적 간단한 방법으로 작동한다. 즉, '잠재 의식' '상상력' '자기 암시'의 3 가지를 충분히 알게 되면 언제든지 작동할 수가 있다. 다만 이 3 가지의 근본이 되는 것이 '소망'이라는 것을 결코 잊어서는 안된다.

■ 인간은 눈에 보이지 않는 힘에 의해 지배되고 있다

지금까지 인간은 너무나 5 감만을 의지해 온 듯하다. 그 결과 보고 듣고 냄새맡고, 맛보고, 만져보는 물리적인 사실에만 지식이 얽매어 왔다.

그러나 다행히 우리는 과거 어느 때보다도 좋은 시대에 들어가고 있다. 즉, 현대의 우리들은 5 감으로는 지각하지 못했던 우리들의 세계를 둘러싼 '눈에 보이지 않는 힘'을 알기 시작한 것이다. 이제 머지않아 우리는 거울에 비쳐진 '자기' 외에 좀더 훌륭한 또 하나의 자기를 똑똑히 확인할 수 있는 날이 올 것이다.

우리는 흔히 '그것은 5 감으로는 알지 못하는 일이야'라고 깨끗이 정리해 버리기도 한다. 그러나 이 말은 ('인간은 누구나 보지도 만지지도 못하

는 어떤 힘으로 컨트롤되고 있다.]는 것을 암시하고 있다.'

인간의 힘으로는 바다에 파도를 일으키고 있는 눈에 보이지 않는 힘을 이겨내거나 지배할 수는 없는 법이다. 또 인간의 능력으로는 이 작은 지구를 광대한 우주속에 띄우거나 만물을 지구로 끌어당기고 있는 눈에 보이지 않는 힘에 거역하는 것은 물론 컨트롤하는 것조차 못한다. 인간은 뇌우가 몰고 오는 눈에 보이지 않는 힘 앞에는 옴쭉달싹도 못한다.

눈에 보이지 않는 것이나 손으로 만질 수 없는 것에 대한 인간의 무지는 이것만이 아니다. 우리들은 이 대지 안에 있는 눈에 보이지 않는 힘이나 지성에 대해서도 거의 알지 못하고 있다. 그러나 "눈에 보이지 않는 이 힘이 모든 음식물, 모든 의복을 비롯하여 주머니 안에 있는 은화까지도 만들어내고 있다."

■ 텔레파시에 의한 교신

최후로 인류가 자랑하고 있는 모든 문명과 교육에서도 거의 아니, 전혀 알지 못하고 있는 눈에 보이지 않는 힘으로서 사고의 힘(눈에 보이지 않는 힘 중에서 가장 클 것이다)에 대해 말하고자 한다. 그러나 이 문제도 조금씩이지만 해명되어 가고 있다. 과학자들도 두뇌라는 이 놀라운 문제에 손을 대기 시작한 듯하지만 그 연구는 아직 유치원의 단계를 벗어나지 못하고 있다. 뇌의 중앙 제어 장치나 뇌세포를 서로 연결하고 있는 무수한 신경 섬유나 그 무수한 조립 등에 대해서는 전혀 알지 못하는 것들 뿐이다.

'그 조합은 놀라울 만큼 방대한 것이다.' 시카고 대학의 C. 재드슨 헬릭 박사는 이렇게 말한다.

"그 조합의 수는 몇억 광년이라고 하는 천문학적인 숫자도 문제가 되지 않을 정도이다. 인간의 대뇌피질에는 100억 개에서 140억 개에 이르는 신경 세포가 있다고 생각되며 그 세포들은 일정한 법칙에 따라 질서 정연하게 배열되어 있다. 최근에는 정기 생리학이 발달되어 여러 가지를 알게 되었다. 예를 들면 그 신경 세포에서 활동 전류가 생기고 있다는 것이지만 그 전류를 미소 전기 섬유도 사용하여 포착, 진공관 으로 증폭하는 것으로 해서 100 만분의 1 볼트 가량의 전위차를 기록 할 수도 있게 되었다."

그러나 그토록 복잡한 구조를 가진 조직망이 단순히 육체의 성장과 유지의 목적만으로 존재한다는 것은 생각할 수 없는 일이다. 몇십억 개라고 하는 뇌세포를 가진 이 시스템은 남의 잠재 의식과 교신하거나 눈에 보이지 않는 힘과 교신할 때의 매체가 되어 있는 것은 아닐까?

뉴욕 타임즈 사설에 어느 교수가 심리 현상에 대한 조직적인 연구 결과, 이 책에 소개하고 있는 여러 가지 사실과 관련성이 있는 발표를 싣고 있다. 이 사설을 요약해 본다. 이것은 라인 박사와 그 조수들의 연구를 분석한 것이다.

"텔레파시란 무엇인가?"

1 개월 전에 이 란에서 듀크 대학의 라인 교수와 그 조수들이 행한 10만 회 이상이나 되는 테스트 중에서 '텔레파시'와 '투시'의 존재를 확인 하는 몇 가지 연구 성과를 소개했다. 그 내용은 '허버즈 매가진'의 두 논문에 요약되어 있으나 이번에 작가인 E. H. 라이트 씨가 발표한 논문 에 의하면 인간에게는 선천적인 지각 양식으로서 '영감'의 존재가 인정된 다고 보고하고 있다.

텔레파시나 투시의 실재는 라인 교수 등의 노력에 의해 일반 과학자들 도 상당히 믿게 되었다. 지금까지도 많은 영능자(靈能者)들의 특수한 상자속에 들어 있는 카드를 보거나 가까이 가지도 않은 상태에서 무엇이 쓰여져 있는가를 알아맞추고 있다. 이것은 운이나 우연이 있다 할지라도 100억 분의 1 의 확률이다. 그들은 어떤 방법으로 알아맞쳤을까? 만일 그런 능력이 있다 해도 감각적인 것은 아니라고 생각된다. 이미 알려져 있는 기관의 작용에 의한 것은 아니다. 그 실험은 방안에서 실시되었지만 몇백 마일이나 떨어져 있는 곳에서 해도 같은 결과가 나왔다. 여기에 대해서 라이트 씨는 텔레파시나 투시는 물리적인 방사 이론으로는 설명이 되지 않는다고 말하고 있다. 즉 모든 방사 에너지는 거리의 2승에 반비례하여 감소하는 것이지만 텔레파시나 투시는 거리에 관계가 없다. 다만 다른 정신력과 마찬가지로 사람에 따라 개인 차가 있을 뿐이다. 텔레파시나 투시는 지금까지의 추측에 반하여 잠을 자거나 비몽사몽간에는 기능을 발휘하지 않는다는 것을 알고 있다. 확실히 잠이 깨어 있을 때나 정신을 집중하고 있을 때가 아니면 이 능력은 발휘되지 않는다. 라인 교수의 발견에 의하면 영능자에게 수면제를 투여하면 정해율이 저하하고 반대로 흥분제를 투여하면 반드시 정해율이 향상한다고 한다. 매우 우수한 영능자라도 최선을 다하지 않으면 좋은 성적은 얻지 못한다.

라이트 씨는 텔레파시나 투시는 인간이 누구나 가지고 있는 재능이라고 자신있게 결론을 내리고 있다. 또 테이블 위에 엎어놓은 카드를 알아내는 능력은 남의 마음속을 읽는 것과 똑같은 능력이다. 즉, 텔레파시와 투시는 같은 능력이라고 한다. 그 증거로는 그 어느 쪽의 능력이라도 가지고 있는 사람은 반드시 다른 한쪽의 능력도 가지고 있다는 사실이다. 이 재능에는 스크린이나 벽, 거리 따위는 전혀 문제가 되지 않는다. 이 사실에서 라이트 씨는 이렇게 추론하고 있다. 즉, 텔레파시와 투시가 하나의 재능인 것과 마찬가지로 영감의 체험이나 현몽, 재난의 예감이나 그리고 '감'등의 현상도 모두 같은 재능의 하나라는 것이다. 독자가 이 결론을 무리하게 믿을 필요는 전혀 없겠지만 흥미진진한 증언이라 하겠다.

■ 명안을 만들어내는 법

라이트 씨는 마음이 감응하는 상황을 '영감'에 의한 지각 양식이라고 부르고 있으나 이에 관련하여 한가지 첨부해 둘 말이 있다.

그것은 내가 실제로 두 조수와 함께 제6 감으로 교신하는 방법을 발견한 일이다. 그 방법이란 우리들의 사업상 필요에 의해 생겨난 것이다. 우리들은 손님의 문제를 해결하기 위해 항상 3 사람의 마음을 하나로 종합할 필요가 있었다. 어떻게 하면 3 사람의 마음을 결합할 수가 있는가 하고 여러 가지 시험을 되풀이해 보았는데 드디어 그 방법을 발견했던 것이다(다음 단계에서 설명하는 '눈에 보이지 않는 고문들'의 원칙 이용).

그 방법은 간단하다. 우리 3 사람은 회의용 테이블 앞에 앉아 먼저 문제의 본질을 서로 확인한다. 그리고 그 문제에 관해 의견을 서로 나눈다. 이때는 어떤 착상이건 상관없이 있는 대로 발표하는 것이 중요하다. 그렇게 함으로써 서로의 마음을 자극하게 된다. 한동안 계속하는 도중에 불가사의한 일이 일어난다. 즉 마음에 자극을 받음으로써 갑자기 자기가 전혀 경험한 적이 없는 아이디어가 나오게 된다. 즉 눈에 보이지 않는 지식의 원천과 교신을 할 수 있게 된다. 만일 '협력자'의 단계에서 소개한 사고 방식을 알게 되면 이 사실에 대해서도 알게 될 것이다. 3 사람이 한가지 문제에 대해 정신을 집중하고 조화를 유지하면서 서로 토론함으로써 서로의 마음이 통하게 된다. 이 방법은 '협력자'의 사고 방식의 가장 간단한 실천적인 응용이다.

이 방법을 응용하면 당신도 반드시 '저자 서문'에서 소개한 카네기의 성공 철학이 차차 몸에 익혀질 것이다. 만일 지금 말씀드린 것이 그다지 중요하다고 생각되지 않으면 먼저 이 페이지에 기표해 두기 바란다. 그리고 이 책의 마지막 페이지를 다 읽고 나서 다시 이 단계를 되풀이 읽어 주기 바란다.

요점정리

___

당신의 사고의 힘을 끌어내어 성공을 가지고 오는 3가지 기본적인 성공철학을 잊지 말아 주기 바란다. 그것은 다른 사람들이 느끼지 못하고 있는 새로운 '눈에 보이지 않는 힘'을 부여해 준다.

'텔레파시'에 관한 마음의 과학의 발견은 당신의 자기개선의 도구로 소용되기 바란다. 당신은 회의 테이블의 비밀의 열쇠를 잡은 것이다.

10조에도 미치지 못하는 작은 하인(두뇌의 모든 세포)은 당신의 '사고'나 '상상'이나 '의지'에 충실히 따른다.

"대부분 사람이 부를 바라고 있으나 부로 가는 길을 개척하는 결정적인 계획과 타는 듯한 소망을 가진 사람은 불과 얼마 되지 않는다."

___

제6감

영지(英知)의 전당의 문을 열면 그곳에는
성공으로 이어지는 모험의 길이 당신을 기다리고 있다.

성공 철학 · 제13단계
제 6 감

'성공 철학' 제13 번째의 법칙은 제6 감으로 잘 알려진 것으로 당신이 노력하거나 소원하지 않아도 제 6 감은 당신의 무한한 지성과 자유 자재로 교신이 된다.

제 6 감은 '성공 철학' 중에서 극치이므로 지금까지 말한 12 단계 철학을 마스터함으로써 비로소 이해하고 체득하여 구사할 수 있는 것이다.

제 6 감은 잠재 의식의 일부이며 창조적 상상력과 관련이 있다. 아이디어, 명안, 착상 등 감과 인스피레이션이라고 불리우고 있는 '번뜩임'을 포착하는 '수신' 장치의 일종이다.

["제6 감은 설명을 거부한다!]'성공 철학'에 대해 다른 법칙을 마스터하지 못하고 있는 사람들에게 설명한다는 것은 불가능하다. 그런 사람들은 제6 감과 유사한 체험을 한 적도 없으려니와 지식도 없기 때문이다. 제6 감은 내면에서 울려퍼져 오는 마음의 진동을 명상으로 받아들일 때, 비로소 실감할 수 있는 것이다. 그래서 이 책의 철학을 마스터한 사람들에게는 제 6 감의 실재를 이해하겠지만 일반적인 사람들에게는 믿기 어려울지도 모른다.

"당신은 이 6 감의 묘한 힘에 의해서만이 위험을 예감하고 찬스를 차지할 수가 있다."

제6감을 익히면 그 묘한 힘 덕분에 당신은 그 지령대로 행동하는 것만으로 항상 당의 '수호신'이 당신을 영지의 전당으로 인도해 주게 된다.

■ 수호신의 묘력

[²나는 '기적'을 믿지도 않거니와 두둔도 하지 않는다. 왜냐하면 대자연은 '자신이 창조한 법칙에서 절대로 이탈하는 일이 없다'는 것을 충분히 알고 있기 때문이다.] 그러나 그 대자연의 법칙 중에도 '기적'이라고 생각될 만한 것이 있다. 제6감의 경우도 나의 체험 중에는 기적적인 것이었다.

나는 이 세상에는 수호신 혹은 영이라는 하나의 힘이 있어서 그것이 온갖 물체의 원자에까지 골고루 미치어 우리들을 둘러싸고 있는 모든 작용을 관장하고 있다고 믿고 있다. 이 무한의 지성이 도토리 열매를 큰 상수리나무로 전환시키고 인력의 법칙에 따라 물을 언덕에서 낮은 지대로 흐르게 하고 밤이 지나면 낮이 오고 겨울이 가면 봄이 오게 하는 등, 모든 것에 바른 장소와 관계를 유지하게 하고 있다. 이 무한의 지성이 '성공 철학'의 법칙 중에서 소망을 구체적으로 물질적인 것으로 전환시키는 작용을 하고 있다. 내가 믿는 것은 내가 그 실험을 하여 체험했기 때문이다.

지금까지의 각 단계를 거쳐와서 당신은 한걸음한걸음 마지막 단계에 가까워지고 있으나 만일 당신이 지금까지의 각 단계를 마스터했다면 지금부터 말하는 놀라운 이야기를 의심없이 납득하게 될 것이다. 그러나, 만일 지금까지의 단계를 마스터하지 못했다면 지금부터 하는 이야기가 사실 또는 만든 이야기라는 것을 사전에 단정하기 전 먼저 12단계를 마스터해 주기 바란다.

내가 '영웅 숭배' 사상을 가진 연령에 있을 시절, 자기가 가장 존경하는 인물의 흉내만 내던 적이 있었으나 그때, 나는 재미있는 사실을 깨달았다. 그것은 나는 어떤 신념을 가지고 자기 우상의 흉내만 내고 있었지만 이 신념의 힘이 나를 남의 흉내 잘내는 명수로 만들어 버렸다.

■ 눈에 보이지 않는 고문들의 활용법

나에게 지금까지도 이 영웅 숭배의 습관이 남아 있는 것은 [³경험상으로 보아도 감정을 가지는 것으로나 행동하는 것으로나 되도록 위대한 인물을 흉내내려고 하는 태도 그 자체가 자기를 위대하게 하는 데 매우 효과적인 방법이기 때문이다.]

이전에 내가 어떤 것을 발표하려고 원고를 쓰고 있을 때, 문득 나는 나의 습관을 알아냈다. 당장에 나는 나로서는 가장 감동적인 생애를 보냈다고 생각되는 9 사람을 골라 그 사람들을 흉내냄으로써 자기 자신의 성격을 바꾸어 보려는 실험을 시작했다. 9 사람의 인물이란, 에머슨(시인 사상가), 페인(철학가), 에디슨(발명왕), 다윈(진화론자), 링컨(정치가), 버뱅크(원예가), 나폴레옹(대장군), 포드(자동차왕), 그리고 카네기(철강왕)이다. 1 년 이상에 걸쳐 나는 저녁마다 이 '눈에 보이지 않는 고문들'과 상상으로 회의를 열었다.

그 방법은 이러했다. 밤에 잠들기 직전에 조용히 눈을 감고 그들과 나는 함께 테이블을 둘러싸고 앉아 있는 모습을 상상했다. 여기서 나는 이 위대한 인물들과 한자리에 앉아 있을 뿐 아니라 내 자신이 의장으로 그룹을 지배하는 권리를 가지고 있게 된다.

내가 이 상상으로 하는 회의를 저녁마다 연 것은 극히 명확한 목적이 있기 때문이다. 그 목적이란, 눈에 보이지 않는 이 고문들의 개성을 합성하여 내 자신의 성격을 개조하는 일이었다. 무지와 미신 가운데서 자라온 자기 자신의 핸디캡을 언젠가는 극복한다고 젊은 시절부터 생각해 오고 있었으므로 신중하게 생각한 나머지 자기 자신을 다시 태어나게 하는 데 이 방법을 사용하려고 마음먹었던 것이다.

■ 소망과 자기 암시

인간을 만들어내고 있는 것 중 하나는 사고 방식이고 또 하나는 소망이다. 마음속 깊은 곳에 잠재해 있던 소망이 허리를 펴고 일어날 때, 사람의 마음을 부추겨 잠자고 있던 소망도 눈을 뜨고 기지개를 켠다. 자기 암시는 성격을 구축하는 힘센 불도저이며 또 자기 암시만이 실제로 성격을 구축하는 최대의 원인이라는 사실을 나는 잘 알고 있다.

이와 같은 심리 과학에 대한 원리를 이해하고 있었던 것은 성격을 개조하려고 하는 나에게는 무척 도움이 되었다. 나는 이 상상으로 하는 회의 석상에서 각 고문들을 지명하여 필요한 정보나 지식을 흡수해 갔다. 발언은 항상 분명하게 알아들을 수 있는 목소리로 진행되었다.

"에머슨군. 자네 인생을 훌륭한 시의 세계로 이끈 대자연에 대해 자네의 매혹적인 이야기를 들려 주겠는가? 대자연의 신비를 어떻게 자네는 속속들이 알게 되었는가. 어떻게 그 속으로 용해되어 들어갈 수 있었는가. 어떤 것이라도 좋으니 자네 마음을 사로잡은 것이 무엇이었는지 나의 잠재 의식에 심어 주기 바라네."

"버뱅크군, 그 가시투성이인 사보텐을 식용으로 전환시켜 버리는 대자연의 기적을 자네는 어떻게 해서 발견했는지 가르쳐 주게나. 일매엽(一梅葉)의 식물만이 자랐던 땅에 이매엽 식물을 길러낸 그 비법도 알고 싶네."

"나폴레옹군, 자네는 사람들을 감동시켜 용기를 주고 결연히 그들을 용감하게 일어서게 하는 믿지 못하는 능력의 소유자인데 자네를 흉내냄으로써 나도 그런 능력을 익히고 싶네. 또, 자네를 전쟁에 이기게 하고 적을 격파해 온 그 참을성있는 신념의 힘에 대해서도 배우고 싶네."

"페인군, 나는 자네를 유명한 학자로 성장시킨 사상의 자유로움과 용기, 그리고 사람들을 믿고 따르게 하는 그 명쾌함을 익히고 싶네."

"다윈군, 자연 과학 분야에서 인과의 법칙에서 자네가 해 보인 어떠한 선입관과 어떠한 편견에도 현혹되지 않았던 연구 태도와 믿지 못할 만큼의 그 인내력을 나도 지니고 싶네."

"링컨군, 예리한 정의감, 끈질긴 인내력, 유모어의 센스, 남을 이해하는 힘, 관용한 마음 등, 자네의 그런 성격을 나도 기르고 싶네."

"카네기군, 자네가 위대한 사업을 성취하는 데 사용한 그 '성공 철학'을 나도 완전히 알고 싶네."

"포드군, 내가 배우고 싶은 것은 빈곤을 극복했을 뿐 아니라 한사람 한사람의 노력을 거뜬하게 정리하여 조직화하고 단순화시킨 그 인내력과 결단력, 자신감이네. 그러므로 나는 사람들이 자네의 뒤를 잇는 것을 도우려고 생각하고 있네."

"에디슨군, 자연계의 비밀을 수없이 해결해 온 자네에 신념의 힘과 몇 번이나 실패해도 반드시 그것을 성공으로 전환시켜 온 자네의 부단한 도전심을 나에게도 심어 주면 좋겠네."

■ 상상으로 하는 회의

내가 눈에 보이지 않는 고문들을 지명하는 순번은 여러 가지가 있었다. 우선 가장 흥미있는 문제의 차례에 따랐기 때문이다. 나는 일심 불란으로 그들의 인생 기록을 걷고 있었다. 이 저녁마다의 회의를 연지 몇 달이 지났을 때, 놀라운 일이 일어났다. 상상 가운데의 인물들이 현실의 모습으로 눈앞에 출현했던 것이다.

나는 이 9 사람 각자가 독특한 개성을 가지고 있다는 사실에 감탄하고 말았다. 가령, 링컨은 좀스럽게 구는 것을 싫어하는 성격이었으므로 퍼레이드 도중에도 혼자 한가롭게 걸었으며 또, 그는 언제나 찌푸린 얼굴을 하고 있었으므로 나는 끝내 그의 웃는 얼굴을 보지 못했다.

다른 사람들은 어떤가 하면, 버뱅크나 페인 등은 동료 고문을 어리둥절하게 하려고 묘한 대화를 나누는 데 열중했다. 어느 때, 버뱅크가 지각을 한 일이 있었는데 방에 들어오자마자 그는 어떤 실험을 하다 늦었다고 흥분하여 해명을 했다. 그 실험이라는 것은 어떤 종류의 나무에나 사과를 열게 한다는 것이었다. 그래서 페인이 그러면 남녀간의 모든 트러블은 모두 사과가 원인이란 말인가 하고 그를 놀리자 이번에는 다윈이 싱글싱글 웃으면서 '페인군 사과를 주워 모으러 숲에 들어갈 때는 작은 뱀에도 조심하게나. 왜냐하면 그 뱀이 큰뱀으로 진화하기 때문이야.' 하고 끼어들었다. 그리고 에머슨이 '뱀 없는 곳에 사과없다'고 말하자 나폴레옹은 '사과 없는 곳에 나라 없다'고 말했다.

이렇게 하여 회의는 점점 긴장되었으나 수개월 동안, 나는 경건한 마음으로 그 진행 상황을 지켜보았다. 이 체험은 너무나 신비적인 사건이었으므로 회의가 분명히 '상상으로 하는 것인데도 불구하고' 무의식중에 그것을 잊을 지경이었다.

그런데, 지금 와서 비로소 나는 이 신비적인 체험을 발표하려고 하는 생각이 들었다. 지금까지 침묵을 지켜온 것은 이 유례없는 이야기에 대한 자기 자신의 지금까지의 태도에서 생각해 보아도 나의 기적적인 체험을 발표하면 반드시 오해를 살 것이 틀림없다는 것을 알고 있었기 때문이다. 그러나 지금의 나는 이 기적적인 체험을 책으로 정리하여 출판할 만큼 마음이 강해졌다. 그것은 요즘은 세상의 소문에 별로 신경을 쓰지 않게 되었기 때문인지도 모른다.

그러나 역시 오해를 받는 것은 기쁜 일은 아니므로 소리를 높여 단언해 두겠지만 나와 고문들의 회의는 틀림없는 상상으로 한 일에 지나지 않았다. 그러나 설사 그 고문들이 또, 그 회의가 단순히 내 머리 속에서 생각한 것에 지나지 않았다 하더라도 내가 빛나는 모험길로 유인되어, 나에게 진실로 위대한 것이란 무엇인가를 재인식시켜 나의 창조적인 사업에 용기를 주었으며 나에게 이 진실을 발표하는 대담성을 주었다는 사실도 단언해 두고 싶다.

■ 제6감을 깨우는 방법

뇌세포의 어느 부분에 '감'이라든가 '번뜩임'의 신호를 수신하는 장치가 갖추어져 있다. 이 제6감의 장치가 어디에 있는가 하는 것은 지금의 과학자로는 아직 규명하지 못하고 있으나 이것은 그다지 큰 문제는 아니다. 사실 우리들은 5감 이외의 기관을 통해 여러 가지 정보를 정확하게 수신하고 있다. 일반적으로 이러한 정보를 수신할 수 있는 때란, 우리들의 정신이 이상 흥분 상태에 있을 때다. 제6감을 불러 깨우는 긴장 상태란 반드시 감정을 흥분시켜 심장의 고동을 이상하게 빠르게 한다. 운전 중에 사고를 일으킬 뻔했던 일이 있는 사람이라면 누구나 경험하고 있겠으나 그럴 때, 가끔 제6감의 덕택으로 불과 일순간의 차이로 사고를 면하게 된다.

지금까지의 이야기는 지금부터 말하고자 하는 고백의 서론이었다. 실제로 이 '눈에 보이지 않는 고문들'과 회의를 계속해 온 기간 중, 나의 정신은 제6감의 번뜩임에 의해 최고로 민감하게 여러 가지 직감이나 정보나 시사를 수신해 주었다.

나는 생명이 위험할 정도의 궁지에 몇번이나 몰렸으나 '눈에 보이지 않는 고문들'의 기적이라고밖에 할 수 없는 인도에 의해 이 위험들에서 빠져나오게 되었던 것이다.

이와 같이 상상으로 하는 회의를 열었던 당초의 목적은 오로지 자기 암시의 법칙에 의해 자기 자신의 잠재 의식을 자극하여 어느 특별한 성격을 몸에 익히는 일이었다. 그러나 요즘에는 이 실험은 완전히 다른 방향으로 전개하기 시작하고 있다. 요즘은 자기의 어려운 문제만이 아니라 의뢰하는 사람들의 고민거리까지 짊어지고 눈에 보이지 않는 고문들과 교신하고 있다. 무엇이든 그들에게 의지할 생각은 없으나 그들이 가져다 주는 해결에는 그저 놀라기만 할 일이 너무나 많다.

■ 혼을 동요케 하는 '그 어떤 것'이란

제6감은 그렇게 간단하게 몸에 익히거나 제거할 수 있는 것은 아니다. 이 위대한 능력은 본서에서 말씀드린 다른 법칙을 체득함으로써 서서히 몸에 익혀 가게 된다.

당신이 어떤 사람이건 또 이 책을 읽는 목적이 무엇이건 이 단계에서 말한 법칙을 이해못한다면 당신은 이책에서 아무런 이익도 얻지는 못할 것이다. 더욱이 당신의 최대 목적이 돈을 버는 것이거나 재산을 이룩하는 데 있다면 더구나 그렇다.

이 책은 당신의 인생 목표가 무엇이건 그 목표를 반드시 달성시키기 위한 완전한 철학을 제공하려고 기획된 것이지만 그러기 위해서도 여기에 제6감의 단계가 마련되어 있다.

[4모든 성공의 출발점은 소망이다. 그리고 그 종착점은 자기를 이해하고 남을 이해하고 그리고 행복이라는 것을 인식하여 이해하는 그 이해력이다.]

이것은 제6감의 법칙에 정통하고 또 마음껏 사용함으로써 알게 되는 법이다.

이 단계를 읽고 나면 아마 당신은 정신적으로 자극을 받아 이상하게 흥분하는 자신을 느끼게 될 것으로 생각한다. 그렇게 되면 참으로 좋은 일이다.지금부터 1개월 후에 다시 한번 이 책을 읽어 주기 바란다. 그리고 당신의 정신이 다시 자극을 받아 흥분하는 것을 체험해 주기 바란다. 그때마다 얼마 만큼 얻는 것이 있었는지 없었는지 그것은 불구하고 되풀이 이 자극을 체험했으면 한다. 그러면 끝내 당신은 실의에서 일어나 공포를 헤치고 하루 연기를 탈피하여 자유롭게 상상력을 구사할 수 있게 될 것이다. 그때, 당신은 진실로 위대한 사상가나 지도자, 예술가, 음악가, 작가나 정치가들의 혼을 동요케 한 '그 어떤 것'을 실감할 수 있게 되어 있을 것이다. 이제 당신은 자기의 소망을 돈이거나 무엇으로도 분명하게 전환시킬 수 있는 사람이 된다. 그것은 어쭙잖은 장해 앞에 주저앉아 버리거나 곧 단념해 버리는 것보다도 당신에게 있어서는 더욱 간단한 것이 된 것이다.

요점정리

인스피레이션도 '감'도 이제는 당신 곁을 그냥 지나가지는 못한다. 그것들은 지금 창조적 상상력 즉 제 6감이 번뜩여 싱싱하게 당신 안에 넘쳐 있다.

나는 헨리 포드 등, 성공자들을 그 '눈에 보이지 않는 고문'으로 선택했으나 같은 방법을 사용함으로써 당신도 승리자가 될 수 있다.

모든 시대의 모든 성공자들이 가지고 있던 '그 어떤 것' 이야말로 오늘도 예술이나 과학 등을 비롯하여 온갖 분야에서 기적을 일으키고 있는 것이다.

만일 당신의 위대한 목표가 돈을 버는 일, 혹은 재산을 이룩하는 일이라면 이 단계야말로 특히 당신에게는 중요한 것이다.

"성공의 사다리는 최상단에서는 결코 혼잡하지 않다."

공포를 가지고 오는 6가지 원인

철저하게 당신의 내면을 분석한다.
그리고 당신의 깊은 곳에 숨어서 언제나 당신을 방해하고 있는
'공포'를 내쫓아 버리자.
그렇게 하면 당신은 완전히 무적의 인간이 될 수 있다.

성공 철학
공포를 가지고 오는 6가지 원인

이 '성공 철학'의 효과를 최대한으로 활용하기 위해서는 첫째, 마음을
받아들일 준비를 해 두어야 한다. 마음의 준비라 해서 별로 어려운 일을
하는 것이 아니다. 우유부단, 의혹, 공포라고 하는 3가지의 대적을 잘
연구하여 분석하고 이해하여 그것들을 마음속으로부터 일소해 두기만
하면 된다.

제6감은 이 3가지 대적 중, 하나라도 마음에 남아 있으면 그 기능을
발휘하지 못한다. 이 파괴적인 트리오는 매우 사이가 좋은 형제이므로
그 하나라도 발견이 되면 반드시 다른 둘도 가까이에 머물고 있다고
생각하면 틀림없다.

우유 부단은 공포의 묘목이다. 이 사실을 똑똑히 알아두기 바란다.
'우유 부단이란 결단력의 결여'를 말하지만 이것이 의혹을 가져온다.
그리고 이 우유 부단과 의혹이 결합하여 공포가 된다. 보통, 이렇게 하여
공포가 성장해 가는 과정은 매우 느리기 때문에 이 3가지 적이 그처럼
위험한 것이라고 깨닫지 못하는 일이 많다. 공포는 어느 사이엔가 싹이
터서 눈에 보이지 않는 곳에서 크게 자라간다.

그래서 이 '성공 철학'을 실제로 활용하기 전에 '공포'에 대해 상세하게
연구해 두려고 생각한다. 여기서는 많은 사람들이 어째서 가난에서 탈출

하지 못하는가 그 원인을 분석해 보기로 한다.

이 장은 6 가지의 기본적인 공포의 원인과 그 치료법에 스포트라이트를 맞추는 것이 목적이다. 적을 해치우기 전에 우리는 먼저 그 이름과 버릇과 존재 장소를 알아두어야만 한다. 또 단순히 이 장을 읽어 넘길 것이 아니라 이 6 가지 공포가 당신에게 달라붙어 있지 않은지를 조사해 보아야 한다.

그런데 우리는 적의 교묘한 술책에 속지 않도록 주의하면서 연구를 진행해야 한다. 공포는 우리들의 잠재 의식안에 숨어 있는 경우가 많으나 이처럼 침입하기 어려운 곳에 숨어 있는 것은 내쫓기도 어려운 법이다.

■ 공포는 마음의 상태이다

공포에는 6 가지 기본적인 것이 있다. 그리고 이것들이 서로 어울려서 사람을 괴롭히고 있다. 만일 이 6 가지의 어느 것으로부터도 고통을 받은 일이 없다는 사람이 있으면 그 사람은 꽤나 행복한 사람일 것이다. 그런데 6 가지 공포를 가장 영향력이 많은 것 순서로 나열시켜 본다.

1. 가난
2. 비평
3. 질병
4. 실연
5. 노령
6. 죽음

처음의 3 가지 공포는 사람들을 괴롭히는 가장 큰 원인이다. 또 이 6 가지 외에도 몇 가지 종류의 공포가 더 있으나 여기서는 이 대표적인 것에 대해서만 분석하기로 한다.

"공포란 마음의 상태 이외의 다른 아무것도 아니다."

그리고 마음의 상태라는 것은 항상 무엇인가에 의해 지배되고 방향을 지워지고 있다.

인간은 마음속에 착상되지 않은 것을 창조하지는 못한다. 즉 마음의 번뜩임이 모든 것을 창조하는 힘을 가지고 있다. 그리고 중요한 것은 이 마음의 번뜩임은 의식적인 것이든 무의식적인 것이든 관계없이 구체적인 무엇인가를 창조하는 힘을 가지고 있다. 우리들은 작은 우연의 번뜩임에 의해(또 남의 마음에서 발신되는 번뜩임에 의해서) 경제면은 물론이거니와 사업이나 직업이나 직위 등, 온갖 운명이 결정지워지는 일이 많다. 즉 우연한 마음의 번뜩임이라 해도 그것은 의도적으로 기획된 아이디어와 마찬가지로 영향력을 가지고 있다.

여기서 중요한 사실을 피력해 두겠다. 이것은 같은 능력, 같은 훈련, 같은 체험, 같은 두뇌를 가졌으면서도 어째서 어떤 사람만이 '행운'을 타고나 성공하는데, 많은 사람이 '불운'하여 성공하지 못하고 끝나는 것일까를 알아내는 것이 목적이다. 이 사실을 알아내기 전에 알아두어야 할 것이 있다. 그것은['모든 사람들은 자신의 마음을 완전히 지배하는 능력을 가지고 있다]는 것이다. 그리고 그 지배 방법에 따라 자신의 마음을 열어 남의 두뇌에서 발신되는 번뜩임을 수신하여 이용할 수 있으며 완고하게 마음을 닫고 자기 마음의 번뜩임만을 이용하지 못하는 일도 있다는 것이다.

대자연은 우리 인간의 모든 것을 컨트롤하고 있으나 단 한가지만 컨트롤 하지 못하는 것이 있다. 그것은 '사고'이다. 이 사실은 인간이 창조하는 것은 모두 사고에서 시작된다는 사실과 맞추어 생각해 볼 때, 공포를 제거하기 위한 방법의 단서를 잡게 될 것이다.

모든 사고에는 그것을 현실화하는 힘이 내포되어 있으나 (이것은 의심하지 못하는 진실이다) 공포나 빈곤의 사고의 번뜩임은 반드시 파괴적인 결과를 현실화할 뿐, 결코 부나 용기를 만들어내는 일은 없다.

■ 부이냐 가난이냐

　가난과 부는 절대로 타협을 못하는 관계이다. 가난으로 가는 길과 부로 가는 길은 정반대이다. 그러므로, 만일 '부'를 얻고 싶다고 바란다면 가난에 이어지는 모든 것을 거절해야 한다. (여기서 말하는 '부'란 경제면, 정신면, 심리면, 인간 관계 등, 모든 것을 포함한 넓은 의미로 쓰이고 있다). 부로 가는 길의 제1보는 소망이다. 이것은 '소망' 단계에서 상세하게 말씀드린 바와 같다. 이 장에서는 이 소망과 공포의 관계를 구체적으로 알아보기로 한다. 이에 의해서 당신이 어느 정도 이 '성공 철학'을 몸에 익혔는지 명백해질 것이다. 그리고, 그 결과에 따라 당신이 장래 어느 정도의 부를 얻을 수 있을지 예측할 수 있다. 그러나 이 장을 다 읽고도 아직 가난을 받아들이는 마음을 떨어버리지 못한다면 한번 더 이 책을 처음부터 읽어 주기 바란다.

　부를 얻고 싶다고 생각한다면 첫째, 그 금액을 명확하게 결정해야 한다. 이것이 되면 당신은 부를 향해 출발하는 것이 남아 있을 뿐이다. 당신은 이미 부의 세계에 도착하기 위한 '성공 철학'이라는 완전한 지도를 가지고 있으므로 그것을 따라 충실하게 전진해 가면 된다. 그러나, 만일 출발을 주저하거나 도중에서 좌절하면 그것은 모두가 당신의 책임이다. 부의 세계를 부정하거나 도중에서 좌절해 변명을 해도 아무런 소용이 없다는 것을 알아두어야 한다. [²부를 얻게 될지 어떨지는 마음속에서 할 수 있을까 못할까 생각하기에 따라 결정되는 것이다.] 그리고, 이것은 당신 자신이 결정하는 것이지만 마음의 상태란 우리들 자신이 만들어내는 것이다.

　마음의 상태는 돈으로 사지 못하는 것이며 당신 자신이 만들어내야 하는 것이다.

■ 공포를 분석하자

가난에 대한 공포는 마음의 상태 이외의 아무것도 아니다. 그러나 가난에 대한 공포는 그만큼 인생을 파멸하기에 충분한 힘을 가지고 있다.

공포는 모든 논리를 무력하게 하며, 모든 상상을 파괴하고, 모든 자신감을 좌절시키고, 모든 열의를 빼앗아가고, 모든 의욕을 없애 버리는 힘을 가지고 있다. [³또, 공포는 사람의 혼을 빼고, 예리한 사고력을 파괴하고, 집중력을 분산시키며 또, 인내력을 흔들리게 하고, 의지의 힘을 누르고, 대지를 부수고 기억을 흐리게 하며, 모든 수단 방법으로 실패를 불러오려고 하는 것이다]. 공포는 사랑을 죽이고, 섬세한 마음의 움직임을 무디게 하고, 우정에 금이 가게 하여 모든 절망을 가져온다. 그리고 사람들을 게으르고 비참하고 불행한 세계로 빠뜨려 버린다. 어떤 것이건 바라기만 하면 손에 들어오는 풍족한 세계에 살고 있으면서 공포 때문에 우리들은 아무것도 손에 넣지 못하고 인생을 끝내야 한다.

가난에 대한 공포는 6가지 공포중에서도 가장 파괴적인 것이다. 가난이 리스트 맨처음에 나오는 것은 가난에 대한 공포가 가장 극복하기 어려운 것이기 때문이다. 가난에 대한 공포는 경제적으로 동료를 먹이로 삼아 버리지만, 이것은 인간의 선천적인 슬픈 습성이 그렇게 만든다. 인간보다 열등한 동물들은 본능에 의해 행동하고 있을 뿐, 사고 능력은 거의 가지고 있지 않다. 그래서 동물들은 본능에 따라 동료끼리도 서로 먹고 먹히는 싸움을 하고 있다. 그러나, 인간은 날카로운 사고력을 구비하고 있어서 다른 동물처럼 서로 피를 흘리며 먹고 먹히는 싸움을 하는 일은 극히 드물다. 그러나, 인간은 경제적으로 서로 '먹고 먹히는 싸움'을 하고 있다. 경제적으로 인간은 동물 중에서 가장 탐욕스럽다. 그래서, 먼 옛날부터 인간은 자기 몸(경제)을 지키기 위해 온갖 수단을 강구해 왔던 것이다.

가난 만큼 인간에게 고통을 주는 것은 달리 없을 것이다. 가난은 체험한 사람만이 이 말의 참뜻을 이해할 것이다.

사람들이 '가난을 두려워하는 것'은 무리가 아니다. 우리들이 겪어온 체험으로 말해도 돈이나 재산이 없으면 세상에서 신용을 얻지 못하는 것은 사실이다. 그래서 사람들은 가난에서 벗어나고 싶다는 일념에서 어떤 불법한 수단과 방법을 써서도 부를 손에 넣으려고 한다.

그러나 진정으로 부를 손에 넣으려고 한다면 냉정하게 자기 자신을 검토하는 일부터 시작해야 한다. 자기를 분석함으로써 우리는 알고 싶지 않은 자기의 약점이 폭로될지도 모른다. 그러나 비참하고 가난한 일생을 보내고 싶지 않다면 용기를 가지고 자기의 진정한 모습과 맞서야 한다. 자신을 1 항목씩 체크해 갈 때 우리들은 스스로가 재판관이고 동시에 판사이고 검사이어야 한다. 거기다 변호사이기도 하고 원고에 피고이기도 할 뿐 아니라 또 방청인이어야 한다. 이렇게 하여 결코 속이지 않고 진실한 자기를 직시하여 스스로 엄한 질문을 하고 스스로 명확하게 답변해야 할 것이다. 이와 같이 자기 분석을 함으로써 비로소 진정한 자기 모습이 밝혀지게 될 것이다. 만일 자기로서는 역성이나 변명이 나올 것이라고 생각되면 당신을 잘 아는 솔직한 친구가 입회하는 것도 좋은 방법일 것이다. 이 테스트는 괴로울지도 모르겠으나 어떤 댓가를 치룬다 해도 반드시 받아두어야 한다.

무엇이 가장 무서운가 하는 질문을 받으면 대다수 사람들은 이렇게 대답할 것이다. '별로 무서운 것 없어요'라고, 그러나 이 대답은 진실을 말하고 있지 않다. 이렇게 대답하는 것은 그들이 공포에 대해 상세하게 모르기 때문이다. 우리들은 누구나 마음속에 공포가 도사리고 있으나 그 모습을 모르기 때문에 자기는 공포에 사로잡혀 있지 않다고 생각하고 있을 따름이다. 우리는 눈에 보이지 않는 이 공포 때문에 얼마나 육체적으로도 정신적으로도 모르는 사이에 손해를 보고 있는지 모른다. 이 공포라는 대적을 알아내어 추방하는 데는 용기있는 분석 이외에 방법은 없다. 이하에서 당신이 확인해야 할 가난에 대한 공포에 대한 여러 가지 증후를 들어 보자.

■ 가난에 대한 공포의 증후

1. **무관심**   이것은 일반적으로 '대지의 결여' 라든가 '가난을 받아들이는 관대한 마음'이라고 불리우는 것이다. 이런 타협적인 생활이 무저항주의나 육체적, 정신적으로 태만한 인간을 만들어 버린다. 무슨 일에나 특히 가난에 무관심한 사람들은 의욕이 없으며 상상력이 부족하며 또, 열의도 없으며 자기 통제력도 없어지고 만다.

2. **결단력의 결여**   이것은 무엇이나 남의 생각에 의지하려는 나쁜 버릇이다.

3. **시기심**   이것은 자기의 실패를 은폐하거나 변명하거나 핑계를 대는 나쁜 버릇이지만 대부분의 경우 이것은 성공자에 대한 중상이나 비평이라는 형식으로 나타난다.

4. **부질없는 기우**   이것은 남의 실패를 일부러 찾아다니거나 또, 수입 이상으로 겉치레를 하려고 하거나 혹은 당장에 얼굴을 찌푸리거나 눈썹을 치켜올리는 나쁜 버릇이다. 때로는 마약이나 술에 빠지는 일도 있다. 모든 일에 신경질적이고 기분에 하자가 있다.

5. **지나친 조심**   어떤 경우에나 부정적으로 보는 습관으로 성공하는 경우를 생각하지 않고 실패의 가능성만 찾으려고 하는 나쁜 버릇이다. 다만 실패의 조건만을 들어 따질 뿐 결코 그것에 대처하려고는 하지 않는다. 또, 어떤 경우건 '때'를 기다리기만 하고 끝까지 행동에 옮기려고 하지 않는다. 그리고 실패자의 예는 잘 알고 있으나 성공자에 대해서는 연구하려고 하지 않는다. 즉, 도너츠의 구멍만을 보고 있고 도너츠 그 자체를 보려고 하지 않는다. 모든 것에 대해 비관적이어서

일반적으로 소화 불량, 변비, 자가 중독, 호흡 곤란이 있다.

6. **하루 연기** 이것은 1년 전에 해야 할 일을 또 내일로 미루려고 하는 나쁜 버릇이다. 변명이나 핑계만을 생각하고 있다. 되도록 책임을 회피하려고 도망을 다니기도 하고 단호하게 싸우지 않고 간단하게 타협을 하려고 한다. 어려운 일을 만나면 곧 좌절하여 그것을 극복하려고 하지 않는다. 단 1페니로 인생을 싸게 팔아 넘기고 부도 행복도 바라지 않는 생활을 보낸다. 그리고 실패했을 때의 도피구만을 찾아 후퇴 준비에 마음이 빼앗겨 있다. 기백도 없고 교활하고 목표를 고의로 애매하게 정해 놓고 있다. 자신감, 의욕, 열의, 대지가 없어 오로지 일신의 안전만을 바라며 이론적 사고가 없다. 부를 바라지 않고 가난해도 좋다는 자기를 인정하여 전진하는 사람을 피해 탈락자와 한 패거리가 되려고 한다.

■ 돈과 행복

이런 질문을 하는 사람이 있을지도 모른다. '어째서 돈을 버는 책 따위를 쓰게 되었는가? 무엇 때문에 행복을 돈으로 측량하려고 하는가?' 돈으로 행복을 잴 수 없다는 것은 잘 알고 있다. 그러나 몇백만 명이라는 사람들이 다음과 같이 말하고 있다. '돈만 있으면 행복해질 텐데' 라고.

어째서 내가 이 책을 썼는가 하는 최대의 이유는 몇백만 명이라는 사람들이 가난에 대한 공포에 떨면서 나날을 보내고 있기 때문이다. 이 가난에 대한 공포가 도대체 사람들에게 어떤 영향을 주고 있는가를 웨스트블크 페글러 씨의 말을 빌어 알아보자.

돈이라는 것은 현실로 단지 쇠붙이나 종이 조각에 지나지 않는다. 마음이니 혼이니 하고 불리우는 보물에 비해서 돈은 전혀 무능하다. 그러나 한푼 없는 인간에게 있어서는 설사 쇠붙이이건 종이 조각이건 돈은 어쨌든 필요한 것이다. [⁴그들에게는 마음이나 혼보다도 우선 돈이 필요하다]. 돈이 없어 일자리를 찾아 헤메이다 지친 사람의 어깨나 등에는 그 사람의 비참한 모습이 드러난다. 가령 성격이나 지식이나 능력으로는 어느 누구에게도 지지 않는다고 자부해도 역시 일정한 직업을 가진 사람에게는 열등감을 가지지 않을 수 없다. 일정 직업을 가지고 있는 사람은 상대가 설사 동창생이라도 일자리가 없는 친구에게 우월감을 가지는 법이며 아마 무의식적이겠지만 그를 부랑자로 단정해 버릴 것이다. 일자리를 잃으면 한동안은 빚을 져서라도 밥을 먹을지 모른다. 그러나 빚을 지고 사는 생활이 즐거울 리 없고 또, 언제까지 계속할 수도 없다. 오늘 저녁 밥 값을 친구로부터 빌려야 할 처지가 되면 인생의 모든 것이 절망적으로 느껴져 재출발하려고 하는 의욕마저 일어나지 않게 된다. 물론 진짜 부랑자나 거지에게는 절망 따위는 없을지 모르겠으나 역시 자존심과 희망을 가진 정상인에게는 돈이 없다는 것은 견딜 수 없는 고통이라 하겠다.

마찬가지로 무일푼인 사람이라도 여성의 경우는 이야기가 달라진다. 우리는 절망자라 하면 반드시 남성만의 일로 생각하고 흔히 여성의 경우는 잊기 쉽다. 그 이유는 여성이 밥 값을 빌리러 다니는 일은 적고 길거리에서 구걸을 하는 모습도 드물기 때문이다. 또 남성의 경우면 군중속에서도 한눈에 실업자라는 것을 알 수 있지만 여성은 외관상으로 보아 당장에 실업자라고 알아보기가 어렵기 때문이다. 물론 여성에게도 구제불능인 굴러먹은 여성이나 길거리에서 거짓말이나 하는 여성은 예외이다. 그에 상응하여 젊고 기품있고 지성이 있는 여성 실업자에 대한 말이다. 그녀들의 절망감을 외관으로 구별하기 어려운 것은 아마도 그녀들이 너무나도 완전하게 자기를 죽이고 있기 때문일 것이다.

절망의 구렁텅이에 떨어진 인간의 손아귀에 남아 있는 단 하나는 생각하는 데 필요한 시간이다. 그들은 여러 가지로 생각한 끝에 몇 마일이나 떨어진 먼 곳까지 가서 일자리를 줄만한 사람을 만나려고 한다. 그러나 그가 그곳에서 발견하는 것은 한발 늦어 다른 누군가에게 일자리가 돌아갔다는 대답이거나 혹은 그 일자리가 소위 고정급이 전혀 없는 플리코미션제로 동정해서 사 주는 사람 이외에는 아무도 살 것 같지 않은 무용의 물건을 파는 일이다. 그래서 단념하고 귀로에 오른다. 그는 어디든 가볼만한 데도 없거니와 그렇다 해서 어디를 가나 상관이 없는 처량한 신세이다. 오로지 그는 끝없이 걸을 뿐이다. 도중에 그와는 아무런 상관도 없는 사치스러운 물건을 진열해 둔 쇼윈도를 한숨을 쉬면서 들여다보고 있다. 그러나 나중에 온 '손님'에 밀려나 자리를 비켜 주어야 한다. 그는 기차를 탈 것도 아닌데 역으로 들어갔다가 책을 읽을 생각도 없으면서도 도서관으로 간다. 거기 있는 벤치가 그의 목표물이다. 한동안 걸터앉아 피로한 다리를 쉬게 한다. 그러나 그렇게 앉아 있는다 해서 일자리가 들어오는 것이 아니라고 생각하자 다시 걷기 시작한다. 그가 깨닫고 있는지는 모르지만 그의 모습은 거기 있어도 이제 옛날의 그는 그곳에 없다. 또 일자리가 있었을 시절, 애용했던 근사한 옷을 입고 있다 해서 겉치레로 진정한 모습을 속이지는 못할 것이다. 그의 절망을 감추지는 못한다.

그는 책방 점원이나 역원이나 운수업자나 공사장 인부들이 바쁘게 일하고 있는 모습을 진심으로 부러워하며 바라보고 있을 뿐이다. 자립심과 자존심과 인간다움이 가득 넘쳐 일을 하고 있는 사람에 비해 지금의 자기는 그 얼마나 초라하고 가련한가, 그는 다만 슬픔속에서 시간을 보낸다. 그런 그가 운좋게도 다시 한번 일어서게 된다 할지라도 그때까지 긴 절망의 시간을 살아야 한다.

그에게 그토록 큰 타격을 주는 것은 바로 돈이다. 불과 얼마 되지 않는 돈, 안정된 수입만 있으면 그는 다시 원래의 모습을 찾을 수 있다.

■ 비평에 대한 공포

사람들이 언제부터 비평을 두려워하게 되었는지는 누구도 분명하게 밝힐 수 없을 것이다. 그러나 확실하게 말할 수 있는 것은 [⁵오늘날, 이 비평에 대한 두려움은 사람들 마음속에 더욱 더 넓게 자리잡고 있다].

내 생각으로는 비평에 대한 공포는 인간의 선천적인 습성이라 생각한다. 이 습성은 친구의 행복을 파괴하는 것으로만 만족하지 않고 그를 파멸시킴으로써 자기를 정당화하려고 한다. 도둑이 도둑맞은 상대를 욕하는 것은 잘 알려져 있는 일이다. 도둑을 맞은데다 더욱이 욕까지 얻어먹는다는 것은 참을 수 없는 일이다. 그러나 이것은 부정못하는 현실이다. 정치가들이 자기의 장점이나 우수성을 어필시키려고 하는 것이 아니라 상대측을 때려잡음으로써 자기를 어필시키려는 일도 다반사로 일어나는 현실이다.

비평에 대한 공포를 능숙하게 이용하고 있는 것이 패션 메이커이다. 우리들은 내내 그들의 먹이가 되어 왔다. 씨즌마다 새로운 소재, 새로운 스타일의 패션이 나오고 있으나 이 스타일을 결정하고 있는 것은 도대체 누구인가? 물론 그것은 메이커측이지 결코 소비자는 아니다. 그런데 무엇 때문에 그다지 빈번하게 스타일을 바꿀 필요가 있는 것일까? 대답은 명백하다. 스타일을 바꿈으로써 판매가 용이해 장사가 잘 되기 때문이다.

마찬가지 이유에서 자동차 메이커도 매년 모델 변경을 하고 있다. 그것은 누구나 최신형 차를 타고 싶어하기 때문이다.

[⁶남으로부터 비평을 받는 것이 두렵다는 이유에서 우리는 어쭙잖은 일에도 신경을 쓰며 살고 있다]. 비평에 대한 공포가 사회 생활 가운데서 얼마나 우리의 행동을 속박하는가를 알아보기로 한다. 가령 정신적으로 충분히 성숙했다고 생각되는 연령(35 세~40 세)인 사람들에 대해 생각해 보자. 만일 당신이 2, 30 년 전으로 돌아가 당시, 어른인 사람들 마음속에서 두려워하고 있던 것을 알아차릴 수 있다면 틀림없이 당시의 독단자들이 떠들어대고 다니던 신화가 전혀 믿을 수 없는 것들 뿐이라는 사실을 알게 될 것이다.

어째서 오늘날과 같은 문명 시대가 되어서도 제 몫을 하는 어른인 사람들이 신화를 부정하는 것을 두려워하는가? 이 대답은 '비평에 대한 공포'에서이다. 대부분의 남녀가 유령을 믿지 않는다고 말했다 해서 화형에 처해져 왔다. 그러므로 우리가 비평을 두려워하는 것도 무리가 아니다. 과거에는 아니 최근까지도 비평은 엄한 벌을 가지고 왔다. 그리고 오늘날에도 몇개 나라에서는 그것이 행해지고 있다.

비평받는 것을 두려워하는 마음은 사람들에게서 주도권을 빼앗아가고, 상상력을 파괴하고, 개성을 짓누르고, 자존심을 밟아 뭉개버린다. 그 밖에도 수많은 해를 끼친다. 부모는 아무런 저의없이 비평함으로써 얼마나 자식에게 상처를 주는지 반성해야 한다. 내가 어렸을 때, 어느 친구의 어머니가 매일처럼 그를 회초리로 때리며 반드시 이렇게 소리지르는 것을 똑똑히 기억하고 있다.

"스무 살도 되기 전에 넌 감방에 가고 말 거야!"
라고 악담을 했다. 그런데 정말 그는 17세에 소년원에 보내졌다.

인간은 누구나 남을 비평하고 싶어하는 경향이 있다. 그러나 우리가 가장 조심해야 할 비평자는 가족이나 친척이다. 잘 생각해 보지도 않고 비평을 가함으로써 아이들에게 열등감을 가지게 한다. 아무리 부모라 할지라도 이것은 용서하지 못할 일이다.(이것은 가장 큰 죄악이다). 인간이라는 것을 잘 알고 있는 경영자란 부하의 능력을 끌어내는 것이 능숙하다. 그러나 그것은 결코 비평을 사용하지 않고 건설적인 충고에 의해 이루어진다. 부모도 자식에 대해 이와 같은 진정한 리더쉽을 익혀야 한다. 비평은 인간의 마음에 공포나 증오를 심어 주기는 해도 결코 사랑이나 인정을 심지는 못한다.

■ 비평에 대한 공포의 증후

비평에 대한 공포는 가난에 대한 공포와 마찬가지로 매우 큰 것으로 사람들의 성공에 있어서 사활 문제가 되는 것이라 하겠다. 왜냐하면 이 공포는 주도권을 파괴하고 상상력을 소극적으로 만들기 때문이다. 이 공포의 대표적인 것 7 가지를 들어 본다.

1. **겁이 많다**   일반적으로 신경질적이며 더듬더듬 말을 하고 사람 만나기를 무서워한다.

2. **침착성이 없다**   목소리가 작으며 남의 앞에서는 특히 신경질적이고 기억이 명확하지 않고 또. 신체의 발달이 불충분할 경우가 있다.

3. **개성이 약하다**   단호한 결단력이 결여되고 인간적인 매력이 부족하며 의견을 당당하게 발표하지 못한다.

4. **열등감**   열등감을 보충하려고 나오는 대로 함부로 말을 내뱉거나 책임없는 행동을 한다.

     남의 주목을 끌기 위해 '허풍'을 떨거나 (대체로 그 허풍의 뜻을 모른다) 남의 옷차림이나 이야기하는 방법이나 동작을 쉽사리 흉내 내려고 한다. 또. 공상으로 하는 성공을 자랑하며 표면상의 우월감을 유지하려고 한다.

5. **낭비**   수입 이상의 돈을 써서 '허세'를 부리려고 한다.

6. **발언권의 결여**   의견 발표 등을 두려워하여 자기 성장의 기회를 놓치고 만다. 자기 생각에 자신감을 가지지 못해 리더 등으로부터 질문을 받으면 언제나 회피하려고 하며 행동이나 이야기하는 방법에 있어서도 주저하거나 속임수가 보인다.

7. **대지(大志)의 결여**   육체적으로나 정신적으로나 나태한 버릇이 있고 자기 주장을 펴지 못하며 결단이 늦고 당장 주위 사람에게 감화되어 버린다. 뒷구멍에서 남을 비평하는 버릇이 있으나 겉으로는 비위를 잘 맞춘다. 남들에게 거부를 당하면 곧 좌절하여 아무런 저항도 하지 않고 패배를 인정해 버린다. 또. 까닭없이 남을 의심하고 행동이나 말투에 기민성이 결여되어 있고 실패에 대한 책임을 회피하려고 한다.

■ 병에 대한 공포

병에 대한 공포의 원인에는 육체적인 것과 사회적인 것이 있다. 이 공포는 고령과 죽음이라는 2가지 공포와 밀접하게 이어져 있다. 우리들은 고령이라는 것이 어떤 것인지 전혀 모르면서 그저 억측이나 세상의 위협에 얽혀 '공포의 세계'로 쫓겨들어가고 만다. 병에 대한 공포를 이용하는 장사가 소위 '건강 산업'이다. 이것 만큼 비논리적인 사업은 없으나 현실로는 매우 번창하고 있다.

우리가 병을 무서워하는 커다란 이유는 죽음에 대한 관념적인 공포와 또 하나는 의사에게 치루어야 할 막대한 돈에 대한 공포이다.

어느 큰 병원의 조사에 의하면 치료받으러 오는 사람들의 75 퍼센트는 히포콘드리(상상의 병)라는 것이다. 즉 실제로는 병이 아닌데 공포로 인해 그 병과 거의 같은 증상이 나타난다는 것이다.

인간의 마음은 항상 힘이 넘쳐 튼튼해야 한다. 이 마음을 살리는 것도 죽이는 것도 그것은 우리 자신의 책임이다.

병에 대한 공포라는 인간의 약점을 이용, 농락함으로써 의사나 약국은 거대한 부를 이룩해 왔다. 4, 50 년 전부터 이러한 인간성을 경시하는 사업이 판을 치기 시작했다. 요즘은 특히 악질적인 것에 대한 날카로운 캠페인을 전개하여 인기를 끈 주간지도 생겨날 정도이다.

약 10 년 전에 어떤 실험 결과, 암시에 의해 건강한 사람을 진짜 병자로 만들었다는 것이 증명되었다. 이 실험은 세 사람이 협력하여 실시되었다. 즉 먼저 한 사람이 '희생자'를 방문하여 '도대체 어떻게 된 거요? 얼굴빛이 아주 나쁘군요.' 하고 암시를 준다. 이 단계에서는 '뭐 별로 이상은 없는데요.' 하고 웃으며 무관심한 대답이 나온다. 두 번째 사람의 암시에 대해서는 '글쎄, 확실히 알지 못하지만 어쩐지 기분이 좋지 않아요.' 라는 대답이다. 세 번째 찾아간 사람의 암시에는 분명하게

'병이요.'라는 대답이 나와 그 사람은 실제로 그 증상을 나타냈다.

만일 이 증명에 의문이 있다면 누구든 친지 중에서 '희생자'를 선정하여 실험해 보기 바란다. 그 친지가 차츰 환자가 되어 가는 것을 똑똑히 알게 될 것이다. 다만, 지나치게 깊게 들어가면 위험하므로 조심해야 한다. '마력'으로 복수를 하려는 종교 단체 등은 '희생자'에게 바로 이 암시를 거는 방법을 사용한다.

이러한 병은 부정적인 자기 암시에 의해 초래된다는 결정적인 증거일 것이다. 우리들은 남으로부터 주어진 암시나 자신이 만들어낸 자기 암시에 의해 병이 되어 버리는 일이 있다.

이러한 암시에는 절대 걸리지 않는다는 현명한 사람이면 이와 같이 말할 것이다.

"얼굴빛이 좋지 않은데 어떻게 된 것인가? 하고 묻는 상대에게 펀치를 먹여 주고 싶어요."

의사는 환자의 건강을 위해 새로운 곳으로 옮기는 일이 있다. 그것은 그 환자의 '정신적 상태'를 바꾸려고 그렇게 하는 것이다. 병에 대한 공포의 씨앗은 누구의 마음속에도 생존하고 있는 것으로 우리들의 불안이나 공포, 낙담 혹은 절망 등의 대부분은 이 씨앗이 싹을 터서 성장하므로 초래되는 것이다.

사업이나 사랑에서의 절망은 병에 대한 공포 원인 중에서도 최상위에 위치하는 것이다. 사랑에 대한 절망으로 입원을 했던 젊은이가 있었다. 그 젊은이는 병원 침대에서 며칠 동안 생사경을 헤맸다. 어떤 약도 어떤 주사도 그에게는 효과가 없었다. 끝내는 심리요법 전문의를 데려왔다. 이 전문의는 간호원을 '아름다운 젊은 여성'으로 바꾸어 그녀에게 한눈에 이 젊은이에게 반해 사랑하게 된다는 연극을 하도록 지시했다. 그로부터 3주일도 지나기 전에 그 젊은이는 퇴원하기까지 회복이 되었던 것이다. 물론, 완전히 회복된 것은 아니었으나 그것은 그 젊은이가 이미 다른 병을 가지고 있었기 때문이었다. 그것은 새로운 사랑이었다. 애초에는 치료 수단으로 사용되는 연극이 진정한 사랑으로 바뀌었다. 드디어 그 젊은이는 간호원과 축복속에 결혼식을 올리게 되고 병도 완선히 나았다.

■ 병에 대한 공포의 증후

병에 대한 공포의 증후로는 다음과 같은 것들이 있다.

1. 자기 암시 온갖 종류의 질병의 증후를 찾아다님으로써 부정적인 자기 암시를 걸려고 하는 나쁜 버릇. 상상으로 하는 병을 '즐기는' 버릇이 있으며 그것을 사실처럼 이야기하고 싶어한다. '유행'하는 치료법이나 '○○식'의 치료법을 무엇이건 해 보고 싶어하는 버릇. 수술이라던가 사고라던가 하는 병에 대한 화제를 좋아한다. 전문가의 지도도 받지 않고 식이 요법이나 체조나 감량법에 열중하는 버릇. 가정 요법이나 특허 약물이나 '사기 요법'을 좋아한다.

2. 히포콘드리 항상 병에 대해 이야기하고 싶어하거나 병에 걸리기를 바라다 끝내 신경질이 되어 버린다. 이 경향을 고치기는 어렵다. 이것은 부정적인 사고 방식에 습관의 결과로 긍정적인 사고의 습관을 익히는 이외의 방법은 없다. 히포콘드리(상상의 병을 뜻하는 의학 용어)는 진짜 병과 같은 고통을 가져온다. 소위 '신경질적'인 병의 태반은 상상에서 오는 것이라 한다.

3. 나태 병에 대한 공포는 진짜 병을 일으키는 것이다. 무슨 일에나 겁을 먹게 되고 외출을 싫어하므로 운동 부족으로 비만이 되는 일이 있다.

4. 감수성 병에 대한 공포는 자연적으로 갖추어져 있는 저항력을 약화시켜 병을 받아들이기 쉬운 조건을 만들어낸다. 또, 이 공포는 가난에 대한 공포와도 관계가 되어 입원비나 약값만을 걱정하게 되고 묘지를 구입하려고 하거나 장례비를 저축하려고 하기도 한다.

5. **자기 익애(溺愛)** 상상으로 병을 날조하여 사람들의 동정을 사려고
한다.(이것은 직장을 쉬는 구실로 흔히 쓰인다). 나태의 핑계로 병을
이용하고 또 대지의 결여의 원인을 병탓으로 한다.

6. **무절제** 술이나 마약에 의해 두통이나 신경통에서 도피하려고 하여
그 근본적인 원인을 추구하려고 하지 않는다.

7. **불안** 병을 연구하거나 약 광고를 수집하려고 한다.

■ 실연에 대한 공포

사랑을 잃는 데 대한 공포는 다른 남자의 연인을 가로채려고 하는
일부다처적인 남성의 본능에서 생겨나는 것이다. 또 남성은 어떤 여성과
도 정다워지려고 하는 경향이 있으나 이것도 사랑을 잃는다는 것에 대한
공포를 증가시키는 것이다.

질투는 사랑을 잃을까 하는 데 대한 남성의 천성적 성질이다. 사랑을
잃는 데 대한 공포는 6 가지 기본적인 공포중에서도 특히 사람의 심신을
파괴하는 힘이 강한 것이다.

남성이 사랑을 잃는 것을 두려워하는 것은 석기 시대부터의 전통이
다.

먼 옛날에는 남성들은 여성을 완력으로 **빼앗았다.** 오늘날에도 이
습관은 계속하고 있다 하겠는데 오늘날에는 완력 대신에 설득력이나
아름다운 드레스나 신형 자동차 그 밖의 '미끼'가 쓰이고 있다. 이 남성
의 습관은 문명의 예명기부터 오늘날까지 그 방법이 변했을 뿐, 본질적
으로는 변한 것이 없다.

주의 깊게 분석해 보면 여성은 남성들보다 사랑을 잃는 데 대한 공포
에 민감하다는 것을 알 수 있다.

여성은 경험에서 남성들이 일부다처적인 경향을 가지고 있다는
사실을 알고 있어서 결코 신용하지 못한다는 것을 알고 있다.

■ 실연에 대한 공포의 증후

사랑을 잃는 데 대한 공포의 증후는 다음과 같은 것들이다.

1. **의심**　아무런 근거도 없으면서 사랑하는 사람을 의심하는 나쁜 버릇. 즉, 누구에게나 의심을 가져 남을 믿지 못한다.
2. **결점찾기**　연인이나 친구, 친척 등, 만나는 사람은 누구건 그 결점을 찾으려는 나쁜 버릇.
3. **내기 도박**　애정을 돈으로 연결시키려고 애인을 위해 도박이나 절도나 사기를 저질러서까지 돈을 벌려고 한다. 또, 빚을 얻어서라도 애인에게 선물을 하여 체면을 유지하려고 한다. 불면증이 되고, 신경질이 되고, 인내력이 없어지고, 의지력이 약해지고, 자제심이 없어지고, 감정이 산만해진다.

■ 고령에 대한 공포

나이를 먹는 것을 두려워하는 2 가지 원인의 하나는 노인이 되었을 때의 수입 걱정. 또 하나는 '귀찮은 존재'가 되는 데 대한 걱정이다.

[늙는 데 대한 공포는 '잃는 것'의 슬픔이 '인기 있는 것'에 대한 비뚤어진 생각으로 나타난다]. 또, '저 세상'에 가까이 간다는 망상이 나이를 먹는 데 대한 공포를 일으키게 한다.

나이를 먹으면 일반적으로 몸이 약해진다는 것도 고령을 두려워하는 원인의 하나이다. 특히 성적 매력의 쇠퇴에 대한 걱정은 헤아릴 수 없는 그 무엇이 있다.

그러나 고령을 두려워하는 가장 큰 원인은 뭐니 해도 수입 걱정이다. '양로원'이라는 말은 결코 기분 좋은 것은 아니다. 인생의 후반을 양로원에서 보내야 하는 가능성은 사람의 마음을 어둡고 쓸쓸하게 한다.

이 원인들 이외에도 노인이 되면 육체적이나 경제적인 것 외에 사회적으로도 자유가 없어질지 모른다는 걱정이다.

■ 고령에 대한 공포의 징후

고령에 대한 공포의 징후를 몇 가지 들어본다.

1. **조로(早老)**　정신적으로 가장 원숙해져야 하는 40 세 무렵부터 일찍이 노인 기분이 되어 사업면에서도 베이스가 떨어진다. 이것은 열등감을 가지고 오게 되어 더욱 결과가 나빠진다.

2. **자기 연령에 대한 변명**　40 세, 50 세면 이미 노인이라고 정해 버리고 무슨 일에나 '이제 나이가 들어서' 라고 변명을 하거나 도전을 피하거나 한다. 40 세, 50 세가 되어 겨우 '어른' 이 된 것을 감사해야 한다. 그것은 인간은 이 나이가 되어야 비로소 잘못이 적어지기 때문이다.

3. **소극적 태도**　자기 자신을 짓눌러버리고 발언권도 상상력도 자신감을 잃는다.

4. **젊은이 흉내를 내는 것**　야한 옷차림을 하거나 젊은 사람의 매너를 따르거나 하여 친구나 주위 사람들의 냉소를 산다.

■ 죽음에 대한 공포

죽음에 대한 공포 만큼 잔혹한 것은 없다. 죽음에 대한 공포는 사람들을 종교로 향한 광신으로 몰아넣는다. 일반적으로 '미개인'의 종교심이 강해 '문명인'보다 죽음에 대한 공포가 적은 듯하다. 몇천년이나 옛날부터 사람들은 자기는 '언제' '어디서' 죽을 것인가 하고 생각해 왔다. 우리들은 도대체 어디서 왔다 어디로 갈 것인가? 먼 옛날에는 이 문제에 대해 현대보다 훨씬 교묘하고 교활한 대답이 준비되어 있었다.

"나의 텐트 안으로 들어 오세요. 그리고 나를 믿으세요. 그렇게 하면 이 세상을 떠날 때, 아무런 망설임없이 천국으로 갈 수 있습니다."

수상쩍은 종교계의 장로들은 이렇게 말하며 사람들로부터 돈을 긁어 냈던 것이다. '나의 텐트에서 나가라!!' 이 장로는 가난한 사람에게 이렇게 소리지른 적도 있다. '너 같은 녀석은 악마에게 붙들려 지옥으로 떨어져라!!' 장로는 이렇게 소리지른 적도 있다.

우리들 인생을 파괴하고 행복을 앗아가 버리는 것은 '죄' 의식이다. 인류가 태어났을 때부터 죄를 짊어지고 있다는 사상 만큼 사회를 혼란시키고 있는 것은 없다. 종교가 천국으로 가는 길을 가르쳐 주지 않거나 지옥으로 떨어지는 것을 가르쳐 주지 않을 때 사람들의 공포는 극도로 달한다. 버림받은 사람은 상상력을 높여 사후 세계를 두려워한다. 죽음이 움직일 수 없는 현실이라면 현실일수록 사람들의 공포는 더해진다.

죽음이란 좀더 과학적으로 생각해 볼 것이다. 세계를 구성하고 있는 것은 2 개이다. 즉 에너지와 물질이 그것이다. 물리학에서는 물질도 에너지도(이 2 개만이 현실이다.) 인간이 창조하거나 파괴하지 못하는 것으로 증명되어 있다. 물질과 에너지는 변화할 뿐이다.

만일 생명이란 무엇인가라는 질문에 답한다면 그것은 에너지라고 대답해야 할 것이다. 에너지나 물질이나 소멸하는 것은 아니므로 다른 모든 에너지와 마찬가지로 생명도 또한 불멸일 것이다. 다만 다른 에너지로 변화할 뿐이다. 즉 [8죽음이란 단순한 변화에 지나지 않는다.]

만일 죽음이 단순한 변화가 아니라 할지라도 죽음은 평화로운 영구한 잠 이외의 아무것도 아니다. 죽은 다음에는 아무것도 일어나지 않는다. 잠은 아무런 공포의 대상이 되는 것은 아니다. [9죽음에 대한 공포는 무지가 원인인 것이다.]

■ 죽음에 대한 공포의 징후

죽음에 대한 공포의 징후를 알아본다.

1. **죽음만을 생각한다**　이 경향은 노인들에게서 흔히 보는 일이나 젊은 이 중에도 인생을 필사적으로 살아가려고 하지 않고 죽는 것만을 생각하는 사람이 적지 않다. 이 원인은 목표가 없는 것이 가장 큰 원인이다. 그러나 열등감이 원인일 경우도 있다. 죽음에 대한 공포를 제거해 주는 것은 남에게 봉사하려고 하는 소망을 가지는 일이다. 바쁜 사람은 죽음에 대해 생각하고 있을 틈이 없다.

2. **가난에 대한 공포**　가난을 두려워할 뿐 아니라 자기가 죽음으로써 사랑하는 사람들의 생활이 어려워지는 것을 걱정한다.

3. **병이나 광기**　신체의 병은 마음의 병과 통하는 법이지만 사랑에 대한 절망이나 종교적인 광신 등도 죽음에 대한 공포를 야기시킨다.

■ 고민은 공포이다

고민은 공포를 가져오는 마음의 상태이다. 고민이 마음속에 쌓이는 모습은 느릿느릿하나 착실하게 늘어간다. 고민은 교활하고 섬세하게 마음속을 차지해 간다. 고민은 인간의 논리적인 사고를 혼란케 하여 자신감과 의욕을 파괴해 버린다. 고민은 우유 부단을 조장한다. 우유 부단에 빠지면 결단이 늦어지고 또, 한번 내린 결단도 쉽게 변경하게 된다.

[[10]우리들에게 중요한 것은 '각오' 이다. 각오는 위대한 결단이며 각오를 한 사람은 불안감을 가지는 일이 없어진다.] 나는 지난날 2 시간 후면 전기 의자에 앉게 된 사형수를 만난 적이 있다. 그때 다른 8 사람의 사형수와도 만났으나 그가 가장 침착했다고 기억한다. 그는 아주 마음이 안정된 듯이 보여 2, 3 가지 질문을 할 수 있었다. 얼마 후면 영원한 잠에 들어갈 것을 알고 있는데 감상이 어떤가 라는 질문에 대해 그는 자신감에 넘친 웃음을 띄우며 이렇게 대답했다.

"죽을 때를 안다는 것은 매우 기분 좋은 일입니다. 생각해 보세요. 나의 고민은 이제 곧 모두가 해결됩니다. 나의 생애는 고민의 연속으로 그날그날의 식사도 만족하게 들지 못하는 비참한 생활이었으나 이제는 아무런 고민도 없어지니까요. 나는 죽을 때를 알고부터 내내 기분이 상쾌합니다. 나는 각오했습니다. 나의 운명을 받아들인 거지요."

그는 이렇게 말하면서 앞에 놓인 3인분의 식사를 아무런 절망감도 없는 듯이 즐겁게 먹어치웠다. 그에게 이런 심경을 가져다 준 것은 '각오'였던 것이다. 우리들은 각오함으로써 어떤 고난이라도 받아들일 수 있게 되는 것이다.

6가지 공포는 우유 부단과 결합하여 고민을 만들어낸다. 그러나 우리는 각오를 함으로써 죽음에 대한 공포마저도 완전히 극복할 수 있게 된다. 가난에 대한 공포에 대해서도 마찬가지이다. 아무런 고민과 걱정없이 부를 구축한다는 각오를 세우면 된다. 세상이 어떻게 생각하건 무어라 말하건 그런 것에 상관하지 않고 오직 자기 신념에 따른다는 굳은 결의가 비평에 대한 공포를 날려버려 준다. 고령에 대한 공포에 대해서도 마찬가지라고 하겠다. [11고령을 핸디캡으로 받아들이지 않고 젊은이에게는 알지 못하는 경험과 현명과 자제심과 이성을 가지고 있는 것이라고 생각함으로써 고령의 공포라는 느낌이 없어져 버린다.] 병에 대해서도 그 징후를 잊어버리는 것으로서 공포는 없어지며 사랑에 대해서도 사랑이 없어도 살아갈 수 있다고 마음먹음으로써 공포는 없어진다.

인생에서는 온갖 일을 경험하고 헤쳐나가야 하나 [12어떤 문제에 대해서도 공포는 아무런 소용이 없다는 사실을 깨닫는 것이 중요하다.] 이 깨달음이 열리면 마음의 평화와 안정을 가지게 되고 행복을 손에 넣게 될 것이다.

[13공포가 마음속에 쌓여가면 모든 지성이 파괴되어 버린다. 그 뿐 아니라 그 파괴적인 사고가 주위 사람들에게도 전염되어 가족이나 친구

들의 인생마저 파괴시켜 버린다.] 가령 개나 말마저도 주인이 공포에 떨고 있다는 것을 민감하게 알아차린다. 또, 더욱 지성이 낮은 동물에게도 이런 찰지 능력이 있다는 것이 인정되었다.

■ 파괴적인 사고

공포가 주위 사람들에게 전염되어 가는 상태는 그 속도면에서나 정확성에서나 방송국 안테나에서 발신된 전파가 라디오에서 수신되는 것과 흡사하다.

그러나 부정적이고 파괴적인 사고를 뿌리고 다닌 사람은 반드시 그 '보답'을 받아야 한다. 파괴적인 사고는 말로 하지 않아도 전염하는 것으로 그 '보답'은 예상보다 훨씬 크게 돌아온다. 파괴적인 사고를 뿌리고 다닌 사람은 그 '보답'으로 창조적 상상력의 저하를 들 수 있겠다. 또 파괴적인 사고는 사람들에게 혐오감을 주어 사람들을 적으로 돌려 스스로 파괴적인 인격을 쌓아올리게 된다. 특히 중요한 것은 남의 인생마저 파괴해 버린다는 것이다.

아마 당신은 성공을 바라고 있을 것이다. 그렇다면 먼저 마음의 평화를 만들어내야 한다. 불안을 제거하고, 공포를 없애고 안정된 마음을 회복시키는 일이 첫째로 중요하다. 그렇게 되면 소망은 차츰 분명해지고 성공이 다가오게 될 것이다. 이것으로 알 수 있듯이 [14성공으로의 출발점은 '마음을 만드는 일'이다.]

당신 자신의 마음을 잔잔하게 하고 마음을 기르도록 노력하는 일이다. [15당신은 자신의 마음을 제어할 수가 있게 된다. 이것은 확실히 당신은 당신 자신이 운명도 지배할 수 있다는 것을 가르치고 있다.] 당신의 운명을 결정하는 것은 당신 자신이다. 당신은 당신이 희망하는 대로의 인생을 구축할 수 있다. 당신은 성공자가 될 수도 있으며 패배자가 될 수도 있을 것이다.

■ 파괴적인 사고를 허용하는 마음

6가지 공포에 덧붙여서 사람들이 시달림을 받고 있는 또 하나의 악마를 소개할까 한다. 그것은 패배하게 하려고 준비를 진행시키고 있는 것으로서 그것이 너무도 교활한 것이므로 발견하기조차 어려운 것이다. 그러나 그것 때문에 우리는 치명적인 타격을 받게 된다. 그것을 표현하는 적절한 말을 발견할 때까지 일단 '파괴적인 사고를 허용하는 마음'이라고 해 두자. 막대한 부를 이룩할 수 있는 인간은 항상 이 악마로부터 몸을 지키려고 노력해 왔다. 그런데 가난하게 되어 가는 사람들은 곧 이 악마의 먹이가 되어 버린다. 어떤 분야라 해도 이 악마에게 승리를 양보해서는 안된다.

당신도 여기서 '파괴적인 사고를 허용하는 마음'이 있는지 없는지 면밀하게 자기 분석을 해야 한다. 만일 이 자기 분석을 경시하고 나아간다면 성공의 문앞 직전에서 발밑이 흔들리게 될지도 모른다. 나중에 드는 질문에 정직하게 대답해 주기 바란다. 어둠속에서 바늘을 찾듯이 주의 깊게 그리고 적과 싸움을 벌이고 있듯이 용기를 가지고 자기를 분석해 주었으면 한다.

곰곰히 생각해 보면 노상 강도로부터 몸을 지키는 것은 간단하다고 하겠다. 어째서냐 하면 '법'이 당신의 권리를 지켜 주기 때문이다. 그러나 이 '7번째의 악마'를 이겨나가는 것은 쉬운 일이 아니다. 법은 이 악마로부터 당신을 지켜 주지 않을 것이며 무엇보다도 이 악마는 당신이 잠자고 있을 때나 잠에서 깨어 있을 때나 상관하지 않고 당신속으로 파고들어오곤 한다. 더구나 소리도 없고 모습도 보이지 않으므로 더욱 다루기 어렵다.

이 악마는 당신의 마음 상태가 약한 틈을 타서 파고들어온다. 그리고 모든 체험 안에 숨어 침입하기 때문에 그 위험성은 매우 크다. 어느 때는 가까운 친척의 달콤한 말을 통해 침입하는 경우도 있으며 또 어느 때는 자기 자신 안에서 자연히 발생하는 일도 있다. 이 악마는 독소와 같아서 반드시 사람을 파멸로 몰아넣는 힘을 가지고 있다.

■ 자기 자신을 방어하라

남에게서 영향을 받은 것이건 스스로가 만들어낸 것이건 어쨌든 그것으로부터 몸을 지켜야 하는 것은 당신 자신이라는 것에 변함이 없다. 이 악마에 대처하기 위해 알아두어야 할 것은 당신에게는 '의지의 힘'이 있다는 사실을 인식해야 한다. 당신은 그 의지의 힘에 의해 자신의 마음속에 면역체를 구축해 두어야 한다.

[16인간은 누구나 자기 결점을 개선하려는 것에 대해서는 본질적으로 나태하고 냉담하고 관대하다는 것을 알아두어야 한다.]

아마 당신도 예외는 아닐 것이다. 당신도 지금까지는 6 가지의 공포가 그다지도 중요하다고는 생각하고 있지 않았을지도 모른다. 그렇다면 더욱이 여기서 감연히 일어서서 이 공포들과 싸울 태세를 갖추어 주기 바란다.

'파괴적인 사고를 허용하는 마음'은 당신의 잠재 의식 중에 숨어 있으므로 그 발견이 어렵다. 그러므로 [17과감하게 모든 파괴적인 사고를 철저하게 마음 속에서 내쫓아 버리는 작업을 개시해야 한다.]

집안에 있는 상비약 모두를 내다버리는 심정으로 당신 마음속에서 '만일'의 경우에 대비한 상비약을 모두 내버려야 한다. 이제부터는 감기도 들지 않을 것이며 두통도 일어나지 않을 것이다. 두려워할 것은 이제 아무것도 없다. 그러므로 그런 것을 구비해 둘 필요도 전혀 없다. 모든 것을 적극적으로 또한 건설적으로 생각하도록 하여 불필요한 일로 고민하지 않는 강한 정신을 만들어 용기와 지성에 가득찬 행동을 하는 인간과 손을 잡도록 하자.

[[18]또 실패하지나 않을까 하는 따위의 불행을 기대하는 생각도 깨끗히 버려야 한다.] 인류의 일반적인 약점의 하나로서 아무런 의문도 가지지 않으면서 파괴적인 사고에 마음을 개방하는 버릇이 있다. 이처럼 큰 손해를 보는 약점은 없다. 그런데 자신이 이런 약점을 가지고 있는 것을 아는 사람은 극히 적다. 우리들이 이 약점을 알아차리는 것만으로도 큰 진보라고 하겠다. 아래에 진정한 자기와 직면하는 용기를 가진 사람들을 위해 질문을 제공한다. 질문은 소리를 내어 읽고 대답을 분명히 해 주기 바란다. 자기 목소리를 자기 귀로 들음으로써 자기가 정직한지 아닌지 판단할 수 있기 때문이다.

■ 공포에 관한 자기 분석표

- 당신은 '기분이 나쁘다'고 호소하는 일이 자주 있는가? 만일 있다면 그 진짜 원인은 무엇인가?
- 어쭙잖은 것이라도 남의 결점이 눈에 잘 뜨이는가?
- 일에 자주 잘못을 일으키는가? 만일 그렇다면 그 원인은 무엇인가?
- 당신의 말투는 비꼬거나 공격적이지는 않은가?
- 남과 만나는 것이 귀찮다고 생각하지는 않는가? 만일 그렇다면 그것은 어째서인가?
- 위장 상태가 나쁘다고 생각되어 고민하는 일은 없는가? 만일 그렇다면 그 원인은 무엇인가?
- 인생이 허무하다고 생각되거나 장래 희망도 가질 수 없다고 생각되는 일은 없는가?
- 일하는 것이 싫어지는 적은 없는가? 만일 그렇다면 어떤 때에 싫어지는가?
- 자기가 가엾게 생각되는 적이 있는가? 만일 있다면 어떤 경우인가?
- 라이벌에 질투를 느낄 때가 있는가?

- 성공에 대해 생각하는 때와 실패에 대해 생각할 때 어느 쪽이 많다고 생각하는가?
- 나이가 들면서 자신감이 증가되는가 아니면 자신감이 없어지는가?
- 실패한 경험에서 어떤 가치있는 것을 배운 것이 있는가?
- 친척이나 친지에게 누를 끼친 일은 없는가? 만일 있다면 그것은 어떤 일인가?
- 마음이 약해지거나 의기 소침한 일이 있는가?
- 당신에게 가장 큰 영향을 주고 있는 사람은 누구인가? 또 어떤 영향을 주고 있는가?
- 일부러 파괴적인 사고를 허용하는 일이 있는가?
- 외견상으로 부주의한 점이 있는가? 있다면 그것은 어디인가?
- 자신을 바쁘게 함으로써 '고민을 쫓아버리는' 방법을 사용하고 있는가?
- 의뢰심을 가졌을 때 자신을 '우유부단한 약한 자'라고 부를 수 있는가?
- 지금 무엇을 고민하고 있는가? 그렇다면 그것은 무엇인가? 그리고 그것은 고민하면 해결이 된다고 생각하는가?
- 술이나 담배나 수면제로 고민을 해결하려고 한 적은 없는가?
- 누군가가 당신에게 '잔소리' 하는 사람이 있는가? 있다면 무엇이 원인이라 생각하는가?
- 당신은 명확한 최종 목표를 가지고 있는가? 가지고 있다면 그것은 어떤 목표인가? 또 어떤 구체적인 계획인가?
- 6 가지 공포 중 어느 것을 두려워하고 있는가?
- 남의 파괴적인 영향을 받지 않도록 몸을 보호할 방법을 가지고 있는가?
- 자기 암시의 힘을 사용하여 마음을 강하게 하려고 노력하고 있는가?
- 물질적인 재산과 사고를 컨트롤하는 능력과 어느 쪽이 가치가 있다고

생각하는가?

- 남의 의견에 간단히 따르는 편인가?
- 당신의 지식 저장고는 가치있는 정보로 가득차 있는가?
- 불행에 맞설 용기가 있는가? 혹은 책임을 회피할 것인가?
- 실패나 결점을 냉정하고 끈기있게 분석할 수 있는가?
- 당신의 약점 3 가지를 들 수 있는가? 또 어떻게 하면 그것을 개선할 수 있다고 생각하는가?
- 남의 동정을 구하기 위한 언동을 하는 일이 있는가?
- 일상 생활 가운데서 당신이 성장하는 데 소용이 되는 무엇인가를 받아들이고 있는가?
- 당신의 존재가 주변 사람들에게 부정적인 영향을 주고 있지는 않은가?
- 주변 사람들이 가지고 있는 버릇으로 당신이 가장 싫어하는 것은 무엇인가?
- 당신은 자기의 생각, 자기의 의견을 가지고 있는가? 혹은 남의 의견을 받아 남에게 파는 일이 많지는 않은가?
- 항상 마음을 편하게 유지하려고 노력하고 있는가?
- 일에 신념과 희망을 가질 수 있는가?
- 공포를 이겨낼 정신력을 의식적으로 만들려고 하고 있는가?
- 종교는 당신에게 어떤 도움이 되는가?
- 남의 괴로움도 맡아 하려고 하는가? 있다면 어째서 그렇게 하려고 하는가?
- 당신의 친구들은 당신의 어떤 점에 매력을 느끼고 있다고 생각하는가?
- 친한 사람으로 인해 불행하게 된 일은 없는가?
- 친한 사람이 결과적으로 당신의 다리를 잡아다니고 있는 일은 없는가?

- 당신은 유익한 사람과 유해한 사람을 무엇에다 기준을 두고 구별하고 있는가?
- 당신이 가장 친하게 지내는 사람은 정신적으로 당신보다 위인가 아니면 아래인가?
- 다음 사항에 대해 하루에. 어느 정도의 시간을 할애하고 있다고 생각하는가?

    A 일

    B 수면

    C 놀이와 휴식

    D 유익한 지식의 수집

    E 낭비

- 친지 중에서 다음에 해당되는 사람의 이름을 생각해 내라.

    A 당신에게 용기를 주는 사람은? ·

    B 당신이 가장 경계하고 있는 사람은?

    C 항상 당신을 견제하는 사람은 누구인가?

- 당신이 지금 직면하고 있는 가장 큰 문제는 무엇인가?
- 남으로부터 적절한 충고나 조언을 들었을 때. 솔직하게 그것을 받아들일 수 있는가?
- 당신의 최대의 소망은 무엇인가? 그것 때문에 다른 모든 즐거움을 희생시킬 각오가 있는가? 또 그 소망 달성을 위해 1일, 얼마 만큼의 시간을 이용하고 있는가?
- 당신은 자주 마음이 변하는 편인가? 그렇다면 그 원인은 무엇이라고 생각하는가?
- 당신은 무슨 일이건 끝까지 관철하는가?
- 당신은 직위나 학력이나 근무처로 사람을 평가하는 편인가?
- 당신은 남이 당신을 어떻게 생각하고 있는지 무척 신경이 쓰이는 편인가?

- 사회적인 지위가 높다거나 돈이 많다는 이유로 그 사람에게 접근하려고 한 적이 있는가?
- 당신이 가장 위대하다고 생각하는 실재의 인물은 누구인가? 그 사람은 당신보다 어떤 점이 뛰어나다고 생각하는가?
- 지금까지의 질문을 분석하여 정확하게 대답하는 데 몇 시간이 걸렸는가?(이 질문표를 모두 대답하는 데 적어도 하루 종일은 걸릴 것이다.)

　지금까지의 질문에 정직하게 대답했다면 당신은 당신 자신을 가장 잘 아는 사람이 되었다. 이 질문표와 진지하게 맞서 매주 1회씩 몇 개월 동안 계속해 보기 바란다. 그렇게 하면 이 질문이 얼마만한 가치를 만들어내는가를 체험으로 알게 될 것이다. 만일 질문중에 대답하기 어려운 것이 있으면 솔직한 제3자의 도움을 받는 것이 좋을 것이다. 그럴 때는 반드시 당신에게 아부하지 않는 사람을 선택해야 한다.

■ 마음속의 재산

　당신은 단 한 가지를 빼고는 모든 것이 컨트롤되고 있다. 단 한 가지란 당신의 사고이다. 우리 인류가 알고 있는 사실 중에서 이 이상 중요한 것은 없을 것이다. 우리가 컨트롤할 수 있는 것은 오직 사고 뿐이다. 사고 중에는 예지 능력(豫知能力)도 포함되어 있다. 이 예지 능력이라는 특권을 사용함으로써 우리들은 자신의 운명을 결정할 수 있다. 만일 당신이 자기 마음을 컨트롤하지 못한다면 당신은 세상에서 무엇 하나 컨트롤하지 못할 것이다. 만일 당신이 재산이 적은 사람이라 할지라도 무엇 하나 걱정할 것이 없다. '진실로 가치있는 재산은 당신 마음 속에 있다.' 당신이 그 마음속의 재산을 사용할 때 주의해야 할 것은 반드시 그 재산을 가치있는 것에 투자해야 한다는 것이다. 조금이라도 소용없는 곳에 버리지 않도록 할 일이다. 그 사용 방법을 좌우하기 위해 당신에게는 의지의 힘이라는 것이 마련되어 있다.

우리들은 파괴적인 사고에서 법률로 보호되고 있다. 그러나 사실은 법률에 의해 우리는 파괴적인 사고로부터 보호되어야 한다. 파괴적인 영향을 뿌리는 사람은 법에 의해 다스려야 할 성질의 것이다. 그러나 지금은 자기가 자기를 지키는 도리밖에 없다.

파괴적인 사고를 가진 사람들은 인간의 목소리를 기록하거나 재생하는 기계를 만들 수 있을 리가 없다고 T A 에디슨을 설득하려고 했다. 그때 그들이 들고나온 근거는 '지금까지 어느 누구도 그런 기계를 만든 사람도 없다.'라는 것이었다. 그러나 에디슨은 그들의 말에 영향을 받지 않았다. 왜냐 하면 인간의 마음속에서 상상하고 믿고 있는 것은 반드시 실현할 수 있다는 진실을 에디슨은 알고 있었기 때문이다. 또 그가 무지하지 않았기 때문이다.

파괴적인 사고를 가진 사람들은 F W 울워스를 향해 10 센트 균일의 가게는 반드시 실패할 것이라고 예언했으나 그는 신념과 이론에 근거를 둔 명확한 계획은 반드시 성공한다는 것을 알고 있었기 때문에 결국 10억 달러 이상의 부를 이룩했다.

헨리 포드가 자동차를 처음으로 디트로이트의 대로에서 테스트하려고 했을 때 '상식자'들은 냉소를 보냈다. 어떤 사람은 그런 것이 실용화가 될 턱이 없다 했으며 또 어떤 사람은 그런 것에 돈을 댈 사람은 아무도 없을 것이라고 예언했다. 그러나 포드는 '이 자동차는 가까운 장래에 지구 전체를 메우게 될 것이다'라고 단언했던 것이다. 그리고 현실은 포드의 말과 같이 되었다. 부를 진지하게 바라는 사람들을 위해 이것만은 말해 둘까 한다. 헨리 포드와 '상식자'들과의 차이는 포드에게는 마음이 있어 그것을 컨트롤하는 의지의 힘이 있는데 반해 그들에게는 무엇이나 비평하려고 하는 마음만이 있었다는 것이다. 물론 그들에게 의지의 힘이 없었다는 것은 말할 것도 없다.

의지의 힘을 써서 마음을 컨트롤할 수 있느냐 없느냐는 자기 훈련과 습관에 의해 결정된다. [19당신이 마음을 지배하느냐 마음이 당신을 지배하느냐, 그 어느 한쪽인 것이다. 여기에는 어떠한 타협도 없다.] 자기 훈련의 가장 구체적인 방법은 자기 자신을 목표 가운데로 몰두시키는 것이라는 트레이닝이다. 자신을 한결같이 목표로 향해 매진하게 하는 인간으로 육성하는 것이다. 저명한 성공자의 전기를 분석해 보면 그들은 반드시 자신을 목표로 몰두시켰다는 사실을 발견하게 된다. 자신의 마음을 지배하려면 명확하고 가치있는 목표를 가지는 일이 절대 필요하다.

■ 변명 리스트

성공을 못하는 사람들에게는 공통점이 한 가지 있다는 것을 안다. 그것은 그들이 실패했기 때문에 완벽한 이론을 알고 있어서 자신의 능력을 부족하다고 생각하고 있으며 그리고 또 어째서 자기가 실패했는지 그 완전한 핑계도 가지고 있다. 그들의 핑계에는 조리가 있어서 사실 절대 그것이 맞다고 생각되는 것들 뿐이다. 그러나 중요한것은 그들이 아무리 교묘하게 핑계를 댄다고 해도 그것으로 행복해질 수도 없으며 부를 이룩하지도 못한다. 이 세상에서 중요한 것은 성공을 하고 싶은가 하기 싫은가를 분명하게 해야 하는 것이다.

어느 정신 분석의 권위자가 대표적인 핑계의 리스트를 만들었기에 이를 소개한다. 이 리스트를 분석하면서 자기 분석을 해 보는 것이 어떨까 한다. 당신은 이러한 핑계를 댄 적이 없는지 생각해 보라. 그리고 이 핑계가 아무리 그럴듯하게 보였다 해도 결코 속지 않도록 해야 한다.

- 만일 아내와 가정만 없다면……
- 만일 좋은 스폰서가 있다면……
- 만일 돈이 좀더 많다면……
- 만일 대학을 나왔다면……

- 만일 좀더 좋은 회사에 근무하고 있다면……
- 만일 몸이 튼튼했다면……
- 만일 시간이 좀더 있다면……
- 만일 좀더 타이밍이 맞았다면……
- 만일 나에 대해 좀더 알아준다면……
- 만일 좀더 사태가 나쁘지 않다면……
- 만일 인생을 다시 한번 시작한다면……
- 만일 그들이 무섭지 않다면……
- 만일 운이 따른다면……
- 만일 지금 어떤 우연이 일어난다면……
- 만일 미움을 받고 있지 않다면……
- 만일 누가 말리지만 않는다면……
- 만일 좀더 젊다면……
- 만일 마술을 알고 있다면……
- 만일 부잣집에 태어났다면……
- 만일 좀더 훌륭한 사람을 알고 있다면……
- 만일 좀더 능력이 있다면……
- 만일 말주변이 있다면……
- 만일 그때 그것을 하고 있었다면……
- 만일 자식이라도 없다면……
- 만일 조금이라도 저금해 놓은 돈이 있다면……
- 만일 상사가 나를 바르게 평가해 준다면……
- 만일 누군가가 도와 준다면……
- 만일 가족이 이해성이 있다면……
- 만일 도시에 살고 있다면……
- 만일 다시 할 수 있다면……
- 만일 자유로운 몸이라면……

- 만일 나에게 인격이 있다면……
- 만일 몸이 뚱뚱했다면……
- 만일 나의 재능을 남에게 알릴 수 있다면……
- 만일 빚만 없다면……
- 만일 방법만 알고 있다면……
- 만일 반대자가 없다면……
- 만일 좀더 좋은 사람과 결혼을 했더라면……
- 만일 사람들이 이처럼 바보가 아니라면……
- 만일 가족이 좀더 절약을 해 준다면……
- 만일 자신이 있다면……
- 만일 운이 다시 돌아온다면……
- 만일 나쁜 곳에 태어나지 않았다면……
- 만일 하면 된다는 말이 정말이라면……
- 만일 좀더 편안해진다면……
- 만일 그때 손해를 보지 않았더라면……
- 만일 주위에 좋은 사람들이 있다면……
- 만일 나에게 '과거'만 없다면……
- 만일 이것이 자기 회사라면……
- 만일 좀더 내 말을 들어 준다면……

'만일…' 중에서도 가장 중요한 것인데 [20만일 자기 자신의 참 모습과 직면하는 용기만 있으면 자신의 결점을 알고 개선하여 성장할 수가 있다.]또 과거의 실패 중에서 이익을 만들어내게도 된다. 또 남의 경험에서 무엇인가를 끄집어내게도 된다. 즉 [21자기 약점만 알고 있으면 우리들은 어디에서나 배울 수가 있다.] 그것에 비해 자기를 분석하지 않고 얼렁뚱땅하려고 하거나 핑계를 대려고만 하면 누구건 자기를 성장시키지 못한다.

■ 핑계는 습관이다

　자기의 실패를 변명하려는 것은 인생을 농락하는 일이다. 핑계라는 것은 인류의 탄생과 동시에 생겨난 것이지만[22이 핑계에 의해 얼마나 많은 사람들이 성공을 단념하였는지 헤아리지 못한다.]어째서 사람들은 이렇게 핑계를 고집하는 것일까? 그 대답은 명백하다. 즉 사람들은 자신이 만들어낸 핑계에 자기 자신이 묶이고 만다. 사람들은 핑계를 변호하려고 또 핑계를 만들어야 한다.

　핑계를 만드는 습성은 여간해서 극복하기 어렵다. 플라토도 다음과 같은 말을 하고 있다. [23가장 재빠르고 가장 가치있는 승리란 자기를 극복하는 일이다. 자기에게 정복당하고 만다는 것은 가장 치욕스럽고 가장 비열한 것이다.]

　또, 다른 철학에서도 이렇게 말한다.[24내가 남에게서 발견한 가장 추한 것을 자기 자신에게서 발견했을 때 만큼 놀라운 일은 없다.]

　'이것은 나에게 가장 신비적인 일이었다.' 라고 말한 에버트 휴버트는 첨가하여 이렇게 말했다.

　"자기의 약점을 감추려고 핑계를 만들어 냄으로써 어째서 인간이라는 것은 자신을 바보로 만드는가? 만일 그런 일에 소비하는 시간을 자신의 그 약점을 개선하는 시간으로 사용한다면 좀더 성장할 수가 있을 것이고 우선 핑계를 댈 필요가 없을 텐데."

　그리고 '인생이란 게임과 같은 것으로써 [25당신의 상대는 '시간' 이다. 만일 당신이 머뭇거리고 있으면 상대는 그 사이에 계속 앞으로 나아가 버린다.] 당신이 싸우고 있는 상대는 결코 우유 부단한 상대는 아니다!

　우리는 과거에 핑계를 댄 일이 있는지도 모른다. 그러나 이 책의『성공 철학』을 마스터한 지금에 와서 핑계는 필요없다. 우리들은 무엇을

마스터했는지 눈으로 보지는 못하지만 '그것은 우리들의 마음속에 단단
하게 확립되고 있다.' 우리들은 이 마스터한 것들을 앞으로 얼마든지
사용해도 결코 상관이 없다. 그러나 만일 이 마스터한 것을 사용하지
않는다면 우리는 그만한 댓가를 치루어야 할 것이다. 우리는 여기서
마스터한 『성공 철학』에 의해 자기를 테스트하여 확신을 더해 가도록
해 주기 바란다.

"만일 인연이 있으면 또 만나자."

불사신의 에머슨은 이렇게 말했다. 이 책 마지막에 와서 그의 말을
빌리자.

"만일 인연이 있으면 이 책 안에서 다시 만나자."

요점정리

공포란 인류 공통의 고민이며 그 안에는 아무리 해도 벗어나지 못할 것이 있다. 그러나 대부분의 공포라는 것은 우리들의 생각 하나로 극복할 수 있는 것들 뿐이다. 공포는 우리가 우유 부단을 없애고 의혹을 내쫓음으로써 극복할 수 있는 것들 뿐이다.

우리들의 핑계는 결국에는 우리를 묶어버릴 따름이다. 『성공 철학』을 마스터한 지금, 우리들에게는 어떤 핑계도 없어져 버렸다.

우리들은 손으로 만질 수 있는 부를 구축하게도 되며 또 눈에 보이지 않는 부도 이룩할 수 있다. 그러나 손에 만져지는 부, 그 중에서도 돈은 결코 가볍게 생각해서는 안 된다. 우리들은 돈으로 인해 행복하게 되고 장수도 할 수 있다. 그리고 평화를 이루게도 된다.

이 세상에서 가장 가치있는 재산, 그것은 바로 건강이다. 건강은 병에 대한 공포를 이김으로써 손에 넣을 수 있다. 건강은 당신 자신의 노력에 의해 쟁취하게 되는 재산이다.

『공포를 극복한 인간은 수평선 저 너머까지 번영해 나간다』

행동 입문서

성공 철학
행동 입문서

성공과 부 그리고 행복을 약속하는 "이 새로운 세계로 오십시오!" 그러면 부자가 되기 위해, 성공하기 위해 황금빛으로 반짝이는 소망을 실현하기 위해 기념해야 할 첫걸음을 내딛지 않겠는가.

어쨌든 오랜 세월에 걸쳐 베스트셀러로서 사람들에게 사랑을 받아 온 '성공 철학'을 한번 읽도록 하자. 읽어 보면 어째서 7000만 명 이상이나 되는 사람들이 이 책을 분석하고 연구해 왔는지 납득될 것이다. 그리고 어째서 미국 생명 보험 협회의 W 클레멘트스톤 회장이 이 '성공 철학'에 대해 다음과 같이 절찬을 했는지 그 뜻을 알게 될 것이다. "'성공 철학'만큼 사람들에게 참으로 하고자 하는 의욕을 불러일으키게 하는 책은 없다." 또. 어째서 저자인 나폴레옹 힐 박사에게 온세계에서 이다지도 많은 감사장이 보내왔는지도 알게 될 것이다. 그것은 이 책이 바닥이 나지 않는 보물상자에서 보물을 집어내듯이 누구에게나 간단하게 구체적으로 부를 이룩하는 방법을 알려 주고 있기 때문이다.

만일 당신이 이미 '성공 철학'을 읽었다면 이 위대한 내용에 한번 더 눈을 돌려 전에는 깨닫지 못했던 부를 얻는 데. 새로운 비밀을 찾아내 주기 바란다.

나폴레옹 힐의 부를 이룩하는 기법은 당신의 목표의 크고작은 데 따라 어떤 식으로도 활용할 수 있다. '성공 철학'이라는 책 자체는 부를 이룩하는 종합적인 가이드 북에 지나지 않는다. 그러나 지금 당신이 읽고 있는 이 '행동입문서'는 바로 당신 자신의 '개인적인 성공'을 도와 주는 것이다. 이 입문서는 당신의 꿈과 소망을 실제로 현실의 것으로 하기 위해 특별히 연구된 것이다.

마음의 준비를 하자

성공을 하느냐 못하느냐, 그것은 당신의 하고자 하는 의욕에 달려 있다. 가령. 전세계의 모든 책을 다 읽었다 해도 당신이 소원하고 소원하지 않는 것은 무엇 하나 만들어내지 못한다. 먼저 당신은 당신의 성공에 대해 생각하는 일이 중요하다. 어째서냐 하면 당신의 성공에 대해 생각할 수 있는 사람은 전세계에서 당신 이외에는 없기 때문이다. "당신 이외의 그 누구도 당신의 성공에 대해 생각하지는 못한다."

특히. 지금 당신이 읽고 있는 이 행동입문서에 대해서는 보다 깊이 생각해야 한다. 당신은 이 입문서 중에서 결단을 내려 그에 따라 행동해 가야 한다. 상상력과 통찰력을 써서 남의 성공담 중에서 당신 자신의 모습을 그려내어 주기 바란다. 이 책을 읽고 생각함으로써 당신의 목표를 생각하여 아이디어를 짜서 계획을 세워나갈 수 있는 사람은 당신 자신 뿐이다. 지금 단계에서 불안을 느끼는 목표라 할지라도 반드시 당신 자신의 힘으로 달성할 수 있다는 것을 믿어 주기 바란다. 의욕이 있으면 있는 만큼 달성하는 날은 가까워진다.

여기서 알아둘 것은 이 '행동 입문서'는 이론일 따름이고 당신을 속박하려는 것은 아니다. 이 입문서는 당신의 감정이나 정서를 자극하여 당신의 내면으로부터 의욕을 일으켜 당신의 재능을 흔들어 움직이게 하여 당신에게 성공자로서의 습관을 붙게 하여 당신의 숨은 재능을 끌어내려고 하는 것이다. 이런 것들이 종합되어 비로소 위대한 성공을 성취할 수 있게 되며 이론만으로 성공이 이루어지는 것은 아니다. 그러기 위해서도 당신의 진실한 의욕을 발휘하여 입문서를 읽어 주기 바란다.

나폴레옹 힐은 이렇게 말한다. '부는 마음먹기에 따라 구축할 수 있다.' 당신은 진심으로 부를 얻고 싶어하고 있는가?

그러면 이제부터 풍부하고 행복한 부가 있는 생활로 향해 착실한 제1보를 내딛자.

첫째로 지금부터 나아가는 대모험에 대비하여 마음의 준비부터 시작하자. 앞으로 하려고 하는 것은 당신의 내부에 잠재해 있는 숨은 능력을 끌어내는 일이다. '성공 철학' 및 이 '행동입문서'를 읽을 때는 반드시 옆에 펜이나 연필과 3인치×5인치의 메모용지를 준비해 두기 바란다. 다음으로 매일 빠짐없이 같은 시간에 이 책을 연구할 수 있는 조용한 장소를 정해 두기 바란다. 1일에 30분 그것도 1주일에 5일간만 '혼자 있는 방'을 만들어 두기 바란다. 그리고 다음은 가족의 양해를 얻어야 한다. 30분이라는 이 시간은 가족이 행복해지기 위한 '절대적인 시간'이라는 것을 차분히 설명해줄 일이다. 그리고 말만으로 하는 것이 아니고 당장, 오늘부터 실행해 주기 바란다. 당신이 '들뜬 기분이나' '반 장난삼아' 이 책을 읽고 있는 것이 아니고 진심으로 가족의 행복을 바라고 하는 것이라고 이 책의 중요성과 맞추어 열심히 설명해야 한다.

그러면 매일 이 책을 분석하기 전에, 반드시 지금까지 읽어온 것을 복습하여 보다 이해를 깊게 하여 완전히 터득했는가를 스스로 체크해 주기 바란다. 즉 읽어나감에 따라 당신 마음에 어떤 변화가 일어나고 있는가를 확인하는 동시에 계획대로 바르게 전진하고 있는가를 확인해 주기 바란다.

W 클레멘트 스톤의 다음과 같은 말에 주목해 주기 바란다. '인간은 마음 깊은 곳에서부터 부를 소원하고 행복을 소원할 때, 비로소 활활 타는 소망을 가지고 전진할 수 있게 된다.'

당신은 멀지않아 소망이 착착 현실화되어 가는 모습을 당신 자신의 눈으로 보게 될 것이다.

연구를 진행하는 방법－1

그러면 당신 마음의 지도를 만들자. 당신이 앞으로 어디로 가려고 하고 있는가, 언제 어디까지 나아가려고 하는가, 그 지도와 '이정표'를 만들어야 한다.

그러면 '성공철학'의 첫 페이지로 돌아가 보자.

펜이나 연필을 준비하여 처음부터 한번 더 읽어 보자.

단, 이번에는 당신에게 관계가 있다고 생각되는 문장에 밑줄을 치면서 읽는다.

이렇게 함으로써 당신 마음의 지도의 개략을 알게 될 뿐 아니라 내용의 총점검을 할 수 있게 된다. 그런데 같은 말이나 문장을 본다해도 사람에 따라 느끼는 점이 다른 것은 당연하다.

예를 들어 '사고는 물체이다.'라는 장에서 어떤 사람이 친 밑줄의 예를 알아본다.

에디슨과의 만남…찬스는 뒷문으로 들어온다…**지나치게 빠른 단념**… 절망 저 편에 성공이 있다…어른을 꼼짝못하게 한 흑인 소녀…**'노' 의 뒤에 있는 '예스'** …중요한 것은 '건강한 사고 방식'이다… 바라기 때문에 실현한다…진리의 시…**운명을 바꾼 학생**

같은 장에서 다른 사람이 친 밑줄을 보자.

에디슨과의 만남…**찬스는 뒷문으로 들어온다**…**지나치게 빠른 단념**… **절망 저 편에 성공이 있다**…어른을 꼼짝못하게 한 흑인 소녀…'노' 뒤에 있는 '예스' …중요한 것은 '건강한 사고 방식'이다…**바라기 때문에 실현한다**…진리의 시… 운명을 바꾼 학생

이런 요령으로 진행하기 바란다. 첫째, 각 장·각 단계의 작은 목차를 읽어 그 개략을 알고 다음에 내용을 읽어 주기 바란다. 만일 그 중에서 체크나 밑줄을 치는 편이 좋겠다고 생각되는 부분이 있으면 주저하지

306

말고 한다. 책에는 표시를 하는 것이 아니라고 배운 사람도 많다고 생각되나 이 책은 보통 책과는 다른 목적을 가지고 이루어진 책으로 어디까지나 자신을 위한 책이다. 그리고 당신의 가이드 북으로 표시를 하거나 밑줄을 치는 곳이 많을수록 당신의 주의가 예리해져 더욱더 강력하게 당신 인생에 소용이 될 것으로 생각한다.

연구를 진행하는 방법-2
1 페이지부터 시작된 '출판사로부터 드리는 말'과 '저자 서문'을 읽고 중요하다고 생각되는 부분에 밑줄을 쳐 주기 바란다.

이 책에서 얻어지는 것
이것으로 이 '성공 철학'의 생장 과정을 이해했으리라고 생각한다. 그러나 '성공 철학'이라는 타이틀이 어째서 이와 같이 우리들 마음속에 자극을 주었는지 알겠는가? 그것은 이 '성공 철학'이 완전한 체계를 가지고 당신 인생의 지침이 되도록 짜여져 있기 때문이다. 이 책은 단순한 기술론으로 끝나는 것이 아니라 '근본적인 인생 철학을 가르키고 있다.'

나폴레옹 힐이 짜서 만들어낸 13 가지의 단계는 서로가 각각 깊은 관련을 가지고 있어서 도중에서 떼어버리지 못한다는 사실은 잘 알고 있는 바이다.

또, 이 '행동입문서'가 지금부터 1 년 이내에 당신에게 큰 변화를 가져오리라는 것도 알고 있는 바와 같다.

연구를 진행하는 방법-2
다음에 어떤 특수한 독서 방법에 따라 다시 한번 '성공 철학'의 분석을 해 나가 보자. 이 '행동입문서'에 따라 각 장·각 단계를 착실하게 전진해 나가는 방법이다. 또 책을 분석할 뿐 아니라 행동입문서에 따라 행동도 해야 한다.

밑줄 치는 방법

이 책을 읽고 특히 당신 자신에게 중요하다거나 관계가 있을 듯하다거나 어쩐지 신경이 쓰인다고 생각되는 부분에는 주저말고 밑줄(또는 체크)을 쳐 주기 바란다.

경우에 따라서는 메모를 끼워두거나 칼라테이프를 붙여두거나 클립을 꽂아두어도 좋다. 이에 의해 당신의 의견을 기록해 둘 수도 있으며 나중에 확인할 때도 편리하다. 또, 각 장·각 단계에 색인을 해 두면 더욱 편리하다.

행동입문서의 질문에는 직접 답을 기입해도 좋다. 또, 무엇인가 마음에 착상된 사항이 있으면 공백 부분에 주저말고 의견을 써 넣어두면 좋다.

그러면 이제 앞으로 진행해 나가자. 좀더 시간의 여유를 가지고 하자. 어째서냐 하면 단지 앞으로 앞으로 나아갈 것만이 아니라 조금 읽고 차분히 생각하고 음미하여 본질을 이해하면서 전진하는 것이 좋겠다.

■『사고는 물체이다』

27 페이지의 '사고는 물체이다'를 읽어 보자. 단 '요점 정리'는 나중에 분석하려고 하므로 읽을 필요는 없다. 읽으면서 밑줄을 치고 체크를 하면서 의견을 써 넣자. 이 책에 모든 것을 의지하는 것이 아니고 이 책을 읽음으로써 당신의 마음에 어떤 반응이 오는가 확인하는 일이 중요하다.

전에 밑줄 친 부분에 또 밑줄을 치고 싶은 대목이 있었는지도 모른다. 그 대목은 당신에게는 상당히 중요한 부분이라고 생각해도 좋을 것이다. 또, 전에 밑줄을 쳤던 곳이지만 이번에는 밑줄을 치려고 하지 않았던 부분도 있었는지 모른다. 그러나 그것으로 좋다. 그것은 당신이 보다 주의 깊게 진지하게 이 책을 분석하고 있다는 증거이기 때문이며 또 당신이 변화 성장한 증거이기도 하다. 특히 빨간 연필로 표시를 하고 싶다고 생각하는 곳이 있을지도 모른다. 만일 그렇게 생각한다면 빨간 연필도 주저하지 말고 이용하라. 빨간색만이 아니라 녹색이건 청색이건 당신 마음 속에 일어나는 감동을 유감없이 이 책 위에 표현해 주기 바란다.

그러면 점차 '성공 철학'의 본질을 파악하는 것이 능숙해졌다는 것을 실감하게 될 것이다. 「성공 철학」의 본질은 적극적이고 용기있는 '행동'과는 분리하지 못한다는 사실을 알게 되었으리라고 생각한다. 그와 같이 이론도 철학도 '행동'과 이어지지 않고는 아무런 가치가 없다. 당신은 이미 어째서 그 E C 번즈가 대성공을 거둘 수 있었는가를 알았으리라 본다. 그는 '성공자의 상식'을 몸에 익히고 있었던 것이다. 그러므로서 기차 삯이 없어도 초라한 옷차림이었어도 그는 굴하지 않았던 것이다. 또 '실패자의 상식' 때문에 더비가 금광을 눈앞에 두면서도 어째서 그것을 손에 넣지 못했던가 그 이유도 알았을 것이다. 어른을 꼼짝 못하게 하여 50 센트를 획득한 흑인 소녀의 위대한 이야기도 상기해 주기 바란다. 이 이야기들 가운데에서 '불타오르는 듯한 소망에 마음을 집중하는 일'이 얼마나 위대한 힘을 발휘하는 것인가도 마음 깊은 곳으로부터 납득했을 것이다.

'요점 정리'를 읽기 전에 지금 당장 '당신 자신의 손으로' 요점 정리를 만들어라. 이 장의 요점을 간단하게 요약하여 메모지에 써 놓도록 하라. 저자가 작성한 요점 정리에 구애받지 말고 '당신의 요점 정리'를 만들자.

'성공 철학'은 당신이 어디에 밑줄을 치건 어떤 의견을 메모하건 혹은 어떤 요점 정리를 만들건 그것이 올바르건 아니건 전혀 문제는 되지 않는다. 예를들면 더비 이야기에 대해 이렇게 쓰고 있다. '금광은 도박이다.' 그러나 또 다른 사람은 이렇게 쓰고 있다. '우리들은 전문가의 어드바이스를 활용해야 한다. 전문가를 능숙하게 활용하게 되면 우리들은 모든 면에서 전문 지식으로 결단을 내릴 수 있다. 어느 쪽이나 당연한 말이 타. 그러나 이 2 가지와 당신의 의견을 비교해 보면 보다 더 흥미있는 것을 느끼게 될 것이다.

당신의 요점 정리가 완성되면 나폴레옹 힐의 요점 정리와 비교해 본다. 그리고 공통되는 부분과 그렇지 않은 부분에 주목해 주기 바란다. 그가 중요하다고 생각하고 있던 곳을 당신은 중요하지 않다고 느끼는 대목이나 그 반대의 케이스에 대해 분석해 본다. 또 전면적으로 그와 어긋날지도 모른다. 그러나 결코 당신이 잘못되었다고 생각하면 안된다. 다만 냉정하게 분석하기만 하면 그것으로 좋다.

그런데 당신의 요점 정리는 일단 그대로 두고 나폴레옹 힐의 요점만을 분석하자. 이 요점들을 하나씩 당신 자신에게 맞추어 곰곰히 생각해 보고 다음 것을 실행해 주기 바란다. 즉 '누가' '무엇을' '왜' '언제' '어디서' '어떻게'이다. 가령 다음과 같이 질문할 수 있을 것이다.

"나는 이전부터 타오르기만 하는 소망을 가지고 있었다고 생각하고 있는데 도대체 언제, 어디서, 어떤 행동을 했다고 하겠는가? 그 결과 나는 구체적으로 무엇을 얻었을까? 나는 신념의 힘으로 무엇인가를 만들어낸 적이 있는가?"

이 예는 반드시 당신에게 알맞는 질문이 아닐지도 모른다. 그래서 당신 자신에게 꼭 맞는 질문을 자기가 만들어 주기 바란다. 그때, 알아두어야 할 일은 지금부터 당신이 만드는 질문은 당신의 내부를 탐험하여 성공을 위한 실마리를 찾는 데 소용이 되는 것을 선택하려고 노력하는 일이다. 결코 당신을 변명하거나 옹호하기 위한 질문이 되어서는 안된다.

사람은 누구나 과거에 매우 위대한 승리를 경험하고 있다. 다만 그것이 너무나도 일상적인 것이었거나 규모가 작은 것이었거나 무의식적으로 한 것이기 때문에 기억에 남아 있지 않을 따름이다. 그러나 자기의 일생을 뒤돌아보고 분석해 보면 여러 가지 체험 중에서 몇 가지의 승리를 획득했던 자기를 발견하게 될 것이다. 지금 생각해 보면 믿지 못할 정도의 능력을 발휘한 일이 몇 차례나 있었던 것에 놀라게 될 것이다. 그때의 당신과 지금의 당신은 완전 같은 사람이라는 사실을 잊어서는 안된다. 그리고 지금 당신은 부를 이룩하기 위해 다시 그런 위대한 능력을 발휘하려 하고 있다.

자기 자신의 반생을 건설적인 마음가짐을 가지고 뒤돌아볼 때 당신은 지금까지 장해라고 믿고 있던 온갖 고민이 운무처럼 사라지는 것을 보게 될 것이다. 그리고 당신이 내디딘 부로 향한 제1 보가 기대대로 잘못되지 않은 착실한 것이었다고 생각하게 될 것이다.

그러면 본문으로 되돌아 가자.

■ 제1 단계 『소망』

여기서도 '요점 정리' 이외의 모두를 읽고 밑줄을 치고 의견을 기입하는 것은 마찬가지이다.

당신은 E C 번즈가 퇴각하기 위한 모든 길을 끊고 스스로 전진밖에 없도록 만든 대목, 소망에서 황금을 만들어내기 위한 6 가지 스텝, 그밖의 성공 이야기를 자세히 읽었으리라 생각한다. 그리고 성공하는 사람은 결코 일시적인 패배로 좌절하지는 않았다는 것을 충분히 알았으리라 생각한다.

또. 성공에 대한 진리를 읊은 시가 있으며 이 시를 몇번이고 되풀이하여 읽어 외어둘 필요가 있을 것이다. 또 나폴레옹 힐의 아들 이야기도 당신에게 무엇인가를 가르쳐 주었을 것으로 생각한다.

그러면 본문을 되풀이 읽기 전에 소망 달성을 위한 6 가지 스텝에 대해 다음 테스트를 받아 보도록 하자. 이 테스트는 공백 부분에 말을 넣어 완전한 문장을 만드는 것이다. 지금 당장에 직접 공백을 메워 주기 바란다.

소망을 황금으로 바꾸는 6 가지 스텝

1. 당신이 바라고 있는 돈의 □□를 □□하게 할 것.
2. 당신이 손에 넣고 싶다고 바라는 □□을 얻기 위해 당신은 □을 □□ 하려고 하는가를 결정할 것.
3. 그 □□을 달성하는 □□을 결정할 것.
4. 부자가 되기 위한 □□을 세워, 가령 그 준비가 되어 있지 않다 해도 구애받지 않고 □□에 □□으로 들어갈 것.
5. 지금까지의 4 가지 스텝 (얻고 싶은 □□, 그것을 □□하는 일, 그 □□, 그리고 면밀한 □□) 을 종이에 상세히 □서 □□할 것.
6. 이 종이에 쓰인 선언을 하루에 □번, 잠들기 직전과 기상 후 곧 되도 록 큰 소리로 읽을 것. 이 경우 당신이 이미 □□ 을 손에 넣은 것으 로 □□하라. 그렇게 □도록 하는 것이 중요하다.

6 번째의 문제는 우리들에게 다음과 같은 질문을 던지고 있다. 즉 성공하는 데 가장 중요한 마음가짐은 무엇일까 라는 것이다. '행동 입문 서'의 사명은 당신에게 가장 중요한 포인트를 재인식시켜 주는 일이다.

그러면 한번 더 성공의 진리를 말하고 있는 시를 소개한다.

인생을 1 페니의 싼값으로 파는 사람에게

인생은 그 이상의 지불은 하지 않는다.

나중에 가서 후회해도

이제 팔 것은 아무것도 없다.

인생에게 고용되려고 하는 사람에게 인생은 원하는 만큼의 급료를 주겠지.

그러나 한번 급료가 결정되고 말면 일생 동안 그 급료로 만족해야 한다.

가사, 비참한 일이라 해도

자진하여 고생을 배운다면

자립심을 가지고 전진하는 사람에게

인생은 어떤 부라도 부여한다.

그러면 예에 따라 당신 자신의 요점 정리를 만들어 주기 바란다. 되도록 간결하게 박력있는 말로 포인트를 정리해 주기 바란다.

이 작업은 매우 중요한 트레이닝이 된다. 나폴레옹 힐이 어디를 중요시하고 있는지는 생각하지 않도록 하라. 어디까지나 당신이 중요하다고 생각하는 곳을 정리해야 한다. 그것을 당신의 말로 표현해 보는 일이 중요하다.

다음에 나폴레옹 힐의 요점 정리와 비교해 보자. 앞에서와 마찬가지로 공통된 부분, 그렇지 않은 부분을 분석하기 바란다. 그리고 이것도 앞에서와 마찬가지로 누가, 어째서, 무엇을, 언제, 어디서, 어떻게라는 6 가지 질문을 만든다. 이 질문 작성은 당신의 기억력과 이해력을 증대시키는 중요한 트레이닝이다.

6 가지 스텝에 대해서도 또, 12 행의 시에 대해서도 엄격한 질문을 만들도록 하라.

당신의 인생을 되돌아보면 몇번이나 승리자가 된 경험이 있었던 것이 상기될 것이다. 이 승리자와 지금의 당신은 동일 인물이다. 그 당시의 감정을 되새겨 주기 바란다. 처음에는 생각이 떠오르지 않거나 곧 사라져 버릴지도 모르겠으나 그러다 똑똑하게 생각이 나고 사라지지도 않게 될 것이다. 그때, 당신은 마음속에 훌륭한 자신감이 솟아나는 것을 느끼게 될 것이다.

다음의 진리는 결코 잊어서는 안되는 것이다.

"당신은 더욱 성공해도 될 사람이다. 당신은 더욱 성공할 수 있는 사람이다."

이 진리를 진심으로 이해가 되었을 때 '신념' 이 생겨나게 된다.

■ 제2 단계 '신념'

당신의 페이스로 주의 깊게 읽어 나갔으면 한다. 읽는 방법은 지금까지와 마찬가지이다. '요점 정리'는 읽지 않을 것과 철저하게 밑줄을 치는 것도 지금까지와 마찬가지이다.

당신의 사고를 힘으로 바꾸어 버리는 신념에 대해 분석해 왔으나 신념은 이미 당신의 것이다. 신념은 운이 좋은 사람만이 손에 넣는 것은 아니다. 신념은 올바른 방법으로 잠재 의식을 자극함으로써 누구나 끌어낼 수 있는 것이다.

신념을 가지기 위해서는 첫째로 운에 맡기는 일 따위를 하지 않아야 한다.행운을 기대하는 것을 중지할 뿐 아니라 불운을 두려워하지 않아야 한다.

이 단계를 분석해 보고 감정이 가지고 있는 무서운 힘에 놀랄지도 모른다. 감정과 신념의 관계에도 충분한 이해를 가지도록 바란다. (이것이 목표의 계획화와 행동력에 큰 영향을 가져온다). 또 57 페이지의 자신감을 기르는 5 가지 공식도 마스터했으리라고 생각한다. 특히 4 번째에 당신의 인생 목표를 명확하게 종이에 쓰도록 지시하고 있으며 이것은 당신에게는 인생의 전기가 되었을 것이다. 그러나 만일 이 작업이 끝나지 않았다면 당장 그 아웃라인만이라도 반드시 확립해 두기 바란다. 어쨌든 지금 생각하고 있는 목표를 쓰는 일이 중요하다.

당신 자신의 말로 이 5 가지 공식을 다시 쓰도록 하라. 그것은 당신의 전용 공식으로서 남은 누구도 그것을 들여다볼 필요가 없다. 한가지 첨가해 둘 것은 이 행동 입문서에는 당신 자신의 여러 가지 의견이 기입되어 있다고 생각하지만 이 의견들도 남에게 보일 필요는 없다.

여기서 다시 한번 58 페이지의 그 짤막한 시를 소개하겠다.

만일 당신이 진다고 생각한다면 당신은 지고 만다.

314

만일 당신이 이제 틀렸다고 생각한다면 당신은 끝장이다.

만일 당신이 이기고 싶다는 마음 한구석에 무리라고 생각한다면 당신은 절대로 이기지 못한다.

만일 당신이 실패할 것이라고 '생각한다면' 당신은 실패한다.

세상을 보라, 최후까지 성공을 계속 소원해 온 사람만이 성공하고 있지 않은가.

모든 것은 '사람의 마음'이 결정하는 법이다.

만일 당신이 이긴다고 '생각한다면' 당신은 이긴다. 만일 '향상하고 싶다' '자신을 가지고 싶다'라고, 당신이 원한다면.

당신은 그와 꼭 같은 사람이 될 것이다.

자아, 재출발이다.

강한 사람이 꼭 이긴다고는 정해져 있지 않다. 민첩한 사람이 꼭 이긴다고도 정해져 있지 않다.

'나는 할 수 있다' 그렇게 생각하고 있는 사람이 결국은 이긴다! '하는 일마다 실패의 연속이었다'는데 최후에는 위대한 성공인이 된 아브라함 링컨의 이야기를 읽었을 것이다. 그 중에서 사랑의 힘의 위대함을 인식했을 것으로 안다. 또, C M 슈웝의 만찬회의 연설에서 부(富)는 '첫째로 사람의 마음 속에서 이룩되는 것이다.'라는 말도 이해했으리라고 안다.

그러면 당신의 요점 정리를 만들도록 하자. 되도록 예리하게 포인트를 정리해 주기 바란다. 또, 예를 따라 힐 박사의 요점 정리와 비교하여 분석하도록 하자. 그리고 누가, 어째서, 언제, 어디서, 무엇을, 어떻게라는 질문을 만들어 거기에 대답해 주기 바란다.

이미 알고 있는 일이겠으나 '진실한 것이건 그렇지 않은 것이건 몇번이고 되풀이한 아이디어는 당신 자신 안에서 신념과 이어져 당신의 장래에 커다란 영향을 주게 된다.' 랄프 월드 에머슨의 말을 빌리기로 하자. '인간은 그가 생각하는 대로의 사람이 된다.'

■ 제3 단계 '자기 암시'

'요점 정리' 이외의 모든 내용을 읽도록 하자. 읽는 방법은 다음과 같다.

밑줄을 칠 것.

의견을 써 넣을 것.

그러면 이제 알고 있는 바와 마찬가지로 잠재 의식이란 아주 비옥한 밭과 같은 것이다. 그러나 당신이 가치있는 곡식의 씨를 뿌리지 않고 방치해 두면 1 면은 잡초에 점령되고 만다. 즉 당신은 자기 암시의 힘에 의해 건설적인 사고의 씨앗을 자신의 마음에 입력시켜야만 한다.

잠재 의식은 그 안에 입력된 사고와 신념을 혼합함으로써 행동력을 만들어낸다. 그러나 그러기 위해서는 '되풀이하는' 수법으로 그 입력을 착실하게 하도록 할 노력이 필요하다.

당신은 자신의 잠재 의식에 당신이 바라고 있는 금액을 이미 손에 들어왔다는 듯이 철저하게 가르치고 또 돈이 당신을 몹시 기다리고 있다는 것도 철저히 가르쳐야 한다. 이 노력을 게을리 하면 이 '성공 철학'의 효과가 충분히 발휘하지 못하게 된다. (돈이 실제로 손에 들어 왔을 때의 모습을 마음속에 그려내지 못하므로 대부분의 사람들이 부를 이루는 데 실패한다). 실제로 나타나는 장면에서 상품 세일즈를 한다거나 써비스를 제공한다거나 기타 일을 하고 있는 '당신의 모습을 마음속에 그린다'. 그 결과 계속해서 돈이 들어오는 모습을 마음 속에 그린다. 지금 당장 펜을 놓고 실험해 보라.

그러면 75 페이지의 잠재 의식을 움직이는 3 가지 스텝을 마스터했을 것으로 생각한다. 이미 짐작한 바와 같이 이 3 가지 스텝은 제1 단계 '소망'의 대목에서 분석한 6 가지의 스텝과 긴밀하게 관련되고 있는 것이다. 한번 더 그 관계를 알아보도록 하자.

그러면 다음 퀴즈에 '예', '아니오'로 대답해 주기 바란다.

1. 당신이 쓴 계획서에는 아직 실패의 가능성이 남아 있다고 생각하는
   가?
2. 목표 금액을 손에 넣는 명확한 날짜가 기입되어 있는가?
3. 그 돈은 기필코 행운이 어떻게 해줄 것으로 생각하는가?
4. 돈을 손에 넣기 위해 어떤 댓가를 지불하는가 즉 당신이 제공하는
   상품이나 서비스는 정해졌는가?
5. 계획은 머리 속에 확고하게 들어 있으니까 라는 핑계로 계획을 새삼
   스럽게 쓸 것 없다고 미루고 있지는 않은가?

이 퀴즈의 정답은 1…아니오 2…예 3…아니오 4…예 5…아니오이
다. 만일 하나라도 잘못되어 있으면 지금 당장 개선해 주기 바란다.
특히 5 번째 질문에서 아직 계획서를 만들어 두지 않았다면 지금 당장
착수해야 한다. 확실하게 계획을 세우는 일에 익숙하지 못한 사람에게는
힘든 일일 것이며 또한 그다지 중요하지 않다고 생각될지 모른다.

그러나 만일 진심으로 인생에서 부를 이룩하고자 원하고 있다면 용기
를 내어 진지하게 솔직한 계획서 작성에 착수해야 한다. 적당한 노트나
편지라도 좋고 날짜가 인쇄되어 있는 수첩이라도 무방하다. 우선 나중에
정정을 할 수 있도록 연필로 쓰도록 한다. 어쨌든 지금까지의 현실에서
활약해 온 사람들 중에서 쓰는 일이 질색인 경우가 많지만 주저하지
말고 해 보기 바란다. 몇번 고쳐 쓰겠다는 생각만 가지면 훌륭한 계획서
를 만들 수 있으리라 생각한다.

그러면 다음은 요점 정리이다. 당신이 작성한 것과 힐 박사 것을 비교
해 보도록 한다. 이제 요점을 파악하기에 상당히 익숙해졌을 것으로
생각한다. 그러나 나폴레옹 힐 박사의 것과 다르다 해도 무방하다. 그
비교 분석이 중요하기 때문이다. 천천히 시간을 들여 해 보기 바란다.

무엇을 어디서, 어째서, 언제, 누가, 어떻게라는 질문을 하는 것도 지금까지 해온 대로 한다. 익숙해졌다 해서 그저 가볍게 해치우지 않도록 자신을 달래면서 진지하게 하도록 한다. 특히 과거에 하루하루 연기를 한 경험이 있다면 그러므로서 얼마 만큼의 기회를 놓쳤는지 반성하고 앞으로는 행동하는 인간이 되겠다고 결심을 새로이 해 주기 바란다. 또 무리한 스타트로 인해 실패한 사실도 상기하여 그 실패의 경험에서 가치있는 지혜를 끌어내 주었으면 한다. 물론 용기를 가지고 스타트함으로써 얻은 승리도 상기한다는 것은 매우 중요한 일이다.

"인간은 무엇을 자기 암시에 의해 잠재 의식에 입력시키느냐에 따라 운명이 결정된다."

■ 제4 단계 '전문 지식'

이제 읽는 방법에 대해서는 더 말할 필요가 없을 것으로 생각한다. 실은 이 읽는 방법이야말로 중요한 것이었다. 주의 깊게 본질을 파악한다는 자세는 인생의 온갖 장면에서 가장 중요한 것이다. 당신 자신의 인간의 본질, 인생의 본질을 확고하게 파악하는 일 만큼 중요한 것은 따로 없다. 그러나 당신은 이미 그 기술을 충분히 마스터한 것이다.

그래서 지금부터는 보통 사람들이 간과하기 쉬운 좀더 심오한 것을 바라보는 데 힘을 써 주기 바란다.

그런데 '지식이라는 것은 오로지 단순한 재료에 지나지 않는 것이다' 특히 일반 지식은 '전문 지식'과 명확한 행동 계획에 의해 보장되지 않으면 소용되게 하지는 못한다.

학교에서 하는 공부는 교육의 불과 일부분이라는 사실을 알아야 한다. 나폴레옹 힐이 통신 교육을 중도에서 내던지고 말았다는 이야기를 읽고 아마 웃었을지도 모른다. 스스로 공부한다는 것은 쉬운 일이 아니다. 그러나 그러기 때문에 그 어려움을 헤치고 공부하는 데 대해 커다란 보수가 주어지는 것이다. 지금 이 '성공 철학'을 연구하고 있는 당신도 여기까지 진행하기까지 온갖 장해나 유혹이 있었을 것이다. 그러나 당신은 그것을 타넘고 여기까지 왔다. 당신에게 그 만큼의 보수가 주어졌을 리가 없다.

'네' '아니오'로 대답해 주기 바란다.

정식 교육을 거의 받지 못한 실력파인 사람 쪽이 높은 교육을 받은 사람보다 반드시 돈을 버는 데 재능이 있다고 생각하는가?

만일 '네'라고 대답한다면 한번 더 자세하게 읽어 보도록 하자. 이 단계의 포인트는 교육을 받은 쪽이 좋다느니 없는 쪽이 좋다느니 논쟁을 하려는 것이 아니다. 어떻게 필요한 지식을 획득하고 어떻게 결정적인 목표에다 그것을 구사하느냐 하는 것이 문제이다.

의무 교육이 끝나면 그것으로 교육이 모두 끝났다는 생각은 잘못이다. 의무 교육이 끝나면 이번에는 다른 공부가 시작된다. 어떤 목적을 위해 자발적인 공부를 함으로써 의무 교육에서 몸에 익히지 못한 지식이 실생활에 소용이 되도록 하는 것이다. 부를 이룩하기 위해서는 그 계획의 일부로 자기 트레이닝은 빠뜨리지 못하는 조건이다. 지금 당신이 이 '행동입문서'를 앞에 두고 있는 것은 바로 자기 트레이닝의 하나를 실천하고 있는 것이라 하겠다.

필요한 지식을 입수하기 위한 5개의 원천이 85페이지에 리스트업되어 있었는데 당신은 그 중 몇개 정도를 이용하고 있을까? 또, 앞으로 어느 것을 이용하려고 생각하는가?

'나의 카탈로그'라는 아이디어는 당신의 스타트를 10년 이상 단축하는 것이므로 만일 아직도 만들지 않았다면 지금 당장에 만들어 보기 바란다. 특히 정년 퇴직한 사람으로 재취직을 생각하고 있는 경우에는 절대적인 효과가 있다는 것을 보증하겠다.

그러면 요점 정리를 만들도록 하자. 그리고 나폴레옹 힐과 비교하자.

또 질문을 만들어 대답하는 일도 잊지 말고 실행하도록 하자. 이런 질문을 만들어 보는 것도 가치가 있다. 가령 '나는 체험으로 얻은 지식을 사용하여 무엇인가 이익을 얻은 적이 있는가?' 라고 묻는 대신에 '친구 중에서 체험으로 얻은 지식에서 이익을 얻고 있는 사람은 누구인가?' 라는 식이다. 이것은 남의 인생에서 배우는 트레이닝이므로 망설이지 말고 하기를 권장한다.

지식에 힘 따위는 없다. 지식은 단순한 재료일 뿐이다. 지식이 효력을 발휘하기 위해서는 목표 달성을 위해 효과적으로 짜여져야 한다. 그 중요성과 방법을 빠뜨리고 가르치지 않는 것이 학교 교육의 최대 결점이라 하겠다.

■ 제5 단계 '상상력'

그러면 예와 같은 읽는 방법으로 본문을 읽도록 하자.

이미 아는 바와 같이 상상력에는 2 가지 작용법이 있다. 즉 합성적인 작용법과 창조적인 작용법이 그것이다. 당신은 이 2 가지 작용을 통해 큰 힘을 얻게 된다. 당신의 한계는 어느 정도 자기를 개발할 수 있는가 하는 것과 얼마 만큼 상상력을 활용할 수 있는가 하는 것에 달려 있다. 당신은 상상력을 사용하여 사고의 발상을 수신함으로써 우주라도 움직이려는 듯한 힘을 얻게 된다. 당신은 상상력을 사용함으로써 막대한 부를 손에 넣는 확고한 법칙을 익힐 수 있게 된다.

코카 콜라 이야기는 구식 주전자 속에 들어 있는 혼합물이 세계적인 거대 기업을 만들어낸 이야기였으나 이 가운데서 당신은 아이디어가 소망과 연결되어 행동을 일으킬 때, 대체 얼마나 위대한 에너지를 발휘하는지 당신은 알았으리라고 생각한다.

100만 달러를 손에 넣은 젊은 목사가 어떤 힘을 발휘했는지도 이미 알았으리라고 생각한다. 이 상상력은 당신 자신도 가지고 있다. 우리들

320

주변은 기회로 가득 차 있다. 그리고 상상력은 그것을 정확하게 포착해
준다.

그러면 요점 정리를 작성하여 힐 박사의 것과 비교해 보도록 하자.
힐 박사의 것과 다른 것은 철저하게 분석해 보자. 그것이 당신 자신을
아는 것과 연결하는 것이다. 힐 박사의 요점 정리에서 용기 있는 질문을
작성하여 그것에 답하자. 그 질문을 남에게 옮겨 놓아 여러 가지로 연구
해 보기 바란다.

인생은 상상력에 의해 비약시킬 수 있다. 이 사실을 잊지 말도록 하
자.

■ 제6 단계 '계획의 조직화'

이 단계가 길어진 것은 나름대로의 이유가 있기 때문이다. 즉 이 계획
작성 만큼 중요한 작업은 없는데도 대부분 사람들은 이것을 무시하거나
생략해 버려 결국은 성공을 거두지 못하고 인생을 끝내고 만다. 오랫동
안의 고생 끝에 여기까지 진행해 왔으므로 당신도 여기서 계획을 마무리
하도록 해야 한다(만일 이미 완성해 두었다면 한번 더 점검하도록 한
다). 이 단계에서 배우는 방법은 지금까지 한 것과는 약간 다르므로
주의를 기울여 해 주기 바란다).
일단 밑줄을 치고 의견을 기입하면서 151 페이지의 '자기 분석을 위한
28 가지 질문' 앞까지 읽도록 한다. 그리고 이 28 가지 질문을 뛰어넘어
'요점 정리' 앞까지 읽는다.

이 단계는 '협력자'에 대한 철학부터 시작하고 있으며 이것은 제9
단계에서 분석하도록 하겠으나 다음 사항을 깨달았을 것으로 안다. 즉
'어느 누구나 남의 협력을 전혀 빌리지 않고 거대한 부를 이룩할 만한
경험이나 재능이나 지식을 가진 사람은 없다.'

이것은 묵묵히 홀로 노력하고 있는 사람을 경시하고 있는 것은 아니

다. 그러나 세계는 인류의 협력에 의해 성립되어 있다는 사실을 잊어서는 안된다. 개인적인 노력도 유능한 '협력자'를 동원함으로써 비로소 위대한 성공을 이루게 된다.

'패배'란 도대체 무엇인가? 패배는 강해지기 위한 한 스텝이다. 패배란 한번 더 다시 하라는 신호에 지나지 않는다. 결코 '단념하라'는 판결은 아니다. 만일 패배가 '종료'라고 생각하고 있다면 그 경험을 살려 사용할 수는 없을까. 도중에서 좌절하는 사람은 결코 승리자는 되지 못한다. 그리고 승리자는 결코 도중에서 좌절하지는 않는다.

130 페이지에 '리더를 위한11 가지 조건'을 소개했는데 여기서 펜을 놓고 머리를 식힌 다음 이 11 가지 조건을 읽고 생각해 보아 주기 바란다. 항목만이 아니라 주석도 읽도록 해야 한다.

그러면 작업에 들어가자. 먼저 이 각 항목을 분석하여 당신 자신은 어느 정도까지 실행이 되어 있는지 1 점에서 5 점 사이에서 자기 평가를 하도록 한다. 예를 들면 '자기통제력'에서 1 점이라고 평가했다면 그것은 당신에게는 자기 통제력이 결여되어 있다는 것을 나타내고 있으며 5 점이라고 평가했다면 그것은 자기 통제력이 거의 완전하게 갖추어져 있다는 것을 뜻하고 있다. 이러한 요령으로 전항목을 주의깊게 또한 정직하게 평가하여 당신 자신의 모습을 그려내도록 한다. 거기에서 당신을 개선하는 착안점을 발견하게 된다.

322

리더쉽 자기 분석표

	1 2 3 4 5
① 동요하지 않는 용기	
② 자기 통제력	
③ 정의감	
④ 단호한 결단력	
⑤ 명확한 계획력	
⑥ 봉사의 정신	
⑦ 쾌활한 성격	
⑧ 인정	
⑨ 사업상의 지식	
⑩ 책임감	
⑪ 협력심	

132 페이지의 '리더가 실패하는 10 가지 원인'도 충분히 당신에게 합당하도록 평가해 주기 바란다. 그 (무능의) 항목만이 아니라 힐 박사의 주석도 주의 깊게 읽어야 한다. 냉정하게 당신 자신에게 질문하여 정직하게 대답해 주기 바란다.

다음에 리스트 분석이 모두 끝나면 이 각 항목을 적극적이고 건설적인 말로 옮겨 놓도록 하자. 가령 '정밀한 사고에 결여한 것'에 대해서는 '나는 항상 주의를 기울여 표면적으로 사물을 다루는 것이 아니라 예리한 통찰안으로 그 본질을 포착하여 항상 계획을 재검토하는 동시에 긴급 사태에 대처하는 유연성을 몸에 익혀 자기의 의무, 목표, 시간 사용 방법을 확고하게 인식하여 결코 부지런히 변명을 하려고 하지 않을 것을 맹서한다.'

이와 같은 요령으로 당신 자신의 말로 모든 항목을 바꾸어 써서 카드에 기입하도록 한다.

135 페이지의 '일자리를 찾아내는 5 가지 방법'은 지금의 당신에게는 관계가 거의 없는 것으로 생각했는지도 모른다. 그러나 이것은 당신에게는 중요할 뿐 아니라 당신의 친구에 대한 어드바이스로서도 중요한 것이다. 남의 일을 도운다는 것은 본인에게 있어서는 더할 나위 없이 마음 든든한 일이다. 마찬가지 이유에서 '나의 카탈로그'를 작성하는 방법에도 정통했으면 한다.

139 페이지의 '일을 잡는 7 개 항목'에 대해서도 마찬가지이다. 이것은 지금 만족한 일자리를 가지고 있는 경우라 할지라도 소용되는 것으로 이에 의해 동료의 고민도 해결할 수 있고 상사를 분석할 수도 있다. 또 만일 당신이 경영자이거나 남을 부리는 입장에 있는 사람이라면 제5번째의 '당신은 무엇을 할 수 있는가'라는 곳에 주목해야 한다. 당신은 부하들을 위해 무엇을 해 줄 수 있는가 하고 진지하게 다시 생각해 봄으로써 모든 것을 개선하는 계기를 포착하게 될 것이다. 남의 위에 서는 사람이면 이런 생각을 갖는다는 것이 가장 중요한 것이다.

142 페이지의 'QQS 의 공식'은 반드시 마스터해 두어야 한다. 특히 앤드류 카네기가 하는 방식은 참고가 될 것이다. 또 헨리 포드가 무엇보다도 남과 함께 일을 하는 데 재능이 뛰어났다는 사실도 상기해 주기 바란다. 찰스 슈웝도 남을 움직여서 성공을 할 수 있었다. 그들이 얼마나 '써비스 정신'을 소중히 하고 있었는가를 잊어서는 안된다.

144 페이지의 '실패자가 되는 31 가지 원인'은 이미 분석했을 것으로 안다. 힐 박사는 이렇게 말했다. 리스트 분석이 끝나면 당신의 성공을 가로막는 것은 무엇인가를 조사하여 자기 자신의 올바른 자세를 바라보기 바란다. 그 방법은 이렇다. 즉 각 항목을 당신에게 '관계가 있다' '관계가 없다'로 분류한다. 그러면 다음 공란에 기입하도록 하자. 기입은 항목만을 분명하게 쓴다.

① 관계가 있다.	② 관계가 없다.

그러면 이 표가 완전히 작성되면 다음 작업을 하도록 하자. '관계가 있다'라고 하는 쪽에 기입한 항목을 '개선할 수 있다' '개선하지 못한다'로 분류하라. 까다로울지 모르겠으나 중요한 일이므로 반드시 항목을 정성껏 기입하도록 한다.

개선할 수 있다	개선 못한다

'개선 못한다'는 항목을 한번 더 검토해 보기 바란다. '만일 아무래도 그것을 개선해야 한다면 무엇부터 시작해야 할 것인가?'를 생각한다. 하지 못하는 이유를 찾지 말고 어떻게 하면 될 것인가 하는 것을 생각한다. 당신 자신에게 도전하는 심정으로 용기를 가지고 또한 냉정하게 끝까지 생각하도록 한다. 한꺼번에 완전하게 개선하지 못해도 좋다. 그 실마리를 잡도록 노력하기 바란다. '하는 도리가 없다'고 단정해

버리기 전에 '어떻게 하면 개선할 수 있는가?' 라고 독백을 해 본다. 이 독백은 당신 인생의 모든 경우에서 중요한 가치를 발휘하게 될 것이다. 당신은 갑자기 테이블을 치며 이렇게 외칠 것이다. '맞았어! 이렇게 하면 된다' 라고.

힐 박사가 말하는 바와 같이 절대로 개선을 못하는 것이란 그다지 수가 많지는 않다. 시점을 바꾸는 일, 사고 방식을 바꾸는 일, 거꾸로 혹은 횡으로 혹은 그 속에 뛰어들어 안에서부터 참을성 있게 깊이 생각하면 대부분의 경우 '길은 열린다'

그러면 여기서 151 페이지의 28 가지 질문에 답하기로 하자. 이것은 지금의 당신에게는 그다지 어렵지는 않을 것이다. '네' 라거나 '아니오' 로 그대로 대답해 나가면 된다. 그러나 28 번째 질문처럼 망설이게 되는 것도 있다. 용기를 가지고 대답하면 된다. 정직하게 말이다. 이 28 가지 질문에 척척 대답할 수 있다는 것은 몇천 달러나 되는 가치가 있다고 하겠다. (이 질문의 진정한 목적을 깨달을 수 있는가? 가령 28 번째 질문에 대답을 못하는 사람은 아무래도 한번 더 이 '성공 철학'을 처음부터 다시 읽어야 할 것이다. 이 질문은 당신이 '성공 철학'을 완전히 이해하여 몸에 익혀서 실행하고 있는지를 분명히 하는 것이 진정한 목적이다). 이 질문에 대한 답이나 주석은 직접 책에 기입해 두면 좋을 것으로 안다. 다음날, 반성할 시기에 소용이 될 것이기 때문이다.

이 단계는 질문과 분석을 중심으로 구성되어 있는 것으로서 그 성질상으로 여기서는 당신의 요점 정리를 작성할 필요는 없을 것이다.

161 페이지의 힐 박사의 '요점 정리'를 읽고 충분히 이해를 했는지 여부를 확인해 두기 바란다.

"돈 그 자체는 스스로 걸어다니지도 못하며 생각하거나 이야기를 하지도 못한다. 그러나 그것을 갈구하고 있는 사람의 목소리를 들을 수는 있다."

■ 제7 단계 ' 결단력'

이제 겨우 13 단계의 절반을 넘겼다고 하겠으나 이미 그 읽는 방법이나 분석 방법이 완전히 몸에 익혀졌으리라 생각한다. 이제부터는 좀더 속도와 수준을 높여 진행하고자 하니 그렇게 알도록 하자.

이 단계의 중심은 미국 독립 선언 이야기이다. 이 실화에서 결단의 위대함, 그것도 세계에서 가장 위대한 결단을 완전히 이해하도록 하자. 특히, 174 페이지의 말은 읽어 그대로 흘려버리지 말자. 그 6 개 항목이 이 이야기 중 어느 부분에서 쓰여졌는지 확실하게 인식해 두기 바란다.

결단이란 도대체 무엇일까? 당신은 자기의 결단을 의식하고 있을까? 또. 남의 결단을 판단할 수 있을까? 또. 당신은 결단력이 있는 사람들과 우유부단한 사람들을 구분할 수 있을까? 테스트해 보자.

먼저. 누구든 좋으니 당장 생각나는 10 명의 이름을 써 보자.

1.
2.
3.
4.
5.
6.
7.
8.
9.
10.

다음에 이 사람들의 이름 밑에 그 사람은 결단력이 있는지 없는지 표시를 하자. 만일 그 사람이 결단력이 있는 사람이면 ○표, 없는 사람이면 ×표를 한다.

그러면 다음에 또 한가지 표를 한다. 즉 지금 표를 한○표 혹은 ×표 아래에 만일 그 사람이 성공한 사람이면 ○표, 그렇게 생각하지 않는 사람이면 ×표를 한다. 이 판단의 기준은 당신의 지성에 맡기기로 하겠으나 가령 그 사람이 주부라면 그녀가 결혼 전에 바라고 있던 대로의 주부가 되어 있으면 그녀는 ○표를 할 것이며 또 그 주부가 비록 호화주택에서 호화로운 생활을 하고 있다 해도 결혼전에 바라고 있지 않았던 비참함을 느끼고 있다면 ×표를 할 것이다.

그러면 이제 알았으리라 생각한다. 전체적으로 ○○ 혹은 ×× 가 되는 것은 어째서일까? 결단력과 성공이 얼마나 깊은 관계에 있는가 하는데 대해 놀랐으리라 생각한다.

당신의 요점 정리와 힐 박사의 것과 비교가 끝나면 질문을 만들어 대답하도록 한다.

"끝까지 강하게 살아 나가는 사람은 반드시 자기 내부에 강한 결단력을 가지고 살아 가는 사람이다."

■제8 단계 '인내력'

예와 같이 분석을 하도록 하자.

인내력이 결단력과 매우 깊은 관계에 있다는 것을 알았으리라 생각한다. 아무리 결단력이 있다 해도 인내력이 모자라면 무리한 결단을 내리게 되어 결과적으로는 잘못된 결단이 되고 만다. 인내력을 가지고 차분히 침착하게 사태를 지켜보고 최선의 찬스를 골라 여유를 가지고 결단을 내리면 과오가 적어질 뿐 아니라 임기 응변의 조치를 취할 수도 있다.

'돈을 구하는 의식'을 가지고 있는 사람에게만 돈이 모여들고 '돈을 구하지 않는 의식'을 가지고 있는 사람에게는 자연적으로 '가난을 구하는 의식'이 몸에 배이게 되어 자기도 모르는 사이에 가난하게 되어 버린다. 잊어서 안되는 일은 당신은 잠재 의식에 지배되고 있다는 사실이다. 그리고 당신의 '두목'인 잠재 의식을 지배할 수 있는 것이 당신의 의지인 것이다. 당신은 이 의지의 힘으로 잠재 의식을 컨트롤하여 마음대로 명령할 수가 있다.

퍼니 파스트나 케이트 스미스 이야기는 인내력이 훌륭하다는 것을 자세하게 가르쳐 주고 있다. 184 페이지의 인내력을 기르는 8 가지 포인트는 당신에게 크게 소용이 될 것이다. 일단 한번 더 훑어보고 다음 퀴즈에 도전하도록 하자. 문장의 빈칸을 메워 주기 바란다.

인내력을 기르기 위한 8 가지 포인트.

1. □□를 명확하게 할 것.
2. □□의 불을 태울 것.
3. □□을 가질 것.
4. □□을 조직화할 것.
5. □□을 가질 것.
6. □□심을 가질 것.
7. □□의 힘을 가질 것.
8. 인내하는 일이 □□이 되도록 노력할 것.

다음으로 185 페이지의 16 가지 항목을 분석해 보라. 당신이면 이미 이 약점들을 극복하고 있을지도 모르겠으나 만일, 단 몇 개라도 약점으로 아직 남아 있는 경우가 있는지도 모르므로 확실하게 하기 위해 다음과 같은 일을 실행해 주기 바란다. 즉 이런 것들을 적극적이고 건설적인 말로 바꾸어 놓도록 한다, 가령 '자기가 무엇을 바라고 있는지 몰라 설명도 못한다.' 하는 말을 '나는 자신이 바라고 있는 것을 확실하게 알고 있다. 그러므로 당연히 명확하게 설명할 수도 있다.' 라는 식이다. 물론 말을 바꾸어 놓는 것뿐 아니라 실행해야 할 것은 두말할 여지가 없다.

무하마드 이야기도 독립 선언 이야기도 마찬가지로 주의력을 집중하여 분석하고 그 속에 잠재해 있는 본질을 파악해 주기 바란다. 만일 이런 기적적인 사실들과 비슷한 체험을 한 적이 있으면 그것을 상기하여 정리하고 분석하여 거기에서 무엇이 일어나고 있었는지를 확인하도록 한다. 당신은 잊어버리고 있는지 모르겠으나 입학, 취직, 결혼, 출산, 육친과의 이별 등 일견 평범한 듯한 인생 가운데서 당신은 훌륭한 인내력을 발휘해 왔을 것이다. 그래서 당신 자신에게 물어봐 주기 바란다. '언제, 어디서 나는 신념을 몸에 익혔을까?' 라고, 그리고 신념이라는 말이 무엇을 의미하고 있는가를 냉정하게 생각하여 메모하도록 한다.

다음에 193 페이지의 '예언자, 철학자, 기적을 일으킨 사람, 대종교가라고 일컬어지는 선배들을 종합적으로 분석해 보면 인내력과 집중력과 목표의 명확화가 그들에게 성공을 가져오게 한 근본적 원인이었다는 것을 알게 된다' 라는 문장을 똑똑히 알아두기 바란다.

그러면 다음은 카드에 당신이 과거에 '어떻게 하든 돈을 가지고 싶다' 고 생각했을 때의 상황을 자상하게 5 가지를 쓰도록 한다. 그리고 그 결과, 그것을 얻게 되었는가 얻지 못했는가 하는 것과 그 원인과 이유도 함께 쓰도록 한다. 이 카드에서 신념이 어떤 역할을 수행하고 있었는가를 분석해 보자. 그것에 의해 '돈을 구하는 의식' 을 결정적으로 파악해 주기 바란다. '돈을 구하는 의식' 이라는 말이 매우 오해를 받기 쉬운 말이라는 것은 짐작하는 바와 같다. 이 말은 '인색' 을 뜻하는 것도 '허영' 을 뜻하는 것도 아니다. 하물며 모든 가치를 돈으로 재려는 것도 결코 아니다. '돈을 구하는 의식' 이라는 말의 진실한 뜻은 돈의 가치와 한계를 올바르게 인식하고 있는 사람이 그 인생에 필요한 만큼의 돈을 그 사람의 노력에 의해 만들어내려는 의식을 말한다. 따라서 노력을 게을리함으로써 필요한 돈을 얻지 못하는 것도, 고의로(혹은 핑계로) 필요한 돈의 액수를 줄이므로서 돈을 얻으려는 노력을 게을리하는 것도 어느 것이나 현명한 사람이 하는 일은 못된다. 물론 돈을 만능이라고 생각하는 것은 돈을 얻는 것만을 목표로 하는 것과 마찬가지로 터무니없이 잘못된 생각이다.

　그러면 요점 정리를 하도록 하자.

　빈약한 소망은 좌절과 핑계를 만들어낼 따름이다. 그리고 인내력은 강렬한 소망을 가짐으로써 누구나가 기를 수가 있다.

　이 단계는 이것으로 끝나지만 지금까지 순조롭게 진행되어 왔을까? 가족이나 사업이나 혹은 기타의 사정에 의해 (특히 당신 자신의 무기력) 자발적으로 시작한 이 '성공 철학'의 연구와 분석이 좌절되려고 했던 일은 없는가? 만일 그렇다면 여기서 한번 더 당신의 소망을 상기해 주기 바란다.

　당신은 아무래도 돈을 가지고 싶다, 성공하고 싶다고 소원하여 이 트레이닝을 시작했을 것이다. 지금이야말로 바로 인내력을 발휘해야 한다. 이제 바로 인내력을 발휘해야 한다. 이제 곧 문은 가까워졌다.

■ 제9 단계 '협력자'

　실례대로 작업을 끝내도록 하자.

　여기에서는 '인정'에 대해 분석하여 그 미덕을 몸에 익히도록 하면 당신이 인간적인 매력을 기르도록 하기 바란다. 과거의 위대한 성공자들은 실은 이 '인정'을 몸에 익히고 있었기 때문에 막대한 부를 이룩할 수 있었던 것이다.

　앤드류 카네기는 50명의 '협력자'들에 의해 그 위대한 성공을 성취하였으나 만일 당신이 10명, 아니 2, 3명이라도 진실한 '협력자'를 얻을 수 있다면 당신의 인생은 눈이 휘둥그래질 정도로 바뀌어질 것이 틀림없다.

　이 '행동입문서'는 당신이 진실한 '협력자'를 얻게 되도록 모든 에너지를 투입하여 당신을 뒷받침하는 것이다. 꼭 당신도 모든 주의력을 집중시켜 지금부터 하는 말을 이해하여 '실행'해 주기 바란다.

그러면 시작해 보자.

1. 당신이 잘 알고 있고 또한 신뢰할 수 있는 사람을 2 사람 또는 3 사람 선택할 것. 그리고 부담없는 모임을 가질 것. 이것은 당신과 멤버가 서로를 잘 알게 될 뿐 아니라 조화를 유지하려는 데 목적이 있다. 이 회의에 당신을 포함한 전 멤버가 정신력을 기르고 마음을 편안하게 한다. 당신은 맨 먼저 여기에 대한 것을 전원에게 설득할 필요가 있다.

2. 당신은 정치나 종교 등 '언쟁의 근원'이 될만한 문제에 대해서는 철저하게 공부하여 편견이 없는 올바른 지식을 확고하게 익혀두어야 한다. 그리고 항상 체험에 바탕을 두고 얻은 지식에 의해 대화를 나눌 것을 마음에 새겨둔다. 각 멤버는 각기 독자적인 체험을 가지고 있기 때문에 그것을 서로가 제시하면서 회의를 진행시킨다. 얼핏 들은 소문이나 근거없는 추측이나 그 자리에서만 떠들어대는 허망한 회의는 아무런 의미도 없으려니와 전 멤버의 인간성을 파괴해 버린다. 또 이 협력과 조화의 정신을 파괴하는 것과 같은 불성실한 발언이나 행동을 하지 않도록 서로가 꺼리낌없이 주의를 주도록 해야 한다.

3. 전원이 동일한 목표를 지향하도록 노력하고 그 목표의 의의도 동일하게 가지도록 철저하게 대화를 나누어 서로 이해를 해야 한다. 목표는 같다 해도 그 의의에 대한 인식이 다르면 최종 단계에서 좌절하게 되는 경우가 많기 때문이다. 모든 의문이 없어질 때까지 토론을 거듭하여 타협이나 양보가 완전히 없어지고 진심으로 전원의 의견이 일치되도록 해야 한다. 이것이 되기 전에 앞으로 진행해서는 안된다. 발언은 신사적이기만 하면 자유롭게 할 수 있다. 진심으로 토론되는 건설적인 의견은 반드시 멤버의 정신을 고무하게 된다.

4. 전원이 일심 동체가 되었다고 확인되면 서서히 인원수를 늘려가도 된다. 그러나 또, 전원의 마음이 완전 일치가 되지 않았는데도 그룹을

확대하면 결코 안된다. 전원의 동의로 새로운 맴버를 영입하는 경우도 참으로 동료가 되었는지 확인될 때까지는 옵써버'로 해 두는 것이 바람직하다. 폐쇄적이라고 생각될지도 모르겠으나 안이하게 개방해 버리면 새 맴버 때문에 지금까지의 노력이 물거품이 되어 버리는 일이 많다. 이 그룹의 목적은 진실한 '협력자'를 만들어내는 데 있다는 것을 잊어서는 안된다. 이것은 당신의 목표 달성을 위해 당신이 결성한 그룹이며 단순한 동호회나 친목회와 같은 그룹은 전혀 아니다. 잘못하여 새 맴버를 위해 당신이 정신과 시간을 낭비하지 않도록 조심해 주기 바란다.

5. 전 맴버가 동일한 '성공 철학'을 가지도록 해야 한다. 구체적인 사업 진행 방법에 대해서는 각자가 하는 방법을 쓰는 편이 다양성이 있어서 효과가 있을 것이다. 그러나 근본적인 철학이 다르다면 막상 행동에 옮기는 단계가 되면 혼란이 일어나 실패로 끝나게 된다. 가장 자신을 가지고 추천할 수 있는 것이 이 '성공 철학'이다. 과거의 실험에서 판단하여 만인에게 효과를 가져온다는 점에서 생각해도 그리고 판을 거듭할 때마다 온갖 각도에서 엄격한 체크와 개선을 거듭해 온 사실로 미루어 보아서도 지금 이 세상에서 가장 자신을 가지고 권할 수 있는 것은 이 '성공 철학' 이외에는 없다고 단언한다. 맴버 전원이 이 '성공 철학'을 마지막까지 완전히 몸에 배이도록 해야 한다.

6. 회의는 매회 의장을 교체하도록 해야 한다. 의장이 된 맴버는 의장으로써 모든 책임을 수행해야 한다. 개회. 폐회 시간을 엄수하고, 전원의 발언 기회를 평등하게 하고, 맴버의 마음속에 있는 아이디어를 능숙하게 끌어내어 회의를 건설적이고 의의있는 것으로 만들어야 한다. 물론 전원의 마음을 부담없이 원활하게 하는 것도 의장의 책임이다.

7. 이 그룹의 최종 책임자가 당신이라는 것을 절대로 잊어서는 안된다. 그러나 맴버 중에 몇 사람은 당신보다 모든 점에서 크게 뛰어난 사람을 영입해 둘 일이다. 특히. 일반 기업 중에서 이 그룹을 만드는 경우

는 가사 그것이 당신의 발의에 의한 것이라 할지라도 반드시 관리직
(가능하면 경영자)이 멤버 중에 포함되어 있어야 한다. 어째서냐 하면
장로나 관리직은 그만큼 풍부한 경험과 견식을 가지고 있기 때문이
다. 당신보다 모든 면에서 떨어지는 사람만으로 그룹을 만들었을 경우
에는 초보적인 과오를 지적당하지 않은 채 진행되어 결국은 실패로
끝나는 일이 많다.

3. 이 그룹은 본래의 목표(당신의 목표) 이외에 또 하나의 목표를 가져
야 한다. 그룹 멤버는 당신을 성공시키는 일이 최종 목표가 아닌 당신
을 성공시킴으로써 사회에 그리고 인류에 커다란 가치를 가지고 온다
는 것을 목표로 삼아야 한다. '사람들에게 소용이 되는 것' 그것이
그룹의 최종 목표로서 명확하게 제창되어야 한다.

'협력자'들은 회의를 거듭해 착착 행동해 가는 과정에서 서로가 자극
을 받아 성장해 가는 것이다. 물론 당신도 크게 성장해 간다.

'협력자'의 철학을 분석하는 데 있어서 중요한 것은 가난하게 되는
데는 계획이 필요없다는 사실이다. '당신은 지금 인류를 위해 부를
얻고자 하고 있다.' 그리고 그 때문에 '협력자' 그룹을 만들어왔던 것이
다. 당신의 소망과 당신의 인내력과 당신의 계획력이 당신을 여기까지
이끌어온 것이다. 당신은 당신 자신에 대해 자신감을 가져야 한다!

그러면 요점을 정리해 버리자. 지금까지와 마찬가지로 진지하게 하
자. 힐 박사와의 비교도 자기 자신에 대한 질문도 치밀하게 완료하여
체득하도록 하자. '가난하게 되는 것은 쉬운 일이다. 일을 건성건성하는
것만으로 충분하니까.'

일을 건성건성 해치우고도 태연한 사람의 이름을 메모해 두자. 이는
그 사람들을 멸시하려고 그렇게 하는 것은 아니다. 당신을 훈계하기
위해 그렇게 하는 것이다. 일을 아무렇게나 해치우는 사람은 마음을
열어놓고 가난을 받아들이려는 것과 마찬가지이다. '건성건성하거나
아무렇게나 끌어내려고 하는 것'은 그 사람이 성장하겠다고 행동을

취하려고 할 때, 반드시 나타나 '그 사람의 발목을 잡아당겨 나태와 핑계의 늪 속으로 끌어넣고 만다.' 그리고 그 사람은 물에 빠져 이렇게 외칠 것이다. '그래서 내가 말했지 않은가. 무리한 일이라고!'

■ 제 10 단계 '성 충동의 전환'

그러면 첫째는 실례대로의 작업을 끝내도록 하자. 이 단계에서의 의견에 당신은 전면적으로 찬동했을 것으로 생각한다. 만일 의견에 차이점이 있으면 그것을 잘 분석해 주기 바란다.

당신은 성공자들에 성공의 원인을 섹스에서 찾아 생각한 적은 없는가? 또. 섹스 에너지를 전환시켜 성공자가 된 것으로 알고 있는 사람을 몇 명이나 알고 있는가? 섹스에는 3 가지 건설적인 역할이 있다는 것은 알고 있는 대로이다. 가장 명백한 역할은 인류의 영속이었으나 또 다른 2 가지 중요한 역할이 있다. 테스트를 할 생각은 없으나 확실하게 해 두기 위해 상기해 주었으면 한다.

1.
2.

섹스는 올바른 방법으로 전환시킴으로써 상상력, 용기, 인내력, 창조력의 원천이 될 뿐 아니라 우리들에게 행동을 일으키게 하는 가장 큰 에너지원이 된다.

문학이나 예술, 사업, 정치 등, 온갖 분야에 있어서 섹스는 강대한 힘을 발휘하고 있다. 부를 이룩하고 훌륭한 인격을 이룩해 온 남성들에게 반드시 여성의 영향력이 있었다.

섹스는 우리들의 마음속에 반응을 일으키게 하는 온갖 자극과 서로 깊게 관련하고 있다. 그러나 그 자극들이 어떻게 섹스와 결합되는가에 따라 우리들은 성공도 할 수 있고 파멸도 할 수 있는 것이다. 여기 몇 가지의 자극을 각 2 종씩 열거하겠으니 어느 쪽이 우리들에게 건설적인

영향을 주고 있는지 조사해 보기 바란다. 건설적이라고 생각되는 것에
□표를 하도록 한다.

□ 성생활의 억압
□ 성생활의 만족

□ 타오르기만 하는 소망을 가지고 인생을 헤쳐나간다.
□ '아무래도 좋다' 는 태도로 인생을 살아간다.

□ 우정
□ 외토리

□ 정신적. 육체적인 고통을 나누어 가진다.
□ 정신적, 육체적인 고통의 책임을 서로 전가시킨다.

□ 공포
□ 용기

□ 절제
□ 술과 수면제

□ 잠재 의식의 무시
□ 건설적인 자기 암시

□ 조언을 구하지 않는 태도
□ ' 협력자' 의 활용

□ 증오

□ 애정

그러면 여기서 212 페이지의 리스트를 분석하여 유익한 것과 유해한 것을 판단해 주기 바란다.

마음은 건설적인 자극을 받음로써 범인을 천재로 만든다. 마음에 받은 건설적인 자극은 창조적 상상력의 힘을 빌려 '제6감'을 번뜩이게 한다. 이 사실은 누구에게나 결부시킬 수 있는 것이다. 바닥이 없는 듯한 이 창의 문을 여는 것이 '성충동의 전환'의 힘인 것이다.

'성충동의 전환'이란 색광을 뜻하는 말은 아닐까? 아니 그 반대이다. 색에 빠지는 것이 아니라 성을 올바르게 이용하려는 것이 '성 충동의 전환'의 참뜻이다.

어째서 성공자 대부분이 40 세까지는 그 두각을 나타내지 못할까? 대분분 사람들이 그 원인으로 '경험 부족'을 들 것이다. 물론 그것은 올바른 답의 하나이다. 그러나 '성 문제'를 그 원인의 제 1번으로 드는 사람은 적을 것이다. 그러나 이 '성 문제'야말로 우리들이 지금까지 알지 못했던 중대한 원인인 것이다. 섹스는 생리적인 면을 컨트롤함으로써 우리들은 정신력을 연마하고 상상력을 날카롭게 할 수 있을 뿐 아니라 창작력을 계속 발휘할 수 있다. 이것들은 모두가 사람들의 성공을 크게 좌우하는 것들 뿐이다. 그러나 40 세까지는 섹스를 컨트롤하는 것을 깨닫지 못하고 있는 사람이 대부분이다.

남성들에게 동기를 부여하는 힘 중에 여성을 즐겁게 하려는 소망이 최대의 것이라는 사실은 기꺼이 인정해야 할 사실이다. 그것은 올바른 것이다.

그러면 '번뜩임'이나 '감'은 어디서 오는 것일까? 214 페이지에 4 가지 원천이 올라 있으므로 한번 더 확인해 주기 바란다. 특히, 당신 자신에 대한 질문은 당신의 '감'에 대한 질문을 몇 가지 첨가해 주도록 한다. 예를 들어 "나의 '감'이 가장 예리할 때는 무엇을 하고 있을까? 잠에서 깨어났을 때인가? 수염을 깎고 있을 때인가?" 이것을 알게 되면 매우 도움이 될 것이다. 또, 그 '감'에 따라 행동한 결과는 어떠했는가 하는 것도 상기하도록 한다.

당신도 이 '감'을 구사함으로써 천재로 가까이 다가갈 수 있을 것이다.

■ 제 11단계 '잠재 의식'

이 단계는 잘 생각하여 충분히 이해를 한 연후에 해 주기 바란다.

235 페이지를 보자. 당신이 밑줄을 쳤을 것으로 생각하나 이렇게 쓰여 있을 것이다. '우리들이 잠재 의식을 완전히 컨트롤하기는 어렵겠지만 의지의 힘에 의해 실현시키고 싶은 소망이나 계획이나 목표를 잠재 의식에 맡겨버릴 수는 있다.'

이것은 지금에 와서 시작된 것은 아니다. 이것은 우주적인 사실이다. 그런데 재의식은 밤이고 낮이고 쉬는 법이 없다. 그러므로 만일 건설적인 정보를 입력하기를 게을리하면 그 벌로 파괴적인 사고가 잠재 의식을 점령하고 말게 된다.

모든 것은 사고의 번뜩임으로부터 시작된다. 특히 감정과 결부되어 있는 사고의 번뜩임은 잠재 의식에 강한 영향을 준다. 이 감정에는 건설적인 것과 파괴적인 것이 있다는 것을 상기해 주기 바란다. 그리고 다음에 그것을 열거하도록 하자.

7 가지의 건설적인 감정

1.
2.
3.
4.
5.
6.

7.

7 가지의 파괴적인 감정

1.

2.

3.

4.

5.

6.

7.

　건설적인 감정과 파괴적인 감정이 동시에 마음을 지배하지는 못한다. 그러므로 반드시 건설적인 감정이 마음을 지배하도록 해야 한다. 그렇게 하면 당신은 잠재 의식을 마음대로 컨트롤할 수가 있게 된다. 또, 잠재 의식은 인간의 '기도'를 무한의 지성이 수신할 수 있도록 그 주파수를 변조시키는 매체이다. 그리고 그 '기도'에 대한 회답을 계획이나 아이디어로 가지고 돌아오는 것도 잠재 의식인 것이다.

　다시 한번 이야기하겠다. '당신은 의지의 힘에 의해 실현시키고자 하는 소망이나 계획이나 목표를 잠재 의식에 맡겨 버려도 된다.'

　그러면 신중하게 요점 정리를 작성해 주기 바란다. 완전하게 이해가 되도록 상세하게 정리하도록 하자.

■ 제12단계 '두뇌'

　우리들 두뇌 속에는 100억 개에서 140억 개나 되는 신경 세포가 거의 쉬는 일 없이 작동을 계속하고 있다. 그런데 그 작용은 컴퓨터 따위는 도저히 비교가 되지 않을 정도로 훌륭한 것이다. 우리의 두뇌는 생각하고 기억하고 그리고 판단하고 게다가 자기 성장을 해 가는 능력을 가지고 있다. 컴퓨터는 아무것도 창조를 하지 못하지만 우리들의 두뇌는 온갖 것을 창조하는 능력을 가지고 있다.

잠재 의식은 두뇌의 '발신 장치'이다. 그리고 마음의 진동을 창조적 상상력이라고 하는 '수신 장치'에 송출한다. 듀크 대학에서 실시된 긴밀한 테스트의 결과 텔레파시와 '투시'의 실재가 증명되었는데 이것은 이 힘을 이용함으로써 두뇌는 직접 남의 두뇌와 교신을 할 수 있다는 것이 과학적으로 증명한 것이 된다. 모든 인간은 '눈에 보이지 않는 힘'에 의해 완전하게 컨트롤되어 있는 것으로 생각된다. 확실히 우리들은 이 '눈에 보이지 않는 힘'에 대해서는 무력하다. 그러나 지금 우리들은 그 작용의 질서를 발견했다.

이 단계를 '부를 이룩하는' 일과 그다지 관계가 없다고 믿고 있는 사람이 있을지도 모른다. 그러나 특히 246 페이지를 주목해 주기 바란다. 우리들이 무엇을 먹고, 무엇을 몸에 걸치고 그리고 얼마 만큼의 돈을 주머니속에 넣어둘 수 있는가 하는 것은 이 '눈에 보이지 않는 힘'에 의해 좌우되고 있다. 우리들은 주머니속에 좀더 많은 돈을 넣어두고 싶어할 것이다. 그렇다면 어떻게 이 단계를 무시할 수 있겠는가? 이 '눈에 보이지 않는 힘'을 이용하는 것이야말로 이 '성공 철학' 전체의 목적이 아니었는지? 이제 무엇을 말하려고 하는지 알았을 것으로 안다. 조금 전에 '눈에 보이지 않는 힘'의 작용의 질서를 발견했다고 말한 바 있다. 이 '성공 철학'의 핵심은 바로 그 질서인 것이다. 인간이 마음 속에서 상상할 수 있는 것은 인간이 창조할 수 있는 것이다. 우리들이 마음 속에서 생각해 그려낼 수 있는 것은 우리들의 손으로 그것을 구체적으로 만들어낼 수 있다는 것을 증명하는 것이다. '당신이 진심으로 원하여 그것을 생생하게 마음속에 그릴 수 있는 것은 당신이 그것을 손에 넣을 수 있다는 가장 확실한 보증인 것이다.' 그것이 여기서 말하고 있는 '질서'라는 것이다. '부를 마음 속에 그린 사람이 부를 손에 넣게 된다. 가난을 마음 속에 그린 사람이 가난하게 된다.' 그것이 대자연의 섭리인 것이다. 이 '성공 철학'에서 말해온 것은 바로 이것이었다.

우리들의 인생은 무질서하게 결정되는 것은 아니다. 우리들의 인생은 마음을 먹기에 따라 결정된다. 우리들의 마음은 '눈에 보이지 않는 힘'과 완전히 결부되어 있다. 그리고 우리들은 의지의 힘에 의해 단 하나, 이 마음을 먹는 방법만을 컨트롤할 수가 있다. 이제 이해를 했으리라고 생각한다.

이 단계의 요점 정리는 시의 형식으로 작성해 주기 바란다. 되도록 200 자 이내로 정리하도록 한다. 왜냐하면 앞으로 몇번이고 낭독했으면 하기 때문이다.

■제13단계 '제6감'

254 페이지의 '눈에 보이지 않는 고문들의 활용법'에서 258 페이지의 '제6감을 깨우는 방법'의 앞까지는 건너뛰어 진행하도록 한다.

그러면 나폴레옹 힐 박사의 '눈에 보이지 않는 고문들'이 완전한 창조적 상상력에 의해 만들어낸 사람이라는 것에 주의를 집중하자. 그들은 상상의 인물이면서도 현실적으로 힐 박사의 빛나는 모험으로 몰아넣고 힐 박사에게 진실한 존엄성을 가르치고 창조력의 위대함을 깨닫게 하고 진리를 발표하는 용기를 주었다. 힐 박사가 이 '성공 철학'의 발표를 주저한 것은 상상력이 부족한 사람들의 그의 체험을 오해하는 것을 두려워했기 때문이다. 그러나 그는 이 책을 발표했다. 그것은 그와 회의를 한 것은 상상의 인물이었으나 회의 그 자체는 진실이었기 때문이다. 박사는 진실이 언제까지나 계속 오해를 받는 일은 없다는 것을 알고 있었을 것이다.

이 '성공 철학'의 핵심을 이해한 사람이라면(깨달은 사람이라고 하겠다) 창조적 상상력이 이미 죽어 이 세상에 없는 사람과도 교신이 가능하다는 것도 이해할 것이다. 이것은 어린애를 속이는 유령 따위를 믿어 달라는 것은 결코 아니다. 사람은 죽어도 그가 성취한 사업은 지금도 구체적으로 남아 있다는 것에 착안해 달라는 것이다. 우리들의 눈 앞에 있는 거의 모든 것은 인간이 창조한 결과이다. 그러나 눈 앞에 있는 물체는 첫째, 그것을 만든 사람의 마음 속에서 만들어진 것이다. 바꾸어 말하면 우리들의 눈 앞에 있는 것은 과거 사람들의 마음의 산물인 것이다. 그러므로 마음을 가라앉혀 조용히 그 물체와 마주하였을 때, 우리는 그 물체 가운데서 그것을 만들어낸 사람의 마음의 뜻을 알아낼 수 있다. 그 물체는 가령 연필이거나 종이거나 책상이거나 또 집이라 해도 마찬가지로 말할 수 있을 것이다. 우리들은 그것을 만들어낸 사람과 마음으로 대화를 나눌 수 있다. 마찬가지로 우리들은 사업이거나 정치이거나 학문이거나 예술이라 할지라도 그 사람이 남긴 실적과 조용히 마주하므로 해서 그 사람과 대화를 할 수 있다. 구체적인 물체나 실적이 남아 있는 한, 그 사람이 어디에 있거나, 이 세상 사람이건, 아니면 저 세상 사람이건 우리들은 어느 누구와도 대화가 가능하다. 그것이 여기서 말하는 '교신'이라는 말의 뜻이다. 우리들은 부를 얻고 싶다고 소원하고 있다. 그렇다면 실제로 부를 이룩한 사람과 교신하므로서 어떻게 하여 부를 이룩할 수 있었는지 그 비결을 묻는 것은 간단한 일이다. 그 비결을 체계적으로 정리한 것이 이 '성공 철학'이다.

이 '행동입문서' 서두에 말한 바와 같이 상상력과 동찰력을 사용하여 남의 성공담 중에다 당신 자신의 모습을 그려내는 것이 가장 중요한 일이다. 당신은 그것을 할 수 있는 사람이라고 생각한다. 어째서냐 하면 당신은 이 책을 여기까지 끈기 있게 그리고 순순히 그리고 진지하게 연구를 진행해 온 사람이기 때문이다.

테스트해 보기 바란다. 당신도 힐 박사가 실시한 것과 마찬가지로 '눈에 보이지 않는 고문들'과 회의를 열어 보라. 우선 상대는 당신이 잘 알고 있는 친구부터 시작하면 좋을 것이다. 그것도 처음에는 단 한 사람으로 하도록 한다. 조용히 눈을 감고 마음을 그 친구에게 집중한다. 먼저 그 친구의 얼굴이 떠오를 것이다. 목소리도 똑똑히 들리게 될 것이다. 마음 속에서 그에게 말을 건다. 당신은 그의 말이나 대답을 그의 목소리로 듣게 될 것이다.

이렇게 트레이닝을 해 간다. 멀지 않아 당신은 친구가 아닌 남과도 교신을 할 수 있게 될 것이다. 또 복수의 사람들과도 동시에 교신이 될 것이다. 그리고 끝내는 그들끼리 대화를 하는 광경을 당신이 옆에 앉아 관찰하게도 될 것이다. 당신은 이 회의에서 지식을 사용함으로써 인생을 비약시킬 수 있다.

그러면 제6감을 트레이닝과 신념에 의해 몸에 익히게 될 것이다. 이와 같이 하여 요점 정리를 하기는 어려울 것이다. 그러나 힐 박사의 요점 정리에 있는 것처럼 모든 위인들이 가지고 있던 '그 무엇'은 지금이야 말로 당신 수중에 있다. 그것을 사용하여 이 단계의 요점 정리를 완성하도록 한다.

잠재 의식은 쉬지 않고 활동하여 성장을 계속하고 있는 것이기 때문에 '감'에 대해서는 이미 체험을 했을 것이지만 한번 더 당신의 제6감을 작용시킬 질문을 만들어 대답해 주기 바란다. 전회보다 몇배나 감도가 좋아진 것을 느끼리라 생각한다.

그러면 이것으로 13 단계의 모든 것을 완료했다. 다음은 당신이 익힌 철학이 동요하지 않도록 마무리하는 일이 남았을 뿐이다. 이 마지막 마무리에 의해 당신은 어떤 공포에도 현혹되지 않는 강한 인간이 될 수 있다. 또 만일 어떤 공포가 남아 있다 해도 그것을 제거해 버릴 방법을 지금부터 완전히 마스터해 주기 바란다.

■ 공포를 가져오는 6 가지 원인

밑줄을 치거나 풀이를 할 때 289 페이지의 질문은 생략해도 무방하다.

그러면 당신은 공포에 대한 지식을 완전히 이해했으리라 생각한다. 공포는 마음의 상태 이외의 아무것도 아니며 당신의 마음먹기 여하에 따라 완전히 내쫓아 버릴 수가 있는 것이다.

우리들 인간에게는 어느 하나에 대해서만 완전한 지배권이 부여되어 있다. 그것은 '사고'이다. 이 지배권을 전면적으로 발휘하고 있는 사람이 매우 적다는 것은 애석한 일이다.

다음의 6 가지 기본적인 공포를 상기해 주기 바란다.

1.

2.

3.

4.

5.

6.

265 페이지를 보고 정답이 어떤지 평가하자.

우리들 인간에게는 경제적으로 서로 '잡아먹는' 경향이 있으나 그것이 가난에 대한 공포를 확대케 한다. 그러면 가난에 대한 공포의 증후에 대해 대답해 주기 바란다.

다음 말의 공란을 메워 보자.

1. 무□□

2. □□□의 결여

3. □□심

4. □□□

5. □□□ 조심

6. 하루 □□

270 페이지를 보고 자기 채점을 하자. 첨가하여 주석을 한번 다시 읽어 보자.

당신은 지금도 남의 비판을 두려워하고 있을까? 이제 거의 당신 마음속에 이런 공포는 없어졌을 것으로 생각한다. 그러나 이 공포에 사로잡히게 되면 지금까지의 노력이 모두 허사가 되어 버리므로 한번 더 당신 자신을 점검해 두기 바란다.

어린이의 마음속에 열등감을 가지게 하는 것은 대부분의 경우, 그 부모에게 잘못이 있다. 당신의 경우도 어린 시절에 받은 영향으로 지금도 고통을 받고 있는지 모른다. 그러나 공포는 극복할 수 있는 것이다. 당신 자신을 점검하는 뜻으로도 다음 테스트에 대답해 주기 바란다.

비평에 대한 공포의 증후를 열거하겠으니 공란을 메워 주기 바란다.

1. □□□
2. □□□의 결여
3. □□의 나약
4. □□감
5. □비
6. □□□의 결여
7. □□의 결여

275 페이지를 보고 자기 채점을 하자. 주석을 읽을 것을 잊지 말자.

그러면 병에 대한 공포를 나타내는 7 가지 증후에 대해 다음 공란을 메워 보자

1. □□□시
2. □□□콘드리
3. □□
4. □□성
5. 자기□□
6. 무□□
7. 불□

275 페이지를 보고 채점해 둘 것.

사랑을 잃는 데 대한 공포를 나타내는 증후에 대해 대답하자.

1. □□

2. □□찾기

3. □□

답은 281 페이지 참조.

계속해서 죽음에 대한 공포의 증후를 알아보자.

1. □□ 것만 □□한다

2. □□에 대한 공포

3. □이나 □□

답은 284 페이지 참조

그러면 카드를 6 매 준비하도록 하자. 그리고 6 가지 공포와 그 증후를 쓰도록 하자. 그것을 책상 위에 늘어놓고 읽어 주기 바란다. 다음에 그것을 섞어 순서를 아무렇게나 하여 다시 읽는다. 이것을 4, 5 회 되풀이한다. 이제 알아차렸는지? 공포는 제각기 서로 관련이 되어 있다. 그러므로 어느 하나의 공포에 사로잡히게 되면 차례로 모든 공포가 마음을 점령하고 만다. 그러나 이것을 역으로 사용하면 어느 하나의 공포를 제거하면 그 밖의 다른 공포도 차례로 사라지고 만다.

"고민도 공포의 일종이다."

"고민은 공포를 바탕으로 한 마음의 상태이다."

마음의 상태인 이상 고민도 당연히 마음먹기 하나로 간단하게 해결될 것이다.

6 가지 공포에 첨가해야 할 또 하나의 악마는 '파괴적인 사고를 허용하는 마음' 이다. 이것에 대해서도 충분한 자기 분석을 해 두는 것이 중요하다. 특히 힐 박사의 다음과 같은 말을 잊어서는 안된다.

"인류의 일반적인 약점의 하나로 아무런 의문도 가지지 않고 파괴적인 사고에 마음을 개방한다는 버릇이 있다."

289 페이지의 질문에 대답하기 전에 요점 정리를 작성해 주기 바란다. 힐 박사의 정리와 비교가 끝나면 289 페이지의 질문을 만들어 그것에 답하도록 하자.

이것은 매우 중요한 것이므로 특별히 신중하게 다루어 주기 바란다. 먼저 289 페이지부터 하는 질문의 답과 주석을 책에 기입하자.

3일 후에 이번에는 289 페이지를 보지 않고 이 행동입문서의 질문에 대답해 주기 바란다. 대답이 모두 끝나면 전의 답과 비교하자. 아마도 몇 가지는 차이가 날 것이다. 그리고 어째서 차이가 나는지 분석해 주기 바란다.

- 당신은 '기분이 나쁘다'고 호소하는 일이 있는가? 만일 있다면 그 원인은 무엇인가?
- 사소한 일이라도 남의 결점이 눈에 잘 뜨이는가?
- 일하면서 자주 잘못을 일으키는가? 만일, 그렇다면 그 원인은 무엇인가?
- 당신의 말투는 비꼬거나 공격적이지 않은가?
- 남과 만나는 것이 귀찮다고 생각하는 일은 없는가? 만일 있다면 어째서인가?
- 위장 상태가 나쁘다고 고민하는 일은 있는가? 만일 있다면 그 원인은 무엇인가?
- 인생이 허무하다고 느끼거나 장래에 대한 희망이 없다고 생각하는 일은 없는가?
- 지금 하는 일이 좋은가? 만일 그렇지 않다면 어째서인가?
- 자기를 가엾게 생각하는 일이 있는가? 만일 그렇다면 그것은 어떤 때인가?
- 라이벌에 질투를 느끼는 일이 있는가?
- 성공에 대한 생각과 실패에 대한 생각에서 어느 쪽이 많은가?
- 연령을 더해 가는 데 따라 자신감이 증대하는가? 아니면 자신감이

348

없어지는가?

- 실패의 경험에서 무엇인가 가치있는 것을 배운 일이 있는가?
- 친척이나 친지에게 누를 끼치고 있는 일은 없는가? 만일 있다면 그것은 어떤 일인가?
- 마음이 약해지거나 의기가 소침해지는 일이 있는가?
- 당신에게 가장 크게 영향을 주고 있는 사람은 누구인가? 또 어떤 영향을 받고 있는가?
- 고의로 파괴적인 사고를 허용해 버리는 일이 있는가?
- 겉보기에 부주의한 점이 있는가? 만일 있다면 그것은 어떤 점인가?
- 자기를 바쁘게 하므로서 '고민을 내쫓는' 방법을 쓰고 있는가?
- 의뢰심을 가지고 말았을 때, 자기를 '우유부단한 약한 자'라고 부를 수 있는가?
- 지금 무엇인가 고민을 하고 있는가? 만일 그렇다면 그것은 무엇인가? 그리고 그것은 고민을 하면 해결이 될 것으로 생각하는가?
- 술이나 담배나 수면제로 고민을 달래려고 하는 일은 없는가?
- 누군가 당신에게 '잔소리'하는 사람이 있는가? 만일 있다면 무엇이 원인이라고 생각하는가?
- 당신은 명확한 최종 목표를 가지고 있는가? 만일 있다면 그것은 어떤 목표인가? 또, 구체적으로 어떤 계획인가?
- 6가지 공포 중에 어떤 것을 두려워하고 있는가?
- 남의 파괴적인 영향을 받지 않도록 몸을 지키는 방법을 가지고 있는가?
- 자기 암시의 힘을 사용하여 마음을 강하게 하려고 노력하고 있는가?
- 물질적인 재산과 사고를 컨트롤하는 능력과 어느 쪽에 가치가 있다고 생각하는가?
- 남의 의견에 간단히 따라버리는 편인가?
- 당신의 지식의 저장고는 가치있는 정보로 차 있는가?

- 불행과 맞서는 용기가 있는가? 혹은 책임 회피를 해 버리는가?
- 실패나 결점을 냉정히 끈기있게 분석할 수 있는가?
- 당신의 약점을 3 가지 들 수 있는가? 또 어떻게 하면 그것이 개선된다고 생각하는가?
- 남의 동정을 구하기 위한 언동을 하는 일이 있는가?
- 일상 생활 중에서 당신의 성장에 소용이 되는 그 무엇인가를 채택하고 있는가?
- 당신의 존재는 주위 사람들에게 부정적인 영향을 주고 있지는 않은가?
- 주위 사람들이 가지고 있는 버릇에서 당신이 가장 싫어하는 것은 무엇인가?
- 당신은 자기의 생각, 자기 의견을 가지고 있는가? 혹은 남의 의견을 그대로 도용하는 일이 많지는 않은가?
- 마음을 항상 평온하게 유지하기 위해 노력하고 있는가?
- 일에 신념과 희망을 가질 수 있는가?
- 공포를 이겨낼 정신력을 구축하려고 하고 있는가?
- 종교는 당신에게 어떤 도움이 되는가?
- 남의 괴로움도 맡아 하려고 하는 일이 있는가? 만일 있다면 어째서 그렇게 하려고 하는가?
- 친한 사람의 원인으로 불행하게 된 결과가 온 일은 없는가?
- 친한 사람이 결과적으로는 당신의 발을 잡아당기고 있는 일은 없는가?
- 당신은 유익한 사람과 유해한 사람을 무엇을 가준으로 구분하고 있는가?
- 당신이 가장 친하게 여기고 있는 사람은 정신적으로 당신보다 위인가 아니면 아래인가?
- 다음에 대해 1일에 어느 정도 시간을 사용하고 있다고 생각하는가?

A. 일

B. 수면

C. 오락과 휴식

D. 유익한 지식의 수집

E. 낭비

● 친지 중에서 다음에 해당되는 사람의 이름을 상기해 보라.

A. 당신에게 용기를 주는 사람은?

B. 당신이 가장 경계하고 있는 사람은?

C. 항상 당신의 발목을 잡아당기는 사람은?

● 당신이 지금 직면하고 있는 가장 큰 문제는 무엇인가?

● 남으로부터 적절한 충고나 조언을 받았을 때, 솔직하게 그것을 받아들일 용의는 있는가?

● 당신의 최대 소망은 무엇인가? 그것을 위해 모든 즐거움을 희생할 각오는 있는가? 또 그 소망 달성을 위해 하루에 어느 정도 시간을 사용하고 있는가?

● 당신은 자주 마음이 변하는 편인가? 만일 그렇다면 그 원인은 무엇이라고 생각하는가?

● 당신은 무슨 일이건 끝까지 관찰하는 편인가?

● 당신은 지위나 학력이나 근무처 따위로 사람을 판단하는 편인가?

● 당신은 남이 당신을 어떻게 생각하고 있는가에 대해 매우 신경을 쓰는 편인가?

● 사회적 지위가 높다거나 돈이 많다는 이유로 그 사람에게 접근하려는 일이 있는가?

● 당신이 가장 위대하다고 생각하는 실재의 인물은 누구인가? 그 사람은 당신보다 어떤 점이 우수한가?

● 지금까지의 질문을 분석하여 정확하게 대답하는 데 몇 시간이 걸렸는가?(이 질문표에 모두 답하는 데는 적어도 1일은 걸리게 될 것이다).

종합 테스트

　이 장은 당신의 '부를 구축하는 능력'을 올바르게 측정하는 것이다. 다음의 테스트에 정직하게 대답하기 바란다. 자신을 책망하려고 하는 태도는 변호하려는 태도나 한결같이 바람직하지 못하다. 당신의 있는 그대로를 묘사해 주기 바란다. 그러기 위해서는 너무 곰곰히 생각하지 말고 반사적으로 대답하는 편이 좋다.

　이 테스트는 한가지 항목에 대해 3가지 주석이 있으나 점수란에 당신에게 가장 알맞는 주석을 골라 그 번호를 기입해 주기 바란다. 만일 1과 2, 혹은 2와 3의 중간이라고 생각하는 경우에는 각각 1.5 혹은 2.5라고 평가하면 된다.

　모든 테스트가 끝나면 점수를 합계한다. 각 문제마다 30점이 만점이므로 충분히 검토하여 반성 재료나 향상 목표로 해 주기 바란다. 합계도 중요하지만 개개 항목도 중요하다는 사실을 잊지 말고 검토하도록 한다.

352

공포의 원인	공포의 정도			점수
	1	2	3	
(1) 유아시절의 부모에 대한 두려움	• 항상 아버지나 어머니 혹은 양쪽에 대한 공포를 품고 있었다.	• 때로는 양친을 두려워한 적도 있었다.	• 양친을 두려워한 경험은 없다.	
(2) 자신감이 없는데 대한 두려움	• 문제에 봉착할 때마다 매우 자신이 없다는 것을 느낀다.	• 문제에 따라서 때로는 자신감이 없음을 느낀다.	• 문제에 대처할 때는 항상 자신이 있다.	
(3) 직장(수입)에 대한 두려움	• (수입)을 잃을 지도 모른다는 공포에 항상 사로잡혀 있다.	• 직장(수입)의 안정성에 대해 때로는 자신감이 없음을 느낀다.	• 생계를 세우는 일에 관해서 자신감이 흔들리는 일이 없다.	
(4) 남의 의견에 대한 두려움	• 항상 남의 의견에 신경이 쓰인다.	• 때로는 남이 어떻게 생각하고 있는지 걱정이 된다.	• 남의 의견에 현혹되는 일은 없다.	
(5) 당신이 하는 일을 방해하는 사람에 대한 두려움	• 사람들은 항상 나를 놀라게 하거나 방해를 한다.	• 나를 방해하려는 것같이 생각되는 사람은 피하며 가까이하지 않는다.	• 내가 하는 일을 방해하는 사람은 없다.	

공포의 원인	공포의 정도			점수
	1	2	3	
(6) 가축에 대한 두려움	• 개나 고양이는 언제나 나를 깜짝 놀라게 한다.	• 때로는 개나 공양이에 놀란 다.	• 가축에게 놀라 는 일은 없다.	
(7) 불안한 사랑에 대한 두려움	• 항상, 연인의 사랑을 잃을까 하는 두려움을 느낀다.	• 때로는 실연에 대해 생각하는 때가 있다.	• 사랑에 대해서 는 잔잔한 자신감 을 가지고 있다.	
(8) 병에 대한 두려움	• 항상, 중병에 걸리지나 않을까 두려워한다.	• 때로는, 건강이 걱정된다.	• 건강에는 자신 이 있다.	
(9) 결단을 내리는 데 대한 두려움	• 결단을 내릴 때는 정신적인 고통을 느낀다.	• 여간해서 결단 을 내리지 못할 경우가 있다.	• 항상, 재빨리 그리고 올바르게 결단을 내릴 수가 있다.	
(10) 책임을 지는 데 대한 두려움	• 책임은 지기 싫다.	• 자기 일이면 책임을 진다.	• 찾아 내서라도 자기 책임은 진 다.	

죄악감의 원인	죄악감의 정도			점수
	1	2	3	
(1) 욕	• 곧 남의 욕을 하는 버릇이 있다.	• 이전에는 남의 욕을 했으나 지금은 적어졌다.	• 남을 욕하는 일은 없다.	
(2) 약속	• 항상, 중요한 약속을 어긴다.	• 이전에는 약속을 어긴 일도 있었으나 지금은 적어졌다.	• 약속을 어긴 일은 없다.	
(3) 도둑질	• 기회만 있으면 무심코 물건을 훔치고 만다. 이것은 버릇이다.	• 옛날, 조그마한 도둑질을 한 적이 있다. 그러나 지금은 결코 없다.	• 설사 그것이 시간이라 해도 결코 남의 것을 훔치지 않는다.	
(4) 섹스	• 섹스는 불결하다. 그래서 일생 경험하고 싶지 않다.	• 때로는 섹스를 죄악처럼 생각하는 일이 있다.	• 섹스는 건강하고 자연적이어서 즐겁다.	
(5) 계획의 수행	• 계획을 세웠다 해도 그대로 이행한 일은 없다.	• 때로는 계획을 최후까지 이행하는 일이 있다.	• 계획을 수정해서라도 반드시 목표는 달성한다.	

죄악감의 원인	죄악감의 정도			점수
	1	2	3	
(6) 인정	• 나에게 기대를 거는 사람은 아무도 없다.	• 때로는 남을 돌보지 않는 일이 있다.	• 누구에게나 기대 이상의 일을 해 주고 있다.	
(7) 가족	• 가족의 걱정을 한 일이 없다.	• 때로는 가족에 대한 의무를 다하지 않을 때가 있다.	• 나는 가족 모두로부터 신뢰를 받고 사랑을 받고 있다.	
(8) 기회	• 어차피 좋은 기회는 찾아오지 않을 것이다.	• 기회는 어쨌든 찾고 본다.	• 기회는 절대로 놓치지 않는다. 또, 스스로 기회를 만든다.	
(9) 거짓말	• 곧 거짓말을 해 버린다. 어차피 나는 그런 사람이니까.	• 때로는 거짓말을 하는 일이 있으며 남을 속이는 일도 있다.	• 어떤 경우라 할지라도 거짓말을 하는 일이 없다.	
(10) 공부	• 아무리 공부를 해도 되지 않는다. 될만큼밖에 하지 않으니까.	• 때로는 지식을 얻으려고 하나 여간해서 계속하지 못한다.	• 책이거나 세미나거나 필요하다고 생각되는 공부라면 적극적으로 달려든다.	

적대감의 원인	적대감의 정도			점수
	1	2	3	
(1) 시기	• 자기에게 없는 것을 가지고 있는 사람은 모두가 밉다.	• 솔직하게 말하면 시기하는 사람이 몇 사람 있다.	• 남을 시기하는 일은 없다.	
(2) 질투	• 행복한 사람을 보면 질투심이 생긴다.	• 되도록 질투를 하지 않으려고 노력하고 있다.	• 무엇 때문에 질투를 하는지 그 속마음을 모르겠다.	
(3) 증오	• 이유는 분명하지 않지만 항상, 화가 난 기분이다.	• 때로는 남을 미워할 때가 있다.	• 남을 미워하는 일은 없다.	
(4) 노여움	• 조심해, 나 화났어.	• 때로는 냉정성을 잃는 일이 있다.	• 나를 화나게 하기는 어려운 일이다.	
(5) 관용성의 결여	• 절대적으로 나만이 올바르다. 그리고 남들은 대부분 잘못하고 있다.	• 남은 남이고 나는 나다. 사람마다 제각기 사는 방식도 생각하는 방식도 다르다.	• 의견의 차이는 나에게 흥미의 대상이다.	

적대감의 원인	적대감의 정도			점수
	1	2	3	
(6) 불신감	• 누구건 믿지 못한다. 모두 거짓말장이다.	• 믿지 못할 사람 이 몇 사람 있 다.	• 나는 모든 사람 을 신용하는 편이 다.	
(7) 음모	• 남이 실패하도 록 계략을 꾸미기 를 좋아한다.	• 때로는 음모에 협력하는 일이 있다.	• 음모 따위는 나와 인연이 없 다.	
(8) 야만	• 남이 어떻게 생각하건 상관하 지 않는다. 내가 야만적인 것은 천성이다.	• 때로는 난폭한 행동이나 격한 말을 하는 일이 있다.	• 나는 부드럽고 조용하게 친절한 말투를 쓴다 이것은 나의 성격 이다.	
(9) 인내력의 결여	• 어차피 나는 성질이 급하다 그래서 가까이 오지 않는 편이 좋을 것이다.	• 때로는 인내력 을 망각한 행동을 취할 때가 있다.	• 나의 인내력은 안심하고 신뢰해 도 좋을 정도이 다.	
(10) 짓궂은 성격	• 짓궂은 말을 하여 남이 당황하 는 것을 보기 좋아한다.	• 때로는 짓궂은 행동이나 언동을 하는 일이 있다.	• 나는 결코 남을 비꼬거나 짓궂게 굴지는 않는다.	

자신감을 흔들리게 하는 원인	자신감을 흔들리게 하는 정도			점수
	1	2	3	
(1) 수입	•어떤 것이 장해가 되어 필요한 수입이 얻어지지 않는다.	•상당한 수입을 얻고 있으나 아직도 충분하다고 할 수 없다.	•충분한 수입을 얻고 있으며 쓰는 것을 즐기고 있다.	
(2) 친구	•남의 이름을 외우고 있지도 않으며 친구란 하나도 없다.	•몇 사람의 친구 정도는 사귀고 있다.	•지금 수없이 많은 친구들과 폭넓게 사귀고 있다.	
(3) 얼굴과 몸매	•나보고 못생겼다고 하여도 개의치 않는다. 내 자신도 그렇게 알고 있다.	•외관은 남못지 않다고 생각한다.	•외관이 잘 생겼다고 남들이 말한다.	
(4) 상식	•상식 같은 것은 모른다. 그러므로 지키려고 하지도 않는다.	•나는 평균적인 사람이라고 생각하고 있다.	•나에게는 높은 수준의 상식이 몸에 배어 있다고 남이 흔히말한다.	
(5) 남의 이목	•남의 눈을 따갑게 느껴 언제나 안절부절한다.	•때로는 남의 눈을 의식한다.	•사람들은 언제나 나와 함께 있기를 원한다.	

자신감을 흔들리게 하는 원인	자신감을 흔들리게 하는 정도			점수
	1	2	3	
(6) 용기	• 용기 따위는 나와 관계가 없다.	• 필요성에 몰리면 곤란한 일에도 도전한다.	• 나를 위협하는 것은 아무것도 없다.	
(7) 남의 앞에서 말한다.	• 남의 앞에서 말한 적도 없으며 또 일생 그런 일은 없을 것이다.	• 좋아하지는 않지만 하라고 하면 한다.	• 언제나 하고 있다. 또 좋아한다.	
(8) 건강	• 온몸이 고장투성이다. 항상 어딘가의 상태가 나쁘다.	• 가끔 병이 난다.	• 또, 병으로 자리에 드러누운 적이 없다.	
(9) 신념	• 신념이라는 것이 무엇인가. 어차피 관계가 없는 것이니까.	• 때로는 신념을 느끼며 열등감도 느낀다.	• 나에게는 끝없는 신념이 있다.	
(10) 담력	• 나는 긴급 사태를 만나면 팔다리가 굳어버리고 만다.	• 심한 긴장에는 견디지 못할 것 같다.	• 대부분의 사태에는 냉정하게 대처할 수 있다.	

미숙함을 조장하는 원인	미숙함을 조장하고 있는 정도			점수
	1	2	3	
(1) 허세	• 항상 허세를 부리며 살고 있다.	• 때로는 허세를 부릴 때가 있다.	• 나는 보는 바와 같이 그대로의 인간이다.	
(2) 이기심	• 아뭏든 자기가 가장 소중하다. 남의 사정 따위는 생각지 않는다.	• 때로는 이기심을 관철한다.	• 자기 이익도 소중하지만 이기적으로 남을 억누르려고 하지는 않는다.	
(3) 피해망상	• 모두가 나를 괴롭히려고 하는 것을 잘 알고 있다.	• 때로는 고의로 나를 함정에 빠뜨리려는 사람이 있다.	• 나에게는 적도 없으려니와 적을 가질 필요도 없다.	
(4) 자제심의 결여	• 나는 결코 자기를 잃는 일이 없다.	• 때로는 자제심을 잃을 때가 있다.	• 어쭙잖은 일에도 흠칫한다.	
(5) 하루하루 연기	• 진심으로 할 뜻이 없다.	• 때로는 하루하루 연기해서 그 자리를 피한다.	• 즉단, 즉행이 나의 신조이다.	

미숙함을 조장하는 원인	미숙함을 조장하는 정도			점수
	1	2	3	
(6) 비난	• 남을 '헐뜯는' 일이 취미이다.	• 남을 헐뜯지도 않지만 칭찬하지도 않는다.	• 남을 헐뜯는 일은 없다. 그러나 마음속으로 남을 칭찬하기를 좋아한다.	
(7) 자만	• 어때? 이 훌륭한 코를 보라!	• 어느 정도의 일을 했을 때에는 자만을 하고 싶다.	• 모든 것은 나의 행동이 증명하고 있다.	
(8) 무정	• 어차피 나는 냉정한 사람이니까.	• 남의 일에는 상관하지 않는 편이 좋다.	• 남의 슬픔을 그냥 보아 넘기지 못한다.	
(9) 꽉 막힌 마음	• 내가 완고하다고! 그게 어떻다는 말인가.	• 어떤 일에 대해서는 관계하고 싶지 않다.	• 신념은 가지고 있다. 그러나 정당한 이유가 있으면 자기 의사도 바꿀 수 있다.	
(10) 핑계	• 핑계 테스트는 나를 모델로 해서 만든 것이다.	• 경우에 따라서는 핑계를 대는 일이 있다.	• 상대편의 이익을 위해 구실을 대는 일이 있다. 그러나 여간해서는 쓰지 않는다.	

■ 자기 분석의 도표

130 페이지의 리더를 위한 11 가지 조건에 입각하여 다음 도표를 완성해 보자. 행동입문서 322페이지에서의 분석은 보지 않도록 하고 새로운 기분으로 실시하기 바란다.

실시 방법은 각 항목에 대해 1~5 점을 평가하여 해당하는 곳에 ●표를 한다.(가령, 흔들리지 않는 용기에서는 이것이 전혀 없으면 1, 완전히 몸에 배어 있으면 5에다 ●표를 한다.)

리더를 위한 11 가지 조건	1	2	3	4	5
흔들리지 않는 용기					
자기통제력					
정의감					
단호한 결단력					
명확한 계획력					
봉사 정신					
쾌활한 성격					
동정심					
사업상의 지식					
책임감					
협력심					

평가가 끝나면 그 ●표를 차례로 선으로 이어 주기 바란다. 당신의 리더쉽에 관한 장점과 결점을 한눈으로 판단하게 될 것이다. 이 도표에서 위쪽에 쓰여져 있는 부분은 당신의 개선 목표가 되어야 할 항목을 나타내고 있다. 그러나 아래쪽에 있는 것도 내버려 두어서는 안된다.

더욱 더 그 장점을 신장시켜야 한다. 중요한 것은 당신의 도표를 전체적으로 아래쪽으로 이동시켜야 한다.

이렇게 같은 방법을 써서 앞에 나온 5 가지 문제를 테스트한 결과도 도표로 하여 분석해 보기 바란다.

이 도표는 1 개월 후에 한번 더 실시한다. 지금 바로 앞에 있는 도표에 이번에는 색깔을 바꾸어 기입한다. 그리고 전달보다 아래로 움직였는지 위로 움직였는지 혹은 움직이지 않았는지 주목하여 그 원인을 분석해 보자. 이 작업을 6 개월 동안 계속한다. 색연필이 없으면 점선이나 다른 형의 선을 쓰면 될 것이다. 각 선이 언제의 것인지 날짜를 써 넣어둘 것을 잊지 말자. 6 개월 후의 당신은 반드시 도표가 나타내는 대로의 성장을 했을 것이다.

■ 당신을 격려하는 강력한 말

도표의 분석을 통해 당신은 강력한 자기 개선의 목표를 세웠을 것이 틀림없다. 당신의 그 목표를 돕기 위해 '목표 달성을 위한 선언문'을 열거하겠다. 이 말들을 써서 당신 자신을 행동으로 이끌도록 해 주기 바란다.

● 나는 용기를 가지고 자기가 품고 있는 공포를 분석한다.
● 나는 자신의 고민을 추방하기 위해 남들의 조언도 자진하여 받아들인다.
● 나는 지성이 가득한 고문을 선출한다.
● 나는 생각하기보다 행동을 한다.
● 나는 고경(苦境) 앞에서 주저하지 않고 그것을 헤쳐나갈 계획을 세운다.
● 나는 인내력이 강한 사람이라고 확신하고 있다.
● 나는 의견이 다른 사람들과도 친구가 된다.

- 나는 냉정성을 잃는 일이 없다. 성급함은 이미 과거의 것이다.
- 나는 어느 누구도 미워하지 않는다.
- 나는 남이 가지고 있는 것을 탐내거나 하지 않는다.
- 나는 질투를 극복해 보이겠다.
- 나는 증오 대신에 사랑을 가지겠다. 적어도 상대를 이해하겠다.
- 나는 긴장을 푸는 기술을 마스터하겠다.
- 나는 남들의 잘못을 용서한다.
- 나는 건강을 유지하기 위해 적절한 운동을 게을리하지 않겠다.
- 나는 기도한다.('성공 철학'에서 배운 대로)
- 나는 정기적으로 건강 진단을 받는다.
- 나는 남의 신체적인 결함을 지적하는 일은 절대로 하지 않는다. 그 얼마나 많은 사람들이 이 일로 해서 슬퍼하고 있는지 알고 있기 때문이다.
- 나는 전문 서적 이외의 책도 즐겨 읽는다.
- 나는 성공과 행복을 손에 넣기 위해 온갖 공부를 적극적으로 한다.
- 나는 일에 필요한 적절한 세미나에 참가한다. 가령 A.I.A코스나 T.O.S 코스 등.
- 나는 복장이나 몸가짐에 더욱 주의를 한다.
- 나는 토론회나 인격 성장을 위한 모임에 참가한다.
- 나는 나의 일에 대해서는 남의 앞에서도 강연할 수 있다.
- 나는 '눈에 보이지 않는 힘'을 반드시 몸에 익힌다.(지금까지 성공인들이 발견하여 몸에 익혀 온 것처럼)
- 나는 상상력을 개발하여 남의 마음을 읽을 수 있는 사람이 된다.
- 나는 반드시 성공한다.
- 나는 반드시 성취한다.
- 나는 허세를 부리지 않는다. 또. 부릴 필요도 없다.
- 나는 남을 괴롭히는 일은 결코 하지 않는다. 남을 돕기는 하나 악의

있는 언동은 취하지 않는다.

- 나는 기뻐서 어쩔줄 모를 만한 일을 성취했을 때라도 결코 자만은 하지 않는다.
- 나는 자기 의견을 남에게 강요하지는 않는다.
- 나는 초지를 관철한다.
- 나는 자신을 존경한다.
- 나는 남을 존경한다.
- 나는 명확한 목표를 가지고 구체적인 계획을 세운다.
- 나는 섹스에 대한 편견을 가지지 않는다.
- 나는 근거 없는 의문에 사로잡히거나 하지 않는다.
- 나는 자기가 이 세상에서 가장 훌륭한 인물이라고 생각될 만한 사람이 되겠다.

■ 몸에 익혀두어야 할 능력

과거에 공부를 게을리한 탓으로 성공을 단념해야만 한 사례는 흔히 있는 일이다. 당신이 앞으로 필요하게 될 것으로 생각되는 능력으로는 속독 기술과 독해력을 들 수 있다. 지금 이 2가지는 완전히 마스터해 두어야 한다. 이 능력은 당신이 언제 어디서 필요하게 될 것인가는 지적 하기 어려우나 다른 누구보다도 빠르고 정확하게 지식을 습득하는 기술 은 당신 인생의 온갖 경우에서도 소용이 될 것이 틀림없다.

속독법에 대해 한마디 해 둘까 한다.

1. **준비** 이것은 차례, 머리말, 써브타이틀, 찾아보기를 읽고 책의 개략 을 파악한다.
2. **밑줄(또는 옆줄)을 친다** 책을 읽을 때 선을 치면서 읽는 것은 속독 법의 중요한 요령의 하나이다. 이것은 되풀이하여 읽을 때, 스피드가 배가될 뿐 아니라 선을 침으로 해서 그 부분의 말이 잠재 의식에 달라

붙게 된다.

3. **눈으로 읽을 것** 머리나 입술을 움직이지 않고 눈만을 움직인다. 눈만이 인간의 사고의 속도를 따라 갈 수 있다.

4. **행간을 읽는다** 문자를 읽을 뿐 아니라 거기에 쓰여져 있지 않은 본질을 파악하려고 노력할 것. 이에 의해 이해력이 놀라울 정도로 연마된다.

5. **구(句)를 읽을 것** 문자나 단어를 읽는 것이 아니라 최소 단위의 구를 읽도록 한다. 예를 들면 …이것은 연습이 필요하다…라는 구를 한눈으로 읽도록 노력한다.

6. **최초와 최후를 읽는다** 편지건 리포트건 중요한 것은 최초와 최후인 경우가 많다. 신문이나 책도 마찬가지이다.

7. **의문과 해답** 준비를 위해 조사하고 있을 때나 신문의 표제를 읽고 있을 때나 논문이나 잡지의 최초와 최후를 읽을 때, 마음속에 의문이 일어날 것이다. 이 의문에 대한 해답을 재빨리 발견하도록 노력해야 한다. 아무리 정성스럽게 한자한자 읽어나간다 해도 의문에 대한 해답이 발견되지 않으면 아무런 가치도 없다.

속독에는 연습이 필요하다. 그러나 속독도 하나의 능력이기 때문에 다른 노력과 마찬가지로 누구나 연습에 의해 숙달될 수가 있다.

그 밖에 당신에게 익혀두면 좋을 것이라고 생각되는 능력을 몇 가지 들어볼까 한다. 이 능력들은 그것의 숙달 여부에 따라 인생에 커다란 영향을 준다.

습자, 부기, 심리학, 회계학, 시사 뉴스, 정치 지식, 연설력, 외국어, 예술 지식, 음악 지식, 무역, 관세 지식, 기술 지식, 기억력, 사전 활용법, 설득력 등.

■ 복습

그러면 이것으로 행동 입문서는 끝난다. 그래서 한번 더 중요한 포인트를 복습해 두자. 지금까지의 노력을 실제로 활용할 수 있느냐의 여부는 이 복습에 달려 있다.

복습을 경시하는 것은 어리석은 짓이다. 복습이야말로 몇천 달러의 가치가 있다.

"당신은 당신 자신의 인생에 지배자이다."

"당신은 당신 안에서 꿈틀거리는 '하고자 하는 의욕'에 의해 전진하는 인간이 될 수 있다."

누구 하나 당신을 대신하여 생각하고 행동하고 성공을 성취해 줄 사람은 없다. 당신을 성공하게 하는 사람은 당신 뿐이다. 당신은 그것을 기뻐해야 할 것이다.

잊지 말도록 하라. 진정으로 믿을 수 있는 것은 반드시 손에 넣게 된다.

이 '성공 철학'만큼 사람들에게 '하고자 하는 의욕'을 일으키게 한 책은 없다.

당신은 지금 그 '성공 철학'의 모든 것을 마스터했다.

중국 고전과의 대비

성공 철학

중국 고전과의 대비

저자 머리말 · 사고는 물체이다

1. (17) 공(功)이 이루어지는 것은 이루어지는 날에 이루어지는 것이
아니다. 오로지 반드시 까닭이 있어서 소위 이루어진다.(문장궤범
소노천 관중론〈文章軌範 蘇老泉 管仲論〉)

　　성공이라는 것은 우연히 이루어지는 것은 아니다. 성공을 진지하
게 바라고 노력을 쌓고 온갖 고난을 헤쳐나온 사람만이 성공을 이룩
할 수가 있다.

2. (28) 모양상으로 위에 가는 것을 도(道)라고 한다. 모양으로 아래에
가는 것. 이것을 기(器)라고 한다. (역경 계사상〈易經 繫辭上〉)

　　인간의 몸으로 알아내지 못하는 것이 형이상학의 것이며 도(道)
이다. 그러나 사고는 인간의 두뇌의 작용이며 인간의 몸으로 알아낼
수 있는 것이다. 따라서 사고는 명백히 형이하학의 것이며 기(器)
라고 할 수 있겠다.

3. (28) 뜻이 있는 자는 끝내는 일이 이루어진다. (십팔사략 동한 광무
제〈十八史略 東漢 光武帝〉)

　　반드시 성취해야 한다는 뜻만 단단하게 가지고 있으면 반드시

성공할 수 있다.

4. (30)이름을 듣는 것만으로는 직접 얼굴을 보는 것과는 같지 않다. (북사 열녀 최씨전 〈北史 烈女 崔氏傳〉)

　인간의 위대함이라는 것은 세상의 비평을 듣는 것보다는 그 사람의 얼굴을 직접 보면 곧 알게 된다. 마찬가지로 무엇인가 하려고 하는 사람의 얼굴은 보통이 아니다.

5. (31)하늘은 바로 대임(大任)을 이 사람에게 내리려고 하면 반드시 그 하고자 하는 뜻을 괴롭게(苦) 하고 그 살과 뼈를 고달프게(勞)하고 그 몸과 살갗을 굶주리게(餓) 하고 그 몸을 공핍(空乏)하게 하여 하는 일을 불란(拂亂)케 한다.(맹자 고자하 〈孟子 告子下〉)

　하늘이 사람에게 대임(大任)을 맡기려고 할 때는 반드시 먼저 그 사람의 심신을 괴롭히고, 궁핍한 처지로 몰아넣어 무슨 일을 하거나 실패토록 하여 고의로 그 사람을 단련하는 법이다. 즉 불운(不運)은 하늘의 시련으로 생각하고 받아들여야 한다.

6. (32) 잘 하지 못한다는 법은 없다.(서경 필명〈書經 畢命〉)

　'자기에게는 무리이다' 라고 하여 곧 '단념' 해 버리기 때문에 모든 것이 '무리' 가 되고 만다.

7. (32) 우물을 파는 데 있어서 구인(九軔=인은 8척이라는 말로 오랜 공을 뜻함)을 해서도 샘에 미치지 못하면 더욱 파면 이루어진다. (맹자 진심상〈孟子 盡心上〉)

　앞으로 단 한걸음의 노력을 하느냐 않느냐에 따라 인생이 결정된다.

8. (33)남이 한 번 하여 이것을 잘(能)하게 되면 나는 이것을 백 번 할 것이며, 남이 열 번하여 이것을 잘하게 되면 나는 이것을 천 번 한다. (중용 20장〈中庸 二十章〉)

　남보다 백 배의 노력을 하려는 사람이야말로 참으로 무엇인가 위대한 일을 성취할 수 있는 사람이다.

372

9. (33)괴로움(苦)중의 괴로움을 당하지 않으면 남의 위에 서는 사람이
되기 어렵다.(통속편 경우〈通俗篇 境遇〉)
　　절망이나 좌절을 몇 번이나 경험하고 그리고 그것을 헤쳐나가야만
참된 성공자가 될 수 있다.

10. (37)승거(繩鋸=줄톱)도 나무를 자르고 물방울(水滴)도 돌을 뚫는다.
도(道)를 배우는 자는 오로지 있는 정성을 다하라. (채근담 후집백구
〈菜根譚 後集百九〉)
　　톱 대신에 줄로 부벼도 오랜 시간을 들이면 나무를 자를 수가
있다. 한 방울씩 떨어지는 물도 끝내는 돌에 구멍을 뚫는다. 같은
일이라도 묵묵히 노력을 계속하면 반드시 큰 성공을 거둘 수 있게
된다.

11. (38)심정을 솔직하게 털어놓고 거짓 꾸밈이 없도록 하라.(시경 노송
작 〈詩經 魯頌 酌〉)
　　생각에 사념(邪念)이 없을 것. 이것이 건전한 인생을 이룩하는
기초이다.

12. (38)마음속에서 진실로 그것을 구하면 맞추어지지 않았다 해도 멀지
않을 것이다. (대학 전구장〈大學 傳九章〉)
　　진심으로 진지하게 끊임없이 찾으면 완전하지 못할지도 모르나
적어도 그 근처까지는 도달하게 될 것이다.

13. (39)힘이 부족한 자. 중도에 폐(廢)한다. 지금 너는 움직이지 않는
다. (논어 옹야 〈論語 雍也〉)
　　참으로 능력이 부족하다면 중도에서 쓰러지고 말 것이다. 그러나
대부분 사람들은 아직 한걸음도 내딛기 전에 '단념'하고 애초부터
아무것도 하려고 하지 않는다.

14. (39)의심을 가지고 의심을 결정해 버리면 그 결정은 반드시 맞지
않게 된다. (순자 해폐〈荀子 解蔽〉)
　　처음부터 마음속에 의심이나 의혹을 가지고 일에 임하면 결코

그 일은 잘 되지 않는다.

15. (39)우물(井)을 보고 바다를 논하지 말라. (장자 외편 추수〈莊子外篇 秋水〉)

　　좁은 우물속에 사는 개구리는 넓고 큰 바다를 이야기해도 알아듣지 못하는 법이다. 오로지 고정 관념에 사로잡혀 있는 사람은 한심한 사람이다.

소망

1. (49)물을 뒤에 하고 진(陣)을 치다. (십팔사략 서한 고조〈十八史略 西漢 高祖〉)

　　절대 후퇴할 수 없는 결사의 궁지에 몰리면 인간은 믿을 수 없는 굉장한 힘을 발휘하게 된다.

2. (50)강을 건너 배를 불태우다.(좌전 문공삼년〈左傳 文公三年〉)

　　승리의 조건, 그것은 모든 것을 거는 것이다. 도망쳐 돌아올 수 있는 배를 남겨두면 도저히 승리를 이루기 어렵다.

3. (52) 대(竹)를 그리는 데는 첫째, 반드시 성죽(成竹)을 흉중에 얻어야 한다. (소식〈蘇軾〉의 말)

　　대나무 그림을 그리려고 생각하면 첫째 마음속에 대나무 모습을 그려야 한다. 이와 마찬가지로 어떤 일을 성취하려고 생각한다면 성취된 모습을 마음속에 생생하게 그려야 한다.

4. (53) 한번 나태심이 생기는 것 즉, 이는 자기자폭(自棋自暴)이다. (근사록 위학류〈近思錄 爲學類〉)

　　게으른 마음이 생긴다는 것은 자신을 바보로 여기고 남을 업신여기고 있는 증거라고 생각하면 틀림이 없다. 자신을 바보로 여기고 남을 바보로 여기는 사람이 성공할 리가 없다.

5. (53) 선비는 아무리 궁해도 의(義)를 잃지 않으며 이루었다 해도 길을

374

벗어나지 않는다.(맹자 진심상〈孟子 盡心上〉)

　진심으로 무엇인가를 끊임없이 구하는 사람은 아무리 곤궁하다 해도 도중에서 포기하지 않는다. 또. 약간 성공했다 해서 그것으로 만족하거나 하지 않는다.

6. (54) 빈천우척(貧賤憂戚)은 이른바 그대가 성공하는 데 구슬이 된다. (근사록 위학류〈近思錄 爲學類〉)

　빈곤이나 곤경은 인간을 단련시켜 준다.

7. (54) 무릎을 한번 꿇고 나면 다시 뻗지 못한다. (문장궤범 호담암 상고 종봉사〈文章軌範 胡澹庵 上高宗封事〉)

　일단 무릎을 꿇어버리면 그것으로 끝장이다. 그러나 아무리 곤란해도 무릎을 꿇지 않고 패배를 허락하지 않는 한 누구에게나 패배는 없다.

신조

1. (67) 습관은 자연과 같다. (공자가어 72제자해〈孔子家語 七十二弟子解〉)

　습관화함으로 해서 천성적인 성격까지 바꾸어 버릴 수 있다.

2. (68) 길은 대로(大路)와 같으므로 누구건 발견하지 못할 것인가. 사람이 구하기를 걱정할 뿐이다.(맹자 고자하〈孟子 告子下〉)

　성공을 하기 위한 길은 큰 도로처럼 누구나 찾아낼 수가 있으며 누구나 걸을 수가 있다. 그러나 애석하게도 대부분 사람들이 처음부터 '단념'하여 이 큰 길을 찾으려고 하지 않는다.

3. (68) 그도 튼튼하고 나도 튼튼하다. 내가 무엇 때문에 그를 두려워할 것인가. (맹자 등문공상〈孟子 藤文公上〉)

　그가 남자라면 나도 남자다 무엇 때문에 그를 두려워할 것인가.

정정당당하게 함께 믿는 길을 따라 전진할 뿐이다. 약한 마음을 버리고 자신감을 가질 일이다.

4. (69) 인생의 복경화구(福境禍區)는 모두 염상(念想)에서 조성된다. (채근담 후집백구〈菜根譚 後集百九〉)

   인생의 행복이라든가 재화라든가 하는 것은 모두가 자기 자신의 마음속에서 생각하고 있는 대로 일어나는 법이다.

5. (72) 뜻을 두지 않으려면 이는 키 없는 배요, 재갈 없는 말과 같다. (왕수인 교조시용장제생〈王守仁 教条示龍場諸生〉)

   하고자 하는 의지를 가지느냐 아니냐 또는 어떤 의지를 가지느냐에 따라 인생은 결정 된다.

6. (73) 단호하게 감행하면 귀신도 이를 피한다. (사기 이사전 〈史記 李斯傳〉)

   신념을 가지고 단호하게 행동하면 귀신도 피하고 그 사람의 의지에 따르게 된다.

7. (74) 그대가 잘 살기를 바란다면 먼저 그대가 나라를 잘 살게 하라. (한비자 외저설우하〈韓非子 外儲說右下〉)

   자기의 이익을 찾기 전에 자기에게 협력해 주는 사람들이 이익을 얻게 해 주는 일이 중요하다.

8. (81) 하고자 하는 마음이 높지 못하면 즉, 그가 배우는 것이 모두 범인 (凡人)의 것일 뿐인다.(소학 외귀가언 〈小學 外鬼嘉言〉)

   목표를 낮게 두는 것이 그 사람의 인생을 작게 만들어 버린다.

자기 암시

1. (87) 망어하지 않는 일부터 시작하라. (소학 외편 선행〈小學 外篇 善行〉)

   핑계, 억지, 말을 함부로 하거나 얼렁뚱땅하여 넘기거나 거짓말을 하지 않도록 하는 것이 진실한 인생의 제일보이다.

전문 지식

1. (92) 듣지 않는 것은 듣는 것보다는 못하며 듣는 것은 보는 것보다는
   못하다. 그리고 보는 것은 아는 것보다는 못하며 아는 것은 이를
   행동하는 것보다는 못하다. (순자 유교〈荀子 儒教〉)
   결국은 실행하지 않는 한, 어떤 지식도 가치가 없다는 말이다.

2. (95) 일수일확 (一樹一穫)하는 것은 곡(穀)이오 일수십확(一樹十穫)
   하는   것은 목(木)이다. 일수백확(一樹百穫)하는 것은 사람이다.
   (관자 권수 〈管子 權修〉)
   하나를 심어서 하나만의 수확이 있는 것은 곡식이오. 하나를 심어
   서 열의 수확이 있는 것은 목재이고, 하나를 심어서 백의 수확이
   있는 것은 인재이다. 사람을 기르는 것이 가장 수확이 크다.

3. (96) 배우기를 중단해서는 안된다. (순자 권학〈荀子 勸學〉)
   배우기를 중단했을 때 바로 인간의 성장은 끝난다.

4. (96) 녹(祿)을 구하기를 배우지 않으려면 도예(道藝)에 힘쓰는 일밖에
   없다. (소학 외편 가언〈小學 外篇 嘉言〉)
   어떤 특기나 전문 지식을 몸에 지녀두면 결코 생활에 곤궁해지는
   일은 없을 것이다.

5. (98) 대우(大禹)는 성인이었는데도 촌음(寸陰)의 시간도 아꼈다. 그러
   므로 중인에 있어서는 분음(分陰)도 아껴야 한다. (소학 외편 가행
   〈小學 外篇 嘉行〉)
   대우는 성인이었으나 그래도 촌각의 시간도 아껴 공부를 계속했
   다. 그러므로 우리들 범인은 마땅히 1분 일초의 시간도 아껴 공부해
   야 한다. 그러한 노력이야말로 위대한 인물을 만든다.

6. (99) 남아는 천년 대계를 세우기 원한다. (원매 재과막수호감시〈袁枚

再過莫愁湖感詩〉)

　　인류의 영원한 행복을 위해 무엇인가 하려고 하는 것과 같은 원대한 목표를 가질 수 있는 자만이 진짜 남아라고 부르기에 적합한 인물이다.

7. (99) 낮에는 밭 갈고 밤에는 글 읽는다. (위서 최광전〈魏書 催光傳〉)

　　낮에는 힘껏 농사일을 하고 밤에는 책을 읽어 공부한다. 이러한 노력가가 언제까지나 초야에 묻혀 있을 리가 없다.

8. (102) 입신을 하는 데 한걸음 높게 계획을 세우지 않는다면 진토속에서 옷을 털고 흙탕 속에서 발을 씻는 것과 같다. 그런데도 어찌하여 그곳에서 초탈하지 않겠는가. (채근담 전집 43〈菜根譚 前集四十三〉)

　　언제나 1단 높은 곳으로부터 출발하려고 마음 기울이지 않는다면 아무리 노력해도 그것은 먼지 속에서 먼지를 털고 흙탕 속에서 발을 씻는 것과 마찬가지로 도저히 범속(凡俗)에서 벗어나지는 못한다.

9. (103) 보는 바, 기하는 바는 멀고 또한 커야만 한다. (근사록 위학류〈近思錄 爲學類〉)

　　견식, 희망, 이상은 되도록 원대해야 한다. 그러기 위해서는 첫째 자기 자신의 그물 즉, 고정 관념을 타파해야 한다.

10. (104) 공(功)의 숭고함은 뜻(志)이오, 업(業)의 넓기는 근(勤)이다. (서경 주관〈書經 周官〉)

　　성공하는 사람은 뜻을 높게 가진 사람이오. 큰 사업을 성취하는 사람은 근면 노력한 사람이다. 즉 인간은 어느 만큼의 높은 뜻을 가지는가 그리고 얼마 만큼 노력하는가에 따라 자유 자재로 자기의 인생을 조절할 수 있게 된다.

11. (104) 성(性)은 상근(相近)하고 습(習)은 상원(相遠)한다. (논어 양대〈論語 陽貨〉)

　　사람의 천성이라는 것은 그다지 차이가 있는 것이 아니다. 그러나 태어난 후의 행동이나 사고 방식의 차이에 의해 각자의 인생에는 큰 간격이 생기고 만다.

상상력

1. (113) 자연에 따르면 즉 장획(臧獲)도 남음이 있다. (한비자 유로〈韓非子喩老〉)

   대자연의 법칙에 따라 노력하면 장(臧) 즉 하인이나 획(獲) 즉 하녀와 같은 자마저 남아돌 정도로 재산을 이룩할 수 있다.

2. (113) 위로는 천문(天文)을 쳐다보고 아래로는 지리를 살펴본다.(역경 계사상〈易經 繫辭上〉)

   일월성진(日月星辰) 등의 천체나 산천 초목 등, 대자연의 모양을 관찰보면 그 속에서 움직일 수 없는 하나의 진리를 발견하게 된다.

3. (119) 강물이 맑아짐을 기다리면 사람의 수명이 얼마나 되겠는가(좌전 양공 팔년〈左傳 襄公 八年〉)

   강물이 맑아지기를 기다리고 있다가는 인생이 다 가버릴 것이다. 때가 오기를 기다리고만 있다간 인생은 끝나버린다. ' 좋아! 해 보자' 라는 결단을 내려 일어서는 일이 중요하다.

4. (120) 둥근 돌을 천인(千仞)의 산에서 굴리는 것과 같은 것은 힘이다. (손자 편〈孫子 執篇〉)

   둥근 바위를 높은 산 위에서 굴리듯이 아무런 힘도 쓰지 않고 큰힘을 발휘하는 것 그것이 바로 '힘' 이다. 이 ' 힘' 이라는 것을 이용함으로써 믿지 못할만큼의 위업을 성취할 수 있다.

계획의 조직화

1. (127) 경(畊)은 바로 노(奴)에게 물어야 하며 직(織)은 바로 비(婢)

에게 물어라. (십팔사략 남북조 송〈十八史略 南北朝 宋〉)

밭을 가는 일은 농부에게 질문하는 것이 좋다. 베를 짜는 일은 직녀(織女)에게 질문하는 것이 좋다. 세상에는 제각기 전문가가 있기 때문에 필요에 따라 그 재능을 빌어 살아가면 된다.

2. (127) 솔연(率然)은 상산(常山)의 뱀이다. 그 목을 치면 꼬리에 이르고 그 꼬리를 치면 목에 이른다. 그리고 그 한가운데를 치면 목과 꼬리가 함께 이른다. (손자 구지〈孫子 九地〉)

상산이라는 곳에 '솔연'이라는 뱀이 살고 있는데 그 뱀은 머리를 치면 꼬리가 나와 감아들고 꼬리를 치면 목이 나타나 물려고 한다. 또 복부를 치면 목과 꼬리, 양쪽이 덤벼든다는 끈질긴 뱀이다. 인생에 있어서도 이와 같이 끈질김이 꼭 필요하다.

3. (128) 몸이 굴한다 해도 도(道)는 굴하지 않는다. (송명신언행록 왕우칭〈宋名臣言行錄 王禹稱〉)

사람은 일신상의 역경이나 빈곤에 꺾일 수가 있다. 그러나 그 때의 운에 지나지 않는다. 최종 목표만 잃지 않고 끈질기게 버티면 반드시 다시 일어설 수 있을 때가 온다.

4. (128) 일고일락(一苦一樂)을 번갈아 연마하여 그것이 극에 달해 복을 이루게 한 자는 그 복이 비로소 오래 간다. (채근담 전집 74〈菜根譚 前集 七十 四〉)

고난을 몇 차례나 헤쳐온 끝에야 진짜 복이 찾아온다. 어떤 성공자이건 고난을 경험하고 헤쳐 견디어냈다.

5. (129) 나의 길은 한결같이 이를 관철한다. (논어 이인〈論語 里仁〉)

일평생, 일관하여 변하지 않는 길을 계속 걷는 것, 거기에 참 성공이 있다.

6. (129) 인생은 근면한 데 있다. 근면하면 궁핍하지 않다. (송명신언행록 소송〈宋名臣言行錄 蘇頌〉)

사람의 일생은 노력에다 또 노력이 있을 뿐이다. 이 노력을 게을리하지 않는 자만이 살아남게 된다.

7. (130) 사람을 잘 부리는 자는 겸손해 한다. (노자 68장 〈老子 六十八章〉)

　　진짜 지도자는 자기 자신을 가장 낮은 곳에도 둘 수 있는 사람이다.

8. (131) 힘으로서 인(仁)을 가장하는 자는 패(覇)이다. 덕으로서 인을 행하는 자는 왕이다. (맹자 공손축상 〈孟子 公孫丑上〉)

　　사람을 이해하고 동정하고 그 인간적 매력으로 사람을 움직이는 사람이야말로 진실한 지도자이다.

9. (131) 치란흥망(治亂興亡)의 자취를 임금의 자리에 있는 자 이것을 거울로 삼아야 한다. (문장궤범 구양수 명당론 〈文章軌範 歐陽修 明黨論〉)

　　역사를 살펴보면 어떤 지도자가 목숨을 온전히 보존할 수가 있었는가를 명백히 알게 된다. 지금까지 역사상에서 독재자나 전제자가 최후까지 살아 남았다는 기록은 전혀 없다.

10. (138) 천리를 가는 데 적합한 자는 3월부터 양식을 모아 준비한다. (장자 내편 소요유 〈莊子 內篇 逍遙遊〉)

　　위대한 사업을 성취하기 위해서는 시간을 충분히 가지고 철저한 준비를 할 필요가 있다.

11. (141) 군자는 일을 성취하는 데 있어서 시작을 꾀한다. (역경 송상 〈易經 訟象〉)

　　위업을 성취하기 위해서는 반드시 시작할 때 숙고를 해야 한다.

12. (142) 그 장소를 보고 그 연유를 관찰하고 그 염려되는 것을 살핀다면 누구거나 그 무엇을 감출 수 있겠는가. (논어 위정〈論語 爲政〉)

　　그 사람의 현재를 자세히 관찰하고 살펴보면 그 사람의 정체나 장래를 판단할 수 있다.

13. (143) 적선(積善)하는 집에 반드시 여경(餘慶)이 있고 적선하지 않는

집에 여앙(餘殃)이 있다. (역경 곤 문언전〈易經 坤 文言傳〉)

　성공하는 데는 그에 따른 원인이 있으며 성공하지 못하고 끝나는
데는 또한 그만한 원인이 있는 법이다.

14. (149) 눈은 그 속눈썹을 보지 못한다. (안씨가훈 섭무〈顔氏家訓 涉
務〉)

　인간이라는 것은 가장 가까운 데 있는 것을 오히려 보지 못한다.

15. (150) 남을 아는 자는 지(智)이요. 스스로를 아는 자는 명(明)이다.
(노자 33장〈老子 三十三章〉)

　남을 알 수 있는 자는 지자(智者)이고 자기 자신을 알 수 있는
자야말로 지자 중에서도 지자인 즉 명자(明者)이다.

16. (156) 재(財)가 있으면 쓰이는 곳이 있다. (대학 전십장〈大學 傳十
章〉)

　재산을 바르게 사용하면 세상을 좋게 하는 데 크게 소용이 된다.

17. (159) 재(財)를 만드는 데도 대도(大道)가 있다. (대학 전십장〈大學
傳十 章〉)

　부를 이룩하기 위해서는 나름대로의 바른 방법이라는 것이 있다.
만민의 이익이 되는 것. 그것이 그 근본이다.

결단력

1. (164) 다시 하면 즉 가(可)하다. (논어 공치장〈論語 公治長〉)

　즉흥적인 생각으로 하는 행동에는 과오가 많다. 그러나 지나치게
생각만 하면 실행력이 둔해지고 만다. 두번 생각해서 옳다고 판단되면
행동해 볼만 하다.

2. (165) 큰 공을 이루는 자는 무리(衆)와 도모하지 않는다. (전국책 조책
〈戰國策 趙策〉)

　최후의 결단은 남의 의견에 현혹되지 않고 자기 자신이 책임을

가지고 결단을 내려야 한다.

3. (165) 독립하여 독행(獨行)한다. (문장궤범 한문공 흥간양양서〈文章軌範 韓文公 興干襄陽書〉)

　　세상 풍조에 좌우되지 않고 자기의 신념에 따라 행동하는 것이야말로 중요하다.

4. (165) 시기하는 마음은 골육이 외부인보다 더 심하다. (채근담 전집 135〈菜根譚 白三十五〉)

　　시기나 질투하는 마음이라는 것은 남남 사이보다 오히려 피를 나눈 친족 사이 쪽이 더욱 뿌리가 깊다. 이 친척끼리의 험담에 의해 얼마나 많은 사람들이 인생을 단축시켰는지 모른다.

5. (166) 입을 막는 일을 병(瓶)과 같이 하라. (송명신언행록 부필〈宋名臣言行錄 富弼〉)

　　입을 봉하고 의견 발표를 삼가하여 세상을 잘 관찰하도록 한다. 그렇게 하면 실패가 없고 또 성공의 기회를 잡게 된다.

6. (166) 그 빛을 부드럽게 하여 그 먼지와 같게 한다. (노자 4장〈老子四章〉)

　　자기의 재능을 과시하는 일 없이도 그 빛을 부드럽게 하여 세속 사람들과 동화해 가는 사람이야말로 위대한 사람이다.

7. (166) 말은 더듬어도 행동에는 민첩하기를 바란다. (논어 이인〈論語里仁〉)

　　참으로 훌륭한 인물은 말은 유창하지 못해도 실행은 신속하도록 힘쓴다. 어느 경우건 중요한 것은 행동이다.

8. (174) 장군에게 죽음이라는 마음이 있으면 사졸(士卒)에게 생(生)의 마음이 없다. (십팔사략 춘추전국제〈十八史略 春秋戰國 齊〉)

　　장군에게 결사의 각오가 있었기에 병졸은 삶에 집착을 버리고 싸웠다.

9. (175)일에 임하여 때때로 단(斷)을 내리는 것은 용(勇)이다. (예기

악기 〈禮記 樂記〉)

　일을 당하여 적절한 결단을 내릴 수 있는 것은 용기가 있기 때문이
다.

인내력

1. (179)나머지 한 소쿠리를 담지 않고 중단하는 것은 나를 중단하는
   것이다. (논어 자한〈論語 子罕〉)
   　앞으로 불과 한 소쿠리의 흙을 담으면 완성한다는 경우라도 최후의
   한 소쿠리의 노력과 인내를 못하면 그것은 실패로 끝나 버린다. 그리
   고 그 책임은 스스로가 져야 한다.

2. (180)인(忍)이라는 한자는 중묘(衆妙)의 문이다. (여본중 관잠〈呂本中
   官箴〉)
   　인내의 인(忍)이라는 글자가 나타내는 정신이야말로 인생의 모든
   고난을 헤쳐가게 해 주는 원동력이다.

3. (181)기기(騏驥)도 한번 뛰어 10 걸음 가지는 못하고 노마(駑馬)도
   10 걸음을 가면　그 공이 헛되지 않는다.(순자 권학〈荀子 勸學〉)
   　아무리 명마일지라도 한번 뛰어 열 걸음을 나아가지는 못한다. 그리
   고 아무리 하치의 수레 끄는 말이라도 먼 곳까지 도달할 수 있는 것은
   중단하지 않고 걷기 때문이다. 어떤 경우라도 단념하지 않고 전진을
   계속하는 자만이 최후에는 승리할 수 있다.

4. (184)소(小)를 참지 못할 때는 즉, 대모(大謨)가 틀려진다. (논어 위령
   공〈論語 衛靈公〉)
   　작은 일에 인내를 못한다면 큰 일은 도저히 하지 못한다.

5. (190) 우(遇)와 불우(不遇)와는 때(時)이다. 순자 유좌〈荀子 宥坐〉)
   　인간의 운명은 시대에 따라 잘 될 경우도 있고 잘 되지 않을 경우도
   있다. 그러므로 불우하다 해도 그것은 시대에 의한 것이므로 굴하지

않고 참고 헤쳐나가면 반드시 때가 온다.

협력자

1. (201)한눈 그물(網)로서 새를 잡지 못한다. (회남자 〈淮南子〉)

　　한 가닥의 그물로 새를 잡지는 못한다. 확실히 새를 잡으려면 한가
닥으로 충분하지만 이 한눈이 소용이 되려면 주위에 몇백 가닥이라는
다른 그물 눈이 필요하다.

2. (202)스스로 스승을 얻을 수 있는 자는 왕(王)이오. 벗을 얻는 자는
패(覇)이다. (순자 요문〈荀子 堯問〉)

　　남의 위에 서는 사람이면서도 자신의 스승을 가질 수 있는 자가
진실한 왕이 될 수 있다. 단순히 벗을 가지기만 할 수 있는 자는 패자
이상은 되지 못한다.

3. (202)두 사람이 마음을 같게 하면 그 이(利)는 쇠붙이를 자른다. (역경
계사상〈易經 繫辭上〉)

　　두 사람이 참으로 동심 일체가 되면 그 힘은 강한 금속이라도 자를
만큼 강대하게 된다.

4. (203) 문을 열고 4 방을 밝게 하여 4총(聰)을 달하게 한다. (서경 순전
〈書經 舜典〉)

　　모든 문을 열고 천하의 현인을 초청하여 4방으로 눈을 돌려 모든
사람들의 지혜를 결집했을 때, 거기에서 믿을 수 없는 힘을 만들어내
게 된다.

5. (203)홀로(單)이면 부러지기 쉽고 여럿(衆)이 모이면 부수기 어렵다.
(북사 토곡혼전〈北史 吐谷渾傳〉)

　　수많은 사람들이 협력하여 일심동체가 되어 단결하였을 때는 어느
것에게도 지지 않는 강한 힘을 발휘할 수 있다.

6. (203) 나보다 못한 자를 벗으로 삼지 말라. (논어 학이 〈論語 學而〉)

나보다 뛰어난 벗을 가지도록 함으로써 서로의 인격과 재능이 연마된다.

7 (204)자르듯이 갈듯이, 치듯이, 닦듯이 하다. (시경 위풍 기오〈詩經 衛風 淇澳〉)

옥을 자르고 치고 닦듯이 친구끼리 서로 갈고 닦음으로써 양자가 함께 훌륭한 인간이 된다.

8. (205)군자는 상달(上達)하고 소인은 하달(下達)한다.(논어 헌문〈論語 憲問〉)

군자는 한걸음한걸음 향상해 가나 소인은 한걸음한걸음 퇴보해 간다. 이것은 그 마음가짐의 차이에 의한 것이다.

9. (206)영화가 있으면 초췌(憔悴) 즉, 근심병이 있다. (회남자 설림훈 〈淮南子 說林訓〉)

영고성쇠(榮枯盛衰)는 이 세상의 상사이다. 인생은 좋은 때만이 있는 것도 아니오 그렇다고 해서 나쁠 때만 있는 것도 아니다.

성 충동의 전환

1. (210)마음을 다스리고 몸을 닦는 데는 음식과 남녀를 적절하게 쓰는 것에 있다. (소학 외편 가언〈小學 外篇嘉言〉)

정신을 안정시키고 몸을 수양하는 데는 첫째, 일상의 음식을 삼가하고 남녀의 관계를 조절하는 것부터 시작해야 한다.

2. (211)후세에 반드시 색(色)으로 그 나라를 망하게 하는 자 있으리라. (문장궤범 노공공 주미색론〈文章軌範 魯共公 酒味色論〉)

어느 세상이거나 섹스에 빠져 몸을 망치고 나라를 망치는 인간이 끊어지지 않는다.

3. (218)조강지처(糟糠之妻)는 당(堂)보다 아래에 두지 않는다. (십팔사략 동한 광무제〈十八史略 東漢 光武帝〉)

조(糟=재강)나 강(糠=겨)을 먹으며 고생을 함께 한 처를 소홀히 해서는 결코 안된다. 생활이 편해진 후에도 아내를 소중히 하는 사람만이 언제까지나 행복을 누리게 된다.

4. (219)마음(心)을 원숭이(猿)로 만들고 뜻(意)은 말(馬)처럼 사방으로 뛴다.(四馬也) (참동계 주 〈參同契 注〉)

정욕은 사람의 마음을 원숭이처럼 만들어버리고 번뇌는 사람의 생각을 말처럼 만들어 버린다. 즉 섹스 에너지 때문에 인간은 원숭이나 말과 같은 야수처럼 되어 버린다.

5. (220)40에 불혹(不惑)하고 50에 천명을 알게 된다.(논어 위정 〈論語 爲政〉)

인간은 40 세가 되어 비로소 마음에 동요가 없어지고 50 세가 되어야 겨우 인생의 묘미를 알게 된다.

6. (220)젊었을 때는 혈기(血氣)가 아직 가라앉지 않아 이를 달래는 것이 색에 있다. (논어 계씨〈論語 季氏〉)

남녀의 색욕에 대해서는 젊을 때 특히 자계하여 삼가해야 한다.

7. (221)후세에 반드시 술로 나라를 망치는 자 있느니라. (십팔사략 하후씨 〈十八史略 夏后氏〉)

술은 몸을 망치고 나라를 망치는 원인으로 가장 경계해야 할 물건이다.

8. (224)남녀가 한방에 있는 것은 대륜(大倫)이다. (맹자 만장상 〈孟子 萬章上〉)

남녀가 사이좋게 손을 잡고 힘을 합치는 것이 인생의 제1보이다.

9. (224)집에 현처(賢妻) 있으면 장부는 횡사(橫事)를 만나지 않는다. (통속편 윤상〈通俗篇 倫常〉)

집에 현숙한 처가 있는 덕분에 남편은 사회에서 수모를 당하지 않는다.

10. (224)술을 항상 마시지 말라. (한비자 설림상〈韓非子 說林上〉)

술은 사람을 망치는 근원, 나라를 망치는 근원이 되는 위험한 것이다. 술주정뱅이가 되어서는 안된다.

11. (225)나이 50 이 되어서야 49 년간의 잘못(非)을 안다. (회남자 원도훈〈淮南子 原道訓〉)

   사람은 50 세가 되어야 겨우 무엇이 옳은가를 판단할 수 있게 되어 잘못된 행동을 하지 않게 된다.

12. (227)와서 배워도 가서 가르치지는 않는다. (예기 곡례상〈禮記 曲禮上〉)

   스스로 찾아가 배움을 비는 열성있는 사람은 성장을 하나 누군가가 와서 가르쳐 주지 않을까 하고 염치없는 생각만 하는 사람에게 성장은 없다.

13. (230)독음(獨陰)은 생기지 않고 독양(獨陽)도 생기지 않는다.(곡양전 장공삼년〈穀梁傳 莊公三年〉)

   음과 양 즉 여와 남이 일체가 되어 비로소 인간은 완전한 것이 된다.

잠재 의식

1. (234)희로애락(喜怒哀樂)이 아직 나타나지 않는 것, 이것을 중(中)이라 한다. (중용 1장 〈中庸一場〉)

   인간에게는 희로애락하는 마음과 그 속에 있어서 아직 표면에 나타나지 않는 마음이 있다.

2. (234)하늘(天)이 무엇이라고 말하겠는가. 4시(四時)에 행하여져 백물(百物)이 생겨난다. (논어 양화 〈論語 陽貨〉)

   하늘은 말이 없다. 그러나 하늘은 일각도 쉬지 않고 있다. 춘하추동은 쉼이 없이 바뀌고 모든 사물은 시시각각으로 변화하고 성장하고 멸망해 가고 있다.

3. (235) 진인사대천명(盡人事待天命)이다. (호인 독사관견〈胡寅 讀史管見〉)

　　사람 으로서 할 수 있는 노력을 다한 다음 모든 것을 하늘에 맡기고
조용히 결과를 기다린다.

4. (236) 군자는 간성(姦聲), 난색(亂色)을 총명으로 막는다. (소학 경신
〈小學 敬身〉)

　　세상에는 사람의 마음을 어지럽게 하는 정보가 넘치고 있으나 군자
는 귀와 눈을 바르게 사용하여 그러한 정보에 의해 마음이 문란해지
도록 하지 않는다.

5. (236) 전전긍긍(戰戰兢兢)하여 심연(深淵)에 임하는 것과 같고 박빙
(薄氷)을 밟는 것과 같다. (시경 소아 소황〈詩輕 小雅 小旻〉)

　　엄하게 스스로를 반성하여 몸을 삼가하여 조금도 파괴적인 요소가
침입하지 않도록 조심해야 한다.

6. (239) 제사지내는 일은 계신 것과 마찬가지로 하고 신을 제사지내는
것은 신이 계시는 듯이 한다.(논어 팔일〈論語 八佾〉)

　　기도는 형식에 끝나서는 안된다. 진실한 믿음이 없는 기도는 불필요
한 일이다.

두뇌

1. (245) 천망(天網)은 회회(恢恢) 하나 소(疎)하여 잃는 법이 없다.(노자
73장〈老子 七十三章〉)

　　하늘의 그물은 넓고 커서 보기에는 그 눈이 엉성한 것 같으나 결코
무엇이건 새어나가게 하지 않는다.

제 6 감

1. (252) 상천(上天)의 일은 소리도 없고 냄새도 없다. (시경 대아 교왕 〈詩經 大雅 交王〉)

   하늘이 하는 일에는 소리도 냄새도 없다. 그 작용은 눈에 보이지도 않고 귀에 들리지도 않으나 하늘은 모든 것을 관장하고 있다.

2. (253) 천증(天烝)은 백성(民)을 낳는다. 물(物)이 있으면 법칙이 있다. (시경 대아 증민 〈詩經 大雅 烝民〉)

   우주의 모든 '사물'이나 '일'을 만들어내고 있는 것은 하늘이다. 이 눈에 보이지 않는 하늘의 힘은 모든 물체의 모든 원자의 모든 관계를 관장하고 있다.

3. (254) 현(賢)을 보고는 사람은 어떻게 할 것인가를 생각한다. (논어 이인 〈論語 里人〉)

   위대한 사람을 본받으려고 노력함으로써 차츰 그 사람과 같은 사람이 된다.

4. (259) 일은 애당초부터 하면 일어서고 애당초부터 하지 않으면 망한다.(중용 20장〈中庸 二十章〉)

   사업은 완전하게 준비를 갖춤으로써 성취한다. 준비를 게을리하는 것은 실패의 가장 큰 원인이 된다. 그 중에서도 사물의 근본. 진리를 알아야 한다는 것은 가장 중요한 것이다.

공포를 가져오는 6 가지 원인

1. (266) 만물이 모두 자기에 갖추어져 있다. (맹자 진심상 〈孟子 盡心 上〉)

   모든 인간에게는 태어날 때부터 인간으로서 필요한 것을 모두 갖추고 있다. 그 중에서도 인간만이 가지고 있는 큰 특징인 자기가

자신의 마음을 제어하는 힘은 인간이면 누구나 갖추고 있는 귀중한
능력이다.

2. (267) 스스로 다복(多福)을 찾아라. (좌전 환공6년〈左傳 桓公六年〉)

　　마음속으로부터 진지하게 부를 구하는 사람에게만 부가 주어진
다. 부를 얻는데 의심을 가진 사람에게 부가 찾아올 리가 없다.

3. (268) 그림자를 두려워하고 자취를 미워하여 이를 버리고 가다.
(장자 잡편 어부〈莊子 雜篇 漁父〉)

　　자기 그림자를 두려워하고 자기 발자취가 두려워 달아난다. 어리
석은 일이다. 인간을 이처럼 어리석게 만드는 원인은 '공포'라고 하겠
다.

4. (271) 의식(衣食)이 족(足)하여 즉, 영욕(榮辱)을 안다. (관자 목민
〈管子 牧民〉)

　　첫째로 일상 생활의 기초인 의식주가 풍족하여야 비로소 사람들은
인간다움을 가질 수 있다. 고상한 정신론도 중요하지만 무엇보다도
우선 사람은 '살아'야 한다.

5. (274) 일이 안정되면 비난이 흥해지고 덕이 높아지면 비방이 닥쳐온
다. (문장궤범 한문공 원훼〈文章軌範 韓文公 原毀〉)

　　세상이라는 것은 성공자나 뛰어난 사람을 보면 무엇이건 결점을
찾아내어 욕하고 험담을 함으로써 그 사람의 다리를 잡아당기려는
경향이 있으므로 조심해야 한다.

6. (274) 혐(嫌= 의심이나 혐의)을 피하는 자는 모두 속이 차 있지 않
다. (근사록 가도류〈近思錄 家道類〉)

　　남으로부터 의심을 받지 않을까 하고 그것만에 집착하는 것이
범인의 상사이나 이것은 아직 수양이 모자라는 증거이다. 충분히
수양이 되어 있으면 세상의 비판 따위는 염두에 두지 않게 되는 법이
다.

7. (281) 우리를 편하게 하는데 노(老)로서 하고 우리를 쉬게 하는데 사(死)로서 한다. (장자 내편 태종사〈莊子 內篇 太宗師〉)

　　하늘의 신은 우리들을 안락하게 하기 위해 노경(老境)을 주고 우리들을 영원히 휴식케 하려고 죽음을 준다. 그런데 어찌하여 그것을 슬퍼하거나 두려워할 필요가 있겠는가.

8. (283) 존(存)하는 것이 나의 순리적인 것이오. 몰(沒)하는 것은 내가 따르는 것이다. (고문진보 장자후 서명〈古文眞寶 張子厚 西銘〉)

　　살아 생존하는 것은 단지 자연의 섭리에 따라 순조롭고 당연하게 나가고 있는 것이며 죽는 것은 또한 자연의 섭리에 따라 편안하게 돌아간다는 것이다.

9. (283) 죽음을 미워하는 것은 약상(弱喪)으로서 돌아갈 줄을 모르는 짓이다. (장자 내편 제물론〈莊子 內篇 齊物論〉)

　　죽음을 미워하고 싫어하는 것은 타향을 방랑하다 고향으로 돌아가기를 잊은 것과 마찬가지이다. 죽음이란 고향으로 돌아가는 것과 같다. 싫어하거나 미워할 이유는 하나도 없다.

10. (284) 큰일(大事)을 성취하는 것은 담(膽)에 있다. (송명신언행록 한기〈宋名臣言行錄 韓琦〉)

　　대사업의 성취 여부는 우리들의 담력에 달려 있다. 이 담력이나 배짱을 만들어내는 것이 '각오'라는 것이다.

11. (285) 노성인(老成人)을 업신여기지 말라. (서경 반경상〈書經 盤庚 上〉)

　　많은 인생 경험을 겪음으로서 인생의 묘미를 알게 된다. 꿈에서라도 노인을 업신여겨서는 안된다. 노인은 인생의 유단자이다. 젊은 사람은 많은 것을 노인으로부터 배워야 한다.

12. (285) 활의 그림자를 잘못 보고 사갈(蛇蝎)이라 하고 침석(寢石)을 보고 복호(伏虎)라 한다(채근담 후집48〈菜根譚 後集四十八〉)

　　마음속이 공포로 가득 차 있으면 술잔 속에 비스듬히 흔들리며 비치는 활의 그림자를 보아도 뱀이나 지네로 착각하고 길에 굴러떨어져 있는 바위를 보아도 호랑이가 엎드려 있는 것으로 오인하여 놀란다.

13. (285) 의심은 사귀(邪鬼)를 낳는다. (열자 설부 〈列子 說符〉)

　　의심하는 마음이 공포를 초래하여 끝내는 자타가 함께 멸망하게 된다.

14. (286) 학문의 길은 달리 없다. 그 방심을 찾을 뿐이다. (맹자 고자상 〈孟子 告子上〉)

　　인생의 제1보는 마음을 단단히 확립하는 것으로부터 시작된다.

15. (286) 화를 가라앉히고 욕심을 막는다. (역경 손상〈易經 損象〉)

　　인간은 마음속에 생긴 분노의 감정을 억제할 수 있으며 사욕을 방어할 수도 있다. 즉 인간은 자기 마음을 컨트롤할 수 있다.

16. (288) 잘못으로 고치려고 하지 않는다. 이것을 잘못이라 한다. (논어 위령공 〈論語 衛靈公〉)

　　인간인 이상 누구에게나 잘못은 있다. 그러나 참 잘못이란 잘못이라고 알면서도 반성하지 않고 또한 고치지 않는 것이다.

17. (288) 구견(舊見)을 씻어 없애고 새뜻(新意)을 가져온다. (근사록 치지류 〈近思錄 致知類〉)

　　지금까지 가지고 있던 온갖 의혹이나 걱정을 한번 깨끗히 씻어버린다. 그렇게 하면 전혀 새로운 생각이나 발상이 생겨난다.

18. (289) 심중(心中)에서 의심하는 자는 그 말이 흐트러진다. (역경 계사하〈易經 繫辭下〉)

　　내심에 의심이나 걱정을 품고 있는 자는 하는 일마다 지리멸렬하고 만다. 걱정, 근심을 버리고 믿음으로 향해 힘을 집중하도록 한다.

19. (295 몸이 하나가 되면 즉 백록(百祿)에 이른다. (충경 천지신명〈忠經 天地神明〉)

마음을 하나의 목표에 집중하고서야 비로소 모든 행복을 잡을 수 있게 된다.

20. (297) 나를 아는 자는 남을 원망하지 않는다. (설원〈說苑〉)

　　자기 자신을 앎으로서 자기 결점을 남의 탓으로 돌리는 따위의 생각은 하지 않게 된다.

21. (297) 나를 뒤돌아보는 자는 하는 일마다 모두 약석(藥石)이 된다. (채근담 전집147〈菜根譚 前集 百四十七〉)

　　항상 반성하기를 잊지 않는 사람은 모든 것이 자신에게 교훈이 되고 가르침이 된다.

22. (298) 소인의 잘못은 반드시 거듭된다. (논어 자장〈論語 子張〉)

　　자기의 실패를 핑계로 호도하려는 것은 소인의 버릇이다.

23. (298) 남에게 이기려고 바라는 자는 반드시 먼저 자기에게 이긴다. (여람 선기〈呂覽 先己〉)

　　극기(克己) 즉 자기 자신의 유혹에 이기는 것이 성공하기 위한 첫째 조건이다.

24. (298) 군자는 물에 자신을 비추어보고 남을 비추어 본다.(묵자비공중〈墨子 非攻中〉)

　　거울에 비추어 보는 자기의 모습은 그 표면에 지나지 않는다. 남을 거울삼아 자기 모습을 보았을 때, 비로소 자기 행동의 선악을 알 수가 있게 된다.

25. (298) 말하지 말라. 오늘 배우지 않아도 내일이 있다고. 말하지 말라 올해 배우지 않아도 내년이 있다고 (고문진보 주부공 권학문〈古文眞寶 朱付公 勸學文〉)

　　내일이 있다, 내년이 있다고 생각하는 동안에 시간은 점점 지나가 버린다. 오늘이야말로 중요하고 올해야말로 중요하다.

역자 후기

"이렇게 노력하고 있는데도 어째서 생활이 풍족해지지 않을까?"

"아무런 나쁜 짓도 하지 않았는데 왜 이렇게 슬픈 일을 당해야 하는가?"

"만일 일자리를 잃거나 병에 걸리면 어떻게 가족을 부양할 것인가?"

사람들은 남자, 여자, 봉급 생활자, 학생 가게 주인, 주부, 경영자, 젊은이, 노인할 것 없이 모두 걱정과 공포 가운데서 하루하루를 보내고 있다.

모두가 착실하게 열심히, 오직 살아가려고 노력하고 있는데도 항상 불안이 머리에서 떠나지 않는다.

지난 7년간, 전국 986 군데를 방문하여 많은 사람들과 인생에 대해 이야기를 나누었다. 그리고 어디에 가나 반드시 듣게 되는 고민은 첫째가 '돈'이요 다음이 건강, 그리고 인간 관계에 대한 문제였다.

우리들은 생활하는 사람으로서 아뭏든 '돈'에 대한 문제를 해결해야만 하는 입장에 있다. 그렇다 해서 우리는 누군가가 돈다발을 적선해 주었으면 하고 생각하고 있는 것은 아니다. 우리들이 원하고 있는 것은 우리들 자신이 '돈'을 만들어낼 수 있는 사람이 되고 싶다.'라는 것이다. 그러한 재능만 몸에 지녀두면 우리는 하루하루를 '자신감'을 가지고 차분히 살아갈 수 있게 될 것이다.

나폴레옹 힐이 이 책에서 가르쳐 주고 있는 것은 문제 해결의 답이 아닌 문제를 해결할 수 있는 인간이 되기 위한 방법이다. 우리들은 이 책을 마스터함으로써 '돈'에 대한 문제는 물론이거니와 인생에서 직면하는 온갖 문제를 언제나 해결할 수 있는 인간이 될 수 있다.

이 책은 전페이지에 걸쳐 구체적인 사실에 입각한 교훈이 쓰여져 있으나 젊은 봉급자에게는 '소망' '전문 지식'등이 도움이 될 것이다. 정년이 가까운 사람들에게는 '상상력' '계획의 조직화' 부분을 숙독해 주시기 바란다. 또 청년 경영자에게는 '신념' '결단력' '협력자'의 각 단계는 지금 당장이라도 활용이 될 것이다. 주부는 꼭 '인내력' '성 충동의 전환'을 읽어 남편을 격려해 주시기 바란다. 그리고 모든 사람에게 숙독을 바라는 것은 '공포'에 대한 부분이다. 우리들은 공포 때문에 그 참실력의 대부분을 발휘하지 못하고 있다.

이 책은 본문에서도 강조한 바와 같이 몇번이고 되풀이 읽어 완전하게 체득하는 것이 중요하다. 그러기 위해서는 '행동입문서'를 완전활용하여 그 지시에 따라 실행해 주시기 바란다. 이 공부는 혼자 해도 되겠으나 친한 사이끼리 그룹을 짜서 하면 더 한층 효과가 오를 것으로 본다.

이 책을 출판하는 목적은 본문 중에서도 말한 바와 같이 '전 세계 모든 사람들에게 인생에서 성공해 주기 바라는 것'에 있다. 독자이신 당신의 인생에 이 책이 조금이라도 도움이 된다면 역자로서는 보람있게 생각한다.